徐少华◎著

周代南土历史地理与文化

ZhouDai NanTu LiShi DiLi Yu WenHua

中西書局

图书在版编目（CIP）数据

周代南土历史地理与文化 / 徐少华著 . —上海：
中西书局，2021
ISBN 978-7-5475-1869-4

Ⅰ. ①周… Ⅱ. ①徐… Ⅲ. ①中国历史–研究–周代
–南方地区 Ⅳ. ① K224.09

中国版本图书馆 CIP 数据核字（2021）第 164494 号

ZHOUDAI NANTU LISHI DILI YU WENHUA

周代南土历史地理与文化

徐少华 著

责任编辑 王宇海
美　　编 梁业礼
出版发行 上海世纪出版集团
中西書局（www.zxpress.com.cn）
地　　址 上海市陕西北路 457 号（邮政编码 200040）
印　　刷 上海中华印刷有限公司
开　　本 700×1000 毫米 1/16
印　　张 29.5
字　　数 342 200 字
版　　次 2021 年 10 月第 1 版 2021 年 10 月第 1 次印刷
书　　号 ISBN 978-7-5475-1869-4/K · 370
定　　价 168.00 元

目　录

下编 楚国北部疆域的发展和地理变化

前　言

周代南土，既是一个时代概念，也是一个空间范围。从时代上讲，它包括西周、春秋和战国三个时期，起于公元前十一世纪周武王灭商，迄于公元前221年秦统一六国，前后经历八百余年。从空间上看，它包括南阳盆地和淮河上中游两个地区，西起秦岭南坡的汉水支流丹江流域，东至淮河中游今安徽寿春一带，南以汉水和桐柏、大别山脉为限，北抵汝、颍、涡诸水上游的今河南汝阳、禹县、太康、永城一线，即文献所载周王朝南部境土。

南阳盆地、淮河上中游地区虽分属长江和淮河两大流域，但在地理位置上同处我国南北地理的过渡地带，相互之间通过伏牛山余脉——长城山丘陵地中低平的山口谷地来往方便、联系紧密，自古以来就是我国南北文化交流和东西交通汇集的重要区域。在民族众多、文化类型繁纷的先秦时期，这里既是立国北方的商周王朝高度重视和苦心经营的南土，也是南方古老的苗、蛮、越族北进中原的前沿，亦是沿海东夷各族向内地发展、渗透、立国的集中场地，即为各个民族、各种文化相互竞争和交融的旋流中心。西周至春秋时期，“诸姬”“诸姜”以及其他众多异姓诸侯国的错杂分布，就是一个突出的例证。

在我国历史上具有重要地位，对开发我国南方作出重大贡献的楚国，最初兴起于南阳盆地的西陲，而整个南阳盆地、淮河上中游地区又是西周至春秋时期楚国最先向外发展的主要目标，春秋战国时期，这两个地区一直是楚国北上争霸、经略东方、开拓江南的前进基地；战国晚期，淮河上中游地区又成为楚国政治、经济和文化的中心，可以说，这两个地区在楚国的兴起、发展和强大乃至衰落，楚文化的孕育、形成和传播各个方面的历史作用，绝不逊色于人们常说的“江、汉、沮、漳”之地。正是从这种特殊的历史、地理和文化背景出发，我们以周代南土作为本书研究的基本范畴。

本书从历史地理的角度出发，以历史文献、考古材料及实地考察相结合，借鉴前人已有的研究成果、调查报告和地图资料，从不同的角度，分不同的层次，对周代南阳盆地、淮河上中游地区各诸侯国的族属来源、历史发展、地理变化和文化特色进行系统分析，弄清他们各自汇入楚民族的不同时期和为后来楚文化的形成、发展所提供的历史、地理、文化背景，进而探讨这两个地区在楚国历史发展和文化演进中的特殊地位和作用，以及楚国在这两个地区的长期开发、经营中所作出的贡献，对正确认识秦统一前我国民族融合、文化交流的途径和意义，认识楚文化在中华民族历史长河中的地位和影响，深入探讨中华民族及其光辉文化的形成过程和规律，奠立一块科学的基石。

上　编
列国地理与文化

第一章

周代南土及其诸侯国形势

第一节　商末周初形势及周人向东南的发展

商代末年，由于商王朝的腐败和国势衰落，对周边各族各地的控制随之削弱，以致“百姓怨望而诸侯有畔者”〔1〕，这时位居西土的周人乘机发展势力，迅速崛起，王季之时即“受禄无丧，奄有四方”〔2〕，文王继位“乃阴修德行善，诸侯多叛而往归西伯。西伯滋大，纣由是稍失权重”〔3〕。《左传》襄公四年载：“文王帅殷之叛国以事纣。”《论语·泰伯》亦曰周文王“三分天下有其二，以服事殷”，反映了当时周兴商衰的客观形势和周代商政的必然趋势。

随着周人势力的发展，逐步把影响扩大到南阳盆地和淮河上中

---

〔1〕参阅《史记·周本纪》。

〔2〕参阅《诗·大雅·皇矣》。

〔3〕参阅《史记·周本纪》。

游地区，《诗·国风》之《周南》，宋朱熹《集传》曰："南，南方诸侯之国也。周国本在《禹贡》雍州境内岐山之阳，……至孙文王昌，辟国渐广。……于是德化大成于内，而南方诸侯之国，江沱汝汉之间莫不化从。"清人王先谦说："时文王化被南方，三分有二，汝蔡江汉间先为殷地，皆已属周，贤才乐为文王用。"〔4〕又《诗·汉广》篇毛序："德广所及也，文王之道被于南国，美化行乎江汉之域。"郑玄《笺》："纣时淫风遍于天下，维江汉之域先受文王之教化。"王先谦《集疏》引《楚地记》曰："'汉江之北为南阳，汉江之南为南郡'，文王化行江汉，适当其地……"则南阳盆地于商末为周人率先发展、经营之地。

《诗·汝墳》篇毛序："文王之化行乎汝墳之国"，"汝墳"，据《尔雅·释水》："淮为浒，江为沱，濄为洵，颍为沙，汝为濆。"晋郭璞注："《诗》曰'遵彼汝墳'，皆大水溢出别为小水之名。"又《水经·汝水注》："汝水又东南，迳奇頟城西北，今南颍川郡治也。濆水出焉，亦谓之大㶏水，……然则濆者，汝别也。"是墳（又作"濆"）为汝之别枝，又名大㶏水，以今地理证之，当即源于河南漯河市以东，流经商水、临泉，于安徽阜阳市注入颍水之汾河（又名汾泉河，濆、汾同音）。

《汉书·地理志》汝南郡班固原注："高帝置，莽曰汝汾。"王先谦《补注》引周寿昌曰："汾当为墳，汝南故为汝墳地。"证之上述墳、汾同音相同，以及汝南郡"女阴"县班固原注"莽曰汝墳"的记载，周氏所言当是。又《续汉书·郡国志》汝南郡"汝阴"县

〔4〕 参阅王先谦《诗三家义集疏》（中华书局1987年2月版，下同）卷一《兔罝》。

下刘昭补注曰："《诗》所谓汝墳。"若此，商代末年周人势力先后进入南阳盆地、淮河上中游地区，并与其间众多部族、方国，即毛序所云的"江汉之域""汝墳之国"建立了广泛而较稳固的联系，因而王先谦论曰："盖周业兴于西岐，化被于江汉汝蔡。"〔5〕

《史记·周本纪》载，周文王初年礼贤下士，"散宜生、鬻子、辛甲大夫之徒皆往归之"。鬻子即楚之先祖鬻熊，《世本》言其"居丹阳"〔6〕，即今南阳盆地西部的丹水流域（说详后），楚人仕周，当即周人势力化及江汉的实证之一。又周武王九年"东观兵，至于盟津。……诸侯不期而会盟津者八百诸侯"〔7〕。此"八百诸侯"主要为叛商而归周的商之西土、南土方国和部族，其中无疑包括与周为盟的"南方诸侯之国"和"汝墳之国"。两年后，武王伐纣，"诸侯咸会"，地处汉江的庸、庐、彭、濮并在灭商之列〔8〕，是可说明。

《左传》昭公九年载周大夫詹桓伯回忆周初南方的疆土所至："及武王克商，……巴、濮、楚、邓，吾南土也。"又《礼记·乐记下》载："且夫武始而北出，再成而灭商，三成而南，四成而南国是疆。"今按，周武王灭商实只伐灭了商都及商王畿附近的部分商之附庸、与国，尚未在南方江淮地区开展大规模行动即病死，《左传》《礼记》言其"南土"或"南国是疆"，反映了武王克商以前周人在江淮地区的长期经营所奠定的基础，与《诗·国风》之《周南》诸篇的记载相印证。

---

〔5〕参阅王先谦《诗三家义集疏》卷一《关雎》。

〔6〕参阅《左传》桓公二年孔颖达《正义》引。

〔7〕参阅《史记·周本纪》，另详《尚书·泰誓》。

〔8〕参阅《尚书·牧誓》，《史记·周本纪》。

第二节 周代南土诸侯国概说

周代是我国数千年文明史上历年最长久的一个朝代，也是我国先秦时期一个极为重要的发展阶段。武王克商，建立了以周人为主体、有着广大疆域的新王朝，促进了中原华夏与其他民族的大融合，带来了社会的相对稳定，使生产关系发生了一定程度的变革，从而推动了生产力的发展，为政治、经济和文化各个方面的初步繁荣提供了有利条件。

西周初年，周王朝通过“封建亲戚”“并建母弟”“选建明德”的治国方式〔9〕，在全国各地建立了众多姬姓、姜姓以及其他异姓同盟的诸侯国，组成了以姬、姜两族为核心的统治集团，使周王朝的疆土和势力在商王朝的基础上得到进一步的扩大，初步形成了周代宗法封建制的政治体系。随着形势的发展、变化，周初以后对诸侯国虽有一些新的封建、调整和补充，但基本格局一直没有改变。

南阳盆地、淮河上中游地区，由于较好的自然环境，较高的经济、文化水平，以及地处南北政治、经济和文化交流枢纽的重要位置，一直受到周王朝的高度重视，在文王化行江汉汝坟的基础上，通过西周的几次大分封，周王朝不仅在这两个地区建立了一大批曾与周人有联盟关系或具有一定经济、文化水平的古老部族、邦国，如黄帝之后的谢、鄂，尧裔的房，舜枝的陈，颛顼之族的楚、蓼、番，以及历史悠久的邓、鄀等异姓诸侯，同时为了加强对整个淮河流域和长江中游的控制，又先后分封了一大批姬、姜诸侯于这一

〔9〕 参阅《左传》僖公二十四年、昭公二十六年和定公四年。

带，其中有“兄弟之国”的应、蔡，“汉阳诸姬”的随、唐，“周之子孙”的蒋、息、沈、道、项、顿、胡，以及“维周之翰”的王舅诸姜申、吕、许。此外，来自北方戎族支系的胡、弦和东夷集团的江、黄、樊、养等也相继在此间立国称“君”，从而形成了周代南土错综复杂的政治形势（参见图一）。

这些族属不一、流源各异、立国先后有别的南土封国，文献记载和铜器铭文常常称之为“南国”“南邦”“南诸侯”〔10〕，如《诗·大雅·崧高》以南土—南国—南邦并称，《常武》篇又以南国—淮浦与徐土对文。《国语·郑语》载西周末年周太史史伯对郑桓公说：“当成周者，南有荆蛮、申、吕、应、邓、陈、蔡、随、唐。”即体现了西周晚期南土诸侯国之概势。

作为周王朝政治体系中的重要组成部分，所有这些南土的诸侯国，与周王朝有着不同程度的联盟和从属关系，大都具有拱卫王室、服事天子的责任和义务，他们在长期的历史进程中，为南阳盆地、淮河上中游地区的早期开发和经济、文化建设奠定了初步的基础，作出了各自不同的贡献。

随着西周后期，特别是春秋时期周王室地位和力量的衰弱，诸侯兼并，霸业迭兴，所有这些周王朝南土的诸侯、封国，不断被楚国——这一王室系统源于北方、南迁江汉地区之后逐渐与不同民族广泛结合而兴起的强国所合并，最后全部汇入楚文化、楚疆域的范围，成为楚国历史、地理和文化的重要组成部分。

---

〔10〕“南国”之称见《诗·小雅·四月》和《大雅》之《崧高》《常武》诸篇，“南邦”见《诗·大雅·崧高》，“南诸侯”见铜器之《驹父盨》。

第二章

南阳盆地诸侯国历史地理与文化

第一节　邓　国

一、邓国的族姓

邓国的先族，成书于南宋的《路史·国名纪四》称为“仲康子国”，是夏后，为姒姓，同时又说“邓，曼姓”，然又在《后纪十》中言其为商后，即子姓。《广韵》卷四“邓”条同意“邓为商后”之说，而同为南宋时成书的《通志》则又主张邓是曼姓〔1〕，可见南宋时人对邓的来源已不大清楚了。从《路史·后纪四》中有关黄帝时有臣邓伯温，是当时战败蚩尤氏的主要人物之一的记载看，邓部族在氏族社会后期当已存在，并为黄帝部落的盟族。《庄子·徐无鬼》篇载：“舜有羶行，百姓说之，故三徙成都，至邓之墟而十有

〔1〕 参阅《通志·氏族略二》周异姓国“邓”条。

万家。”（文下着重号为引者所加，下同）“邓之墟”当即邓部族之故地、故墟，舜早期还曾移居过，说明邓部族应是中原氏族社会时期一个具有一定经济、文化水平的古族，夏商以前在黄河流域就有了广泛活动。

现有较早的文献一般认为邓是嫚姓〔2〕，以上古社会“因生以赐姓，胙之土而命之氏”〔3〕的传统分析，“嫚”当是源于其母系氏族族外婚时最初族名而来，“邓”应是其进入父系部族以后的称号。《潜夫论·志氏姓》篇云“曼姓封于邓，后因氏焉”当有一定道理。传世邓孟壶铭“邓孟作监旻隮壶”，史家多认为“旻”即邓姓之嫚〔4〕。近年来，河南平顶山市郊相继出土了四件邓公簋，器铭为“邓公作应嫚毗媵簋……”〔5〕，是一组邓国国君为其女子嫁往应国所作的媵器，“嫚”为邓国族姓十分明确，证明有关史籍记载和前人的考证是可信的。

关于邓国的族姓，二十世纪五十年代陈梦家先生曾据復公子簋铭“我姑邓孟媿”以及邓孟壶、邓伯氏鼎两件邓器出于陕西，认为“邓为媿姓，是西周之邓或在陕境”〔6〕，我们认为陈先生此论是值得

---

〔2〕参阅《左传》桓公七年《正义》引《世本》，桓公十一年杜预注和《国语·郑语》韦昭解皆云邓是曼姓，按，曼、嫚古通用。

〔3〕参阅《左传》隐公八年。

〔4〕参阅方濬益《缀遗斋彝器款识考释》（涵芬楼1935年影印本，以下简称“《缀遗》”）卷十三，页十七“邓孟壶”考释；郭沫若《两周金文辞大系图录考释》（科学出版社1957年12月新1版，以下简称“《大系》”）“邓孟壶”考释。

〔5〕参阅平顶山市文管会《河南平顶山市发现西周铜簋》，《考古》1981年第4期；平顶山市文管会《河南平顶山市又出土一件邓公簋》，《考古与文物》1983年第1期；张肇武《平顶山市出土周代青铜器》，《考古》1985年第3期。

〔6〕参阅陈梦家《西周铜器断代》（以下简称“《断代》”）“二、成王铜器”第33条“盂爵”考释，《考古学报》第10册，1955年。

商榷的。

传世復公子簋有三件〔7〕，各有铭文四行二十字：

復公子白舍曰敃新，作我姑邓孟媿媵簋，永寿用之。

復公子当即復国公子，字伯舍名敃新，器铭之“姑”应即《尔雅·释亲》“父之姊妹为姑”之姑，与《诗·泉水》“问我诸姑”、《左传》僖公十五年“侄其从姑”之姑同义。此簋是復国公子为其大姑嫁往邓国所作的媵器，“邓”为其夫方国名，“媿”应是復国族姓，而不是邓国之姓。古以女嫁曰归，妇方主人出于对婚姻之国的尊敬，在出嫁女子名字前冠以夫方国名，是周代铜媵器铭文中妇名称国的普遍形式，如：

楚王钟“楚王媵邛（江）仲㜪（芈）南和钟”〔8〕，是楚王为楚女适江所作的媵器，芈为楚之族姓，而江为其夫方国名。

上引邓公簋铭“邓公作应嫚毗媵簋”，“应”是嫚毗所适之夫方国名，“嫚”只能是邓国之姓，而不能作为应国之姓。

又宝□生鼎“宝□生作成媿媵鼎”〔9〕，是宝国人为其女子嫁往成国而作的媵器，“成”亦作“郕”，为周文王子之封国〔10〕，姬姓，“媿”自是宝国之姓，而器铭称“成媿”，与復公子簋称“邓孟媿”

〔7〕 参阅罗振玉《三代吉金文存》(中华书局 1983 年 12 月第 1 版，以下简称“《三代》”）8.9.2—3；吴式芬《攈古录金文》(1899 年吴氏刻本，以下简称“《攈》”）2.2.82。

〔8〕 参阅《大系》考 165：楚王钟。

〔9〕 参阅徐中舒主编《殷周金文集录》(四川人民出版社 1984 年 2 月第 1 版）第 830 器。

〔10〕 参阅《左传》僖公二十四年。

同例，“成”为夫方国名。陈先生对此未能详察，仅依復公子簋所称说邓为媿姓是不对的，应予以更正。

二、邓国的地望

西周以前的邓国所在，尤其是早期邓部族的活动地，文献记载不大清楚。西周时期的邓国，上引《左传》詹桓伯语将邓与巴、濮、楚等并称，可见西周初年邓国已在江汉地区；“安州六器”之一的中甗铭载周昭王南征，派大臣“中”到“方、邓”等地视察，唐兰先生认为“邓就是邓国”〔11〕，则昭王时的邓国已位于南阳盆地，与《左传》所载相合。

关于西周以来邓国的地望，历来众说纷纭。近年，吾师石泉先生曾综合各方面的材料做过详考，认为当在今襄樊市西北十余里的古邓城遗址，即同治《襄阳县志》所载“县城西北二十里，今城址尚存，高丈余，濠淤成田”的古邓城〔12〕，此说令人信服。

二十世纪七十年代以来，湖北省博物馆曾在古邓城遗址一带作过一系列的考古调查与发掘，为邓国故都的确定提供了可靠资料。近年，笔者几次前往实地调查、踏勘，也获得了一些具体认识和资料。城址呈长方形，方向北稍偏西，南北长约 800 米，东西宽 700 米左右，现存墙体宽约 20 米，残高 2—5 米，四角显得尤为突出，每面城墙正中各有一缺口，当为城门遗迹；城外南、北和西面三方护城河还清晰可辨，比四周农田低 1—2 米，东护城河虽经大规模的平整，其宽大的沟痕仍然明显。整个城址历经千载风雨，其轮廓仍十分清楚，数里之外便能望见高出地面几米的四周墙体。

〔11〕 参阅唐兰《论周昭王时代的青铜器铭刻》（上编）“中甗”考释，《古文字研究》第 2 辑（中华书局 1981 年 1 月第 1 版，下同）页 88。

〔12〕 参阅石泉师《古邓国邓县考》，《江汉论坛》1980 年第 3 期。

在城址内外，我们采集到一些周代的鬲足和口沿、豆盘、豆把以及盆、罐之类的器物残片，还发现部分绳纹砖、瓦等，就地面遗物观察，城址的时代当属周代至两汉，现存墙体有汉代以后补筑和复筑的现象。

位于邓城遗址以北八里左右的山湾、蔡坡土岗上，有两处较大的周代墓地，由于砖瓦厂历年取土，陆续出土了不少青铜器，较重要的有铭铜器有：

1981年，山湾出土一件侯氏作孟姬簋，器内有铭文三行十三字：

侯氏作孟姬簋，其万年子孙永宝。〔13〕

器作敛口、鼓腹、圈三足，兽形双耳、有垂珥，器口沿和圈足饰窃曲纹，腹部饰瓦纹，其形制、花纹与扶风齐家村出土的一套西周晚期瓦纹簋接近〔14〕，应为西周晚期器物。这件簋的出土，又为1979年襄樊市文管处收集的一件侯氏作孟姬簋〔15〕找到了归宿。两器形制、花纹、铭文字体完全一致，只是铭刻行文上有两字的差异，应是同人同时所作器，也均当出自山湾墓地。二器是侯氏为其夫人所作，铭称“孟姬”，自是某姬姓长女嫁于侯氏者，“侯氏”可能即邓

〔13〕 此资料为1984年笔者在襄樊市博物馆参观学习时，由该馆研究人员见示。

〔14〕 参阅陕西省博物馆、陕西省文物管理委员会编《扶风齐家村青铜器群》（文物出版社1963年1月第1版）图一六—一九。

〔15〕 参阅襄樊市文物管理处《湖北襄樊拣选的商周青铜器》，《文物》1982年第9期。

侯之宗族。

此外，襄樊市文管处还收集到两件邓公牧簋〔16〕，整个器型、花纹和铭文字体较上述侯氏簋略晚，当属两周之际遗物，也应出自山湾一带。这几件邓国铜器，尤其是西周邓器在邓城遗址附近的出土，是其为邓国故都的有力物证。

1974 年，山湾墓地出土了一件邓公乘鼎，鼎为子母口，圆鼓腹，圜底，方形附耳，兽蹄足弧弯外撇，盖面隆起，中部有环状抓手，器身、盖均饰蟠虺纹及绹索纹，器、盖同铭：

> 邓公乘自作飤緐，其眉寿无期，永保用之。〔17〕

鼎的形制呈江汉地区典型的“楚式鼎”作风，相比而言，略晚于河南淅川下寺 1 号墓出土的Ⅱ式鼎〔18〕，而又早于寿县蔡侯墓所出的同类鼎〔19〕，当属春秋晚期的前段。此器时代，上距楚灭邓约一个半世纪左右，所以不可能是嫚姓邓国的遗物，而应是楚器，器铭之“邓公”只能是楚之邓县县公〔20〕。此器的出土表明：楚灭邓后，即因邓之故地而设立邓县，与《左传》所载楚灭息后即因其地而设息

---

〔16〕 同注〔15〕。

〔17〕 参阅杨权喜《襄阳山湾出土的鄀国和邓国铜器》，《江汉考古》1983 年第 1 期。

〔18〕 参阅河南省博物馆《河南淅川下寺 1 号墓发掘简报》，《考古》1981 年第 2 期。

〔19〕 参阅安徽省文物管理委员会等《寿县蔡侯墓出土遗物》，科学出版社 1956 年 12 月第 1 版。

〔20〕《左传》庄公三十年载有“申公斗班”，杜预注：“申，楚县也，楚僭号，县尹皆称公。”是为明证。

县的情形一致。

楚邓县县公之器出于山湾，说明附近的邓城遗址即楚之邓县所在地，楚邓县当沿邓国故都而来，从而又佐证邓城遗址为邓国故都是确切不误的。邓公乘鼎的出土，也补充了文献对楚于邓地置县的失载，对研究楚国的民族政策和县制的形成及发展，提供了一条重要材料。

1972—1973年，湖北省博物馆在山湾一带清理了33座东周墓，其时代约从春秋中叶到战国晚期〔21〕。

1973—1974年，又在蔡坡一带先后清理了12座东周墓，大都属战国〔22〕。

从这几批墓葬的文化性质观察，基本上属于楚墓或楚文化墓，从其时代上下限看，当是楚灭邓以后至秦拔鄢、邓以前楚国邓县的臣民墓葬。这几批墓葬的发掘又对古邓城为邓国故都、楚邓县所在增添了可信的实物证据。

这里，对陈梦家先生关于西周之邓在陕境的说法应作点辨析。

西周时的邓国所在，在周之南土的南阳盆地内，文献记载和实物资料均提供了一系列可靠的证据，古邓城遗址的存在更充分说明了这一点，陈先生对有关邓国的史实未作全面分析，仅依据两件邓器出于陕西，便把西周时邓国定在陕西是欠妥的。诸侯国乃至王室重器或因礼仪赠馈、婚丧嫁娶、战争流失，出于异地他乡是极为常

〔21〕 参阅湖北省博物馆《襄阳山湾东周墓葬发掘报告》，《江汉考古》1983年第2期。

〔22〕 参阅襄阳首届亦工亦农考古训练班《襄阳蔡坡12号墓出土吴王夫差剑等文物》，《文物》1976年第11期；湖北省博物馆《襄阳蔡坡战国墓发掘报告》，《江汉考古》1985年第1期。

见的事，如应国铜器出于江西，徐国铜器出于山西，吴国铜器出于北京〔23〕，等等，特别是铜媵器，随女带往他国更是理所当然，所以，我们不能单凭出土地点来断定器物的国属。同时，出于陕西的邓孟壶铭“邓孟作监曼隮壶”又清楚地表明为嫚姓邓国的遗物，其本身就是对陈先生媿姓邓国说的一个否定。既为嫚姓邓国，则其西周时就不可能在陕西境内，而只能在今南阳盆地南部的古邓城遗址，陈先生以西周时邓在陕西的说法是不符合事实的。陈先生所言两件邓器，都应是邓人嫁女之媵器，出于陕西，说明西周时期邓国与关中地区的密切往来和婚姻关系。

三、邓国的历史与文化

据成王时的盂爵记载“隹王初桒于成周，王令盂宁邓伯，宾贝，用作父宝隮彝”〔24〕，周成王初到成周就派大臣盂来安抚邓伯，一方面说明周初周、邓之间有着某种特殊的关系往来，铭称“邓伯”，与宣王时封于南阳的“申伯”相同，“伯”既为行辈称，亦是当时经理南方之国的“侯伯”之意〔25〕，可见邓在周王室及其南土的较高地位。另一方面也反映当时的邓国应在成周以南，否则，以宗周为根本的成王是不必初到成周就派盂去安抚邓伯的。

上述“安州六器”之一的中甗载昭王南征时派大臣中到邓地视察，说明邓国是周王朝在南土的重要据点之一。

传世觑鼎有铭文四行二十字，大都已残，略有数字可辨。

---

〔23〕 参阅朱心持《江西余干黄金埠出土铜甗》，《考古》1960年第2期；张颔等《庚儿鼎解》，《考古》1963年第5期；北京市文物组《海淀区发现春秋时铜器》，《文物参考资料》1958年第5期。

〔24〕 参阅《大系》考49：盂爵。

〔25〕 参阅《诗·大雅·崧高》及郑氏《笺》。

邓仲获□贝□叡用作厥□□宝……[26]

第一字是“邓”，第二字不甚清晰，似为“仲”，全铭虽不能通读，但文意大体可知，铭称“邓仲”，显与邓国有关，应是邓器。

此器体作方形、平折沿，两耳立于沿上，鼎体四角出扉棱，四柱足较高，口沿下饰带状云雷纹。从形制、花纹和铭文字体看，要早于扶风齐镇出土的属于昭穆之际的不指方鼎[27]，应为西周早期器物。

1984 年，陕西长安张家坡西周井叔墓地 163 号墓中，出土了两件邓仲牺尊[28]，器型奇特，制作精美，亦为邓器。根据墓葬分布和骨架鉴定，《简报》认为该墓为井叔妻室墓，年代约在懿孝时期，牺尊时代还要更早一些，从器物形制和铭文字体分析，应在西周中期偏早的穆王前后。“邓仲”当是嫁到井叔家族的邓女，由此亦见邓国与关中地区的联系。

平顶山市郊先后出土的四件邓公簋，都在方圆几米的范围之内，形制、花纹、铭文字体和内容一致，可能是应国夫人应嫚之墓的随葬品，周永珍先生定其为西周孝夷时器[29]，是正确的。应国是周武王子的封国[30]，其国都在平顶山市西的滍阳镇一带，周文有考，不赘述。

---

〔26〕 参阅刘体智《善斋吉金录》(1934 年石印本，以下简称“《善》”) 3.10。

〔27〕 参阅周文《新出土的几件西周铜器》,《文物》1972 年第 7 期。

〔28〕 参阅中国社会科学院考古研究所沣西发掘队《长安张家坡西周井叔墓发掘简报》,《考古》1986 年第 1 期。

〔29〕 参阅周永珍《西周时期的应国、邓国铜器及地理位置》,《考古》1982 年第 1 期。

〔30〕 参阅《左传》僖公二十四年。

上述復公子簋，从铭文字体分析，与平顶山所出邓公簋同时或略晚，当属西周中晚之际或略偏后。铭文表明邓国与復国通婚，復之地望现已不能确考，从其为媿姓来看应来自北方〔31〕。可见邓国的对外联系和姻族关系是十分广泛的。

《大系》共收录三件邓器〔32〕，其中邓伯氏鼎铭云：

唯邓八月初吉，伯氏姒氏作□嫚昊媵鼎，其永宝用。

鼎作平折沿、立耳、圜底、中腹，下附三兽蹄足，与周宣王时期的毛公鼎极为相似〔33〕，时代当相去不远。此为伯氏姒氏嫁女之媵器，出于陕西，或与夫国地理有关。“伯氏”当为邓之宗枝，其妻姒氏，当为夏后的杞、缯之女适邓者。

又，邓公簋铭为：

隹邓九月初吉，不故屯夫始作，邓公用为屯夫人障誋簋。

郭老认为“不故”当指山东一带的薄姑氏，也与邓国联姻。

邓孟壶铭载邓女适监故称“监曼”。据传世新宫叔硕父鼎曰“新宫叔硕父、监姬作宝鼎”〔34〕，新出南申伯太宰簋曰“作其皇祖

---

〔31〕据《汉书·地理志》和《水经·淮水注》，汉南阳郡内有復阳县，汉初曾置復阳侯，其附近有復山、復水，古復国或在此一带。

〔32〕参阅《大系》考176—177。

〔33〕参阅《大系》图23，录131，考135。

〔34〕参阅《捃》2.2.79，从铭文字体观之，此鼎时代约当两周之际或春秋初年。

考夷王监伯隮簋”[35]，则监为姬姓无疑，出自周之王族，壶出陕西，或与监之所在相关。邓公簋和邓孟壶，周永珍先生定为西周晚期器物，可信。

传世另有一件邓公午簋，有铭文三行十九字：

邓公午□自作餗簋，其万年子子孙孙永寿用之。[36]

器铭笔画较粗，行文草率，从“邓”字右边从“邑”来看，要晚于上引襄樊市文管处收集的邓公牧簋，当属春秋早期器物，“邓公午□”或即《左传》所载的“邓侯吾离”，时代、人名均相近。

以上材料表明，有关西周中晚期至两周之际邓国史实的铭文材料较多，说明此阶段是邓国历史上的繁荣时期。西周时的邓国，与周王室及姬姓族团婚姻密切，关系特殊，先后与井（即邢）、应、监等联姻，并且还与媿姓的復、嬴姓的蒲姑氏以及夏后的姒姓之国通婚，这一方面反映了邓国对外的广泛联系，同时也说明其较强的实力，是一个具有一定影响，有较高政治、经济、文化水平的南方大国。

分析铭文内容，我们还可看到邓国内部的某些史实。《盂爵》称“邓伯”，当反映周初封邓的实际爵称和地位，其后邓国出现的“邓伯氏”应是某代邓伯之宗枝，“侯氏”亦应即某侯之后。至迟从西周中期后段开始，邓君一律称“公”，如西周中期后段的邓公作应嫚簋、西周晚期的邓公作屯夫人簋和邓公牧簋，以及春秋早期的

---

〔35〕 参阅李学勤《论中爯父簋与申国》，《中原文物》1984 年第 4 期。

〔36〕 参阅吴大澂《愙斋集古录》（涵芬楼 1918 年影印本）第 12 册页 11 上；又见《三代》7.48.1。

邓公午簋等四代邓公之器，先后关系大致可辨，邓君这种称谓关系的变化，体现了邓国国势的不断强大，独立性增加，周王朝势力的衰弱，对诸侯逐渐失去了控制能力。

进入春秋以后，据《左传》记载，郑庄公和楚武王夫人都是邓女〔37〕，可见春秋初期的邓国仍与北方强国郑和南方新起的楚有着婚姻关系。

《春秋》桓公七年（公元前705年），邓侯吾离前往鲁国访问，《经》《传》称为“邓侯”，与“汉阳诸姬”的随、唐等列，而与视为夷邦的“楚子”“巴子”“郧人”等区别明显，反映了邓国在周室中的地位和关系。

鲁桓公九年，由于邓南鄾鄾人杀了聘邓的楚国大夫和巴国行人，招致楚巴联军伐邓，结果邓师大败，使邓国的形势急转直下。鲁庄公六年（公元前688年），楚文王伐申经过邓地，曾受到邓祁侯的招待，邓大夫要趁机杀楚文王，为邓侯所阻。次年，楚文王伐邓，庄公十六年，邓终为楚灭。

关于春秋早期的邓国国势，石泉先生做过分析，从桓公七年的邓侯访鲁，桓公九年楚巴联兵伐邓，经过几次进退才打败邓师的史实来看，说明邓国是这一带具有一定文化经济水平和军事实力的重要国家。为楚所灭，一方面是楚国势力的迅速增长，急于北上争霸；另一方面是邓国所处地理位置的重要性，因而成了楚人北上中原时首先合并的对象〔38〕。石先生的这些分析符合当时楚、邓两国的实际。

---

〔37〕参阅《左传》桓公十一年、十三年。

〔38〕参阅石泉师《古邓国邓县考》，《江汉论坛》1980年第3期。

邓国位于汉水北岸、南阳盆地南端、唐白河和汉水的冲积平原上，是一片肥土沃壤，也是沟通南北交通、连接江淮和巴蜀的重要枢纽，周初封邓于此，显然是有一定的政治目的和精心安排的，所以在楚国初步强大向北发展之时，作为楚之姻族的邓国乃首当其冲地成为楚所兼并的目标。从楚国的发展战略来看，也必须先灭邓国，控制这一交通要津，然后才能向北、向东大力发展。

关于邓国的文化。邓是个历史悠久、具有一定文化水平、在南阳盆地和江汉地区较为先进的古国，邓国铜器的形制、花纹以及铸造工艺、铭文风格各个方面，均具有较高水平，浓厚的中原文化特色，如西周早期的𫊣鼎，体方、四角出扉、饰带状云纹；后期的邓公簋，瓦纹、环耳、圈足，以及西周晚期的邓伯氏鼎、邓公牧簋等，均为周文化中各个时期具有特色的标准器。从器类看，目前所见有铭邓器主要为鼎、簋、壶，这正是周文化礼制特点的器类组合。邓国文化与姬周文化这种高度的一致性，在周边列国中是不多见的，反映了邓与中原各国以及周王室之间较深的历史、文化关系，或于西周以前其长期活动在中原，本身就具有深厚的中原文化基础，西周时期，邓国与中原诸国频繁的联姻通婚，当即这种文化关系的继续。春秋初期，邓又与郑、楚等国有婚姻往来，邓国女子且在郑、楚国内参与政事，表现出较高的见识和才能，即体现了邓文化的深厚基础。

再从邓伯氏鼎“隹邓八月”、邓公簋“隹邓九月”的材料分析，至迟在西周晚期，邓国当有了与“周正”有别的自身正朔系统。一般认为，春秋时期除晋用夏正之外，各诸侯国多用周正，邓国于西周晚期就有其自身的正朔系统可行，与器铭一律称“公”相呼应，这一方面是周王室衰落的某种表现，另一方面也反映出邓国当时较强的实力和较高的经济、文化水平。从历史的角度分析，西周时期的邓国比起“辟在荆山、筚路蓝缕”“封以子男之田”〔39〕的楚国来说，确实要进步、发达得多。

春秋早期，楚国迅速发展起来，较早地灭了邓国，开辟了向北、向东扩展的道路，这固然说明了新兴楚国的强大和邓国国势的衰落，但同时也不能忽视邓国在这一地区的长期开发所奠定的经济、文化基础，楚于邓地设县，除利用其优越的地理位置以外，邓国原有的政治、经济、文化方面的先进因素对楚国政治、经济的发展以及楚文化的形成，必然产生不同程度的影响，注入一定的新鲜血液。

第二节　鄂　国

一、早期鄂国历史及地望

《战国策·赵策三》“秦围赵之邯郸”章载鲁仲连曰：

> 昔者，鬼侯之鄂侯、文王，纣之三公也。鬼侯有子而好，故入之于纣。纣以为恶，醢鬼侯。鄂侯争之急、辨之疾，故脯鄂侯。文王闻之，喟然而叹，故拘之于牖里之库，百日而欲舍之死。

《史记》之《殷本纪》《鲁仲连列传》所载相同，《策》文之“鬼侯”，《史记》作“九侯”，九、鬼乃一音之转。这段记载表明：

---

〔39〕参阅《左传》昭公十二年和《史记·楚世家》。

（1）鄂于商末已经称“侯”，其立国当更在此前；（2）鄂侯出任纣之“三公”之一，说明鄂在商王朝中的特殊地位和臣属关系，由此可见鄂是商代一个颇有声望和实力的古国。

商代之鄂，《史记·殷本纪》裴骃的《集解》引徐广曰：“（鄂，）一作邘，音于，野王县有邘城。”认为鄂即邘，地在六朝晋宋野王县（即今河南沁阳县）境内之故“邘城”。然同为裴骃的《集解》，其于《史记·鲁仲连列传》又引徐广曰：“鄂，一作邢。”两说不一。今本《竹书纪年》从鄂即邘之说，称鄂侯为“邘侯”，曰：“（帝辛）命九侯、周侯、邘侯。”并系其事于帝辛元年或二年〔40〕。以鄂作邢，徐广或本自西晋皇甫谧的《帝王世纪》，是书云：“邢侯为纣三公，以忠谏被诛。”〔41〕所言邢侯之事，与《战国策》和《史记》所载鄂侯情形相合，故徐广又有“鄂一作邢”之说。

今按：徐广两说均可疑。其一，鄂、邘、邢三字虽古音相近，然形体区别甚明，无由致误；其二，据《史记·周本纪》记载，商代晚期，周文王为剪除商之羽翼而“伐邘”（亦见《韩非子·难二》，“邘”作“盂”），则邘为商代与鄂并存的诸侯之一，两者不能混同。西周时期，鄂国尚存，而邘为“武之穆”、邢为“周公之胤”〔42〕，三国并为周王朝的重要诸侯，更不能将其混为一谈。徐广关于鄂一作邘、又作邢之说不可信。《帝王世纪》之“邢”或为

---

〔40〕参阅王国维《今本竹书纪年疏证》，附方诗铭等《古本竹书纪年辑证》（上海古籍出版社 1981 年版，下同）之后。

〔41〕《帝王世纪》其书已佚，此条见《史记·项羽本纪》“都襄国”句下《正义》引《括地志》曰。

〔42〕参阅《左传》僖公二十四年。

“邘”字之形误，然其说亦当有混。

甲骨卜辞中，鄂作噩（金文亦同，为统一起见，文中皆隶作“鄂”）、邘作盂（与《韩非子》所载相同），两者多为地名，虽常并称，但分为两地是十分明显的，如“……二田鄂、盂，有大雨”（《粹》968）即为明证。

卜辞之盂，应是史载周文王所伐之盂，诸家认为即《左传》僖公二十四年邘、晋、应、韩之邘〔43〕，地在今河南沁阳县西北二十余里、沁水以北的清代邘台镇一带〔44〕，原为商之诸侯，后遭周文王征伐，武王灭商后，周成王封其弟于邘而建立了姬姓邘国，与盂邻近之鄂则亦当在今沁阳附近地带。李学勤先生认为“鄂在沁阳”，位于盂的邻侧而偏东〔45〕，较为可信，其地望大致不出今沁阳县城或略偏南一带。此鄂应即《史记·殷本纪》所载纣时三公之一的鄂侯之国所在，为商代后期商王室在沁水流域的重要据点之一。裴骃的《集解》所引徐广关于鄂一作“邘”，又作“邢”的说法虽不可尽信，但其认为商之鄂侯在沁水下游地带，是有见地的，或因商鄂之地西周时期并属姬姓邘国所有而将两地混一。

二、西周鄂国铜器分析

文献关于古代鄂国的情况记载极少，尤其是商代末年，作为纣

---

〔43〕 参阅王国维《殷墟卜辞所见地名考》，《观堂集林》（中华书局1959年6月第1版，下同）第4册，页1154；陈梦家《殷虚卜辞综述》（中华书局1988年1月第1版，下同）第八章：方国地理。

〔44〕 参阅《左传》僖公二十四年杜预注；《史记·周本纪》“伐邘”句下《正义》引《括地志》云；《大清一统志》（嘉庆本，下同）卷二〇三，怀庆府古迹“邘城”条。

〔45〕 参阅《殷代地理简论》（科学出版社1959年1月版，下同）第一章第五节和第二章第六节。

之三公之一的鄂侯因谏商纣王被杀之后，鄂国、鄂侯不再见于记载，但传世和近年收集和出土的西周有铭铜器中，有些属于古代鄂国之器，为我们研究西周鄂国的族属、历史地理及其与周王朝的关系提供了第一手资料。

（一）鄂叔簋

二十世纪五十年代上海市博物馆收集，通座高18厘米，口饰圆涡夔纹，足饰饕餮纹，方座饰鸟纹，有铭文两行六字：

鄂叔作宝隮彝。〔46〕

整个形制与西周武王时期的大丰簋相近〔47〕，如均为四兽形耳侈出口沿以上，下各有一珥，底有方座，但器腹较大丰簋要浅，圈足要高，这种风格又恰与康王时的宜侯夨簋一致〔48〕，腹部和圈足纹饰也与夨簋雷同，比较而言，鄂叔簋要略晚于大丰簋而早于宜侯夨簋，时代应以成王或康王初年合适。

此器铭文和风格表明：（1）鄂叔在西周初年仍在作器，从而使我们了解到商代末年，鄂侯被杀之后，特别是经过周人灭商的社会大动荡后，鄂部族又作为周之封国立于诸侯之林。（2）方座、四耳带小珥的簋，不见于商代，而是西周初年周人铜器的典型形制，鄂叔簋所体现的这种风格，说明周初鄂族与周人联系较密切，文化水平有较多的一致性。

---

〔46〕 参阅上海市文物保管委员会《近年来上海市从废铜中抢救出的重要文物》，《文物》1959年第10期。

〔47〕 参阅《大系》图254，考10。

〔48〕 参唐兰《宜侯夨簋考释》，《考古学报》1956年第2期。

（二）鄂季奞父簋

亦为上海博物馆所收集。器作敛口、深腹微鼓，两兽首形耳，颈部一周细雷纹，失盖，圈足较直，器内壁有铭文两行八字：

> 鄂季奞父作宝障彝。[49]

此器时代，未见说明，其腹部、圈足和双耳带珥的形制与昭王时的夨令簋相近似，颈部纹饰更近于成王时期的禽簋，这种由细雷纹组成的兽面形带纹，主要流行于西周早期及其以前，西周中期就不多见了；再结合铭文笔画波磔明显、首尾出锋，“宝”字所从之“贝”分为两半作原始贝形的情况来看，此器约当西周早期的康、昭时期。

（三）鄂侯弟历季诸器

二十世纪五十年代末、六十年代初，上海博物馆收集到一件铜卣，侈口、束颈、垂腹、圈足、有盖，盖顶有喇叭形捉手，器颈有两个对称的半环耳，腹置一兽首形鋬，器、盖同铭两行八字：

> 鄂侯弟厤（历）季作旅彝。[50]

与之同时或稍晚，洛阳市博物馆也收集到一件铭文簋，子母口微敛，腹微鼓，圈足，腹部有两个对称的半环耳，失盖。内底有铭文两行八字，与上器相同[51]。此器与鄂季奞父簋相比，异同各

〔49〕 参阅马承源《记上海博物馆新收集的青铜器》，《文物》1964 年第 7 期。
〔50〕 同上注。
〔51〕 参阅张剑《洛阳市博物馆馆藏的几件青铜器》，《文物资料丛刊》（3）。

半，如器壁均较薄，腹部相似，颈部都饰精细雷纹，铭文字体相近；不同的是此器为子母口，腹较浅，圈足外张，较鄂季奞父簋略晚。

1975年，湖北随州安居羊子山出土了一批西周青铜器，其中一尊作侈口、长颈，腹部略垂，圈足，腹部一兽首鋬，兽尾上卷，器身有四道弦纹，内底有铭文两行八字〔52〕，与上两器一致。

这三件鄂器同为鄂侯之弟历季所作，应为同一组礼器中的几件。此组器物的时代，张剑先生定为西周前期器物，当是。如尊与山东黄县归城小刘庄所出昭王时的启尊接近〔53〕，卣与宋代出土的"安州六器"之一的中觯形体极近，只是中觯未饰弦纹和兽鋬而已。中觯的时代，郭沫若先生定为成王〔54〕，唐兰先生定为昭王〔55〕，都在西周早期。再从器物组合来看，簋、尊、卣等器的组合形式，一般少见于西周昭穆以后，即是尊、卣等类器物，穆王以后也不多见了；另卣的侈口承盖、簋的带状精细雷纹等均为西周早期及其以前作风，器物的垂腹形制又是昭穆时期较为突出的风格，但簋作子母口、腹部变浅，又是昭王以前所少见的，因此，我们认为将此组器物定于西周早中之际的昭穆时期较合适。

历季组铜器的发现和分析表明：其一，历季尊在湖北随州羊子山一带的出土，不仅为上海、洛阳两地收集的同铭簋、卣找到了归宿，同时也为我们探讨西周鄂国的地望提供了可参的线索。其二，

〔52〕参阅随州市博物馆《湖北随县发现商周青铜器》，《考古》1984年第6期。

〔53〕参阅齐文涛《概述近年来山东出土的商周青铜器》，《文物》1972年第5期。

〔54〕参阅《大系》图202，考18。

〔55〕参阅唐兰《论周昭王时代的青铜器铭刻》，《古文字研究》第2辑。

西周早中之际的鄂君称“鄂侯”，说明西周鄂国应是商代鄂国的延续和发展。

（四）鄂侯驭（御）方鼎

以前曾有著录，不少学者作过研究〔56〕，1949年后，此鼎又为上海博物馆收集〔57〕。鼎作平沿、立耳、深腹，颈饰一周顾龙纹，三足上部饰兽面纹，下端略见兽足倪端，共有铭文十一行八十六字，记载周王南征淮夷之角、鄱后还在坯地，鄂侯御方纳献于天子，并与周王同宴、会射，周王赏赐鄂侯玉、马、矢等物，鄂侯为感谢天子之赐，而作鼎铭载。从鼎铭内容分析，周王南征回师的路上受到鄂侯朝见，并与之共宴、会射，说明此时鄂国当为周王所经之地，应在周京以南，同时反映此间鄂与周王朝关系尚好。

此鼎时代，郭沫若主夷王，徐中舒、陈佩芬先生定于厉王〔58〕，唐兰先生系于穆王〔59〕。今按，从鼎之深腹、圜底的形制和饰顾龙纹的特征看，穆王说过早，厉王说似又偏晚，应为西周中期偏晚的孝、夷时器，以郭老之说为接近。

（五）鄂侯作王姞簋

传世有三件，两器一盖，均有铭文两行十七字：

鄂侯作王姞媵簋，王姞其万年子子孙永宝。〔60〕

---

〔56〕参阅《大系》录90，考107“鄂侯鼎”。

〔57〕参阅陈佩芬《上海博物馆新收集的西周青铜器》，《文物》1981年第9期。

〔58〕参阅徐中舒《禹鼎的年代及其相关问题》，《考古学报》1959年第3期；另参上注陈佩芬文。

〔59〕参阅唐兰《西周青铜器铭文分代史征》（中华书局1986年12月版，下同）附件一：穆王时器。

〔60〕参阅《三代》7.45.3—5。

这是鄂侯嫁女于周天子为王妃之媵器中的几件，鄂侯之女字“王姞”，按古代“妇人称国及姓”[61]的礼制和媵器称字的习惯，鄂为姞姓，是黄帝部族的十二姓之一[62]，乃上古社会以来一直活动于中原地区的古老族系。据《左传》宣公三年载“姞，吉人也，后稷之元妃”，《潜夫论·志氏姓》篇亦曰“姞氏女为后稷之妃，繁育周先”，则同为黄帝集团的姬、姞两族，世为婚姻，因而周人认为“姬、姞耦，其子孙必蕃”，杜预曰“姞姓宜为姬配耦”[63]。鄂嫁女于周为王妃，实为周、鄂关系长期较密的反映，同时也证明郭老关于西周鄂侯“当即殷末之后裔”[64]之说是可信的。

此簋器作子母口、圈足、鼓腹、口沿下饰两周重环纹，圈足亦饰重环纹，腹饰瓦纹，两兽耳，有珥，郭老定夷王时器，唐兰先生主穆王说[65]，应以郭说为长，与鄂侯御方鼎大致同时。

（六）禹鼎

宋代曾有著录，但文字残损较多，颇难通读，郭老作过考释[66]。二十世纪四十年代，陕西又出土一件同铭鼎，是关于鄂国史实及其地理的一篇重要铭文材料，铭载：

……亦唯鄂侯御方率南淮夷、东夷广伐南国、东国，至

[61] 参阅《史记·周本记》司马贞《索隐》。

[62] 参阅《国语·晋语四》，《潜夫论·志氏姓》。

[63] 参阅《左传》宣公三年及杜预注。

[64] 参阅《大系》录90，考107“鄂侯鼎”。

[65] 同上注，并参阅唐兰《西周青铜器铭文分代史征》附件一：穆王时器。

[66] 参阅王俅《啸堂集古录》（中华书局1985年6月版，以下简称“《啸》”）上13；《大系》考108。

> 于历寒。王乃命西六师、殷八师曰“裂伐鄂侯御方，无遗寿幼”……雩禹以武公徒御至于鄂，敦伐鄂，休获厥君御方……〔67〕

鼎铭记载鄂侯率南淮夷、东夷反周，侵伐周之南国、东国，因而周天子下了彻底消灭鄂侯御方，连其国内老少也一并剪除的诏令，遣主帅武公率西六师、殷八师伐鄂，部将禹则率领武公私属徒御一举攻下鄂都，俘虏了鄂君御方，因而作器铭功。

通过鼎铭可见：（1）此铭之鄂侯御方与上述鄂侯鼎之鄂侯乃同一人，时代当相去不远；（2）鄂乃周之婚姻旧族，两者关系一直好，文化联系较多，而此时鄂侯率南淮夷和东夷反周，由同盟一下子变为敌对势力，其中定有原因可寻；（3）鄂为夏、商以来之古国，具有较强的实力和较深的文化基础，此次反周，受到征伐，周师直入其都，并生俘鄂君，说明打击之大。此后未再见鄂国铜器出现，可能周天子“无遗寿幼”的征讨令得到贯彻实行，鄂为周师所灭，或者惨遭重创，其后国族衰弱、离散，无力立于诸侯之林。

禹鼎的年代，有夷王、厉王、孝王三说〔68〕，结合器物形态和相关史实，我们认为应以夷王为是，这当是鄂国衰亡的确切年代。

---

〔67〕 参阅郭沫若《禹鼎跋》,《光明日报》1951 年 7 月 7 日；另参阅徐中舒《禹鼎的年代及其相关问题》,《考古学报》1959 年第 3 期。

〔68〕 厉王说见徐中舒《禹鼎的年代及其相关问题》,《考古学报》1959 年第 3 期；孝王说见唐兰《西周青铜器铭文分代史征》“孝王”铜器；夷王说见《大系》考 108 和刘翔《周夷王经营南淮夷及其与鄂之关系》,《江汉考古》1983 年第 3 期。

三、鄂国地望及其与南淮夷关系探讨

二十世纪五十年代，徐中舒先生在系统研究禹鼎铭文时，认为西周鄂国的地望应如《楚世家》之《正义》所说，位于南阳盆地内的西鄂故城，其后马承源、张剑和黄盛璋等先生均同意此说〔69〕，而陈佩芬先生认为鄂国应在东鄂，即今湖北鄂城一带，近年刘翔先生亦对西鄂说提出质疑，并引《读史方舆纪要》为证，力主东鄂说〔70〕。结合相关史实和西周时期的形势分析，我们认为鄂国地望还是应以西鄂说为是。

其一，从禹鼎铭载“鄂侯御方率南淮夷、东夷广伐南国、东国”看，“南淮夷、东夷”当指居住在淮河中下游和淮泗一带东夷集团的各个族邦，鄂侯率他们反周而伐南国、东国，说明鄂与他们联系较多，来往方便，并对周王朝带来极大的威胁。若鄂国在今之鄂城，位于长江以南，则与淮泗流域相距较远，中隔长江天堑，联系极为不便。

其二，鄂侯御方鼎载周王南征伐角、鄱，回师在坯时，鄂侯拜见周王，并与王同宴、会射，说明鄂应位于周王回师之途中。角、鄱，马承源先生考证为淮河中下游两岸的邦域〔71〕，若鄂在东鄂，则与周王归途毫不相及，鄂侯何得远至坯地朝见天子呢？若在南阳盆地的西鄂，则周王回师沿淮而上达南阳盆地，然后出方城或三鸦

---

〔69〕 参阅徐中舒《禹鼎的年代及其相关问题》,《考古学报》1959年第3期；马承源《记上海博物馆新收集的青铜器》,《文物》1964年第7期；张剑《洛阳市博物馆馆藏的几件青铜器》,《文物资料丛刊》(3)；另参黄盛璋《朴君述鼎国别、年代及其相关问题》,《江汉考古》1981年第1期。

〔70〕 参阅陈佩芬《上海博物馆新收集的西周青铜器》,《文物》1981年第9期；刘翔《周夷王经营南淮夷及其与鄂之关系》,《江汉考古》1983年第3期。

〔71〕 参阅马承源《关于翏生盨和者减钟的几点意见》,《考古》1979年第1期。

路回洛阳，或西北经武关道回宗周均为便途。

由此可见，西周鄂国不可能远在长江以南的今之鄂城一带，应在南阳盆地内的西鄂故城，即西汉之西鄂县，约在今河南南阳市北四十余里、白河（古淯水）西岸一带〔72〕，这里位于南阳盆地北部、成周以南，鄂侯率淮夷反周，引起周天子如此震惊而倾兵灭鄂，亦说明鄂之位置十分重要。若在东鄂，对周室的威胁则要小得多，周师伐鄂，直捣其都并俘获鄂侯御方也非易事。

鄂国原在黄河以北，何时、因何故南迁于南阳盆地，史乘无证，但从商鄂故地周围于周初即分封了姬姓的邘、雍和己姓苏国的情况分析〔73〕，可能在成王初年或更早，鄂部族即离开了其沁阳故地而南迁。

据《元和郡县志》记载，唐代缑氏县东南三十七里有“鄂岭坂”，并引《晋八王故事》曰“范阳王保于鄂坂”，六朝时并于此设鄂坂关，西晋以来一直为军事要冲〔74〕，地在今河南偃师县东南、与登封县交界处〔75〕，今人杨伯峻先生认为即《左传》昭公二十三年单子伐尹所从之“阪道”〔76〕，则春秋时鄂岭坂即为东都东南之要塞。此“鄂岭坂”“鄂岭关”正位于沁阳至南阳盆地之间，很可能

〔72〕 参阅《水经·淯水注》;《读史方舆纪要》(以下简称“《方舆纪要》”)卷五一，河南六，南阳府南阳县“西鄂城”条。

〔73〕 邘、雍之封见《左传》僖公二十四年及杜预注；苏之封见《尚书·立政》及伪孔《传》和孔颖达《疏》。

〔74〕 参阅《晋书》卷五九《赵王伦传》。

〔75〕 参阅《元和郡县图志》(以下简称“《元和志》”)卷五，河南道一，河南府缑氏县“鄂岭坂”条;《大清一统志》卷二〇五，河南府山川“鄂岭坂”条。

〔76〕 参阅杨伯峻《春秋左传注》(中华书局 1981 年 3 月版，下同)昭公二十三年注。

与鄂族南迁在这一带暂住以作为中转之地有关。再结合湖北随州出土鄂侯弟历季尊的情况来看，至迟在西周早中之际的昭穆时期，鄂国当已立国于南阳盆地，则鄂族由沁阳故地经鄂岭坂再进入南阳盆地均不晚于西周早期。

鄂国进入南阳盆地后，北靠伏牛山，南与谢国为邻，西与楚、鄀相接。其北出三鸦路直达成周，西经武关道直达宗周，东出方城丘陵地即控淮域，南下淯水入江汉，是南土最为理想的立国之地。

西周时期，周王室十分重视对南土的经营，一方面出于这一带地理位置的重要性，另一方面也是由于这一带众多异姓诸侯与周王室的关系多不稳定，时而相安，时而相侵，鄂国的南下、立国于南阳盆地，当与同为黄帝之后的任姓谢国一样，是周王朝为加强南土屏障、控制江汉地区和淮河流域而作的重要部署之一。徐中舒先生认为“鄂为申伯就封以前，周王室即倚以控制南淮夷东夷诸国，王因与鄂通婚以宠异之”〔77〕，是正确的。西周夷王以前，王室力量较强，周鄂关系尚好，故在周室控制南淮夷和东夷的斗争中，鄂国为周在南土的一支重要力量；周夷王时，王室逐渐衰弱，诸侯或相侵伐，独立性增强〔78〕，作为南方诸侯之强的鄂国，在王室势力削弱、诸侯争强的形势下，一反过去俯首称臣的局面，联络素与周室关系不和的南淮夷、东夷，侵伐南国、东国，以展示其地位和实力。

鄂与南淮夷、东夷的联合，不但使周王朝对东南地区的控制失

〔77〕 参阅徐中舒《禹鼎的年代及其相关问题》，《考古学报》1959 年第 3 期。

〔78〕 参阅《史记》的《周本纪》和《楚世家》。

去了平衡，而且鄂国所处的地理位置又直接威胁着周王朝的安全，不得不引起王室的高度重视，以致周夷王令西六师、殷八师全面出击，裂伐鄂侯，无遗寿幼，并一举灭亡了鄂国，以从根本上消除对周室的威胁和危害。

鄂侯御方鼎、鄂侯作王姞簋和禹鼎三篇铭文所反映的周鄂关系在短期内发生了如此急剧的变化，并最终导致了鄂国的灭亡，原因是多方面的，而主要的、内在的原因之一即鄂国在周与淮夷集团中所处地位的变化，刘翔先生说“周、鄂关系的好坏，视鄂与南淮夷的关系而变化”〔79〕，可谓一语中的。这是由鄂作为周之南土的重要封国和屏障，及其所处地理位置所决定的。鄂与淮夷的联合，完全违背了周封鄂于南阳要地的初衷，从根本上破坏了周在南土和东南地区的防御系统，周夷王采取断然措施倾兵灭鄂，即反映了周王朝对这一地区的高度重视和明确态度。

周夷王灭鄂后，虽暂时控制了淮夷内侵的局面，但对灭鄂后的补救措施并未能及时跟上，因而造成了南阳盆地北部鄂境一带的一度空虚，给正在南阳盆地西部兴起的楚人以可乘之机，其势力乘虚而入，一度据有鄂地，并封子为王，后由于周厉王的“暴虐”兴师，楚人不得不去其王号、放弃鄂地。周宣王中兴，改封申、吕于南阳盆地，实为填补鄂国灭亡后的空虚局面，以重新建立起对南方荆楚和东南淮夷的防御和控制。

---

〔79〕 参阅刘翔《周夷王经营南淮夷及其与鄂之关系》，《江汉考古》1983 年第 3 期。

第三节 申 国

一、申国的始封及其早期活动

申为姜姓，这由《左传》隐公元年“初，郑武公娶于申，曰武姜”以及《国语·周语中》富辰对周襄王所云“齐、许、申、吕由大姜”，韦昭解“四国皆姜姓”均可为证。申人源于西方戎族中较盛的一支——羌戎，故古史中“申人”又称为“申戎”和“姜氏之戎”〔80〕，属西戎华化较早的一部分。其始封，孔颖达认为，“言犹大姜而得封也”，“亦在周兴之初”〔81〕，“太姜”为周太王之妃、王季之母、文王之祖母，则申之立国不迟于商代晚期。

西周宣王以前之申，王应麟《诗地理考》认为“在王畿之内”，近人刘德岑、顾颉刚等亦曰“其居概在陕西”、“似申国本在周西，即今陕西西部”〔82〕。据《逸周书·王会解》载周初成周王城落成后，四方诸侯献物，“西申以凤鸟”；又《通志·氏族略二》“夷狄之国”内亦载有“西申氏”，并引《瑞应图》曰：“周成王时，西申国献凤留中国。”此“西申”，当即早期之申国，因位在西土，史家为与其后的“南申”相区别而以“西”称之，并非周初以来就有西申、南申和东申存在。

---

〔80〕“申戎”见《后汉书·西羌传》及李贤注引《竹书纪年》；“姜氏之戎”见《国语·周语上》。

〔81〕参阅《左传》隐公元年孔颖达《疏》。

〔82〕参阅刘德岑《申氏族之迁徙》，《禹贡》半月刊第六卷第一期；顾颉刚《西周的王朝》，《顾颉刚古史论文集》第二册（中华书局 1988 年 11 月版）页 353 注 20。

《山海经·西次四经》载有申山、上申之山、申首之山和申水，清毕沅注：“（申山）疑即陕西安塞县北芦关岭。”申山、上申之山应即今安塞县西北、靖边县南、延水所出的白于山东南部〔83〕。蒙文通先生认为“安塞米脂以北，西连中卫，为申戎之国，所谓西申也”〔84〕，则西周之申当在今之陕北，这一带以“申”为名的山、水应是早期申国活动所留下的印迹。

《史记·秦本纪》载，西周孝王时，申侯嫁女于秦，“和西戎”“保西垂”，对稳定周王室西部局势起了一定的积极作用。此“申侯”应即《逸周书》和《瑞应图》所言之“西申国”，从申侯回忆其先曾与秦通婚的情况分析，申侯确为世居西土之族，在商时就归顺了周人，与《国语》申之受封立国“由太姜”的记载相吻合。

传世之厉王时期的大克鼎和伊簋铭记周王册命善夫克和伊时，均以“申季”为傧右〔85〕，据《周礼·大宗伯》“王命诸侯则傧”，郑注：“傧，进之也。”又《周礼·小宗伯》“赐卿大夫士爵则傧”，可见傧右乃周代册命礼仪中的重要成分，从铭文材料分析，周王册命诸侯、卿大夫时之傧右多为周室卿相，如无叀鼎“司徒南仲右无

---

〔83〕 据《山海经·西次四经》“首曰阴山……北五十里曰劳山……西五十里曰罢父之山……北百七十里曰申山……区水出焉……北二百里曰鸟山……又北百二十里曰上申之山”，参之《水经·河水注》（卷三）和《方舆纪要》，阴山即甘泉县南之雕阴山，劳山即甘泉之大劳山，则位于劳山北百余里之申山只能在今安塞县北；又申山为区水所出，区水又名清水，即今之延河，则延河所出之申山当今安塞县西北白于山东部诸山，在申山北五十里之上申之山，亦不出今靖边县南的白于山东部。

〔84〕 参阅蒙文通《周秦少数民族研究》（龙门联合书局 1958 年 7 月版）第二：西戎东侵，页 14。

〔85〕 参阅《大系》图 16，录 110，考 121“大克鼎”和图 105，录 116，考 125“伊簋”。

叀”之“司徒南仲”，即《诗·小雅·出车》和《大雅·常武》所载之“南仲”，为宣王时卿相〔86〕，若此，右善夫克和伊的申季亦当属厉王时卿相之列，此“申季”当是申国人供职于王室者。从《诗·大雅·崧高》申伯为宣王元舅的记载分析，作为厉王大臣的“申季”，很可能是“申伯”之弟、宣王之季舅。由此可见，西周后期，申国不断与王室通婚（厉王后、幽王后均是申女），且于王室中任要职。

二、申国在南阳盆地的建立与历史概述

周宣王时，为挽回“南土”日益失去控制的局势，填补因鄂国的灭亡而带来的空虚，改封元舅申伯于南阳盆地，建立“南申”〔87〕，“统理南方之国”，“使为侯伯”，以图“南土是保”〔88〕，可见当时申人的势力以及周王室对改封申国所寄予的厚望。关于申国这次南封的盛况，《诗·大雅·崧高》篇有较详细的描述：

> 亹亹申伯，王缵之事。于邑于谢，南国是式。……王命申伯，式是南邦。因是谢人，以作尔庸。王命召伯，彻申伯土田。王命传御，迁其私人。申伯之功，召伯是营。有俶其城，寝庙既成。……王遣申伯，路车乘马。我图尔居，莫如南土。锡尔介圭，以作尔宝。往近王舅，南土是保。申伯信迈，王饯于郿。申伯还南，谢于诚归。王命召伯，彻申伯土疆，以峙其粻，式遄其行。申伯番番，既入于谢，徒御啴啴。周邦

---

〔86〕参阅《大系》考151“无叀鼎”。

〔87〕《诗·大雅·崧高》毛序曰“尹吉甫、申伯皆周之卿士也”，郑氏《笺》：“申伯，以贤入为王之卿士，佐王有功。”则申伯南封之前亦相王室，为重臣。

〔88〕参阅《诗·大雅·崧高》及郑氏《笺》。

咸喜，戎有良翰。不显申伯，王之元舅，文武是宪。……

这一篇长诗把周王与申伯的亲密关系、周王分封申国于南阳盆地谢邑一带的政治目的，分封就国前的准备工作、出发时的隆重饯行、赠送高规格的车辆宝物，以及申伯率众南迁新国时的浩大声势、壮观场面，同时周王还下令沿途储备粮食以供旅程所需等都写得很清楚，反映出中兴宣王对此次分封的高度重视，而申国初封于南阳盆地时的地位，亦可概见。

南土之申，后世文献说是“侯”爵〔89〕，则与其在西土时一致，可能实力、地位要更强一些。申伯南封以后，留在西土申侯故国的申人称为“西申”，后由于周幽王宠褒姒，废申后及太子宜臼（周平王），因而导致了“平王奔西申”，申与犬戎及缯人联兵破灭西周，平王东迁的严重历史事件〔90〕。

平王东迁之后，南阳盆地为东周南面的门户和屏障，由申出方城，去东周之交通十分近便，方城外，今许昌东即与申同姓的许国，平王时为防止荆楚北侵，保障南国“诸姜”的安全，因而从诸侯抽调兵力助守申、吕、许等地〔91〕，反映周室对南土的重视和申、

〔89〕参阅《史记·郑世家》；顾栋高《春秋大事表》卷五《春秋列国爵姓及存灭表》。

〔90〕参阅《史记》的《周本纪》《秦本纪》，《左传》昭公二十六年孔颖达《疏》引《竹书纪年》。按，细读《秦本纪》《周本纪》有关申侯的前后史实，与犬戎共灭周之申国当是临近犬戎与西周之西申，近人杨筠如、刘德岑、童书业等均有此论，说详杨筠如《姜姓的民族和姜太公的故事》，载《古史辨》第二册；刘德岑《申氏族之迁徙》，《禹贡》半月刊第六卷第一期；童书业《春秋史》（开明书店 1946 年 11 月版，下同）第一章：西周史略及注 125。

〔91〕参阅《诗·王风·扬之水》。

周之间的密切关系。《左传》隐公元年载“郑武公娶于申”[92]，说明春秋初年申与新迁东方、正在兴起的郑国也有较密切的往来，并为姻族。

春秋初期以后，王室卑微，诸侯离析，再也派不出兵助守南土，申国逐渐衰落，楚国日益强大。《左传》桓公二年记“蔡侯、郑伯会于邓，始惧楚也”（按，此“邓”为蔡地，在今河南漯河市东南），就是楚人向外（尤其是向东北方城）扩张，使中原地区受到威胁的一个信号，蔡、郑尚且如此，申国所受楚之压力更可想见。楚文王即位不久，就锐意北上，由于申国位于南阳盆地中间，出于四方交通辐辏之地，又正当楚北上之要冲，所以成为楚国北上的首要攻击目标。

《左传》庄公六年（公元前688年）记楚师假道于邓伐申，但结果不明。庄公十八年，又追记了一段楚文王初年与巴师联兵伐申而惊巴师的事，可能是指庄公六年或稍后之事，亦未言结局如何，此后，南阳申国不再见于记载。从鲁庄公三十年楚已有“申公斗班”来看，楚取申设县必在此前。又《左传》哀公十七年载楚太师子谷追忆楚之旧事曰：“彭仲爽，申俘也，文王以为令尹，实县申、息，朝陈、蔡，封畛于汝。”杜预注“楚文王灭申息以为县”，则取申应在灭息之前，清人洪亮吉认为在鲁庄公六年[93]，即上述假道于邓伐申之年，恐略偏早。今人何浩先生定于鲁庄公七—十年（即楚文王三—六年，公元前687—前684年）之间[94]，当可凭信。依

〔92〕《史记·十二诸侯年表》和《郑世家》载郑武公十年“娶申侯女武姜”，郑武公十年即周平王十年，公元前761年，当春秋之初。

〔93〕参阅洪亮吉《春秋时以大邑为县始于楚》，《更生斋文·甲集》卷二。

〔94〕参阅何浩《西申、东申和南申》，《史学月刊》1988年第5期。

此，申国从宣王时受封于江汉，成为南土大国，到入楚为县，前后只百余年时间。

三、关于申都在今南阳市的论证

申国的地理位置，《汉书·地理志》南阳郡“宛”县班固原注“故申伯国”；《左传》隐公元年杜预注“申国，今南阳宛县”；《续汉书·郡国志》南阳郡“宛”县原注“宛本申伯国”；《水经·淯水注》则言之更详：

> （淯水）又南迳宛城东，其城故申伯之国，楚文王灭申以为县也。秦昭襄王使白起为将，伐楚取郢，即以此地为南阳郡，改县曰宛。……大城西南隅即古宛城也。

这里具体指明，位于当时北魏南阳郡宛县大城西南隅之古宛城即楚之申县、申国故都所在。按，淯水即今之白河，南阳郡宛县即今河南省南阳市，这是古今一致的看法，据此则申国当在今南阳市范围内。

据考古调查和探掘，古宛城位于今南阳市区的东北部，有大小两重，小城即现在的老城区，是沿前代城址改建而来，城周六里，正好位于大城内西南部。大城东北隅城墙遗迹十分清楚，据1960年调查，残高10米，宽15米，夯土层厚约8厘米，内含大量周代和汉代陶片，城外宽敞的护城河遗迹还清晰可辨。在城址内外，常有大量周至汉代遗物发现。

1959年，河南省文物队在大城遗址中部、小城以北，发掘了一座规模较大的汉代铁工厂遗迹，另在城内还发现地下排水管道等排水设施〔95〕。这都说明，今南阳市这座古城址的地望、布局和时代，与《水经注》所载汉到北魏的宛城情形一致，外城即郦氏所说汉以来南阳郡治所在的大城，位于大城西南隅的老城区，应是沿前代小城而来，即郦氏所说的“古宛城”，亦即申国故都、楚申县所在。

南阳市附近发现的墓葬材料，也有助于申国地望的确定。

1981年，在位于古宛城东北角外的南阳市砖瓦厂取土场地，一座周代残墓出土了一批青铜器，计鼎一、盘一、簋二，其中鼎、簋均有铭文〔96〕，一件簋铭是：

> 中爯父太宰南𪓶（申）厥嗣作其皇祖考徲（夷）王监伯障簋……

另一件簋铭为：

> 南申伯太宰中爯父厥嗣作其皇祖考夷王监伯障簋……

铭文之“𪓶”，李学勤先生依裘锡圭等所释读为“申”，认为这是一组申国铜器；“徲王”即周夷王，中爯父为周宣王从兄弟〔97〕。可

---

〔95〕参阅韩维周、王儒林《河南西峡县及南阳市两处古城调查》，《考古通讯》1950年第2期；河南省文物工作队《南阳汉代铁工厂发掘简报》，《文物》1960年第1期；《河南南阳古宛城新探》，《光明日报》1960年8月20日。

〔96〕参阅崔庆明《南阳市北郊出土一批申国铜器》，《中原文物》1984年第4期。

〔97〕参阅李学勤《论中爯父簋与申国》，《中原文物》1984年第4期。

知，中爯父是宣王封申伯于谢的同时，派往申国协助经营南土的大贵族，此墓当即中爯父之墓，时代应在西周末年。

1975年，南阳市博物馆在位于古宛城以西约一公里的西关煤场清理了一座古墓，出土各类随葬品六百余件，其中铜鼎三、铜壶二、铜簠二，簠内铭文为：

> 隹正十又一月辛巳，申公彭宇自作淄簠，宇其眉寿万年无疆，子子孙孙永宝用之。〔98〕

从这组铜器的形制、花纹来看，I式鼎立耳外撇，三兽足内收，间距较近，上腹饰蟠虺纹，中腹一周凸弦纹，其形制与洛阳中州路M2415所出I式鼎接近〔99〕；簠作直口、斜腹、曲尺形足外张，周身饰蟠虺纹，其形制与新野曾国墓葬M1所出铜簠接近〔100〕。中州路I式鼎，原报告定在春秋早期，高明先生认为属春秋中期前段〔101〕，当以高说为是；新野M1，周永珍先生定在春秋中期〔102〕，因此，西关铜器的时代应在春秋中期前段，不早于春秋早中之际。

前文已述，南阳申国在春秋早期已入楚为县，而此墓时代为春秋中期前段，自不可能是申国墓葬，当为入楚以后的墓，铭文之

---

〔98〕参阅王儒林、崔庆明《南阳市西关出土一批春秋青铜器》,《中原文物》1980年第1期。

〔99〕参阅中国科学院考古研究所编著《洛阳中州路（西工段）》(科学出版社1959年1月版）图版肆伍：3。

〔100〕参阅郑杰祥《河南新野发现的曾国铜器》,《文物》1973年第5期。

〔101〕参阅高明《中原地区东周时代青铜器研究》(中),《考古与文物》1981年第3期。

〔102〕参阅周永珍《曾国与曾国铜器》,《考古》1980年第5期。

“申公”应与邓公乘鼎之“邓公”同例，即楚之县公，《简报》认为此彭宇当即《左传》哀公十七年所载、曾任楚令尹的彭仲爽之后裔，当可信。作为申俘的彭仲爽入楚后受到重用，并协助楚文王取申、息以为县，建有大功，官至令尹，其后人（当是其子或孙）被任为楚之申县县公，管辖申国故地，是完全可能的。

上述古宛城遗址东北的申太宰墓、西面的楚申县县公墓，进一步提供了申国故都、楚之申县在今南阳市一带的有力物证，与前文所引六朝以前古文献，特别是《水经注》所记相得益彰，论据更强。

在较晚的古文献中，还有关于申都地望的不同说法需要说明。

据唐初的《括地志》载，“故申城在邓州南阳县北三十里，晋《太康地志》云‘周宣王所封’”[103]，清代地理名著如《方舆纪要》《大清一统志》，以及《春秋大事表》等皆依此说而定古申城在今南阳县北三十里处[104]（《方舆纪要》说在县北二十里，略有出入），今人谭其骧先生主编的《中国历史地图集》亦采此说[105]。

今按：清人此说有误。首先，上述清人著作也都认为古宛城在今南阳市，如以县北说解之，势必分申都与古宛城为二地，从而就否定了上引六朝以前诸家一致的记载，而这些记载又通常被认为是较可凭信的原始材料。其次，清人此说实际上是误解了《括地志》的原意，《括地志》于指出“故申城”在当时南阳县北三十里的同时，还有一条相关的记载“南阳县古城在宛大城之南隅，其西南有

〔103〕参阅《史记·楚世家》“伐申过邓”句下《正义》引。

〔104〕参阅《方舆纪要》卷五一，河南六，南阳府南阳县“申城”条；《大清一统志》卷二二一，南阳府古迹“申城”条。

〔105〕参阅谭其骧主编《中国历史地图集》（中国地图出版社1982年10月第1版）第1册图17—18“西周时期中心区域图”，图29—30春秋“楚、吴、越”幅。

二面，皆故宛城"[106]，这里提到"南阳县故城"在"宛大城"的西南部，说明唐初《括地志》成书时（贞观十三年）南阳县已有迁动，故城为古宛城，是申国都城所在，而当时的南阳县城则在故城南三十里，因此才出现另一条"故申城"在南阳县（不是故城）北三十里的记载，清人不察，将《括地志》"南阳县故城"与"南阳县"混为一谈，遂致此误。唐高宗仪凤年间（公元676—679年），章怀太子李贤注《后汉书》时，说当时的南阳县即汉之宛县，中唐时期先后成书的《通典》《元和志》以及北宋初的《太平寰宇记》（以下简称"《寰宇记》"）等又都说当时的南阳县就是古申国，未再提县北有申城为申国之都的事，说明这时南阳县治又回到了《括地志》所记南阳县故城，问题在于唐宋地志对齐梁以后下至唐高宗仪凤以前约一个半世纪的南阳县沿革记载简略、笼统。

据《隋书·地理志》南阳郡"南阳"县原注，县旧称上陌，北周时并宛县入上陌而称上苑县，隋文帝开皇初年改为南阳县。由此可见，隋南阳县城在旧上陌县，并不在宛县，唐初近隋，《括地志》之南阳县当因隋之南阳，至于后来何时因何故又于高宗仪凤以前迁回六朝以前宛县故城，则因史料缺乏，无从考知，但肯定不出唐太宗贞观十三年《括地志》成书之后，下至唐高宗仪凤年间李贤注《后汉书》以前的四十年之内。

四、申国的东迁和地理分析

六朝以后的文献中，另有一关于申国地望的不同说法，如杜佑《通典》州郡十三、古荆州、义阳郡"申州"条云"春秋时申国之地"，此后《元和志》（卷九申州）、《寰宇记》（卷一三二信阳军）、

---

〔106〕参阅《史记·高祖本纪》"保城守宛"句下《正义》引。

《方舆纪要》(卷五十，河南汝宁府“信阳军”）等都有类似记载，南宋朱熹的《诗集传》亦认为古申国“今在邓州信阳军”[107]，此说因出于名著所记，遂为后世所熟悉。但值得注意的是，上引唐宋至清诸书同时又都在邓州“南阳县”下记有“周之申国”或“故（古）申国”之说，上引《通典》于“申州，春秋时申国之地”句下又注了一句“或曰在今南阳郡南阳县”，可见杜佑本人对信阳为古申国之说也拿不准，实际上更偏重于南阳说，而后其他记载多是两说并存，不加评论，以致引起了长期以来关于申国地望的矛盾说法。

今人顾铁符先生为调解文献中申有南阳、信阳两说的矛盾，提出西周以来就有信阳东申和南阳西申并存的看法[108]，得到部分同志的响应。有的学者在此基础上又加以补充，认为东申在信阳，西申在陕西，南阳之申为南申，是宣王时改封东申而来[109]。

今按：此说不能成立。其一，据文献记载，西周宣王以前只有一个申国，即“申侯”之国，其在西土，《史记》载之甚明，从未见信阳一带有东申同时存在的记载。其二，南阳之申是宣王时改封申伯而来，即邑谢之申，《诗》之《崧高》《黍苗》诸篇皆有明文。铜器铭文称为“南申”，当因居于“南土”以与西土申族故国相区别，从而形成西申、南申并存的局面。其三，从《黍苗》“悠悠南行，召伯劳之”和《崧高》“申伯信迈，王饯于郿”之记载看，申伯之封是由关中而东南至南阳立国，而不是由信阳西迁南阳。其

〔107〕参阅朱熹《诗集传·小雅·黍苗》(上海古籍出版社 1980 年 2 月版）卷十五，页 170。

〔108〕参阅顾铁符《信阳二号楚墓的地望和人物》,《故宫博物院院刊》1979 年第 2 期。

〔109〕参阅艾延丁《申国之谜之我见》,《中原文物》1987 年第 3 期。

四，古史争论的焦点，是关于宣王所封申伯之国，即邑谢之申的地望问题，南阳、信阳二者之间只能居其一，不能兼而有之，申伯之国既在南阳，则信阳东申之说就应予排除。

当然，信阳一带后世有“申”之称，北周于此置“申州”，历隋、唐至宋初一直沿用，当有其渊源，不应简单加以否定，我们认为，南阳之申是申国故地（即西周晚至春秋早期的申伯之国），而信阳一带，既不是宣王以前的所谓东申之国，亦非宣王时的申伯所封，而是春秋早期楚文王取申并于南申故地设县之后，将部分申国贵族和臣民迁往今信阳一带安置的结果，与周人灭商后，封微子于宋，而于殷都立卫康叔之国相类似，不同的是周于殷地立国，而楚于申地设县而已。

据《左传》昭公十三年载：“楚之灭蔡也，灵王迁许、胡、沈、道、房、申于荆焉。平王即位，既封陈、蔡，而皆复之，礼也。”杜预注：“许、胡、沈，小国也，道、房、申，皆故诸侯，楚灭以为邑。”杜预以许、胡、沈三者为小国当是，而以道、房、申三者为楚灭之邑恐未必。《左传》文义一惯，六者并提，并无区别，既然胡、沈、许三者为小国，而与之并提的道、房、申亦应是楚境小国，不能因《传》文无明确记载而将其区别对待。所言六国，许在今安徽亳县东南之城父集，胡在安徽阜阳，沈在今河南平舆县北，道在今河南确山北，房在今遂平县一带，均为淮河上中游地带，则与五国并称而被迁于荆之申，此时亦当在淮域，对此，南宋人罗泌、近人蒙文通和今人杨伯峻先生都曾有过论述〔110〕，诸说虽不太准确完善，但他们都注意到申于灵王、平王时仍然存在、并于楚境

〔110〕 参阅《路史·国名纪一》；蒙文通《周秦少数民族研究》二：西戎东侵；杨伯峻《春秋左传注》隐公元年。

活动的史实，是有见地的。

考古发现也为我们认识申国的情况提供了帮助。

1975 年，洛阳博物馆在东周王城遗址以北约一公里处清理了一座竖穴土坑墓，一椁两棺，正南北向，出土了五鼎四簋、一壶、一豆等一套青铜礼器，壶颈上部有铭文两行六字：

> 申伯彦多之行。

墓葬时代，《简报》定为春秋晚期〔111〕，从器物形制、花纹看，应属春秋晚期前段。

今按："申伯彦多"应是宣王时封于南土的申伯之后，即本文所论的邑谢之申，此墓或即申伯彦多之墓。器物组合为五鼎四簋，按《周礼》当大夫一级，然比较器物形制可见，鼎、簋均由两种形制搭配而成，并非一套完整礼器，反映墓主人地位的衰落，表示其身份等级的礼器需凑合而成。此墓的发掘说明申于春秋晚期确实存在，与《左传》所载及上文的分析相吻合。至于申伯墓为何葬于王城附近，情况不明，或与楚灵王时对附庸属国的肆迁凌辱有关。

1978 年，湖北随县曾侯乙墓出土的整套编钟上，铭刻有当时各国乐理，如下层一组二号钟铭曰：

> 妥宾之宫——妥宾之才（在）楚号为坪皇，其才（在）绅（申）号为迟（夷）则。〔112〕

---

〔111〕 参阅洛阳博物馆《河南洛阳春秋墓》，《考古》1981 年第 1 期。

〔112〕 参阅湖北省博物馆《随县曾侯乙墓钟磬铭文释文》，《音乐研究》1981 年第 1 期。

铭文中“申”与楚、周、齐、晋、曾相互对应，当属国称，裘锡圭、李家浩两先生认为钟铭之“申”即文献所载的申、息之申〔113〕。

资料表明，位于南土的申于春秋晚期、战国早期一直存在，与姬姓曾（随）国颇有相似之处，结合《左传》申于春秋晚期仍在淮域活动的记载分析，春秋早期楚文王“实县申、息”之时，并未灭申，而是降为附庸迁往淮域重新安置。楚灵王末年虽将其与淮域诸小国一并迁往楚内地的荆山附近，但两年后平王即位“皆复之”，申当又回到淮域一带，曾侯钟铭所载战国早期之“申”，当是迁回淮域以后的申国。

关于申迁淮域的情况，我们还可以从地名规律上找到一些佐证。如南阳之申原为古谢国地，宣王封申于谢故称邑谢之申〔114〕；在申国以西，有与申先后封于南阳的同姓吕国；申城附近，另有重镇武城，因而申、谢、吕、武城四者联系紧密，互为依存。值得注意的是，除南阳以外，今信阳一带古亦有申、吕、谢、武城这一套相关地名，后世志书每有记载〔115〕。历史上国名、地名相同者固然很多，但一套完全相同且又相关的地名在两地出现、并存，绝非偶然的巧合，事实上，西周、春秋时期也不可能在邻近的南阳、信阳

〔113〕参阅裘锡圭、李家浩《曾侯乙墓钟磬铭文说明》，《音乐研究》1981年第1期。

〔114〕参阅《国语·郑语》韦昭注；《诗·大雅·崧高》毛序及郑氏《笺》；朱熹《诗集传》。

〔115〕信阳之申见前引；吕、谢详本章第四、五节；武城参见《舆地纪胜》卷八十，荆湖北路信阳军景物“武城”条；《方舆纪要》卷五十，河南五，汝宁府信阳州“武城”条。

两地同时存在两个申国、吕国、谢国和武城，合理的解释只有一个，就是地名随人迁徙的缘故，这是古代民族活动、迁徙过程中的一般规律。信阳一带申城、谢邑、武城地名的出现，应是申人东迁淮域，在这一带活动所留下的印记。

前些年，信阳地区的考古工作者在罗山县西北三十里的淮河以南、浉河西岸的高店大队发现了一座周代古城遗址，笔者曾前往作过实地踏看，城址形状不规则，四周城墙总长约 2 千米左右，据当地群众讲，1974 年以前，四周城墙还较完好，高出地面 3 米以上，后因农田建设，大部墙体被平掉，现只断续残体可见。从地面遗物观察，主要为东周时期，少量可早至西周。二十世纪五十年代以来，城址附近曾发现数座周代墓葬和几组青铜器，时代为春秋初年和早中之际，铭文内容表明是古代“郰”氏家族所作〔116〕，应是此城的原主人。春秋早期以后的器物，有不少零散发现，但多不成组合，亦无铭文可征。

此古城的位置，与上引《大清一统志》和《罗山县志》所载位于罗山县西北三十里之古“谢城”的地望相合〔117〕，《县志》明言，谢城在“淮河之南、浉河之西北”即为明证。高店古城是否东迁淮域以后的申国所在，有待地下实物资料的进一步证实，但此城的发现以及《大清一统志》和《罗山县志》的记载，应当引起我们的重视。

---

〔116〕 参阅信阳地区文管会《河南罗山县发现春秋早期铜器》，《文物》1980 年第 1 期；又《罗山县高店公社又发现一批春秋时期青铜器》，《中原文物》1981 年第 4 期。

〔117〕 参阅《大清一统志》卷二一六，汝宁府古迹“谢城”条；乾隆《罗山县志》卷一，古迹“谢城”条。

五、申国的疆土和文化

申国是两周之际南阳盆地内的重要诸侯国，由于始封之申伯为周宣王元舅的特殊身份，改封于谢，其疆土大致东北抵方城隘口，东以方城山丘陵地为限，东南与唐国，南与古蓼、谢、邓诸国相邻，西边不远即同族的吕国，北至伏牛山南麓，处于南阳盆地北部、唐白河中游地带，地理位置优越，水陆交通便利，当江汉地区北通中原之要冲，也是后来楚国北上争霸的重要基地。

除申都之外，武城也是申国境内的重要城邑。《左传》僖公六年载“蔡穆侯将许僖公以见楚子于武城”，杜预注“武城，楚地，在南阳宛县北”；《方舆纪要》曰“武城在府北，春秋时申地，后属楚”[118]；再从《左传》成公十六年楚共王在武城派公子成以汝阴之田求成于郑，又与郑大夫子驷盟于武城；襄公九年，秦人伐晋，楚子师于武城为秦援；昭公四年，楚灵王会诸侯于申，随后又田于武城的一系列记载来看，武城是楚申县以北的重要城邑，也是北通中原的军事要地。又《左传》定公四年（公元前506年）载楚有“武城黑”，杜预注“黑，楚武城大夫”，按武城大夫即楚之武城县尹，杜预是以中原之制说楚官，说明至迟于春秋晚期，楚已于武城设县。《左传》哀公十七年载有“武城尹”，杜预注“武城尹，子西子公孙朝”，子西为平王之子、昭王之兄，历任昭王、惠王两世令尹。公孙朝以王孙身份出任武城县尹，可见楚对其地位的重视。

申被东迁以后，作为楚之附庸，是为楚境内的国中之国，北周于故义阳城置申州，唐宋文献又说此为“古申国之地”或“古申国”，再结合南宋以后志书罗山西北之“古谢城”是“申伯所都”

---

〔118〕参阅《方舆纪要》卷五一，南阳府南阳县“申城”条。

以及信阳东北二十五里另有武城的记载看，与申相关的城邑、地名主要在今信阳、罗山县境、淮河以南地区，当是申国东迁以后的活动地。

申国是西周晚期南来的姜姓诸侯，其族原居西土，与宗周相近，加之长期与周王室密切的婚姻关系，其文化面貌当与姬周接近，南阳所出申太宰组铜器，其主人虽为王室显贵，在文化面貌上必有代表申国文化的一面。南阳西关出土的申公彭宇组器，其器主虽为楚之申县县公，但是入楚不久的申国贵族，在器物组合和铭文风格上体现了部分后期楚文化的某些特点，然其主流仍属中原文化风格。又曾侯编钟铭文将申国乐理与曾、楚、周、齐、晋等国加以比较，说明申文化与曾、楚文化之间仍有一定的区别，有其自身特点。

从《左传》关于楚文王任用申俘彭仲爽为令尹“实县申、息，朝陈、蔡，封畛于汝”的记载来看，彭仲爽作为楚国发展初期的著名令尹，也是春秋时期楚国历史上唯一官至令尹的外族人，其之所以能在楚国建立如此不朽功绩，固然是楚文王任人唯贤的结果，但亦与彭仲爽个人的杰出才能及其在申国所受到的文化教育密不可分，其后彭宇亦任楚之申县县公，均体现了申国人才和文化对楚国历史和文化发展所产生的影响。

第四节 吕 国

一、吕国的渊源和南迁

吕国的渊源，据《国语·周语下》所记周灵王太子晋所说，是夏禹时“胙四岳国，命为侯伯，赐姓曰姜，氏曰有吕”；《史记·齐太公世家》亦曰："(齐太公吕望之先祖尝)为四岳，佐禹平水土，深有功，虞夏之际封于吕，或封于申，姓姜氏。夏商之时，申、吕或封枝庶子孙，或为庶人。"这都反映出吕与申都有着悠久的历史，为炎帝部落的一支——四岳之后，是夏、商以来的古国、古族。

"四岳"又称"太岳"，《左传》隐公十一年"夫许，太岳之胤也"，庄公二十二年"姜，太岳之后也"，是可为证。《尚书·禹贡》曰："导岍及岐，至于荆山，逾于河，壶口、雷首，至于太岳。"郑玄曰："太岳在河东故县彘东，名霍太山。"〔119〕又《元和志》卷12，河东道晋州霍邑县"霍山"条云："一名太岳，在县东三十里。"按唐之霍邑县即西汉彘县、今山西省霍县，则古"太岳"(四岳)即今霍县东之霍山〔120〕，作为炎帝宗支的古四岳族当由陕西东渡黄河，于太岳一带活动而得名。因协助禹治水有功，舜封其后于申、吕、许，申在陕北的古之申山、申水一带，而吕当仍在以太岳为中心的山西西南境地活动，今山西中西部有吕梁山、西南部有吕乡、吕城、吕坂等〔121〕，应是吕人再次活动所留下的印迹。

甲骨卜辞中有不少关于"吕"的记载，或为地名，或为族名。

　　于吕，王乃田，亡灾。(《粹》984)

〔119〕参阅《诗谱·唐风》孔颖达《正义》引郑注云。

〔120〕参阅《方舆纪要》卷三九，山西总序"霍山"条；《大清一统志》卷一五三，霍州山川"霍山"条。

〔121〕"吕梁山"见《吕氏春秋·爱类》《水经·河水注三》；"吕乡"见《续汉书·郡国志》河东郡"永安"县刘昭注引《博物记》；"吕坂"见《元和志》卷十二，晋州霍邑县"吕坂"条；"吕城"见《方舆纪要》卷四一，山西三，平阳府霍州"吕城"条。

贞，吕不其受年，贞，吕……其受年。(《合集》172)

丙辰卜，谷贞曰，𢀛方及□方敦吕。(《京》1230)

“吕”既是商王的田猎之处，且又卜其受年与否，应是商代属邦之一。陈梦家先生认为：“其年与不年，既与商王国休戚相关，则当在王国四境之内或其边缘。”〔122〕从吕常受到𢀛方及其他邦方的侵扰来看，吕与𢀛方相近。𢀛方，据卜辞记载“𢀛方亦侵我西鄙田”(《菁》2)，当位于商之西部，因而学者认为“𢀛方的入侵皆在西边”，则“𢀛方都是在太行山西北的地区”〔123〕。今人李学勤先生定𢀛方在山西西部地区〔124〕，则与𢀛方相近的“吕”，只能在今山西西部或西南部，正好与文献所载的太岳（即四岳）族故地相合。由此可见，作为太岳之裔的吕族，长期以来一直活动在以太岳为中心的山西西南部，春秋晋大夫吕甥所食之吕邑，当亦因吕人故居而得名。

商代末叶，因纣王残暴、腐败，吕人与周联合共谋伐商。齐太公吕望本为吕人，“尝事纣，纣无道，去之……而卒归周西伯”〔125〕，因协助周文王、武王灭商建有大功，而受封于齐，从而吕人一分为二，齐实由吕分出，齐太公吕望，第二代齐公吕伋均以“吕”为氏，可见齐与吕之间的历史渊源关系。

吕望一支封于东土齐国之后，其旧族之吕仍居中土，且与周王室关系密切，西周中期穆王时，吕侯曾任王室的重要职务，负责

---

〔122〕 参阅陈梦家《殷虚卜辞综述》第九章：政治区域。

〔123〕 同上书第八章：方国地理。

〔124〕 参阅李学勤《殷代地理简论》第三章：殷代的多方。

〔125〕 参阅《史记·齐太公世家》。

制定刑法，称为《吕刑》，《尚书》有专篇记其事〔126〕，伪孔《传》说："吕侯见命为天子司寇。"郑玄认为："吕侯受王命入为三公。"唐孔颖达《正义》曰："当以三公领司寇，不然何以得专王刑也。"各说虽多以后世官制比附，然吕侯为穆王上卿则众说一致，可见当时吕国与周王室的关系及其在王室的地位。

传世有吕伯簋〔127〕，为穆王时器，铭曰：

吕伯作厥宫室宝隮彝，大牢，其万年祀厥祖考。

此"吕伯"，当即穆王司寇、作《吕刑》之吕侯。"伯"为其行辈，"侯"乃吕国爵称，其为王卿士，不仅具有宫室，且用大牢之礼，正与文献记载相印证。

西周中期以后，王室衰微，吕侯称王，传世吕王鬲（《贞》4·7）、吕王壶（《窓》14·16）均属西周晚期吕器，说明这时吕国的独立性进一步增强。

西周早、中期的吕国，近人傅斯年先生认为在南阳宛西〔128〕，即西周晚、春秋早期的吕之所在；而杨筠如先生则认为"吕的初封，或者还是晋国吕锜所食之吕邑，现在山西河东的地方"，"申、甫（甫就是吕）、许三国之封，大概都为抵御楚人，应当在宣王'蛮荆来威'以后"〔129〕；今人王玉哲先生亦曰早期的吕国当"源于

---

〔126〕 参阅《尚书·吕刑》及孔颖达《正义》。

〔127〕 参阅梁诗正等《西清古鉴》（光绪十四年迈宋书馆铜版本，以下简称"《西清》"）27.11。

〔128〕 参阅傅斯年《大东小东说》，《中央研究院历史语言研究所集刊》第二本第一分册，1930年5月。

〔129〕 参阅杨筠如《姜姓的民族和姜太公的故事》，《古史辨》第二册。

山西霍太山一带”，而后“吕国的一支族和申国则到周宣王时才从山西南迁到河南南阳一带”〔130〕，联系卜辞所载商代晚期的吕人地望以及西周吕器多出于北方〔131〕的史实分析，应以杨、王诸说为是。若此，吕于西周晚期以前一直在其宗族故地——今山西境内活动，至周宣王时才与申先后迁于南阳以实南土。

二、南迁后的吕国地望与国势

吕国迁入南阳盆地后的地望，一般认为在申国西边不远、即今河南南阳市以西约三十里处。东汉王符的《潜夫论·志氏姓》篇云“宛西三十里有吕城”，六朝晋宋时的徐广也指出“吕在南阳（郡）宛县西”〔132〕；《水经·淯水注》则有更为具体的记载：

> 淯水又南，梅溪水注之，水出县北紫山，南迳百里奚故宅。……梅溪又迳宛西、吕城东，《史记》曰：吕尚先祖为四岳，佐禹治水有功，虞夏之际，受封于吕，故因氏为吕尚也。徐广《史记音义》曰：吕在宛县。高后四年，封昆弟子吕忿为吕城侯，疑即此也。

这里说南阳之吕为吕尚祖先所封，混淆了吕族南迁南阳前后的史实，不可取，然都认为古宛县（今南阳市）以西有一座吕城应是不成问题的。

---

〔130〕 参阅王玉哲《先周族最早来源于山西》，《中华文史论丛》1982年第3辑。

〔131〕 参阅甘肃省博物馆文物工作队《甘肃灵台县西周墓葬》，《考古》1976年第1期；宋为霖《吕季姜丰壶》，《文物》1982年第10期。

〔132〕 参阅《史记·齐太公世家》“虞夏之际封于吕”句下裴骃《集解》引徐广曰。

又唐初的《括地志》载“故吕城在邓州南阳县西三十里，吕尚先祖封”[133]，与《潜夫论》所说一致。其后司马贞的《史记索隐》以及《大元一统志》《方舆纪要》《大清一统志》等著作都记有吕城在南阳县（府城所治）西三十里之董吕村[134]。将来如能在考古上得到验证就更可确立了。

关于吕国迁到南阳以后的情况，现存文献记载很少，只能略知片段如下：

《国语·郑语》记史伯于西周亡前对郑桓公曰：“申、吕方强。”说明西周末年吕国与申一样，都是当时的南土大国，具有一定的实力；《诗·大雅·崧高》言“维申及甫（按，即吕），维周之翰”，即见两者的地位。

文献中吕又称“甫”，《诗·王风·扬之水》以“戍申”“戍甫”“戍许”并称，孔颖达《正义》云“《尚书》有《吕刑》之篇，《礼记》引之，皆作‘甫刑’，孔安国云‘吕侯后为甫侯’”；《史记·周本纪》之“吕侯”，《汉书·古今人表》作“甫侯”，可证甫即是吕，戍甫即戍吕，先儒有将吕、甫作为一国之异名或先后之改称[135]，实为不明通假之例而作曲解，早有学者指正[136]。

上引《扬之水》载周平王时派人“戍甫”，可见春秋初年周王室对申、吕都很重视。春秋以后的情况文献失载，可能由于南边楚

---

〔133〕 参阅《史记·吕太后本纪》“吕忿为吕城侯”句下《正义》引。

〔134〕 参阅《史记·齐太公世家》司马贞《索隐》；《元一统志》（赵万里校辑，中华书局1966年版）卷三，南阳府古迹“故吕城”条；《方舆纪要》卷五一，南阳府南阳县“申城”条；《大清一统志》卷二一一，南阳府古迹“吕城”条。

〔135〕 如《尚书·吕刑》伪孔《传》认为吕侯“后为甫侯”，孔《疏》曰：“明子孙改封为甫侯”；《路史·国名纪一》“吕……在周亦曰甫”，皆属此。

〔136〕 参阅《通志·氏族略二》“吕氏”条；王先谦《诗三家义集疏·扬之水》。

国的兴起，吕也就急剧衰落了。

三、吕地入楚及后期吕人的活动

南阳之吕何时入楚，情况不明。《左传》成公七年载：

> 楚围宋之役，师还，子重请取于申、吕以为赏田。王许之。申公巫臣曰："不可。此申、吕所以为邑也，是以为赋，以御北方。若取之，是无申、吕也，晋、郑必至于汉。"王乃止。

楚围宋之役在鲁宣公十四年至十五年，即公元前595—前594年，这说明，吕地在此前已入楚为县，子重又要一并取为赏田，一方面反映申、吕确实相去不远，二地相连；另一方面，申为楚在南阳之大县，此将申、吕并称为抵御北方的紧要城邑，说明吕与申地位相差不远，也应是楚在南阳盆地的要县之一。

吕之入楚，今人顾颉刚先生曾推测说"吕的被灭或在春秋之前"〔137〕，恐嫌过早，与春秋初年平王派兵戍吕的史实不合。从春秋早期楚文王时锐意北上，取申灭邓"实县申、息，封畛于汝"的形势分析，与申相近的吕国，亦当在楚取申的同时或稍后被纳入楚，其时间当不出鲁庄公七年至十七年（即楚文王三年至十三年，公元前687—前677年）之间。

1978年，淅川下寺10号墓出土的编钟和镈钟，均有较长的记事铭文，其后段曰：

〔137〕参阅顾颉刚《春秋时代的县》，《禹贡》半月刊第七卷第六、七合期。

余吕王之孙，楚成王之盟，仆男子之艺，余不贰在天之下，余臣儿难得。〔138〕

这段钟铭甚为重要，可向我们提示以下几点：（1）铭称“吕王之孙，楚成王之盟”，表明吕王之后在楚成王时与楚有着盟誓关系，以时代推之，此“吕王”大约与楚武王或文王同时；以地域论之，与楚有盟的“吕王之孙”应即本文所论南阳以西约三十里的吕国后裔。（2）南阳吕国之君称“吕王”，一方面说明吕国在西周中期以后一直称“王”未改，另一方面也证实了前人关于南阳之吕是北方吕国在西周晚期南下的论述是可信的。（3）铭文“吕王之孙”不称吕王而称“臣儿”，说明此前吕已降为附庸，时间大约与申同时，而情况亦与申类似，既盟誓“余不贰在天之下”，即世代臣服，永不叛楚，可见其地位之卑微。

据《左传》哀公十七年记载：“初，（卫庄）公自城上见己氏之妻发美，使髡之，以为吕姜髢。”杜预注：“吕姜，庄公夫人。”卫庄公夫人称“吕姜”，以周代“妇人称国及姓”的礼制，当即姜姓吕族女子适卫者，与上述铜器铭文之“吕姜”和“吕季姜”同类。按鲁哀公十七年即公元前478年，时为春、战之际，卫庄公娶吕女当此前不久，这时吕仍与卫通婚，说明吕国之族仍然存在，再结合淅川所出钟铭、楚成王时吕国附庸于楚并与楚盟誓的史实分析，南阳吕地虽于春秋早中期入楚为县，然吕国并未灭亡，并于春秋中晚期一直在活动。这个问题弄清楚了，对于淮河流域也有关于吕国的

〔138〕 参阅河南省文物研究所《淅川下寺春秋楚墓》（文物出版社1991年10月版），页257—286。

记载就容易理解了。

四、新蔡吕国说之试解

《续汉书·郡国志》汝南郡内曰："新蔡有大吕亭。"刘昭补注："《地道记》曰，故吕侯国。"又《水经·汝水注》载：

> 汝水又东南迳新蔡县故城南，……申、吕地也，……汝水又东与青陂合，……陂东对大吕亭。《春秋外传》曰，"当成周时，南有荆蛮、申、吕"，姜姓矣，蔡平侯始封也。西南有小吕亭，故此称大也。

其后的《元和志》《寰宇记》以及《通志》等书亦都从刘昭和郦道元之说，以新蔡为两周之世的吕国所在〔139〕，以致影响至今。今按，此论颇值得怀疑。

首先，以新蔡大吕亭当故吕国，始于刘昭所引《地道记》，出于晋人手笔，但未能指明何时之吕国。此后《水经注》据《春秋外传》(按即《国语》)进一步补充，说是西周时期吕国所在，而以南阳宛西之吕城为西周以前之吕，不知以何为据？

其次，西周后期之吕近申，《潜夫论》有载，《国语·郑语》和《左传》均以申、吕并称是为明证。若以申在南阳，吕在新蔡，不好解释，尤其是《左传》关于子重要并取于申、吕为赏田之记载就更难以说通了。

对此，王应麟的《诗地理考》(卷二)论曰"今以《左传》考

〔139〕参阅《元和志》卷九，蔡州"新蔡县"；《太平寰宇记》(以下简称"《寰宇记》")卷十一，蔡州"新蔡县"；《通志·氏族略二》"吕氏"条。

之，楚有申、吕时，新蔡属蔡，非楚邑，当以在宛县为正”（另《大清一统志》亦有此说）是正确的。

南宋以后，有些学者看出了《水经注》等关于吕国此说的矛盾，加以变换，提出先新蔡、后南阳的说法以补其失，如《路史·国名纪一》“吕”条云“《图经》以新蔡为古吕国，盖后来之吕近申……”；清马瑞辰《毛诗传笺通释》对罗泌所言更加发挥，其书卷七曰：

> 吕国有二，一为虞夏时所封之吕。……《后汉·郡国志》：“新蔡，有大吕亭。”……周初吕地已封蔡仲，所云吕国必虞夏时所封矣。一为周时续封之吕。《书·吕刑》郑《注》：“吕侯受王命，入为三公。”……申、吕二国相连。《史记·齐世家》注徐广曰：“吕在南阳宛县西。”

认为新蔡之吕是虞夏至周初以前的吕族故地，而南阳之吕乃西周时续封之吕国，虽解决了《水经注》关于后期之吕与申完全分离的矛盾，然说新蔡为虞夏以来的吕之故地亦不可信。

上文已考，两周以前的吕族不在新蔡，而在今山西西南部、即其先祖太岳族的故地活动，甲骨卜辞有较明确的反映；即使西周早中期的吕国也还不在南阳，当仍在卜辞所载的商代吕族故地。吕行从师北征、吕姜之器出于甘肃、吕季姜壶出于丰镐均为其证。由此可见，罗泌、马瑞辰等为弥补旧说之矛盾所作的调解仍为捉襟见肘，与史实不符。

既然春秋早期以前的吕族、吕国不在淮域，则新蔡之大吕亭、小吕亭就不可能是沿吕之故国而来，我们认为当是楚取南阳之吕国后，据其地，而迁吕人于此安置的缘故，与楚文王取申，于申故地置申县而东迁申人于淮域的情况相同。据上引《左传》记载，至迟在春秋中期的庄王时期，楚已于南阳吕地置县，而春秋末年的卫庄公之时，吕仍与卫国通婚，表明吕之族体依然存在，这时的吕族绝不可能存于设为楚县的吕国故地，应另有安置，新蔡之大吕亭、小吕亭当即故地入楚之后的吕人再迁之地。这样，长期以来关于吕国地望的一系列矛盾说法当不复存在，文献记载和考古资料所表明的楚取南阳吕地后，吕族仍在活动的疑案亦迎刃而解。

综上所述，两周之际的吕国在今南阳市以西三十里的董吕村一带，与申国相邻，申在东，吕在西，两国平分南阳盆地中、北部沃壤，南控江汉，北导中原，西通武关，东受江淮，这充分体现了宣王封申、吕于此的历史背景和政治、军事目的。

春秋初年以后，周室衰微，南土的申、吕因失去王室支助，无力抗御楚势的发展，春秋早中之际，楚人越过汉水，进入南阳盆地，首取申，次灭邓，与申相近且位居要地的吕国当同时纳入楚境。其后楚先后于申、吕之地置县，并东迁申、吕于淮域，申在今信阳、罗山一带，吕在今新蔡一带活动，历春秋中晚期两国一直并存，可见吕在淮域亦有一个相当的活动时期。

分析表明，文献所载新蔡为商周时期吕之故国虽然有误，然新蔡一带曾有吕族活动当事出有因，只是有些学者未明其源流而混淆、误解了吕族前后活动变化的关系，应予详明。

淮域吕亭的地望，《续汉书·郡国志》言在汉之新蔡县，未明所在，据《水经·汝水注》所载，当位于当时新蔡县西南、慎阳以东、新息以北的青陂水两岸。六朝之青陂水，依其流向及所经城邑分析，相当于流经今正阳、息县，在淮滨县注入淮水之闾河[140]，则位于古青陂水两岸之大吕亭、小吕亭就应在今新蔡县西南、正阳县东、息县以北的闾河两岸。闾、吕音同形近，闾河之得名或亦与古代吕族的后期活动和大吕亭、小吕亭的存在有一定关系。后世志书如《方舆纪要》说大吕亭在新蔡县北[141]，《大清一统志》又将其定于新蔡县东[142]，与《水经注》所载明显不合，未知所据，不足为信。

吕族东迁淮域以后的最后结局如何？史无明文，从上引《左传》所记春秋末年吕女为卫国国君之妻的史实来看，终春秋之世，吕之族体仍存，其最后退出历史舞台，或亦入战国之世，与申相始终、同命运，具体情况已不可知，只有等待将来考古界能发掘出新的材料，来进一步弄清楚问题了。

第五节　谢　国

一、谢国早期的地理与历史

《诗·大雅·崧高》："亹亹申伯，王缵之事。于邑于谢，南国是式。"毛序："谢，周之南国也。"郑《笺》："令往居谢，成法度于南邦。"又曰："申伯之貌，有威武番番然，其入谢国。"宋朱熹《诗集传》："邑，国都之处也；谢，在今邓州南阳县，周之南

〔140〕据《汝水注》，青陂水下游分为两支，一支南入淮，一支东北入汝。今闾河下游南入淮，当原之南支；北支当溾。

〔141〕参阅《方舆纪要》卷五十，河南五，汝宁府新蔡县"繁阳亭"条附"大吕亭"。

〔142〕参阅《大清一统志》卷二一六，汝宁府古迹"大吕亭"条。

土也。”又汉史斿《急就篇》卷一“谢”条，颜师古注：“谢，南方国名也，周宣王后父申伯于此作邑。”《路史·国名纪一》“谢”条说：“欧阳修《谢绛铭》云：黄帝后，昔周灭之，以封申伯，在南阳之宛。”

由上诸说可见，申伯受封之地原为谢邑，即古谢国之所在，西周晚期宣王封申伯于谢之前，谢是周之南土的重要诸侯之一。今南阳市东北郊申太宰中爯父墓以及西郊楚申公彭宇墓的发现，证明申国自南下之初至入楚为县，一直以今南阳为都不变，因此，也为申伯南迁以前的谢国所在提供了直接的证据，说明朱熹“谢在邓州南阳县”以及罗泌“（谢）在南阳之宛”的说法是正确的。

“谢”，文献亦作“徐”，又作“序”，《诗·大雅·崧高》“申伯番番，既入于谢”，王逸《楚辞章句》引作“既入于徐”；“于邑于谢”，王符的《潜夫论·志氏姓》篇引作“于邑于序”，而同书《三式》篇却又作“于邑于谢”，故朱右曾《诗地理征》曰“徐、序、谢俱声近字易”，王先谦《诗三家义集疏》说“序、谢古音通转”，所指实一。

据《潜夫论·志氏姓》篇汉南阳宛县北有“序山”，《水经·淯水注》作“预山”，《方舆纪要》叫“豫山”〔143〕，按序、预、豫均从“予”得声，古音一致，即位于今河南南阳市东北十余里、白河西岸之独山〔144〕。以《潜夫论》以“序”称“谢”例之，“序山”当即谢山，应与古谢国有关，从而证明位于古谢山以南的今南阳市

---

〔143〕参阅《方舆纪要》卷五一，南阳府南阳县“豫山”条。

〔144〕参阅《大清一统志》卷二一〇，南阳府山川“豫山”条。

一带的古申城、申伯之都也就是召伯所营的谢邑、谢国故都、“谢山”，当是谢人在这一带活动所留下的标记。

宋代所出“安州六器”的两件中方鼎铭云：

> 隹王命南宫伐反虎方之年，王命中先省南国，贯行蓺（设）王位在射、□真山……

“在”下一字主体部分从弓从矢，为南国地名，宋《宣和博古图》和《薛氏钟鼎款识》均隶作“射”，薛尚功按：“射字正作挽弓之形，而此鼎射作，如今之世俗所谓子弩者……”〔145〕近人有改释“夒”者，唐兰先生则隶为“弟”字，却又拿不准，说“弟字旧释射，疑是弟，象弋射之形”〔146〕。

今按：“夒”于甲文、金文多见，为猴之象形字（见《粹》4—5；《亚夒鼎》，《三代》2.8；《觞尊》，《三代》11.34），头有长发、大眼，上肢向前上方伸出，有止、长尾，但中间主体均作单体，无作弓形者，前肢更无作矢形的。“弟”字甲、金文更为常见，为绳索缠绕柲干之象形（如《乙》8818；《应公鼎》，《三代》3.36；《沈子簋》，《三代》9.38），柲杆或直或弯，但不作弓形，绳索呈“己”状，头端决无呈矢状者，因而释“夒”或“弟”均不类，唐兰先生既认为“象弋射之形”，还是应以旧释“射”为是。

我们认为，大贵族“中”在南国为周王置行帐的“射”地，

---

〔145〕 参阅王黼等《宣和博古图》（1752年亦政堂刻本）2.18—19，薛尚功《历代钟鼎彝器款识法帖》（中华书局1986年5月版，以下简称“《薛》”）10.3—4。

〔146〕 参阅唐兰《论周昭王时代的青铜器铭刻》（上）46“中方鼎”，《古文字研究》第2辑。

就是《毛诗》所言“周之南国”的“谢”，射、谢古本一字，后加“言”旁区分为二，但音义皆可通，《尔雅·释鱼》“龟府者灵，仰者谢”，《释文》谢作射；《孟子·滕文公上》“序者，射也”，而《潜夫论》以序代谢，则射、谢、序通用；《鬲攸从鼎》之“射分田邑”，杨树达先生谓“射当读谢”〔147〕，均为其证。

“安州六器”，唐兰先生认为是记周昭王南征之事，“射”为周之南国的谢，在今南阳市一带，正好为昭王南行的必经之地，与中甗“省自方、邓”同处南北交通要道上，“谢”位于方、邓之间，又在南阳盆地的中心地带，位置十分重要，所以“中”为昭王在谢地安置行帐自是情理中事，其后宣王封申伯于谢，更是出于战略上的考虑。

《左传》隐公十一年《正义》引《世本》云：“谢、薛……皆任姓。”又《国语·晋语四》：“凡黄帝之子，二十五宗，得其姓者十四人为十二姓，姬……任……是也。”则谢为任姓，出于黄帝部族，亦是来自北方的封国。据《诗·大雅·大明》：“挚仲氏任，自彼殷商，来嫁于周，曰嫔于京。乃及王季，维德之行。”《国语·周语中》载：“昔挚、畴之国也，由大任。”韦昭注：“大任，王季之妃，文王之母也。”又曰：“任氏之女世为妃嫔也。”任姓与姬周既同源又世婚，谢之受封，当是出于周人“外姓选于旧”〔148〕的原则。昭王时谢国已在南阳盆地，其受封南下或在周初的大分封时，申、吕南迁以前，谢应是南阳盆地内与鄂并立的主要封国之一，具有相当的基础。

---

〔147〕 参阅杨树达《积微居金文说》（科学出版社 1959 年 9 月版，下同）卷一“鬲攸从鼎”跋。

〔148〕 参阅《左传》宣公十二年。

西周中后期，王室衰微，四夷交侵，南方的楚也乘机发展势力、扩充地盘。周宣王继位，修内政，攘戎夷，号称中兴，但因四面用兵，亦大伤元气。据《国语・周语上》载：“宣王既亡南国之师，乃料民于太原。”蒙文通先生认为：“盖宣王以南阳师用之四方而亡殁，故料太原之民以任战。则以南阳既耗，故迁申、吕以实之也。”〔149〕申、吕的南迁，一方面是为了加强对南土的控制，另一方面亦是宣王“亡南国之师”后的一种补救措施。谢为南国之一，正为申、吕所迁之地，被宣王所亡的“南国之师”，自应包括谢人，说明谢国势力受到了严重削弱，宣王不得不劳其诸舅南迁，以控制南土局势。申之南迁“因是谢人，以作尔庸”，即利用久居南土的谢人为新来的主人修筑城垣、宫室，可见谢人地位一落千丈，从属于申。

《国语・郑语》记郑桓公在考虑把自己的封国由关中迁到东方时，曾问史伯说：“谢西之九州何如？”史伯回答说：“……唯谢、郏之间，其冢君侈骄……”韦昭注：“谢，宣王之舅申伯国也，今在南阳。”又曰：“间，谓郏南谢北，虢、郐在焉。”将“谢西九州”“谢、郏之间”作为郑桓公避难的选择范围，一方面说明谢为西周时期的南方大邑，同时说明其地有着较好的经济、文化基础，因而才列在郑桓公迁国的选择范围内。

二、谢的南迁及其地望

关于谢国的地望，古文献中另有一些记载。

《水经・比水注》：

〔149〕 参阅蒙文通《周秦少数民族研究》第二：西戎东侵，页14。

> 比水又西南流，谢水注之，水出谢城北，其源微小，至城渐大，城周回侧水，申伯之都邑，《诗》所谓“申伯番番，既入于谢”者也……其城之西，旧棘阳县治，故亦谓之棘阳城也。谢水又东南迳新都县，左注比水。

据此，则谢城当在比水（今唐河）以西的汉棘阳县东，并有谢水迳其城侧。

又《后汉书·光武帝纪上》“进拔棘阳”句下李贤注云：“县名，属南阳郡，在棘水之阳，古谢国也，故城在今唐州湖阳县西北。”《通典·州郡七》唐州“湖阳”县原注：“后汉棘阳县故城在今县北，古谢国也，在棘水之阳。”其后《寰宇记》《舆地广记》等亦作此说[150]。

唐宋文献都将古谢城与汉棘阳县看作一体，与《水经注》所载小有出入。

要确定古谢城所在，首先要弄清汉棘阳城的位置。据《左传》桓公十一年杜注蓼国云“今义阳棘阳东南湖阳城是也”，说明汉晋棘阳县在湖阳城西北，上引《后汉书》李贤注、《通典》诸书所记均与杜注一致。又《大明一统志》卷三十，南阳府古迹“棘阳城”条：“在邓州境，古谢国地，汉置县，居棘水之阳，因名，后周省入新野县。《元志》云：棘阳有镇，介于新野、湖阳二县之间。”《方舆纪要》卷五一，南阳府邓州新野县“棘阳城”条：“县东北七十里，古谢国也，或谓之黄棘，楚怀王二十五年秦楚盟于黄棘，秦复

〔150〕参阅《寰宇记》卷一四二，唐州湖阳县“谢城”条；《舆地广记》卷八，京西南路，唐州“湖阳城”条。

与楚上庸，汉置棘阳县……”（另《大清一统志》卷二一一，南阳府古迹“棘阳故城”条所载略同）

结合以上诸史记载，位于汉和唐宋湖阳县西北，新野、湖阳二县之间，比水以西的汉晋棘阳县、元棘阳镇的地望当在今唐河以西，新野县东境至唐河县西境一带，若此，古谢城亦不出今新野之施庵至唐河的郭滩一带。

经考古工作者调查，在位于新野县东四十五里的张楼村一带，发现一座古城遗址，其方位南北长约1000米，东西宽约350米，城址坐落在一条南北走向的岗脊上，东临唐河。遗址范围内文化堆积较厚，常有汉代板瓦、云纹瓦当、陶水管道、水井、铜器、铁器等发现，并有街道遗迹和房基等〔151〕，当地群众称为“棘阳城”，则此城应是汉晋棘阳县、古谢国之所在。

这里有一矛盾需要解决：既然上文已述，古谢邑后为申都，在今南阳市一带，已为各方面的材料所证实，何以新野以东另有一谢城、也是谢都所在，亦有大量的文献记载和地下实物资料作佐证呢?

我们认为此两说均不误，并且可以统一，而矛盾出在后人的有关解释上。《水经·淯水注》说古宛城为申伯所都，但在《比水注》中又说棘阳附近的古谢城也是“申伯之都邑”，自相矛盾。对此，朱右曾《诗地理征》辨之曰：“旧棘阳县治在西北，别一谢城，《世本》所云任姓之谢或在此，道元以为申伯之都，非是。”〔152〕已指出郦氏之误，但于其致误的原因则未能说清楚。结合有关记载和

〔151〕 有关此城址的情况，是笔者1984年秋前往南阳、新野一带考察时，由南阳地区文物队和新野县文化馆研究人员提供的。

〔152〕 参阅朱右曾《诗地理征》四，小雅“谢”条。

西周晚期申伯南下的历史背景分析，申伯所都的谢邑，即今南阳市古宛城，当是早期谢国所在，周宣王封申伯于其地后，谢国或南迁到今新野、唐河二县之间，即古棘阳之谢城，后人误将两谢地混淆为一，遂引起关于古谢国、申国地望的一系列矛盾说法。如依本文所考，谢国初在南阳，后迁棘阳，这样关于申、谢地望问题的一切矛盾都可迎刃而解。《诗辑》以“申国在宛，谢城在棘阳”[153]来说明申伯邑谢之后的申、谢关系，颇有见地，并不是申国先在南阳之谢，而后又封棘阳之谢。

三、有关谢国地望的其他不同说法

（一）关于棘阳之谢城

还有另一说。《续汉书·郡国志》南阳郡“棘阳”县下刘昭补注引《荆州记》曰“东北百里有谢城”，与《水经注》等其他文献记载不一致。后世志书，如王应麟的《诗地理考》将两说并存，不加评论；《方舆纪要》在记载棘阳为古谢国的同时，又认为“谢城在湖阳城北”；《大清一统志》亦两说并存，而说“谢城在唐县南”[154]。

综合各方面材料来看，《荆州记》所言颇多可疑。

首先，《水经注》认为古谢城与汉晋棘阳县虽非一地，但两城紧邻。《后汉书》李贤注、《通典》、《寰宇记》等地理名著以汉晋棘阳城为古谢国，与《水经注》所载基本一致。郦道元曾在南阳一带做过地方长官，其精通史地，又善于实地调查，其说当有所据。《荆州记》将古谢城定在棘阳县东北百里以外，《方舆纪要》《大清

〔153〕参阅《大清一统志》卷二一一，南阳府古迹“谢城”条引《诗辑》。

〔154〕参阅《方舆纪要》卷五一，河南六，南阳府唐县“谢城”条；《大清一统志》卷二一一，南阳府古迹“谢城”条。

一统志》又因《荆州记》定谢城于唐河以东的今唐河县以南、湖阳镇以北地带既与上引大多数文献关于古谢城与汉晋棘阳县相毗邻或为一地的记载相违，亦与《水经注》古谢城位于比水（今唐河）以西的形势明显不合，更何况《水经注》所说已为今天的考古材料所证实。

其次，今唐河县之湖阳镇（即古湖阳县）一带为古蓼国地，唐河县偏南为古唐国所在（说详下），两国相距不过七八十里，其间又何能再容得下一谢国呢？三国挤在唐河以东这样一个小圈子内，而唐河以西的今新野一带大片沃壤反无都邑，恐不大可能。

因此，古谢国的地望只能如《水经注》等众多文献所载，在汉晋棘阳县一带，即今新野县东、张楼村附近的古"棘阳城"，《荆州记》所载恐难凭信，《方舆纪要》和《大清一统志》等后世的解释亦不足为据。

（二）关于谢城地望

另有一说在淮域，即《诗·小雅·黍苗》"肃肃谢功，召伯营之"句下宋朱熹《集注》云"谢，邑名，申伯所封国也，在今邓州信阳军"（按，宋信阳军不属邓州，朱熹误），其后《方舆纪要》《大清一统志》和乾隆《罗山县志》又都说清代罗山西北有"谢城"。

其实，淮域之谢城既不可能是早期谢国故地，亦不可能是西周晚期申伯所封之谢邑，而应是春秋早期楚取南阳之申并于其地置县后，东迁申人于淮域安置所留下的印迹。申国故都为谢邑，迁淮域后仍以旧名称新居，以致形成南阳、信阳两地申、谢之名双双并存的局面。而南阳之申、谢是故地、本源，信阳之申、谢为流变，乃后期申人所居，与谢之故国并无关联。否则，必将带来一系列无法解释的矛盾。对此，本章第三节中已有申论，请参阅。

综上所述，古谢国在西周早中期，以今南阳市一带为中心，活动地域大致为后来的申、吕范围；西周晚期，谢国势衰，因申、吕南迁，据有其地，谢国遂南移于今唐河（古比水）以西、新野县东境张楼村附近的古谢城（汉晋棘阳县）一带，其疆土东与唐、蓼隔唐河相望，西、南与邓国相接，北与申、吕邻近，虽也是一片肥土沃壤，但所辖地域显然较以前小多了。

谢国南迁以后，何时灭亡，灭于何国，史无记载。从前些年新野附近发现有春秋早期晚段至春秋中期的曾国墓葬来看〔155〕，说明曾国势力至迟在春秋早期后段已由随枣走廊西北进入南阳盆地东南部，今新野一带的谢国境土已被纳入了曾国的势力范围，很可能在此前，谢已灭于曾，其时代当不晚于春秋早期。我们相信，随着地下实物资料的不断发现，这一问题将会得到正确解答。

春秋早期以后，整个南阳盆地基本为楚所有，故谢城亦当转属于楚。《史记·秦本纪》载秦昭王三年“与楚王会黄棘，与楚上庸”，“黄棘”，《正义》曰“盖在房、襄二州也”，未详所在，《方舆纪要》《大清一统志》均认为黄棘即“古谢国也，……汉置棘阳县”〔156〕，日人泷川资言的《史记会注考证》亦言黄棘在“今河南新野县东

〔155〕 参阅郑杰祥《河南新野发现的曾国铜器》，《文物》1973年第5期；河南省博物馆等《河南新野古墓清理简报》，《文物资料丛刊》（2）。

〔156〕 参阅《方舆纪要》卷五一，河南六，南阳府新野县“棘阳城”条；《大清一统志》卷二一一，南阳府古迹“棘阳古城”条。

北”〔157〕，当源于《方舆纪要》。若此，古谢城入楚后，至迟于战国中期已改称“黄棘”，为楚在南阳盆地内的重要城邑，汉之棘阳县当在古谢城、楚之黄棘的基础上设立的。

第六节　（西）蓼国

古文献中有两个蓼国，一在南阳盆地，一在淮河中游的支流今史河中下游。此外，还有个既是“群舒”之一，又有“蓼”称，位于江淮之间今安徽省境内的舒蓼。三蓼国于春秋时期先后为楚所灭，故地并入楚境，为便于区别，文中分别称之以西蓼、东蓼和舒蓼，避免混淆。本节先述南阳盆地之西蓼。

一、西蓼的地望与国名之异文

（西）蓼国在今存古记载中最早见于《左传》桓公十一年（公元前701年），记蓼曾参与郧、随、绞、州诸国伐楚而未成，杜预注：“蓼国，今义阳棘阳县东南有湖阳城。”《左传正义》卷七末阮元校勘记引《释文》云：“蓼，本或作鄝，同。”《经典释文》编著者陆德明是唐初人，这说明唐初的《左传》版本有将“蓼”写作“鄝”的，《左传》之“舒蓼”，《穀梁传》作“舒鄝”亦可为证。

《汉书·地理志》南阳郡“湖阳”县班固原注“故廖国也”，颜师古注云“……《左氏传》作‘飂’字，其音同耳”。今按：蓼、廖、飂、鄝，四字皆从翏得声，实为一字之异文，《汉志》之“廖”，《水经·比水注》即引作“蓼”。因“蓼”国之称是最流行

〔157〕参阅《史记会注考证附校补·秦本纪》（上海古籍出版社1985年影印本，下同）“与楚王会黄棘”句下注。

的，今从之。

杜预以后，六朝一直到清代的地理著作如《水经注》《通典》《寰宇记》《方舆纪要》等一致认为古湖阳县（元代省为镇）是古蓼国之所在〔158〕。《隋书·地理志》舂陵郡“湖阳”县下曰“有蓼山”，《寰宇记》说“蓼山在县北二里”，《大明一统志》卷三十南阳府山川“蓼山”条云“在唐县南九十里，古蓼国地，上有蓼王庙”，《大清一统志》卷二一〇南阳府山川“蓼山”条亦云“在唐县南九十里，去湖阳城二里，古蓼国以此名，山上有蓼王庙”。

综上引诸文献记载，古蓼国地望当在今河南唐河县南，邻近湖北枣阳县的湖阳镇一带，镇北二里有蓼山，山上明清时期还有蓼王庙，镇北今有蓼阳河，自东向西过蓼山北而西入唐河。这一带山、水与庙都以蓼为名，亦可作为古蓼国在此的旁证。

二、西蓼存灭简述

关于西蓼国的族姓，早期文献无载，自宋代以后志书多言其为己姓之嗣飂叔安之后〔159〕，若此，当是祝融之裔，与楚人同源，亦是来自北方中原的古老部族，只是此说是否可信，还有待进一步的材料证实。

进入春秋以后，从上引《左传》桓公十一年的记载可以断定，至迟在春秋初年，蓼国就已在今唐河县南的湖阳镇及蓼阳河一带了，说明在西周晚期或更早一些，蓼即立国于此。

---

〔158〕 参阅《水经·比水注》；《通典·州郡七》唐州“湖阳县”；《寰宇记》卷一四二，唐州“湖阳”县；《方舆纪要》卷五一，河南六，南阳府唐县“湖阳城”条。

〔159〕 参阅《路史·国名纪三》；《春秋地名考略》卷十三；杨伯峻《春秋左传注》昭公二十九年。

《左传》哀公十七年载楚大夫子谷回忆春秋初年情况时说“观丁父，鄀俘也，武王以为军率，是以克州、蓼，服随、唐，大启群蛮”，则蓼当于楚武王晚年灭于楚。楚武王死于鲁庄公四年，蓼灭于楚当在桓公十一年至庄公四年（公元前701—前690年）间，可能就在桓公十一年或稍后，楚于大败郧师之后，就乘势灭了蓼国。

蓼国位于桐柏山西端、南阳盆地的东南部，处于南阳盆地东南经桐柏山入枣阳县境的交通线上；其国境大致东傍桐柏山，南近随枣走廊西段，以至今枣阳县境，西隔唐河与古谢国相望，北与唐国为邻，只有唐河以东、今唐河县南部以湖阳镇为中心的一小片土地。

据《水经·比水注》引《竹书纪年》曰“楚共王会宋平公于湖阳”，湖阳即古蓼国，即汉之湖阳县，楚共王时（公元前590—前560年）蓼国故地已称“湖阳”，并成为与诸侯盟会之地，以春秋时期楚灭国多设县的策略论之，武王灭蓼之后不久，当因蓼国故地设县，改称湖阳。顾栋高《春秋大事表》云“楚得其（蓼）地谓之湖阳”(《方舆纪要》《春秋地名考略》亦有此说〔160〕)，成为楚境内的重要城邑，汉置湖阳县或因楚县旧制而来。

第七节　唐　国

一、唐国的历史和族姓

《国语·郑语》记周大夫史伯谈成周以南的九个诸侯国，唐为

〔160〕 参阅《春秋大事表》卷六下《春秋列国地形犬牙相错表》“蓼”条；《方舆纪要》卷五一，河南六，南阳府唐县“湖阳城”条。

其一，说明唐国至迟在西周后期已在周之南土了。

“安州六器”之一的中尊铭载“王大省公族于庚”，并在“庚”地治兵。“庚”字，李学勤先生释“唐”，即江汉之唐国〔161〕，我们同意此说。据此，西周前期，唐国就已在南土了。

上引《左传》哀公十七年载楚太师子谷说楚武王提拔鄀俘观丁父为军率，“克州、蓼，服随、唐”，说明在春秋早期，楚就用武力制服了唐国。鲁宣公十二年（公元前597年），晋、楚邲之战时，唐惠侯曾率唐国军队参加楚之“左拒”出击晋师，杜预注云“唐，属楚之小国”，孔颖达《正义》曰“《经》不书唐侯者，为楚私属”，说明至春秋中期，唐国已完全附属于楚，听从楚人调遣。

春秋晚期，约鲁定公元年（公元前509年），唐成公朝楚，由于得罪了令尹子常，被扣留了三年不得返国，后其属下向子常行贿，满足了他的贪欲，才得以归国，唐侯因此背楚从吴，随即于定公四年参加了吴、蔡联兵攻楚之战，直入楚郢都，楚昭王奔随。次年，秦军援楚，帮助楚人打败了吴兵，逐步收复了失地。这年七月，秦楚联军大败吴师于沂（约在今唐河县西南〔162〕），之后，就乘胜灭了唐国，结束了唐国的历史。

关于唐国的族姓，上引《国语》韦昭解“应、蔡、随、唐皆姬姓也”，《史记·楚世家》张守节《正义》引《世本》曰“唐，姬姓之国也”，则唐为周之宗支，当属“汉阳诸姬”之一。

《通志·氏族略二》“唐氏”条按：“《释例》，唐，姬姓；又《公子谱》一曰：成王封叔虞于唐，号唐叔侯，其子燮父之后，春秋时

〔161〕参阅江鸿《盘龙城和商朝的南土》，《文物》1976年第2期。

〔162〕参阅石泉师《从春秋吴师入郢之役看古代荆楚地理》，《古代荆楚地理新探》（武汉大学出版社1988年10月版）页397—398。

国小微弱，遂属为楚邑。”此以江汉之唐为北方唐叔虞支族的南迁未必可信，但也认为其为姬姓，与韦昭解和《正义》所引《世本》相同。今人杨伯峻、李学勤等先生亦以唐是姬姓[163]，是正确的。

唐的族姓，另有一说是尧后，祁姓。但在受封时间和族支上则又存在两种不同看法。

《史记·晋世家》司马贞《索隐》曰“唐本尧后，封在夏墟，而都于鄂。鄂，今在大夏是也。及成王灭唐之后，乃分徙之于许、郢之间，故《春秋》有唐成公是也，即今之唐州也”，认为江汉之唐国是周初成王时灭北方尧裔唐国而封其弟叔虞后，尧唐之支族南迁者。张守节的《史记正义》则认为唐国出于夏代曾南迁鲁县的尧裔刘累之旧族，是因故地而封。《新唐书·宰相世系表》(卷七四下)曰“唐氏出自祁姓……成王灭唐以封弟叔虞，其后更封刘累裔孙在鲁县者为唐侯，以奉尧嗣，其地唐州方城是也”，同意《正义》之说。《通志·氏族略二》则又说“唐氏，祁姓……周之季世，又封刘累裔孙在鲁县者为唐侯，以奉尧嗣，其地今唐州方城是也”，对《正义》之说进一步肯定，而将唐国的受封时间定为西周后期。其后清人梁玉绳《汉书人表考》主唐为尧后而驳《正义》所引《世本》之姬姓说[164]；顾栋高《春秋大事表》卷五《春秋列国爵姓及存灭表》则直接以唐为尧后祁姓，从而形成唐国族姓姬、祁两说长期分辨不清的情况，以致影响至今。

今按，司马贞以江汉之唐为成王灭尧唐以后其支族的南迁并不

---

〔163〕参阅杨伯峻《春秋左传注》宣公十二年；李学勤《东周与秦代文明》(文物出版社1984年6月版，下同)第十一章：楚以北列国。

〔164〕参阅梁玉绳《人表考》卷八“唐成公”条，《史记汉书诸表订补十种》(中华书局1982年7月版)页897。

可靠。据《史记·晋世家》载“成王立，唐有乱，周公诛灭唐”，《正义》引《括地志》云“……至周成王时，唐人作乱，成王灭之，而封大叔，更迁唐人子孙于杜，谓之杜伯，即范匄所云‘在周为唐杜氏’”，《左传》文公六年载晋文公有妃“杜祁”，为公子雍之母，“杜”是国称，“祁”乃族姓，为杜女嫁于晋文公者，可见春秋时祁姓杜国，仍在北方。传世铜器有“杜伯作叔祁隫鬲”〔165〕，正与《左传》相证。

由此可见，成王灭唐侯，唐人旧族并未南迁，而是被周人迁到杜（今陕西西安市东南之古杜县〔166〕）地安置、重新立国，至春秋时期一直存在，司马贞之说并与史实不符。大致与司马贞同时的张守节不以南迁说为论，而以因鲁县刘累旧族故地而封作解，较司马贞之说稍胜，故为欧阳修等所赞同，郑樵一方面指出了南迁说的破绽，同时又对张守节、欧阳修封刘累鲁县裔孙说进一步具体化，把江汉唐国的受封定于西周晚期，然结合文献分析，此说亦难凭信。

其一，《正义》此说与其注《楚世家》所引《世本》之姬姓说相矛盾，且姬姓说又为早期的韦昭、杜预等人所赞同，不为无据。《通志》在论述方城之唐为尧后的同时，另言有一姬姓之唐以作调和，从而形成南阳盆地两个唐国并存的矛盾，显然有误。

其二，《正义》此说当是本于《左传》昭公二十九年所记：

> 有陶唐氏既衰，其后有刘累，学扰龙于豢龙氏，以事孔甲，能饮食之。夏后嘉之，赐氏曰御龙，以更豕韦之后。龙

---

〔165〕参阅《大系》考153“杜伯鬲”。

〔166〕参阅《汉书·地理志》京兆尹“杜陵”县原注；《史记·秦本纪》“初县杜、郑”句下《正义》引《括地志》云。

一雌死，潜醢以食夏后。夏后飨之，既而使求之。惧而迁于鲁县，范氏其后也。

则尧后刘累之族于夏时因故确曾南迁鲁县（即今河南鲁山）一带，春秋时范氏即其后人。然据《左传》襄公二十四年载晋卿范宣子回顾其先世曰：

昔匄之祖，自虞以上为陶唐氏，在夏为御龙氏，在商为豕韦氏，在周为唐杜氏，晋主夏盟为范氏。

杜预注：

殷末，豕韦国于唐。周成王灭唐，迁之于杜，为杜伯。杜伯之子隰叔奔晋，四世及士会，食邑于范，复为范氏。

则刘累之后至迟在商代中期已由鲁县迁回中原，继彭姓豕韦之后服事于商，并立国于唐尧故地为唐国。若此，以江汉唐国为鲁县刘累之裔说亦属凿空之论，不足为训。

其三,《通志》以祁姓唐国封于西周末，而顾氏又以此为后来属楚之唐，与上述中尊铭载唐于西周早期已在南阳盆地的情况不合。

总之，结合较古的记载和铭文材料分析，西周至春秋时期，南阳盆地只有一个姬姓唐国，为“汉阳诸姬”之一，西周前期已在南阳盆地内活动，当在周初即封于江汉了。

二、唐国地望试析

关于唐国的地理，古文献记载和近人的看法都有较大出入。

《汉书·地理志》南阳郡“舂陵”县原注：

> 侯国，故蔡阳白水乡。上唐乡，故唐国。

《左传》宣公十二年杜预注：

> 义阳安昌东南有上唐乡。

晋安昌县即前汉舂陵县〔167〕，两者地望一致，则古唐国位于汉舂陵县（晋安昌县）之东南。

古文献记载还有另一说法，《水经·涢水注》曰：

> 涢水出县（按即蔡阳县）东南大洪山，……东北流合石水，石水出大洪山，东北流注于涢，谓之小涢水。而乱流，东北迳上唐县故城南，本蔡阳之上唐乡，旧唐侯国……

以汉晋之上唐乡在涢水上源的西北岸，与今地图对照，当在今随县西境、涢水西（北）岸的环潭镇一带。

唐初的《括地志》认为上唐乡故城在当时枣阳县东南一百五十里左右〔168〕，而从清初起，一般志书就把上唐乡故城定在随州西北的唐城一带，即今随州西北八十里的唐县镇〔169〕，成为近世的流行

〔167〕参阅《水经·沔水注》“洞水”条。

〔168〕参阅《史记·楚世家》张守节《正义》引《括地志》云。

〔169〕参阅《方舆纪要》卷七七，德安府随州“唐城”条；《大清一统志》卷二六七，德安府古迹“古唐城”条。

说法。

从上述文献记载本身分析，自《水经注》以后，关于古唐国地望解释是互相矛盾的，《水经注》认为当在随县以西的涢阳、环潭一带；《括地志》认为在枣阳县东南一百五十里（唐里），按道里论之，应在今随州西北不远；清人认为在随枣之间的唐县镇，均无法统一。

从考古材料来看，今随枣走廊、南阳盆地东南部均属曾国铜器的分布范围，如枣阳东南的吴店、资山等地出有数批西周晚至春秋早期的曾器；随州以西的安居、涢阳一带也出土过几批西周晚至春秋中、晚期的曾器；在新野县城郊，也曾发掘两座属于春秋早、中期的曾国贵族墓葬，由此可见，当时曾国的疆土范围除了包括随枣走廊的主要河谷丘陵地外，向西北扩展到南阳盆地东南部。铭文之曾实即文献记载的汉东大国随〔170〕，这一地区既出土了大量曾国铜器和墓葬，足证当时应属于古随国的境土，上引汉晋以后文献记载虽各自说法不一，但是认为古唐国应在这一范围之内，则不好解释。

近年，石泉先生结合有关实物资料，对《水经注》以来有关唐国地望的矛盾说法逐一加以分析，认为古唐国不当在今随枣走廊内，而应在南阳盆地的今唐河县境内〔171〕，现述其大要如下。

从春秋时期有关历史事件的分析来看：

（1）若随、唐两国为近邻，但史料中从无反映两国关系往来的

〔170〕参阅李学勤《曾国之谜》，《光明日报》1978年10月4日；石泉《古代曾国——随国地望初探》，《古代荆楚地理新探》页84—101。

〔171〕参阅石泉《从春秋吴师入郢之役看古代荆楚地理》，《古代荆楚地理新探》页360—376。

记载。

（2）若唐国在今唐镇一带，处于楚随两国之间，但在多次楚随战和的史实中，都从未涉及唐国。

（3）春秋晚期吴、唐、蔡联兵入郢，楚昭王奔随，作为伐楚盟国之一的唐国却为何未就近配合吴人向随人索取楚王。

以上几点，是主张唐国在随县西北唐镇之说所无法解释的。

从历史地理的角度分析：

（1）随国故都在今随州以西的安居镇一带，其为汉东大国，势力范围达今南阳盆地东南部的新野、桐柏一带，中心区在今之随枣地区，以唐国在今之唐镇，与随都相去不过六十里左右，一方面位于随国的中心区域内，另一方面处于随人势力的四面包围之中，似不大可能。

（2）古文献中另有关于唐国在今南阳唐河县的记载，如上引司马贞的《索隐》以唐是成王灭北方尧唐之后的南迁虽不可信，然说春秋唐国“即今之唐州也”，当值得重视；清人江永的《春秋地理考实》（宣公十二年“唐”条）亦曰“今南阳府唐县本唐之唐州，盖亦古之唐国”，即为其证。

（3）今唐河县境一些渊源较早的地名，如唐子山、唐子亭、唐子乡、唐子陂等，早在汉魏六朝时就已见于记载〔172〕，是可作为古唐国曾在这一地区的有力旁证。

综合石先生的有关考证和我们以上分析，以《索隐》《春秋地理考实》所载将古唐国定于今河南唐河县一带，既可以较好地解决古文献中有关唐国地望的矛盾，又证实了考古材料所提出的问题。

〔172〕 参阅《后汉书》卷一下《光武帝纪》。

古唐国中心在今唐河县一带，其境土东部当达桐柏、泌阳一带，南与蓼国为邻；西隔唐河与谢国相望，北当与申国接壤，大致包括以今唐河县为中心的唐河中游一片冲积平原和低平岗地，确实具有较好的自然环境和立国条件。

第三章

淮河上中游两岸列国地理与文化

第一节　樊　国

一、樊君夫妇墓的发现及文化特征

1978年春，河南省博物馆在信阳市平桥南山嘴清理了两座东周墓，两墓南北排列，方向朝东，墓底建在同一平面上，内部结构一致，底部均铺一层木炭，棺上各铺三层木炭。M1（南墓）出土铜器计鼎、壶、盆、鬲、盘、匜各一件，陶器有鬲、瓿、豆各一件及陶盉两件，另有少量玉器。M2（北墓）随葬器均为铜器，有鼎、簠、壶各两件，盘、匜各一件，另有铜削、锛、刻刀、锥等工具。其中M1所出铜鬲、壶、盘、匜上均铸有“樊夫人龙嬴自作行壶（或“盘”“匜”）”之类铭文；盆内铭文为“樊君夒用其吉金自作宝盆”。鉴于M1陪葬器物以樊夫人自作器为主，并有少量玉器；M2器物虽无铭文，但不出玉器而有一套工具的情况，《简报》将

M1 定为樊夫人龙嬴墓，M2 为樊君夔墓是可信的[1]。

樊君夫妇墓的年代，《简报》定于春秋早中期，比较器物的形制和花纹，盆、盘与洛阳中州路第 1 期 M2415 所出同类器相近而略早[2]；鼎、壶的形制及纹饰与光山黄君夫妇墓所出同类器类似也稍前[3]；匜的形制、花纹要明显早于上述两墓所出的铜匜，簠的形制也较河南新野西关曾国墓和南阳楚申公彭宇墓略早[4]。中州路 M2415，高明先生认为属于春秋中期前段[5]，黄君夫妇墓，我们认为在春秋早中之际（说详本章第四节），新野曾国墓与南阳申公彭宇墓应在春秋中期之初年（见本编第二章第三节），因此，樊君夫妇墓的年代应在春秋早期晚段，不迟于春秋早中之际。

1981 年 4 月，河南信阳地区文管会在樊君夫妇墓东北 50 米处，又清理了一座土坑竖穴墓，即平桥 M3，墓向正东，单棺单椁，墓内亦用木炭三层填封，整个布局和结构与樊君夫妇墓完全一致。随葬铜器有鼎、壶、舟各一，陶器有鬲、罐各一件及少量玉饰[6]，其中鼎、壶形制与樊君夫妇墓所出相近，只是壶的腹部上移，显得略晚；并出现了新器类——舟，腹饰“S”形云纹，中腹

〔1〕参阅河南省博物馆等《河南信阳市平桥春秋墓发掘简报》，《文物》1981 年第 1 期。

〔2〕参阅中国科学院考古研究所编著《洛阳中州路（西工段）》（科学出版社 1959 年 1 月第 1 版）第四章第三节东周墓葬二铜器。

〔3〕参阅河南信阳地区文管会等《春秋早期黄君孟夫妇墓发掘报告》，《考古》1984 年第 4 期。

〔4〕参阅郑杰祥《河南新野发现的曾国铜器》，《文物》1973 年第 5 期；王儒林等《南阳市西关出土一批青铜器》，《中原文物》1982 年第 1 期。

〔5〕参阅高明《中原地区东周时代青铜器研究》（中），《考古与文物》1981 年第 3 期。

〔6〕参阅信阳地区文管会《信阳市平桥西 3 号春秋墓发掘简报》，《中原文物》1981 年第 4 期。

饰三角纹，均是春秋中期较为流行的纹饰，综此，M3 的时代要比一、二号墓晚，约在春秋中期前段。三座墓同在一墓地，且结构、布局及器物组合、形制乃至时代都十分接近，显然应属于同一国族和文化。

通过平桥三墓的发现和分析，使我们认识到：

（1）樊君夫妇墓不管在墓葬结构、器物基本组合还是形制、花纹方面与光山黄君夫妇墓均有很多相似之处，如都是夫妇并穴合葬，墓向朝东，夫北妇南，葬俗接近；器物基本组合为鼎、壶、盘、匜，且多成双成对。又如樊夫人和黄夫人墓各出两件铜鬲，而樊君、黄君墓均不出鬲；尤其引人注意的是，黄夫人墓出有两件铜盉，均有角状鋬，一件鬲形，一件甗形，而樊夫人墓中却出两件陶盉，也带有角状鋬，只是两件同为甗形，但彼此风格是一致的。这种形制的盉，在北方文化和江汉地区均不见，属于江淮地方文化特色。

（2）樊君夫妇铜器铭文称“樊君”“樊夫人”，而黄君夫妇铜器铭文称“黄君”“黄夫人”，风格亦一致。“黄君”乃黄国之君，学术界看法一致，则与其时代、地域、风格极近之“樊君”，自当为樊国之君。再结合这一区域所出“番君”“邛（江）君”以及“啇君”（说详后）铜器分析，两周之际至春秋早中期，诸侯国国君称“君”是淮河中上游地区较为突出的文化特征和习俗之一，这与中原诸侯称“公”（如鲁公、宋公、齐公）、称“侯”（如晋侯、蔡侯）和周边诸侯称“王”（如楚王、夨王、吴王）等既相似又有区别。樊君夫妇墓的文化面貌以及器铭之称正是淮域地区文化特征的明确反映和佐证，说明樊应是淮域诸侯之一。

二、樊君铜器的再认识和族姓分析

由于樊君夫妇墓的发现及其樊君铜器的出土，为学术界多年关注而又争论不清的另外几件樊君铜器找到了归宿。

二十世纪六十年代，湖南省博物馆介绍了几件馆藏青铜器，其中一件匜据说1949年前出自长沙市郊杨家山“长沙王后”冢。器作兽头形，四足较低，尾部有兽形鋬，有盖，盖饰蟠螭纹，并有一鸟形捉手，器、盖各有铭文十八字：

樊君夒用□自作□匜，子子孙孙其永宝用享。〔7〕

“樊君夒”，与信阳樊君夫妇墓之樊君夒可能是同一人，称号、名字及器物时代均一致，樊君之器出于长沙，或出于战争流失的原因。

传世有一件樊君鬲，口沿有铭文一周共十字：

樊君作叔嬴妳媵器宝□。〔8〕

器作仰折沿，束颈、折肩、袋足、分裆微瘪，肩饰一周重环纹，腹部对应三足处各有一小扉，整个形制比樊君夫妇墓所出铜器要早，而与湖北京山苏家垄曾国墓中出土的黄朱梌鬲一致〔9〕，时代约在两周之际或春秋初年。

关于这件樊器的国别和族属，学术界多年难定。我们认为，此“樊君”与上述“樊君夒”当为同一樊国之君，鬲或出于信阳一带，

〔7〕 参阅湖南省博物馆《介绍几件馆藏周代铜器》，《考古》1963年第12期。华按：铭文“君”后一字，原《简报》释“道”，细审铭文，应是“夒”字。

〔8〕 参阅容庚《商周彝器通考》（哈佛燕京学社1941年版，以下简称“《通考》”）页313：19，图164。

〔9〕 参阅湖北省博物馆《湖北京山发现曾国铜器》，《文物》1972年第2期。

这由樊君夫妇墓的发现以及国君称“君”的文化特征可以确证。

此鬲为樊君嫁女所作的媵器，其女字叔嬴名妳，根据媵器铭文称字的惯例，“叔”为行第，“嬴”即族姓，则樊国是为嬴姓，属东夷集团少皞氏之后裔，与其邻近的江、黄、养等国同族，可见樊、黄两国除了地域上的相邻，同属一个文化区外，族属上的一致也是两者文化面貌相近的重要因素。

关于樊之族姓，有两点需要辨明。

（1）陈槃先生释鬲铭为“樊君作叔能妳媵器……”，认为“妳”即楚姓之“芈”，定樊为“楚之同姓国也”〔10〕。亦有学者从其说〔11〕。今按，此说非是。

首先，古文字中嬴、能形近易混，但在用法上是有明显区别的，“嬴”多用于国名和行次之后表族姓，如楚嬴、秦嬴、季嬴等，绝无他意。“能”一般用作助动词，如沈子簋之“多公能福”、毛公鼎之“康能四域”等，从不用于妇女名字中。此铭之“叔嬴”与黄国铜器之“仲嬴”“季嬴”同例，应为族姓无疑。

其次，鬲铭之“嬴”与樊君夫妇墓所出铜器铭文“樊夫人龙嬴”之“嬴”形体相近，正为互证。从而说明容庚、于豪亮等学者所释“叔嬴”是正确的。至于“嬴”后“妳”字，张日昇先生认为是叔嬴之名，不能解为族姓〔12〕，或即《广雅·释亲》所言

〔10〕 参阅陈槃《春秋大事表列国爵姓及存灭表撰异》（“中研院”历史语言研究所专刊之五十二，台北 1969 年 4 月版，下同）第 3 册，页 276：“樊”条。

〔11〕 参阅黄盛璋《朴君述鼎国别、年代及其相关问题》，《江汉考古》1987 年第 1 期。

〔12〕 参阅《金文诂林》（香港中文大学出版社 1974 年版，下同）卷三上“樊”条。

“妳，……母也”之意。“叔嬴妳”与黄太子白克盘之“仲嬴与”、黄君簋之“季嬴□”名字连称的情况一致。

（2）樊为嬴姓，然樊君夫人字“龙嬴”，为嬴姓之女适樊君者，同姓相婚，作何解释？

同姓不婚虽为周代的一般婚姻原则，但并不能排除例外现象。其实，春秋时期出于某种特殊环境和政治需要，同姓联姻之例甚多，如《左传》襄公二十三年晋嫁女于吴，二十六年卫人归卫姬于晋，昭公元年郑子产说晋平公“实有四姬”，哀公十二年载鲁昭公夫人为吴女，皆为其证，既然高唱“同姓不婚”为“周道”的姬周内部都不乏违俗之例，更何况淮夷之邦的异姓诸侯。所以，我们并不能仅凭樊君娶了嬴姓女子为妻而简单否定樊国即嬴姓的史实。从当时形势分析，随着楚人的不断兴起，淮域嬴姓集团内部为加强团结，结盟通婚，共同对付楚人势力的扩张是很可能的，这与春秋晚期吴晋、吴蔡结盟通婚以对楚的情形相一致。

三、樊国地理考实

嬴姓樊国的历史和地望，文献失载，随着樊国铜器的出土，尤其是樊君夫妇墓的发现，不断引起学术界的注意，已有学者作过探讨。于豪亮先生结合有关文献记载，提出今襄阳樊城和古繁阳（在今新蔡北）两种设想〔13〕；樊君夫妇墓发掘简报和陈槃、黄盛璋等先生则直接将樊国定在汉水北岸的古樊城〔14〕，均值得商榷。

以汉水北岸的樊城为古樊国说，始于南北朝，《太平寰宇记》卷一四五，襄州“邓城县”总论说：“《荆州图副》、郭仲产、挚虞

〔13〕 参阅于豪亮《论息国和樊国的铜器》，《江汉考古》1980年第2期。
〔14〕 同注〔10〕〔11〕。

等所记俱云樊本仲山甫之国。"《太平御览》卷一九二引《荆州图记》曰："邓城有樊城，是樊仲山甫所封也。"《水经·沔水注》在记樊城时亦认为"仲山甫所封也"。其后唐宋志书多沿此说[15]。然证之早期文献记载，此说实不可信。

仲山甫，是西周宣王时的辅弼大臣，《诗经》有专篇记其事[16]，其封地在东都畿内之阳樊，即今河南济源市西南，《左传》《国语》《潜夫论》及服虔、杜预都说得很清楚[17]，后世的《通志》《诗地理考》《方舆纪要》《春秋大事表》《大清一统志》等均主河内阳樊而驳襄阳樊城说[18]，石泉先生对此亦有明确辨析[19]，是可信的。于豪亮先生对仲山甫之封在阳樊表示赞同，而又根据铜器铭文另有嬴姓之樊的史实提出仲山甫之樊为姬姓，在河内，另有嬴姓之樊在襄阳城的新解。

我们认为于先生姬、嬴两樊国南北并存的说法颇有见地，然关于嬴樊在襄阳樊城的考证则又值得怀疑。其一，从地理上看，古邓国在樊城西北十余里处，并有遗址见存，若樊国在樊城一带，则樊邓两国相去只十余里是不大可能的。更何况属邓之南鄙的鄾邑就在今樊城近旁，已临近汉水，就更不可能有樊国的立足之地了。其

---

〔15〕 参阅《后汉书·樊宏传》李贤注；《元和志》卷二一，襄州"临汉县"条；《新定九域志》(附中华书局1984年版《元丰九域志》后)。

〔16〕 参阅《诗·大雅·烝民》。

〔17〕 参阅《左传》僖公二十五年；《国语》周语上和晋语四；《潜夫论·志氏姓》；《续汉书·郡国志》河内郡"修武"县下刘昭注引服虔曰；《左传》隐公十一年杜预注。

〔18〕 参阅《通志·氏族略三》"樊氏"条；《诗地理考》卷四《大雅》"仲山甫"条；《方舆纪要》卷一：历代州域形势"樊"条；《春秋大事表》卷五《春秋列国爵姓及存灭表》"樊"条；《大清一统志》卷二〇三，河南怀庆府古迹"阳城"条。

〔19〕 参阅石泉师《古邓国、邓县考》，《古代荆楚地理新探》页116—118。

二，樊城一带为古代南北、东西交通之要津，若樊国在此，必然要与周边列国发生关系往来，而文献中却不见这类记载，尤其在楚国挥师北上伐申、灭邓的一系列征伐过程中，均不曾有任何涉及樊国的史实，这都说明樊城一带在春秋早期属邓而不属樊。其三，近些年，樊城附近及其以北地区陆续有一些古邓国、楚邓县的遗物出土，却未见任何樊国器物和文化遗迹，相反，樊君夫妇墓却在樊城以东三百多里的信阳附近发现，实为对古樊国在樊城说的有力否证。总之，学术界近年依南北朝以来的有关记载定古樊国于樊城一带既缺乏坚实的文献基础，亦与当时形势和新出土实物资料不合，应予否定。

至于于豪亮先生提出的嬴樊或在繁阳的另一种设想，除了樊、繁字音上的相通外，亦缺乏强有力的证据。古繁阳在今河南新蔡县北，与信阳相距二三百里之遥，对樊君夫妇墓为何出在信阳仍不好解释，且两者之间还有息、江等国相隔。

我们认为，古樊国既不在襄阳之樊城，亦不在新蔡之繁阳，而应在信阳附近，古文献记载中，信阳一带正有一座樊城存在。

据《魏书》卷八《世宗纪》：

> （景明四年，公元 503 年）八月庚子，以吏部尚书元英假镇南将军攻萧衍义阳，……（正始元年）三月壬申，元英破衍将王僧炳于樊城。……八月丙子，元英破萧衍将马仙琕于义阳。……乙酉，元英攻义阳，拔之。……辛卯，英又大破衍将，仍清三关。丁酉，封元英为中山王。

同书卷十九下，《南安王桢传》附子中山王英传亦载：

寻诏英使持节假镇南将军都督征义阳诸军事，率众南讨萧衍司州，……萧衍遣其平西将军曹景宗、后将军王僧炳等率步骑三万来救义阳，僧炳统众二万据凿岘，景宗率一万继后。英遣冠军将军元逞、扬烈将军曹文敬进据樊城，以抗之，英部勒将士犄角讨之，大破僧炳军，俘斩四千余人，英又于士雅山结垒，与景宗相抗。

又《资治通鉴》卷一四五，梁纪一：

（武帝天监二年）八月庚子，魏以镇南将军元英都督征义阳诸军事，司州刺史蔡遏恭闻魏军将至，遣骁骑将军杨由帅城外居民三千余家保贤首山为三栅，冬十月，元英勒诸军围贤首山栅，栅民任马驹斩由降魏。……（天监三年二月）上遣平西将军曹景宗、后军王僧炳等帅步骑三万救义阳，僧炳将二万人据凿岘，景宗将万人为后继，元英遣冠军将军元逞等据樊城以拒之，三月壬申，大破僧炳于樊城，俘斩四千余人……

上述义阳攻守战中，魏军败梁将王僧炳之樊城，胡注曰："僧炳败于樊城，未得至凿岘也，否则，此非襄阳之樊城，自别是一处。"我们认为，胡注的后半是对的，其事实是：梁、魏之间持续一年的义阳攻守战都是围绕义阳城、尤其是义阳城以南地带展开，如魏军扫清义阳外围据点贤首栅、樊城夹击王僧炳、士雅山数破马仙琕和曹景宗等等。贤首山在义阳城西南十里，即今信阳市西南七里处[20]；士雅山在清代信阳州（即今信阳市）南六七里处[21]，则魏军前后夹击而大破王僧炳的樊城显然应在义阳城附近，当在今平桥镇以南的浉河南岸不远，这从魏军先于樊城破王僧炳，随后又于士雅山结营再打梁朝援军马仙琕的军事行动亦可证明[22]。《方舆纪要》认为樊城在清代信阳州（即古义阳城）南[23]，是可信的，但又说城为北魏所置，则似不然。魏军围义阳，然后分兵于樊城抗击梁朝援军王僧炳部是出于临时性的军事需要和部署，没有必要、时间也不允许修筑一座樊城用于作战。

我们认为，此“樊城”应即春秋樊国故城所在。其一，城以“樊”为名，当有一定的渊源，既称“城”且魏军能凭以抗击梁军，说明旧址仍存。其二，检索早期文献，汉晋以来直至齐梁，义阳城附近既未设过樊县，也未置过樊郡，不存在樊县、樊郡故城的可能，除樊国故城外，别无他解。其三，樊君夫妇墓在信阳平桥西发现，与古樊城相去不远，决非偶然巧合，实为二者互相联系、互为依存的最好说明。

樊国地望的确定，一方面为樊国铜器和樊君夫妇墓所体现的淮域文化特征以及族属诸问题求得了地理上的印证，另一方面学术界多年来关于樊国历史及其地望的一系列矛盾说法得以澄清。

这里，还有一问题需要说明。

---

〔20〕参阅《方舆纪要》卷五十，河南五，汝宁府信阳州“贤首山”条；《大清一统志》卷二一五，汝宁府山川“贤首山”条。

〔21〕参阅《方舆纪要》卷五十，河南五，信阳州“士雅山”条；《大清一统志》卷二一五，汝宁府山川“士雅山”条。

〔22〕参阅《魏书》卷十九下，《南安王桢传》附子中山王英传；《通鉴》卷一四五，梁纪一天监三年。

〔23〕参阅《方舆纪要》卷五十，河南五，信阳州“曹城”条附“樊城”。

以上根据《魏书》和《通鉴》等有关记载分析，古樊城应在南朝义阳城以南地带，南朝义阳城的地望，《方舆纪要》《大清一统志》并言在明清信阳州（即今河南信阳市）南四十里[24]，若此，古樊城当更在今信阳市以南四十余里处，则与樊君夫妇墓在今信阳市一带的史实不合。

今按，《方舆纪要》和《大清一统志》关于南朝义阳城的说法是错误的。

南朝义阳城，即司州所治，其地望《水经·淮水注》有明确的记载：

> 淮水又东，得浉口水源，南出大溃山，……又北迳贤首山西，又北出，东南屈迳仁顺城南，故义阳郡治，分南阳置也。……本治在石城山上，因梁希侵逼，徙治此城。梁司州刺史马仙琕不守，魏置郢州也。

记载表明，南朝义阳城原称仁顺城，位于浉水北流而屈转东南以后之北岸。古浉水即流经今信阳市南之浉河，对照地理形势分析，古义阳城显然就在今信阳市（即明清信阳州）一带。贤首山的位置，《水经注》说在浉水北流河道之东岸，即义阳城西南不远，这与《魏书》元英传贤首山在义阳城西南十里的记载一致，《方舆纪要》《大清一统志》亦曰在清信阳州西南七里，古今方位、距离相合（按，古里略小于今里），是为明证。

---

〔24〕 参阅《方舆纪要》卷五十，河南五，信阳州“义阳城”条；《大清一统志》卷二一六，汝宁府古迹“义阳城”条。

又南朝义阳城，入魏后改置郢州，隋唐时为申州义阳郡〔25〕，宋改为信阳军〔26〕，治所不曾变动，史家看法一致。《元和志》《寰宇记》并言淮水在城北三十七里，梁将曹景宗救义阳时所筑之曹城在城南三十五里〔27〕；而《方舆纪要》《一统志》也都说淮水在清信阳州北四十五里，曹城在州南三十五里〔28〕，其间道里基本一致，说明唐义阳郡、宋信阳军与明清信阳州并在一地，《方舆纪要》和《一统志》对古义阳城一带的山川形势记载清楚，然又将其地望定于州南四十里，显然有误。

据《大清一统志》引《元志》曰："宋端平间，信阳军地荒，凡四十余年。至元十四年改立信阳府，寻降为州，二十年徙州治罗山县，而此城废。"〔29〕又《方舆纪要》曰："元移治罗山县，以信阳属焉，明初复移今治。"〔30〕说明南宋后期，信阳一带因战乱破坏严重，州县俱废。元统一后，重理政区，迁州治于罗山县，可见义阳城毁坏严重，不堪为州治了。明初州治迁回信阳县，虽是复义阳旧治，然人们却认为是另立新地，反映自宋端平以来一百余年的动荡变迁，人们对信阳（古义阳）旧城的情况已不大清楚，故有义阳城在"今治"南四十里之误说。由于这一带古今山川地理的相对关系变化不大，从而对我们正本清源，探明古义阳城的真正所在提供了

---

〔25〕参阅《隋书·地理志》"义阳郡"；《元和志》卷九，申州总论。

〔26〕参阅《寰宇记》卷一三二，信阳军总论。

〔27〕参阅《元和志》卷九，申州义阳县"淮水"和"故曹城"条；《寰宇记》卷一三二，信阳军信阳县"淮水"和"故曹城"条。

〔28〕参阅《方舆纪要》卷五十，河南五，信阳州"淮水"和"曹城"条；《大清一统志》卷二一六，汝宁府古迹"曹城"条。

〔29〕参阅《大清一统志》卷二一六，汝宁府古迹"义阳城"条引《元志》。

〔30〕参阅《方舆纪要》卷五十，河南五，信阳州"义阳城"条。

帮助。对此，黄盛璋先生曾作过认真清理〔31〕，其结论正确可信。

古义阳城与明清信阳州并在一地，古樊国、樊城在义阳城南、即今信阳市南不远，正与樊君夫妇墓在信阳一带的发现相呼应，其东与同姓的江、黄为邻，南以三关为限，西南隔桐柏山与姬姓曾国相望，北与道、柏、蔡诸国相近，可谓一片肥土沃壤，地处古代南北和东西交往的重要位置。近些年来，信阳一带先秦遗物不断出土，学术界一直在为探索这些遗物的族属和文化内涵不断努力，樊国地望的确立，将为这一研究和探索打下有益的基础。

四、余　论

嬴姓樊国的历史，文献失载，从樊君鬲铭文可见，至迟在两周之际或春秋初年，樊已称“君”立国，并有一定的文化基础；春秋早期后段至中期前段的樊国墓葬在同一墓地发现，表明这时樊国仍然存在。据《韩诗外传》卷二，楚庄王有后妃“樊姬”，并协助楚庄王治理国事（另见《古列女传》卷二《贤明传》和《新序》卷一《杂事》），此“姬”当非族姓，应是妃妾之称，这从文中楚庄王数称“樊姬”为“姬”，而樊姬每自称“妾”即可为证，反映了汉人的习俗。“樊姬”当是嬴姓樊国之女适楚庄王为妃妾者，说明此时樊国仍在，并与楚有姻亲往来。

由于樊国所处的地理位置，在春秋早期偏后楚武王势力渗入淮河上游时，当与楚国发生交往；楚文王时灭息，成王、穆王时灭弦、黄和江，淮河上流两岸基本上已入为楚境，樊国更在息和江、黄以西，又当交通要冲，其被纳入楚国势力范围，成为楚之附庸自属必然，这从樊君夫妇墓之规模、随葬品都比处于其东的黄君夫妇

---

〔31〕参阅黄盛璋《楚王城》，《历史研究》1960年第1—2合期。

墓要低一些，且有以陶器代替铜器随葬的现象，说明这时樊君的地位受到了冲击，处境不佳。

樊国灭于何时，史无明证，从楚庄王娶樊女为妃看，当在庄王以后。襄阳之樊城的源起，或为楚灭樊后，曾一度迁樊人于邓国故地附近安置的缘故。灭国迁民，是春秋时期楚人为打乱江汉、江淮地区旧有血缘集团的社会、文化基础，逐渐将他们纳入楚人、楚文化范畴所采取的一贯政策，樊人被迁，亦同此例。我们相信，随着地下实物资料的不断发现，定将为我们最终解开樊国历史地理和文化之谜提供更多的帮助。

第二节　息　国

一、息国历史及族姓

息为淮北诸侯之一，《左传》作“息”，《说文》《玉篇》和《释文》并作“鄎”〔32〕，古文字中有无偏旁无别，息、鄎实为一字，同从“自”得声〔33〕。

《左传》隐公十一年“郑、息有违言，息侯伐郑，郑伯与战于竟，息师大败而还。君子是以知息之将亡也，不度德，不量力，不亲亲，不征辞，不察有罪。犯五不韪，而以伐人，其丧师也，不亦宜乎？”

鲁隐公十一年为楚武王二十九年，公元前712年，这时南边的

〔32〕参阅《说文》卷六下，“邑”部“鄎”条；《玉篇》卷二，邑部“鄎”；《春秋左传正义》隐公十一年引《释文》。

〔33〕《说文》邑部“鄎”条曰“从邑息声”，又卷十下心部“息”条曰：“从自，自亦声。”

楚国刚刚兴起，北边的郑乃春秋初期之强国，正值“郑庄小霸”之际〔34〕，息能出兵伐郑，且深入郑境，说明春秋初的息国还是有一定实力的。但毕竟不是郑国对手，且劳师远伐，《传》言“大败而还”，可见息损失惨重。

鲁庄公十年：“蔡哀侯娶于陈，息侯亦娶焉。息妫将归，过蔡。蔡侯曰：‘吾姨也。’止而见之，弗宾。息侯闻之，怒，使谓楚文王曰：‘伐我，吾求救于蔡而伐之。’楚子从之。秋九月，楚败蔡师于莘，以蔡侯献午归。”

这段记载表明：（1）息、蔡均娶陈女为夫人，说明中原诸侯之间的联系是密切的。（2）蔡侯“弗宾”息妫，息侯召楚师伐蔡，比较隐公十一年息敢与强郑较量，而这时对付比郑弱得多的蔡，不得不借助楚师，可见自大败于郑以来，息国的实力已大为削弱了。（3）息邀楚师伐蔡，表明此前息、楚之间即有一定的联系，楚国势力确已远及淮北了，此前“蔡侯、郑伯会于邓，始惧楚也”〔35〕，是为明证。

《左传》庄公十四年：“蔡哀侯为莘故，绳息妫以语楚子。楚子如息，以食入享，遂灭息。以息妫归，生堵敖及成王焉，未言。楚子问之。对曰：吾一妇人，而事二夫，纵弗能死，其又奚言？楚子以蔡侯灭息，遂伐蔡。秋七月，楚入蔡。”

此事亦见《吕氏春秋·长攻》篇，所载略异，当以《传》文为实。

鲁庄公十四年为楚文王十年，公元前680年，因而后世文献

〔34〕关于“郑庄小霸”的形势，参阅童书业《春秋左传研究》（上海人民出版社1980年版，下同）页40—43。

〔35〕参阅《左传》桓公二年。

《通志》《路史》《春秋大事表》等并将楚灭息的时间定在这一年〔36〕。今按：此不确，徐旭生先生分析说："考楚的灭息是因为蔡哀侯败于莘怀恨，那末，应在庄公十年九月以后。到庄公十四年秋天息妫已经生了两个孩子，那么，灭息当在庄公十年冬至十二年间。"〔37〕较符合史实。

息国的族姓，《世本》说是姬姓〔38〕，《说文》、《国语》韦昭注、《左传》杜预注均作此说〔39〕。然唐代以后部分文献以息为"妫姓侯国"〔40〕，实因误会《左传》息侯夫人称"息妫"而致，按照古代"男子称氏，妇人称姓"的原则，"妫"应是陈国之姓，"息"是陈女所适之国，这是古代妇名称国的一般规律，并与息国族姓无关。韦昭说："息，姬姓之国；陈妫，陈女，为息侯夫人。"是正确的。

二、息国铜器的初步认识

息国的历史，《左传》所载主要限于春秋初年以后，而春秋初年以前的历史，文献无载，唐初的孔颖达在谈到有关息国的情况时就已提到："庄十四《传》楚文王灭息，其初则不知谁之子？何时封也？"〔41〕说明记载的缺乏。

传世铜器迖作父乙簋，有铭文三行十三字：

---

〔36〕 参阅《通志·氏族略二》"息氏"条；《路史·国名纪五》"息"条罗苹注；《春秋大事表》四《春秋列国疆域表·楚疆》。

〔37〕 参阅徐旭生《中国古史的传说时代》第四章，页176。

〔38〕 参阅《左传》隐公十一年孔颖达《正义》引。

〔39〕 参阅《说文》卷六下，邑部"郎"条；《国语·周语中》韦昭注；《左传》隐公十一年杜预注。

〔40〕 参阅林宝《元和姓纂》和郑樵《通志·氏族略二》。

〔41〕 参阅《左传》隐公十一年孔颖达《正义》。

公史（使）迖吏（事）又
息，用作父乙宝
隣彝。（《西清》13.36）

铭文第二行首字，长期以来文字学界争议颇大，前些年，河南罗山天湖商代墓葬中出有一批以此字作族氏标志的青铜器，李伯谦、郑杰祥先生经过认真比较研究，遵从柯昌济、林义光等人释此字为“息”〔42〕，认为即商代息族墓地，得到学术界的基本认同。若此，簋铭之“息”，当即周代息国（与下一器参照更为明确）。

此簋作侈口、双耳有珥，口下饰夔纹，腹部为斜方格乳钉纹，圈足亦饰夔纹，整个风格具有周初特色，部分保留商代作风，应为西周成康时器。铭文最后带有族徽标志亦可为证。传世还有一件尊，形制花纹也十分古朴，铭为：“公赐迖贝，对公休，用作父乙宝隣彝。□□。”〔43〕两铭对照，意即公派迖到息国执行公事，迖受到公的赏赐，用来作其父亲的祭器。此“公”，文中不称其名、氏，可见地位至尊，应即周初王室的辅政大臣召公、毕公之类〔44〕。公派迖出使于息，一方面说明成康时期息已立国，其受封当在成康时期的几次大分封中；另一方面表明息与此“公”有着密切的联系，或

〔42〕参阅李伯谦、郑杰祥《后李商代墓葬族属试析》，《中原文物》1981年第4期。

〔43〕参阅《三代》11.32.3。

〔44〕据《尚书序》，成王时期“召公为保，周公为师，相成王为左右”（《君奭》）；又成王将崩，命召公、毕公率诸侯相康王，作《顾命》，而《顾命》曰：“太保率西方诸侯……，毕公率东方诸侯”，说明成康时期的主要辅政大臣为召公、毕公等，此铭言“公”，表明地位颇尊，当不出召公、毕公之类。

为其支系，因而迖使息受到公的赏赐。

息伯卣，有器、盖各一〔45〕，铭同而形制有异，应是同一组器物中的两件，铭载：

> 隹王八月息伯赐贝于姜，用作父乙宝隮彝。

此器时代，唐兰先生定在昭王前期〔46〕，刘启益先生定于康王〔47〕。器铭之“姜”即王姜，郭沫若和陈梦家先生认为是成王后妃〔48〕，意见不一，但均不出西周早期的范围。

铭称“息伯”，说明息国初封之时为“伯”爵，《左传》称“息侯”应是后来所变化的。

传世有一件父辛盘，有铭文两行十字：

> 陕仲仆作父辛宝隮彝。(《捃》2.16.4)

盘铭第一字，以前不识，仔细对照，其与河南罗山天湖 M9 所出铜戈和矛上的“息”字铭文十分接近，只是中间少一横画而已。古文字中，中间的横画有无、多少均可，如“高”字，上部中间之横或有或无，或一横或两横都一样〔49〕，综此，我们认为盘铭第一字应

〔45〕 器铭见《善斋》4.33，《三代》13.36.4；盖铭见《三代》13.36.3。

〔46〕 参阅唐兰《论周昭王时代的青铜器铭刻》，《古文字研究》第 2 辑。

〔47〕 刘启益《西周康王时期铜器的初步清理》，《出土文献研究》(文物出版社 1985 年 6 月版)。

〔48〕 参阅《大系》考 14；《断代》(二) 成王铜器“乍册睘卣”，《考古学报》第 10 册，1955 年。

〔49〕 参阅高明《古文字类编》(中华书局 1980 年 10 月版) 页 405“高”条。

即“息”。“陕”,《玉篇》说是“地名”，然未知所在，结合盘铭看，应是息地；“仲仆”为人名。此盘是息国陕地字仲仆的贵族为其亡父所作的祭器。就铭文字体观察，波磔明显，竖画首尾略现锋尖，“宝”字所从之“贝”上呈三角形、下未封口，仍呈原始贝形，凡此，当是西周早中之际或中期前段风格，比息伯卣要晚。铭称“息陕仲仆”，应是息国公族。

于省吾先生所编《商周金文录遗》收集一件鄎子鼎，器盖各有铭文十三字：

鄎子蒖夷为其行器，其永寿用之。

器铭第一字为国族之称，以前不识，高明先生隶为“鄎”[50]，林洁明先生隶“鄎”[51]。1978年，湖北随州曾侯乙墓所出编钟下层二组1号钟铭文中亦有此字，裘锡圭、李家浩先生并释为“鄎”，认为即申息之“息”的本字[52]。若然，这件鼎亦为息国器物，形制未见，从铭文风格看，约在两周之际或春秋初年所作。

1975年，湖北随州涢阳公社出土了一批铜器，其中有一件盆，器、盖内壁各有铭文两行十一字：

鄎子行自作食盆，永宝用之。[53]

---

〔50〕 参阅《古文字类编》页446。

〔51〕 参阅《金文诂林》卷六，第875字。

〔52〕 参阅湖北省博物馆《随县曾侯乙墓钟磬铭文释文》，裘锡圭、李家浩《曾侯乙墓钟磬铭文释文说明》，并载《音乐研究》1981年第1期。

〔53〕 参阅程欣人《随县涢阳出土楚、曾、息青铜器》，《江汉考古》1980年第1期。

铭文“鄎”字，左边从邑、右边从息，与《说文》《玉篇》所载一致，表明息、鄎本为一字的前后变化，《左传》用“息”乃古体，《说文》《玉篇》用“鄎”，为西周晚期以后之新体，后来志书作“息”，是简化偏旁的原因。

盆的形制作侈口、束颈、平底有盖，肩部一对半环耳，盖上有环状捉手，器身、盖满饰蟠螭纹，与信阳平桥樊君夫妇墓所出铜盆相近，应是息国灭于楚前不久所作。此盆与曾、楚等器并出，可能与楚灭息后器物易主有关。

上述两器之“鄎子”，或为《左传》僖公九年“凡在丧，王曰小童，公侯曰子”之“子”，或为息侯馀子、庶子之类，当非爵称，这由《息伯卣》铭和《左传》所载可证。

以上对息国铜器的清理表明：周初息即立国，当是成康时期“封建亲戚，以藩屏周”的具体例证之一；息受到“公”的关怀和王姜的赏赐，可见其与周王室的特殊关系。西周中晚期至春秋早期的息器均有发现，亦说明息国的政治地位和经济文化水平。凡此，均可补文献记载之不足。

三、息国地望分析

古息国的地望，《说文》卷六下，邑部“鄎”条曰：“今汝南新息是也。”《左传》隐公十一年杜预注：“息国，汝南新息县。”又定公四年注：“息，汝南新息也。”都说在汉晋汝南郡之新息县。《汉书·地理志》汝南郡“新息”县下颜师古注引孟康曰：“故息国，其后徙东，故加新云。”此语颇为费解，孔颖达曾驳云：“若其后东徙，当云故息，何以反加新乎？盖本自他处而徙此也。”而本自何处，孔未明言。清人钱坫结合息、郑交战的形势，认为息当去郑不远，因而把古息国早期所在定于汝水上源的天息山一带[54]，恐难为信。

息国商代已有，河南罗山天湖商代墓葬一大批带“息”族铭文铜器的出土，表明商代息国应在罗山一带。周代息国，应是灭商息之后所封的姬姓国，国名、地理当沿商代息国而来，这与周灭商之应国而改封姬姓应国的情况一致[55]。商代息国在罗山一带，则周之息国亦应在其附近，不得远至天息山一带，此其一。据《左传》定公四年，吴联蔡伐楚，“舍舟于淮汭”，楚左司马沈尹戌出师方城之外以毁其舟，因令尹子常轻举妄动，以致楚军主力大败，“左司马戌及息而还”，此“息”即楚息县，故息国，位于楚方城以东、淮汭（当即汝水入淮处[56]）以西，必近淮水无疑，杜预注“汝南新息县”是正确的，此其二。周初灭商息后而改封姬息于淮北，一方面为防止淮夷的内侵，同时也便于与蔡、沈、顿、项诸姬相互联系。

汉晋新息县的位置，据《后汉书·贾复传》“南击召陵、新息”句下李贤注：“新息，县名，属汝南郡，故城在今豫州新息县西南也。”《元和志》卷九，蔡州新息县载：“新息故城在县西南一十里。”与李贤所说一致而更要具体一些。从宋代起，一系列名著不同意唐人的西南说，认为汉晋新息城在当时新息县北三十里。如《太平寰宇记》卷十一，蔡州新息县下即言：“古息城在县北三十

〔54〕 参阅钱坫、徐松《新斠注地理志集释》(《二十五史补编》第一册）汝南郡，“息”县条。

〔55〕 据《水经·滍水注》引《汲郡古文》：“殷时已有应国”，又《左传》僖公二十四年载：“邘、晋、应、韩，武之穆也。”是周灭商之应国后封其宗枝。

〔56〕 参阅石泉师《从春秋吴师入郢之役看古代荆楚地理》，《古代荆楚地理新探》页357。

里。”其后《路史》《大明一统治》等亦主县北三十里之说[57]。清代著作如《春秋大事表》、康熙《光州志》等同意唐人的西南说，只是将《元和志》的西南十里变为七里[58]，《大清一统志》引《县志》又说在西南十五里[59]，当是所用里制不一，所指当为一地。而《方舆纪要》、《说文》段注则仍持县北三十里之说[60]，江永的《春秋地理考实》则两说并存不加评论[61]。

此外，《大清一统志》另有县东之说，然在县东何处，又未明言。今按，此说实出于附会应劭“其后徙东，故加新云”之语，并无实据，且《一统志》同时所引《元和志》《县志》又都是西南之说，亦可证其论据之弱。

古息国、汉晋新息县究竟在唐宋以来新息县（今河南息县）之西南，还是以北三十里，我们先撇开后世异说，而就早期文献记载有关汉晋以来的沿革变化作一探索，然后再看其地望。

新息县，汉晋时均属豫州汝南郡，治所沿用未动，这由上述《说文》和《左传》杜注即可为证。到南朝刘宋时期，豫州汝南太守内出现了南、北两新息县，且皆言“汉旧县”[62]，说明永嘉之乱后，因北方战乱，淮域郡县或迁或废，经东晋后期和刘宋初年的几

〔57〕参阅《路史·国名纪五》周氏“息”条；《大明一统志》卷三一，河南汝宁府古迹“古息国”条。

〔58〕参阅《春秋大事表》四《春秋列国疆域·楚》“息”条；康熙《光州志》卷三六，古迹“古息城”条。

〔59〕参阅《大清一统志》卷二二二，光州古迹“新息故城”条。

〔60〕参阅《方舆纪要》卷五十，河南五，光州息县“息城”条；《说文解字注》卷六下，邑部“郎”条。

〔61〕参阅《春秋地理考实》卷一，隐公十一年“息”条。

〔62〕参阅《宋书·州郡志》豫州“汝南太守”。

次调整，原新息县一分为二，南北并立。据《南齐书·州郡志》，豫州弋阳郡内有南新息县，北新息县未见记载，当已废或为北朝所有。又《魏书·地形志》东豫州汝南郡内仍有南北两新息县，当因刘宋之旧，至东魏一直并存。

据《水经·淮水注》：

> 淮水又东迳故息城南，《春秋左传》隐公十一年郑息有违言，息侯伐郑，郑伯败之者也。……淮水又东，迳新息县故城南，应劭曰：息侯徙东，故加新也。王莽之新德也。光武十九年，封马援为侯国。外城北门内有新息长贾彪庙，……魏太和中，蛮田益宗效城，立东豫州，以益宗为刺史。

又《汝水注》载：

> ……汝水又东，与青陂合，水上承慎水于慎阳县之上慎陂，……陂水又东，迳新息亭北，……又东，迳新息县，结为墙陂。……又东北屈，迳壶邱东，而北流注于汝水，世谓之薄溪水。

比较两段记载，使我们清楚地看到，紧临淮水北岸有“息故城”，即古息国之所在，其东又有“新息县故城”，为北魏东豫州所治。然在汝水西南岸支流青陂水以南，又有新息亭和北魏之“新息县”，此“新息县”在“故息城”和“新息县故城”（即东豫州治）以北，与古息国、汉晋新息县无关。

由此可见，古息国、汉晋新息县就只能在今息县（即南北朝以来的南新息县）西南地带，《后汉书》李贤注和《元和志》的有关记载是正确的，《寰宇记》《路史》说在县北三十里，则是混淆了南北朝时期北新息县与汉晋新息县之间的关系。《方舆纪要》又说古息国、汉初新息县并在今县北三十里，汉时南迁后于故址立北新息县，亦不可信。

据考古工作者调查，在今息县西南约十里的城郊乡徐庄村青龙寺一带，有一座古城废墟，残址约一平方华里，地面略有断续残墙可见，从城内外出土的陶器残片分析，上限不晚于春秋，下限在汉以后[63]。城址位置与《水经注》《元和志》等所载"故息城"或"新息故城"完全相合，当即古息国、汉晋新息县所在。

古息国在今息县西南、淮水北岸，其北为同姓的沈、蔡，东即蒋、蓼，西与江国紧邻，南渡淮水，是嬴姓之黄、樊，当东去淮河中下游之要冲，为西周时期中原诸侯与淮夷集团交往的前沿，位置十分重要。楚文王向淮域扩展，首师即灭息而设县，以作为经略淮域、图霸中原的桥头堡和前沿基地，可见楚对息地的重视。与此同时，楚人还建立了一支实力颇强的地方兵团——息县之师，在春秋战国时期与晋、吴诸国的长期军事行动中，扮演着重要角色，如《左传》僖公二十五年秦晋伐鄀，楚以申息之师戍商密；文公三年，楚伐江，周、晋联兵伐楚以救江，"门于方城"，因"遇息公子朱而还"；成公六年，晋师侵蔡，楚公子申、公子成以申、息之师救蔡，御诸桑遂，晋师"遂还"，皆体现了息县、息地在楚国历史发展中的特殊地位。

---

〔63〕1984年冬，笔者前往信阳、息县一带调查，有关此城址的资料承信阳地区文管会、息县文化馆从事田野考古工作的同志见告。

第三节 弦 国

一、弦国存灭与族姓

弦是淮域小国之一。《春秋》僖公五年："楚子灭弦，弦子奔黄。"《传》曰："于是江、黄、道、柏方睦于齐，皆弦姻也，弦子恃之而不事楚，又不设备，故亡。"

这是有关弦国情况的仅有记载，其告诉我们：（1）弦国于鲁僖公五年，即楚成王十七年（公元前655年）灭于楚，是继息之后第二个为楚所并的淮域小国。（2）弦与江、黄、道、柏诸国既为睦邻，又是姻亲，说明其间关系较密，并附庸于齐，显然是为了抵抗楚国势力在淮域的扩张而结成的同盟，这正是弦为楚所灭的原因。

鲁僖公四年，齐桓公打着匡扶王室的大旗，率诸侯之师伐楚，盟于召陵而还，使楚之北进受阻。此后，楚锋东向淮域，一年后即灭弦，不久又灭黄，在淮南迅速发展，以稳固以息县为中心的淮域前沿基地，可见齐桓伐楚并未真正削弱楚的实力。

弦国的族姓，早期文献无载。南宋罗泌的《路史·国名纪二》将其列为"少昊后嬴姓国"，清顾栋高的《春秋大事表》以及《春秋传说汇纂》都说是隗姓〔64〕。今按，江、黄、柏等国皆为嬴姓，史载甚明，而上述《左传》明言三国皆与弦联姻，按古代同姓不婚的一般原则，弦与江、黄等应非同族，罗泌之说恐难凭信。至于清人隗姓之说由何而来，亦不可知。

〔64〕 参阅《春秋大事表》卷五《春秋列国爵姓及存灭表》；《春秋传说汇纂》卷首下，列国爵姓。

隗，金文作“媿”，为北方狄族之姓〔65〕。商周时期强大于西北的鬼方，学者认为即媿姓之族或“媿姓的方国”〔66〕。据《庄子·徐无鬼》篇：“黄帝将见大隗于具茨之山，方明为御，……至于襄城之野……”具茨山，春秋以来又称“騩山”“大隗山”，亦名“泰隗山”〔67〕，按騩、隗同音互用，当因“大隗”之居而得名，在今河南密县、禹县、新郑之间〔68〕。“大隗”或即隗姓族人的一支，《抱朴子·地真》篇称之为“大隗君”即为其证。由此可见，在氏族社会时期，即有一支媿姓族人由北方渡过黄河南下黄淮地区。铭文材料表明，周代的复国、胡国皆为媿姓所建，复国于西周晚期与邓国通婚（见本编第二章第一节），胡国在西周春秋时一直较为活跃（说详后），均在淮河两岸。说明周代媿姓狄族更向南移，并且发展到一定的势力，否则是难以于西周时期诸侯林立的淮河两岸立国的。弦是否与复、胡诸国同族，有待进一步的材料证明，但淮河中上游地区周代确有媿姓族人立国是无庸置疑的。

二、弦国地望辨析

弦国地望，《汉书·地理志》江夏郡“轪”县下班固原注：“古弦子国”，说西汉轪县即春秋弦国所在。《左传》僖公五年杜预注：

---

〔65〕据《左传》僖公二十三年载，狄伐廧咎如，获其二女，以叔隗妻赵孟，季隗妻重耳，杜预注：“廧咎如，赤狄之别种也，隗姓。”另见《史记·晋世家》《集解》引贾逵曰。又《国语·郑语》“北有……潞、洛、泉、徐、蒲”韦昭解：“皆赤狄，隗姓也。”可以为证。

〔66〕参阅王国维《鬼方昆夷玁狁考》，《观堂集林》卷十三；陈梦家《殷虚卜辞综述》第八章方国地理，第五节武丁时代的多方，四“鬼方”。

〔67〕参阅《国语·郑语》；《山海经·中山经·中次七经》；《水经·溴水注》；《元和志》卷五，河南府密县“大騩山”条。

〔68〕参阅《方舆纪要》卷四七，河南二，开封府新郑县“大騩山”条；《大清一统志》卷一八六，开封府山川“大騩山”条。

“弦国在弋阳轪县东南。”与《汉志》略有不同，但都说在汉晋轪县境内则是一致的。《续汉书·郡国志》江夏郡“轪”县下刘昭补注引杜预曰：“古邧国，在东南，有邧城。”今按，所言“邧”当为“弦”之误，上引《汉志》、杜注以及《郡国志》江夏郡“云杜”县刘昭注亦引杜预曰“县东南有邧城，故国”均可为证。若此，刘昭也同意杜预的弦在轪县东南之说。

汉至西晋轪县的位置，《水经·江水注》（下）载：“（江水）又东迳轪县故城南，故弦国也。《春秋》僖公五年秋，楚灭弦，弦子奔黄者也。”说在长江北岸的巴水与希水之间，约今湖北浠水县西南、黄冈县东南一带即古弦国所在。中唐成书的《通典》则曰：“仙居，汉轪县也，今县北四十里有古轪城，今县东有弦亭。”〔69〕唐仙居县在今河南光山县以西（略偏北）之仙居店〔70〕，则位于仙居店北四十里之汉至西晋轪县故城不出今淮河以南，河南罗山、光山、息县交界处的竹杆河两岸。其东南之弦亭，当即古弦国所在。与《通典》同时或稍晚成书的《元和志》亦说轪县故城在仙居县北四十里〔71〕，然关于弦国的位置，又与《通典》略异。以后成书的《寰宇记》《通志》《路史》亦都同意此说〔72〕；《大清一统志》将光山、浠水两说并载而倾向于光山说〔73〕；王先谦的《汉书补注》《后汉书集

〔69〕参阅《通典·州郡十一》古扬州，光州弋阳郡。

〔70〕参阅《方舆纪要》卷五十，河南五，光州光山县“仙居城”条。

〔71〕参阅《元和志》卷九，光州仙居县“轪县故城”条。

〔72〕参阅《寰宇记》卷一二七，光州仙居县；《通志·氏族略二》周不得姓之国“弦氏”条；《路史·国名纪二》少昊后嬴姓国“弦”条。

〔73〕参阅《大清一统志》卷二二二，光州古迹“轪县故城”条；又卷三四〇，黄州府古迹“轪县故城”条。

解》则又驳《通典》而肯定《水经注》[74]；可见关于古弦国的地望，确是一个值得认真探讨的问题。

要确定古弦国的地望，首先需要弄清汉至西晋轪县及其与之密切相关的汉晋西阳县（西晋西阳郡）的位置。

古轪县、西阳县两汉属江夏郡，魏至西晋初属弋阳郡，为豫州所辖。晋武帝太康末年，封汝南王亮之子羕为西阳县公，惠帝元康初，加封羕为西阳郡王，轪县当属其有，其后期思、西陵、邾、蕲春等县转属西阳郡王[75]。西晋永嘉之乱后，北方地区大乱，少数民族纷纷内徙，入主中原。随着东晋王朝渡江南下，中原人大量南迁，原在北方的州、郡、县等政区机构也随之大量侨置于南边的长江两岸。在刘宋王朝实行土断并对政区作了大量调整之后，据《宋书·州郡志》的记载，当时仍有弋阳、西阳两郡，弋阳郡内，除了旧有的弋阳、期思两县外，原属安丰郡的安丰县也划归弋阳郡，同时又新立了乐安、茹由两县；西阳郡划归郢州管辖，郡内除了原来的西阳、西陵、轪（宋孝武帝改名孝宁）三县外，另属有一系列左县。其中西阳、轪两县，《宋志》说是“汉旧县”，但结合大量的相关记载分析，东晋及其以后的西阳、轪县已不在两汉和西晋旧地。

据《水经·江水注（下）》载：

> 江水又左迳赤鼻山南，山临侧江川，又东迳西阳郡南，郡治即西阳县也。

---

〔74〕参阅《汉书补注·地理志》江夏郡“轪”县条；《后汉书集解·郡国志》江夏郡“轪县”条。

〔75〕参阅《晋书》卷五九《汝南王亮传》附子羕传。

又《淮水注》曰：

> 淮水又东北合黄水，水出黄武山，……黄水又东迳晋西阳城南，又东迳光城南，南光城郡治。……又东北迳弋阳郡东，……又东北入于淮。

以上两段记载表明：位于江水北岸的西阳郡、西阳县，是南北朝时的新治，而晋西阳城（当是西晋西阳郡、西阳县所治）则在淮河以南、黄水以北、北魏光城县以西、弋阳郡西南地带。光城县（后置光城郡于此），据《通典》《元和志》和《寰宇记》载，是东晋安帝时于汉西阳县故地所置，隋开皇十八年改为光山县〔76〕，即今河南光山县。又《寰宇记》卷一二七，淮南道光州光山县“故西阳城”条曰：“在县西二十里，……永嘉乱后并移置故邾城上流五里，其城遂废。”由此可见，汉至西晋西阳县（西晋西阳郡）故治应在今河南光山县西二十里左右，永嘉之乱后郡、县一并南迁，侨置于长江北岸故邾城附近，即《江水注》所载之西阳郡、县。再从晋安帝时（公元397—419年）于西阳故地另置光城县而治所并非西阳旧城的史实分析，古西阳城于此前当早已徙废。

两晋之际西阳郡、县的侨置变化情况清楚可寻，则与西阳郡县密切相关的古轪县亦应有一南迁的过程。

其一，大多数文献记载古弦国在两汉轪县，《水经注》亦同意此说，然其在《江水注》中记载长江北岸之轪县即古弦国的同时，

---

〔76〕 参阅《元和志》卷九，光州前序和“光山县”条；《寰宇记》卷一二七，河南道五，光州“光山县”条。

亦于《淮水注》中另有弦国城在晋西阳城和弋阳郡附近的记载，反映出汉轪县在淮河南岸、汉晋西阳城附近的信息。

其二，《通典》《元和志》《寰宇记》等一致记载唐宋仙居县即汉轪县地，轪县故城在仙居县以北四十里的淮河南岸、古西阳城西北，恰与《淮水》篇的记载相呼应。

其三，唐宋仙居县是唐天宝元年改乐安县而来。乐安县，《寰宇记》引《宋书·州郡志》说是分古轪县而立〔77〕，《大清一统志》也认为元嘉年间置乐安县于轪县地〔78〕，从而又证明大多数文献关于汉至西晋轪县在刘宋至隋之乐安县、唐宋仙居县以北四十里的记载可信。刘宋乐安县之立，并另择新治，显在轪县南迁、故城废弃一段时期之后，《大清一统志》说古轪县“永嘉乱后徙废”〔79〕，颇有道理。

综上所考，古轪县应在今淮河南岸、仙居店以北约四十里，今河南光山、罗山、息县交界的竹竿河下游两岸地带，永嘉之乱后与西阳郡、县一并南迁，侨置于长江北岸。《水经·江水注》和《宋书·州郡志》未明其间变化，将东晋及其以后的轪县说成是汉代旧县，并依此而将位于古轪县境之故弦国一并定于长江北岸，与史实不合。清人未能深究，亦从此说并加以发挥更不足为据。

汉至西晋轪县地望已定，古弦国的位置便可进一步探明。

弦国的具体所在，上述文献有轪县故城和轪县东南两说，比较而言，我们觉得轪县东南说更可信一些。

---

〔77〕按，今本《宋书·州郡志》并无分轪县立乐安之语，或为后世所佚，或为乐史引自他书而误作《宋志》。

〔78〕参阅《大清一统志》卷二二二，光州古迹“仙居城”条。

〔79〕参阅《大清一统志》卷二二二，光州古迹“轪县故城”条。

（1）轪县东南说首先出于杜预的《春秋经传集解》，杜预作为历史上有名的《左传》研究专家，熟悉春秋地理，其说应该是经过一番考证的。《通典》《寰宇记》并言汉轪县东南、唐宋仙居县东有“弦亭”，《路史》说得更为具体，弦亭就在仙居县东十里，《方舆纪要》亦言清光州（今潢川县）西南有弦城〔80〕，可见从中唐一直到清初，人们尚知汉晋轪县东南的弦亭、弦城故址所在。

（2）晋王隐的《晋书地道记》说古弦国在晋西阳县境内〔81〕；《晋书·地理志》载“西阳，故弦子国”，其后的《十道志》亦有此说〔82〕，清人王先谦曾驳其非〔83〕，然结合具体史实分析，王先谦所言未必可信。若从《汉志》《元和志》之说，将古弦国与轪县定在一地，则王隐、《晋志》所言有误；若弦国在古轪县东南、仙居店以东，位于古轪县与西阳之间，且去西阳县的距离还要更近便一些，古代县界常有变动，或在西晋后期古弦亭、弦城一度划归西阳所辖〔84〕，若然，王隐、《晋志》所言并不误，并可反证古弦国与轪县所治不在一处，而应在其东南。

古弦国在今仙居店以东，古轪县、西阳两县之间，正处于大别山北麓、淮河南岸的冲积平原之上，这里气候适宜、土壤肥沃，水利条件较好，是古代发展农业的理想之地。楚文王灭息，在淮河上游建立了据点，不久楚成王又灭了弦国，一方面在于稳固、扩大息

〔80〕 参阅《方舆纪要》卷一，历代州域形势一“弦”条。

〔81〕 参阅《水经·江水注》引《晋书地道记》。

〔82〕 参阅《太平御览》卷一六九引《十道志》曰。

〔83〕 参阅《汉书补注·地理志》西阳郡“轪”县条。

〔84〕 据《通典》州郡十一，光州弋阳郡“光山”县条载：“春秋弦国之地，汉西阳县也。”将古弦国与汉西阳县联系，可为弦国位于轪与西阳两县之间的又一旁证。

县基地，同时意在占有这片淮南沃壤，为进一步向东向北发展提供经济上的保障。

《左传》昭公三十一年载："吴师围弦，左司马戌、右司马稽帅师救弦，及豫章，吴师还。"清人吴卓信据此认为"盖楚复其国"[85]，不可信。据《左传》记载，此年吴师围弦以前，曾"伐夷、潜、六"，并明言是"侵楚"，杜预注"皆楚邑也"，则吴师侵楚所围的弦亦当为楚邑。若此，弦于僖公五年（公元前655年）灭于楚后，其故城入楚为邑，成为楚在淮域的据点之一。

第四节　黄　国

一、黄国族姓及渊源

黄是淮河流域较有影响和地位的诸侯国之一，据《史记·陈杞世家》《索隐》引《世本》："江、黄二国并嬴姓。"[86]《左传》庄公十九年"（楚）遂伐黄"句下杜预注"黄，嬴姓国"；《续汉书·郡国志》汝南郡"弋阳侯国"司马彪原注"故黄国，嬴姓"，所载一致。又《说文》云"嬴，帝少皞之姓也"[87]，《左传》昭公二十七年载郯为少皞之后，《汉书·地理志》东海郡"郯"县班固原注"故国，少昊后，盈姓"，按盈与嬴、昊与皞古音同义通，互相假借。则黄为嬴姓，是少皞之后似可无疑，司马迁以黄、郯两国同族亦为其证[88]。南宋罗泌的《路史·国名纪二》说黄是"少昊后嬴

[85] 参阅吴卓信《汉书地理志补注》(《二十五史补编》第一册）江夏郡"轪"县条。

[86] 另参阅《左传》庄公十九年孔颖达《正义》引《世本》。

[87] 参阅《说文》女部"嬴"条。

[88] 参阅《史记·秦本纪》。

姓国”是正确的，而另一南宋时成书的《广韵》却言黄是“陆终之后”，属祝融八姓；郑樵的《通志·氏族略二》说“黄氏，嬴姓，陆终之后”，将少皞与陆终混为一谈，显然是错误的。

据《左传》定公四年，鲁为少皞之墟，是少皞族最初起源于山东曲阜一带。徐旭生先生将我国上古氏族部落分为华夏、东夷、南蛮三大集团，认为少皞氏是东夷集团的主要成分之一，其分布主要在今山东境内，包括河南东部、江苏和安徽的北部地区〔89〕。黄国则应属古东夷族的一支。

东夷又称“九夷”，是我国古代东部地区的庞大部落群体。《后汉书·东夷传》说：“夷有九种，曰畎夷、于夷、方夷、黄夷、白夷、赤夷、玄夷、风夷、阳夷。”清人雷学淇认为：“……黄、白、赤、玄，以服色而别者，与方、风等皆近海之夷。”〔90〕黄人出自东夷，其先族或即早期九夷之一的黄夷，因尚黄服而得名。《竹书纪年》载：“（夏）后相即位，二年，征黄夷。”〔91〕又“后芬即位，三年，九夷来御”〔92〕，表明夏代东夷各族与夏王朝时而相征，时而相安，黄夷作为九夷中较活跃的一支，与中原地区的往来较多，其分布地域应在其族故土的山东境内。商以后由于商周王朝的压力而逐渐南迁、溯淮到达淮河上游一带。

二、周代黄国历史简述

周代黄国的史实，文献记载不多，见于《左传》所载，主要是关于春秋早中期的部分黄国情况。

〔89〕参阅徐旭生《中国古史的传说时代》第二章：我国古代部族三集团考。
〔90〕参阅雷学淇《竹书纪年义证》卷八。
〔91〕参阅《后汉书·东夷传》李贤注引《竹书纪年》。
〔92〕参阅《太平御览》卷七八〇，四夷部东夷一引《竹书纪年》曰。

《春秋》僖公二年："秋九月，齐侯、宋公、江人、黄人盟于贯。"次年，江、黄又与齐、宋等国会于阳谷，《左传》说是"谋伐楚也"，讲明了这几次诸侯相会的实际目的。

《左传》僖公四年春、夏，齐桓公率诸侯之师侵蔡，继而伐楚，师次于楚地召陵，迫使楚结盟、讲和而还。这次行动，《传》文未载黄国等参加，然同年秋天，黄、江却参与了伐陈之役，通过此年的几次征伐事件，再结合前两年黄、江参与齐、宋等谋楚的贯和阳谷之会分析，随着齐桓霸业的兴起，淮域诸国纷纷依附于齐，这一方面是慑服于齐国的强大，另一方面亦反映了淮域诸国附齐而抗楚，以缓解楚对它们的压力。然而，涉及真正的伐楚行动，黄、江均未直接参与，当有恐于楚人的报复，可见此时黄国的窘迫地位。

齐桓公伐楚之次年，楚便出兵淮域，灭了黄附近的姻亲小国——弦，弦子国亡而奔黄，从而为楚伐黄埋下了种子。

六年后，即鲁僖公十一年冬，楚师伐黄，借口是"黄人不归楚贡"，然更内在的原因显然是对黄等"睦齐""谋伐楚"施以报复；次年夏天，楚人灭黄，时为公元前 648 年（楚成王二十四年）〔93〕。楚师灭黄的具体过程，文献未载，从楚师伐黄长达半年之久的情况分析，两国之间必有一番激烈的攻守战，说明黄国还是具有一定的经济、军事实力。

《传》言"黄人不归楚贡""不供楚职"，说明此前黄国于楚不仅有"楚贡"，而且还要履行"楚职"，即供职于楚，俨然似诸侯与天子、附庸与宗主之关系。齐国势力强盛之后，"江、黄、道、柏方睦于齐"，并参与谋楚，表明了以黄为首的淮域小国一度企图摆

〔93〕 参阅《左传》僖公十二年。

脱楚国的控制。《管子·戒》篇载："管仲曰：'夫江、黄之国近于楚，为臣死乎，君必归之楚而寄之，君不归，楚必私之，私之而不救也则不可，救之则乱自此始矣。'桓公曰：'诺'。"所言"必归之楚"，既反映了管仲对江、黄近楚而附齐形势的担忧，同时也证明二国以前确为"楚之与国"。

三、黄国铜器及其相关材料分析

传世和近年出土的周代黄国有铭铜器甚多，为我们研究黄国历史地理提供了第一手资料，弥补文献记载之不足。

郭沫若《两周金文辞大系》一书曾收录四件黄国铜器，其中有两件可与近年新出材料相联系。

（1）季嬴诸器。黄君簋铭曰：

> 黄君作季嬴□媵簋，用锡眉寿黄耇万年，子子孙孙永宝用享。(《大系》录 186，考 172）

此为黄君嫁女所作的媵器，"黄君"乃其自称；"季嬴"是其女之字，"季"为排行，"嬴"为黄国族姓，与文献记载相印证。"嬴"后一字不清，应是季嬴之名。

1972 年，湖北随州均川出土了曾仲大父簋等一组铜器，其中一鼎作平折沿、立耳、半球形腹、三蹄足，为两周之际或春秋初年器，腹内壁有铭文三行十六字：

> 黄季作季嬴宝鼎，其万年子孙永宝用享。[94]

---

〔94〕 参阅鄂兵《湖北随县发现曾国铜器》,《文物》1973 年第 5 期。

鼎是黄季为季嬴出嫁所作的陪品，“黄季”应为黄国公族，器出随州曾国墓中，当是季嬴夫国所在。铜器之“曾”，应即文献中的随国，两周之际黄、随即为姻亲之国，可见《左传》桓公八年载楚为沈鹿之会，而黄、随不至，是早有盟约关系的。

此“季嬴”，与上器之季嬴不知是否一人，从时代一致，均属媵器且名、字相同来看，或有可能。

（2）1966年，湖北京山苏家垅曾国墓葬出有两件铜鬲，器作束颈、侈口、薄唇、分裆，颈部一周重环纹，沿面铸有铭文：

唯黄朱梌用吉金作鬲。〔95〕

此亦黄国铜器出于曾国公室墓中，并配套成组，李学勤先生认为是黄女适曾的陪器〔96〕，两鬲时代为两周之际，反映了汉淮之间姬、嬴集团之间的较多联系。

（3）黄仲匜，有铭文两行十字：

黄仲自作隮匜，永宝用享。(《三代》17.29.4)

从铭文风格看，当属春秋早期器物。传世另有一件黄仲鬲，与匜应是同组器物〔97〕。黄仲，当是黄国公族之一支。

（4）1983年夏，河南省信阳地区文管会在光山县宝相寺清理

〔95〕同注〔9〕。

〔96〕参阅李学勤《论汉淮间的春秋青铜器》，《文物》1980年第1期。

〔97〕参阅邹安《周金文存》（1916年石印本）2.79。

的黄君孟夫妇墓出土了一大批有铭青铜器〔98〕，为我们研究黄国历史地理提供了珍贵资料。

此为一座同坌同穴、两椁室南北并列的夫妇合葬墓，北椁为男性，南椁为女性，北椁所出器物外壁多铸有“黄君孟自作行器”的铭文，说明墓主人即黄君孟。南椁器物外壁多铸有“黄子作黄甫（夫）人孟姬器”之类铭文，可见墓主为黄夫人无疑。黄夫人字孟姬，即姬姓女子嫁于黄君者。

从黄君孟夫妇墓一系列铭文材料使我们看到：

其一，不管是从墓坑设计、棺椁重数和大小，还是随葬品的多少来看，黄夫人的规格均较黄君要高，如墓道修在黄夫人墓坑东壁一边，给人一种黄夫人墓坑为主室而黄君墓室为附加的感觉；又黄夫人的椁室规模大，且椁多一重；再次黄夫人随葬品的组合要全，器物种类和数量均丰富些。这种现象，不知是黄国内部尊奉女权（即内君，亦称“小君”），还是黄夫人为姬姓女子的缘故。

其二，黄君自作铜器一律自铭为“黄君”，而黄君为其夫人作器又一律自称名为“黄子”，几无例外。此“子”，既不可能是“太子”“餘子”“庶子”之类，亦不应是公侯居丧曰“子”之称，合理的解释只有一个，即为黄之爵称。南北朝时成书的《十三州志》称黄为“黄子国”〔99〕；《寰宇记》《路史·国名纪二》并言黄国为子爵，结合黄君夫妇墓所出铜器铭文看，《十三州志》等说可信。黄君自作器称“君”，而为夫人作器称“子”的现象，我们认为，当是出于黄君对内而言为主，故用尊号，对姬周王室而言，则为臣，故用

〔98〕 同注〔3〕。

〔99〕 参阅《寰宇记》卷一二七，光州定城县引《十三州志》云。

爵号。这一方面是黄长期与姬姓通婚所受到的影响，另一方面也是齐桓公“尊王攘夷”霸业形势的具体反映。

黄君夫妇墓的年代，《报告》定为“春秋早期晚段”，若仔细比较，分析器物形制、纹饰，应以春秋早中之际，即公元前670年左右比较适合。

（5）1988年夏，信阳地区文管会于黄君夫妇墓西北165米处清理的“黄季佗父”墓〔100〕，所出陶鬲与黄君夫妇墓所出铜鬲相似；罐与洛阳中州路I式罐接近；盆当仿淮河上游地区常见的铜盆而来，时代应与黄君夫妇墓相当，约在春秋早中之际。“黄季佗父”亦当出自黄国公族。

（6）黄太子白克盘，有铭文三十五字：

> 唯王正月初吉丁亥，黄太子白克作仲嬴□媵盘，用蕲眉寿万年无疆，子子孙孙永宝用之。（《大系》录187，考171）

是黄太子白克为黄女或其妹外嫁所作的媵器，铭称“王正月”，此“王”当即周王。在当时诸侯各自为政的形势下，作为异姓淮夷的黄国仍用周正，反映黄国对周王朝的尊奉和一定联系。

1977年冬，山东沂水刘家店子春秋莒公墓出有两件铭文铜盆，铭曰：“隹正月初吉丁亥，黄太子白克作其餜盆，其眉寿无疆，子子孙孙永宝用之。”〔101〕此与上器似同时所作，彼为陪品，此为自

〔100〕参阅信阳地区文管会等《河南光山春秋黄季佗父墓发掘简报》，《考古》1989年第1期。

〔101〕参阅山东省文物考古研究所《山东沂水刘家店子春秋墓发掘简报》，《文物》1984年第9期。

用，器铭“正月”之前省了“王”字，似可见当时政治上的微妙关系。黄太子盆出于山东莒公墓中，或为赠馈的原因。此盆形制，与罗山高店“郹季宿车”墓所出铜盆（说见下）完全一致，略晚于黄君夫妇墓铜器，时代应为春秋中期初年。

（7）黄韦艅父盘，有铭文三行二十三字，为黄韦艅父自作器，铭文较草率，笔画变细，“亥”上添加横画〔102〕，当与白克盘同时或略晚。

（8）黄季舟，有铭文三行十七字：

> 黄季之季□□用其吉金自作舟，其永用之。（《薛》11.10）

从铭文风格看，亦应是春秋中期器物，比湖北随州所出的黄季鼎时代要晚，此“黄季”或与“黄季佗父”有一定关联。

（9）1975年，河南潢川县东北部的磨盘山一座土坑墓中出土了三件青铜器，其中一件铜鐳的肩部外壁铸有铭文两行三十四字：

> 唯正月初吉丁亥，黄孙须颈子伯亚臣自作鐳，用征用行……〔103〕

此器时代，《简报》定在春秋早期，李学勤先生定为春秋中期偏早〔104〕，当是。而同出另两件器物，李先生认为是楚器，并以此墓

〔102〕参阅《大系》录187，考172。

〔103〕参阅信阳地区文管会《河南潢川县发现黄国和蔡国铜器》，《文物》1980年第1期。

〔104〕同注〔96〕。

为灭黄以后的楚人墓。我们认为，三件器物时代相当，应属同组，此墓应是楚灭黄以前不久的黄人墓葬。

（10）叔姬簠，有铭文四行二十六字：

叔姬霝作黄邦，曾侯作叔姬邛（江）㚸媵器𪔂彝，其子子孙孙其永用之。〔105〕

前一“作”字，郭老释“嫁也”“适也”，即叔姬嫁往黄国，曾侯为其作陪嫁器，同时并媵楚女适江，叔姬应是曾侯之女，是曾即文献之姬姓随国的有力物证。

此器年代，从铭文风格看，应在春秋中期前段，结合史实分析，约为公元前660年左右（说详本章第五节），叔姬所适，当为黄之灭国之君或前一代，与黄君孟夫人孟姬又非一人但相去不远，可见自两周之际以来，黄与曾（随）及其姬姓诸侯之间的婚姻往来不断。

（11）傒（鄎）氏诸器。传世单鼎铭曰：

唯黄孙子傒君叔单自作鼎，其万年无疆，子孙永宝用。（《大系》图32，录187，考172）

“黄孙子”，郭老认为“殆谓黄君之孙子”，即黄国公族。“傒”为“作器者之氏”，“君”字，郭老释“群”，说是作器者之字，李学勤先生认为是称号〔106〕。结合近年出土的铜器铭文来看，应以李先生之

〔105〕 参阅《大系》录179，考165。

〔106〕 同注〔96〕。

说为是，“傒君”当为黄国公族食邑于“傒”者。此鼎传出于潢川，其形制、花纹与上述湖北随州出土的黄季鼎极为接近，时代应在春秋初年。

1972年，河南罗山高店出土了一组青铜器，计壶、盘、匜各一，其中盘、匜均有铭文：

□□单自作宝盘（或“匜”）……[107]

前两字，李学勤先生补释为“傒君”，认为与单鼎之“傒君叔单”为一人。从铭文残画和器物时代、风格观察，确有一定道理。因此，这组铜器亦为黄国遗物。

1979年，信阳吴店一座春秋早期番国墓中出土一件铜削，有铭文一行六字：

唯傒仲嫐子用。[108]

1979年10月，罗山高店又一座春秋墓中出土了一组青铜器，其中鼎、盆、壶、盘、匜内均有铭文，为“奚子宿车”（或作“鄈季宿车”）自作器[109]，说明奚子宿车当为此墓主人。此“奚”

---

〔107〕参阅信阳地区文管会《河南罗山县发现春秋早期铜器》，《文物》1980年第1期。

〔108〕参阅信阳地区文管会《河南信阳发现两批春秋铜器》，《文物》1980年第1期。

〔109〕参阅信阳地区文管会《罗山县高店公社又发现一批春秋时期青铜器》，《中原文物》1981年第4期。

（或"郹"）与上述傒君叔单和傒仲嬭子当为一族。这座墓葬的年代，从器物形制、纹饰来看，鼎作浅腹、圜底近平，附耳外张，平盖；壶形体矮胖、腹部上移、肩部两贯耳；盘亦为浅腹平底；盆饰乳钉蟠虺纹，并出现了鉶一类器物的现象分析，应为春秋中期前段。

傒氏铜器几次成组出现，时间从春秋初年至中期前段，说明傒氏家族之盛，活动时间较长，且内部还有傒仲、傒季之分。傒氏属黄国公族，既称"傒君"，又称"傒子"，这与黄国国君称"黄君"和"黄子"的情形一致。傒氏虽以"黄孙子"自称，本为小宗，但实际上已自立门户，与其大宗分庭抗礼了，这与鄀国分为上鄀、下鄀；楚国支分为夔的情况相似，是周代宗法分封制在诸侯国内部的体现。

以上有关黄国铜器的初步清理可见，到目前为止，所发现的黄国有铭铜器，主要集中于春秋初年到中期前段，表明此为黄国历史上的一个相对发达时期。黄国长期与曾等姬姓诸侯联姻，亦从侧面反映出当时黄国的地位和文化、经济水平。

四、周代黄国的地望

周代黄国的地望，《汉书·地理志》汝南郡"弋阳侯国"颜师古注引应劭曰："弋山在西北。故黄国，今黄城是。"说西汉弋阳侯国境内之黄城即古黄国所在，则古黄城与汉弋阳县治当非一地。《续汉书·郡国志》"弋阳侯国"司马彪原注："有黄亭，故黄国，嬴姓。""黄亭"当即应劭所言之"黄城"，可见东汉西晋时在黄故城设置了乡亭。《左传》桓公八年杜预注："黄国，今弋阳县。"按晋弋阳是沿两汉弋阳侯国而来，治所未闻有迁，杜预以古黄国与弋阳县并在一地，与应劭、司马彪之说略有差异，然都说在汉晋弋阳境内则是一致的。汉晋弋阳县，南北朝时改为定城县〔110〕，唐宋沿用不改。据《元和志》记载："黄国故城在（定城县）西十二里，春秋时黄国。"〔111〕此后《寰宇记》《方舆纪要》等所载一致〔112〕。古定城县，元明之际废入光州，故治即今河南潢川县所在，则位于古定城县西十二里的黄国故城当在今潢川县西十余里处。

前些年，河南信阳地区的考古工作者在今潢川县西北十二里处的隆古乡发现了一座古城遗址，城址平面略呈长方形，周长约6700米，城墙残高5—7米，基宽59米，上宽10—25米，城外还有壕沟遗迹；城垣夯土中，包含有鼎、敦、壶、鬲、盂、豆、罐等器物残片，时代为西周到春秋时期。城内遗物丰富，陶片俯拾皆是，并有"黄君台""黄孙台"等夯筑台基。城外西边是一处密集的墓葬区，常有周代铜器出土〔113〕。此城地望，与文献所载黄国故城的位置相合。

这里，有一问题值得考虑，据文献记载和上文所论，黄国故城在今河南潢川西北十余里，然目前所发现的黄国贵族墓如黄君孟夫妇墓、黄季佗父墓却在光山县西北的宝相寺一带，东北去隆古黄国故城约四十里，这与春秋早中期贵族墓一般去城不太远的埋葬习俗

〔110〕定城之置，《寰宇记》卷一二七，光州"定城县"条说是（北齐）武平五年改南弋阳县为定城县，《方舆纪要》《大清一统志》均从之。然据《寰宇记》引《十三州志》云"定城置在古黄子国南十二里"，按《十三州志》的作者阚骃为北魏时人（见《魏书》卷五二《阚骃传》），早于郦道元，《水经注》中即引用了许多《十三州志》的材料，由此可见，定城之置不晚于北魏后期。

〔111〕参阅《元和志》卷九，光州定城县"黄国故城"条。

〔112〕参阅《寰宇记》卷一二七，光州定城县"黄子国故城"条；《方舆纪要》卷五十，河南五，光州"黄城"条。另参阅《大清一统志》卷二二二，光州古迹"黄故城"条。

〔113〕参阅杨履选《春秋黄国故城》，《中原文物》1986年第1期。

不合，是文献记载有误，还是另有原因呢？我们认为，现有文献中关于黄国地望的记载一致，并无矛盾和歧异，且今潢川西北十二里又正有一座规模较大的古城遗址存在，与文献记载可以互证。结合当时的形势分析，这一现象当不出两种原因：一是随着楚灭息为县，在淮北建立了据点，对黄国的威胁越来越大，黄人因避楚锋，政治中心或西南迁于今光山一带，以致死后葬于其附近；二是都邑未迁，而死后有意识地远葬于今光山一带，以免遭楚人的侵扰。至于哪种可能性更大一些，目前难以论定，有待进一步的材料证实。

据《寰宇记》卷一二七，光州光山县"故黄州城"条载："在县南四十里，耆旧相传云，古黄国别城。"此言黄国别城在光山县南四十里，约在今晏河、泼河以北地带，则黄国南疆当跨越今光山，直抵大别山北麓。结合近年所出黄国青铜器的范围来看，东北到潢川上油岗，抵淮河南岸；西越弦国达罗山高店古城，为其宗支傒氏封邑，可见黄之疆土大致包括淮河以南、大别山以北的今潢川、光山、罗山等地，北隔淮河与息国相望，东与蒋、蓼毗邻。古弦国位于黄国西南部，其四面均为黄国境地，弦国的这种地理环境，可以帮助我们理解为什么它恃黄而不事楚的内情，如果它不事黄，将更无生存余地。

五、黄国文化及其与周围文化的关系

通过黄国墓葬、铜器及其铭文材料的分析，我们了解到黄国文化的某些基本特征。

黄国公族中，有黄仲、黄季，黄君夫妇墓所出铜器自铭为"黄君孟"，说明当时黄国内部宗族势力兴盛，而君统仍为嫡长子继承制。黄用周之正朔和爵称，并长期与姬姓列国通婚，说明周文化对黄国文化的影响是较大的。

就墓葬形制看，黄国贵族流行土坑竖穴木椁墓，这是北方中原地区所常见的，如黄君孟之一棺一椁，黄夫人两椁一棺的结构，在河南陕县上村岭虢国墓中较为多见[114]。只是黄君夫妇墓东壁有一斜坡墓道，这是虢国墓中，包括M1052虢太子墓中所未见的，应是黄君身为诸侯，规格要高一等的缘故。

黄国墓葬大量使用青膏泥填封并加以夯实的现象，在周代北方墓葬中所见不多，应是南方、尤其是淮南和江汉地区的文化习俗。

黄君夫妇墓与黄季佗父墓上均有高出地面数米的封土堆，这是我国目前所发现的地下掘墓、地上起坟的最早例证，对研究我国古代墓葬制度的变化具有重要价值。陈伟同志认为它实际上是我国古代北方地区“墓而不坟”的文化传统与江南地区平地起坟的土墩墓制在淮河流域交流、结合的产物[115]，是有见地的。由此可见，黄国文化的多元性以及在古代南北文化交流中所处的地位。

黄君夫妇墓的器物组合为鼎、豆、壶、𨰻、盘、匜，这与虢国墓地的器物组合大致接近，不同点在于无簋而有𨰻。绝大部分器物形制、花纹与中原地区和与黄邻近的曾国墓中所出同类器接近。黄季佗父墓所出陶器组合为鬲、盆、罐，亦沿中原习俗而来。

同时，还可见黄国文化的某些自身特点和其他方面的因素。如黄墓器物多成偶数出现，鼎均为两件，这与中原地区“鼎俎奇而笾豆偶”[116]，诸侯用九鼎或七鼎的礼制有别，而与信阳平桥发现的樊

〔114〕参阅中国科学院考古研究所《上村岭虢国墓地》（科学出版社1959年10月版，下同）第二章墓葬第一节墓葬形制。

〔115〕参阅陈伟《关于中国早期坟丘墓的若干问题》，《武汉大学学报》（社会科学版）1988年增刊。

〔116〕参阅《礼记·郊特牲》。

君夫妇墓的情况一致，或为淮域嬴姓诸国的自身特点。黄夫人随葬器物中两件盉的形制特别，腹部均有角状鋬，与樊夫人墓所出陶盉风格一致，这类器型在北方中原文化中未见，而在南方地区，尤其是淮河中游以南地区时有发现〔117〕，应为群舒或吴越文化中较有特征的器物之一。

综上所述，黄国文化中所包含的文化因素是多方面的，其中中原文化因素占主导地位，这与长期以来黄人与中原地区的密切联系，尤其是与姬姓列国的频繁联姻所受到的影响有关。黄国文化中所体现的多种文化特征，一方面是周代黄国处于我国南北文化接触、交流的地理位置所决定的；另一方面与黄人源自东夷，而周代淮河流域又是东夷嬴、偃集团的集中分布区的文化环境密不可分。正是这种特殊的民族、文化和地理环境，才形成了黄国文化这种多元性的特色。

第五节　江　国

一、江国族姓和历史

据《世本》记载，江为嬴姓〔118〕，《史记·秦本纪》太史公曰："秦之先为嬴姓，其后分封，有徐氏、郯氏……黄氏、江氏……秦氏。"以江列嬴姓之属，其后《潜夫论》《后汉书》《水经注》等皆同

〔117〕参阅安徽省文化局文物工作队《安徽舒城出土的铜器》，《考古》1964年第10期；怀宁县文物管理所《安徽怀宁县出土春秋青铜器》，《文物》1983年第11期。

〔118〕参阅《史记·陈杞世家》司马贞《索隐》引《系本》，按《系本》即《世本》。

《世本》《史记》之说[119]，则江亦为少皞之后，属古东夷族的一支，与其邻近的黄国同族。

江国的早期历史，文献无征。据《春秋》僖公二年："秋九月，齐侯、宋公、江人、黄人盟于贯"，《左传》曰："服江、黄也"，杜预注："江、黄，楚与国也，始来服齐，故为合诸侯。"鲁僖公二年即齐桓公二十八年、楚成王十四年，公元前658年，可见由于齐桓公霸业的威慑，远在淮域的江、黄嬴姓诸侯纷纷投附于齐，参与北方诸侯会盟，而此前，江、黄皆为楚之与国。楚武王后期，楚人的影响已经进入淮域；而后，楚文王"实县申、息，朝陈、蔡，封畛于汝"。在淮河流域开疆拓土，势力远及颍水以北的陈国、郑国，汝水以南基本上被纳入楚国的势力范围。作为淮域嬴姓大国的黄，于楚不仅要纳贡，而且还有服职的义务，江属淮域小国，又位于楚息县以西不远，其与楚国的关系亦可想而知。

鲁僖公三、四年，江国先后参与了北方诸侯谋楚的阳谷和召陵之会，然未参加直接的伐楚行动；僖公五年，楚灭弦，《左传》说"江、黄、道、柏方睦于齐，皆弦姻也"，表明这时淮河上游诸国一方面附从于齐，同时又联合抗楚。其后二十余年间，江国未见于记载，其间楚灭黄、灭英氏，势力沿淮南向中游发展，而位于淮北、楚息县附近的江国却仍然存在。楚穆王即位后，于鲁文公三年围江，周、晋之师"伐楚以救江，门于方城"，结果"(楚)闻晋师起，江兵解"[120]，说明城濮之战晋败楚之后，江国与周王室和晋国都有一定的联系。《左传》文公四年："楚人灭江，秦伯为之降服，

---

〔119〕参阅《潜夫论·志氏姓》;《续汉书·郡国志》汝南郡"安阳侯国"司马彪原注;《水经·淮水注》。

〔120〕参阅《左传》文公三年杜预注。

出次，不举，过数。大夫谏，公曰：‘同盟灭，虽不能救，敢不矜乎？……’”时为楚穆王三年，公元前623年。

另《左传》文公元年曾载楚大夫潘崇曰“享江芈而勿敬”，杜预注“江芈，成王嫁妹于江”(《史记·楚世家》以江芈为成王之“宠姬”，裴骃《集解》辨之“姬，当作妹”是对的），则江芈即文王女。按楚文王死于鲁庄公十九年夏，即公元前675年，若以江芈于文王死前一年出生，16岁出嫁，其适江应在公元前660年，即楚成王十二年左右。再从鲁僖公二年以后江即背楚附齐而“谋伐楚”的史实来看，成王嫁妹于江，亦必在僖公二年（公元前658年）以前。杜预曰“江、黄，楚与国也”，江与楚为姻亲，较黄的关系更深一层，楚成王之世，与江邻近的弦、黄相继灭于楚，而江国独存，当与这种姻亲有关。楚穆王继位后，即东向发展灭江，一方面是在城濮之战后，楚势受挫，北上受阻，转而东向淮域开疆拓土的必然结果；另一方面可能江芈此前已死，楚穆王无所顾忌。

据《左传》宣公三年载，郑文公曾“娶于江，生公子士”，郑文公于公元前672—前628年在位，前后达四十五年，就有关史实分析，郑文公娶于江约在公元前655年左右〔121〕，与楚女适江前后不远。

由上所述，春秋早中期，江国不但与南方的楚国、北方的郑国，以及邻近的弦国通婚，且与山东的齐、河北的晋、关中的秦以及周王室都有一定政治联系。

---

〔121〕据《左传》宣公三年记载，郑文公先娶于江，后娶于苏，苏女生子瑕和子俞弥，俞弥早死，子瑕不立。又僖公三十一年载“公子瑕出奔楚”，时为公元前629年，公子瑕不立，受大臣排挤而奔楚，当已成人，若以其20岁奔楚，则郑文公娶苏女当在公元前650年以前，娶江女更在娶苏女之前，约在公元前655年左右。

二、有关江国铭文材料的初步清理

（1）江小仲鼎。1953年春出于河南郏县太仆乡东周铜器群，鼎内壁有铭文两行九字：

江小仲母生自作用鬲。〔122〕

鼎（按铭文作“鬲”，二者可通）为江国贵族字小仲名母生者所作。郏县铜器，唐兰先生认为属郑〔123〕；其时代，高明先生定于春秋早期前段〔124〕，江小仲鼎应与此组器同时或略早。江国铜器出于郑地，当出于嫁娶和赠馈的原因，于此可见，至迟在春秋初年，淮夷集团的江国即与中原新兴的姬姓郑国有了一定的联系。其后郑文公娶江女为妻，应是这种关系的继续和发展。

（2）邛（江）君妇和壶，有铭文十四字：

邛君妇和作其壶，子子孙孙永宝用。

铭文之“邛”，清末学者方浚益考证“即春秋之江国”〔125〕。郭老亦认为“邛当即江、黄之江”，邛君妇和壶“乃江君之妃名和者所作”〔126〕。今按，方、郭所考当是，铭称“邛君”，与黄君、樊君、番君等一致，是春秋早中期淮河上中游地区文化特征之一，此乃

〔122〕参阅《河南郏县发现的古代铜器》，《文物参考资料》1954年第3期。
〔123〕参阅唐兰《郏县出土的铜器群》，《文物参考资料》1954年第5期。
〔124〕同注〔5〕。
〔125〕见方浚益《缀遗斋彝器款识考识》卷十三：邛君妇壶。
〔126〕参阅《大系》考170：伯盏盘，考171：邛君妇和壶。

“邛”为江黄之江的有力证据。

壶的时代，从铭文字体较古朴，笔画较粗，“宝”字下部单从一“缶”，形态较特别，与黄君夫妇铜器铭文“宝”字下部从“缶”从“示”的作风接近而要早，我们认为应是春秋早期晚段器物。

（3）孙叔师父壶，有铭文八行三十一字：

> 唯王正月初吉甲戌，邛立（太）宰孙叔师父作行具，眉寿万年无疆，……〔127〕

亦为江国贵族所作器，“太宰”之官，西周已有，《左传》定公四年载“周公为太宰”，即“冢宰”，地位至尊。东周列国中，鲁、宋、楚、郑、吴诸国均有此官，其中以鲁、宋两国见载最早（见《左传》隐公十一年、庄公十二年），当从王室移植而来。江国设立太宰，应是中原文化的影响。铭称“王正月”，则春秋时期江与黄国一样，并用周正，尊奉王室，可见自宣王时期召公平定淮夷之后，进入淮河上游地区的嬴姓诸国与周王室之间当有某种政治盟约。黄与姬姓曾国世为婚姻，江与中原的郑亦多交往，即是这种关系的体现。

此壶作侈口、束颈、鼓腹、圈足，肩部两耳作爬兽状，腹饰蟠虺纹，中间三周绳索纹，整个形制庄重华丽，与黄君夫妇墓 G2：A14 号壶十分接近。应是春秋中期前段器物。此型壶，当从西周圆壶演化而来，但在西周圆壶的基础上出现了一系列变化，如短颈、

---

〔127〕参阅容庚、张维持《殷周青铜器通论》59：5，图版 108：210；白川静《金文通释》卷四，页 562。

鼓腹、形体矮胖，在同期的中原文化和江汉地区均不多见，而在淮河上游一带却常有出土，如黄君夫妇墓、樊君夫妇墓、平桥3号和5号、信阳明港铜器群中均有，属于春秋早中期淮河上游地方文化特色之一，此乃“邛”即“江”之又一明证。

（4）楚王钟，有铭文三行二十七字：

> 唯正月初吉丁亥，楚王媵邛仲嬭南和钟，其眉寿无疆，……（《大系》图230，录179，考165）

钟为楚女适江，楚王为之所作的媵器。郭老曰：“仲嬭女字、南名。……嬭即楚姓芈之本字，……成王熊恽之妹有江芈者，或即此邛仲嬭。”所言甚是。江芈适江约在公元前660年（即楚成王十二年）前后，从钟的形制、纹饰和铭文字体看，亦在此时，与《左传》之“江芈”相合，铭文之“楚王”当即楚成王。钟乃成王嫁妹之陪器。

前述《叔姬簠》铭载：“叔姬霝作黄邦，曾侯作叔姬邛嬭媵器……”是曾侯为其女适黄所作，同时并媵楚女适江，簠铭之“江嬭（芈）”，即楚王钟之“江仲芈”，亦即《左传》之“江芈”，两器应在同时。簠铭的时代亦可为证，表明这时位于江汉的曾、楚与淮域的江、黄之间关系尚好。

这里，有一问题应加以说明，簠铭之“邛嬭”，杨树达先生不同意郭老“同时复媵适江之女”的说法，认为是曾女嫁黄，楚女为媵，同适一夫，故曾侯作器一并媵之，并引《公羊传》为证〔128〕。日

〔128〕 参阅杨树达《积微居金文说》卷三：曾侯簠跋。

人白川静同意杨说〔129〕。今有学者在综合郭、杨两说的基础上认为，“邛妳”应即楚成王之妹“江芈”，先适江，回到楚后又作为曾女叔姬之媵再嫁黄国，故曾侯一并为之作器〔130〕。结合具体史实分析，此说不无疑问。

江芈若为楚成王之妹适江者，必为江君夫人，后因何原因回到楚国，文献、铭文均无考，从楚与江国的实力、地位分析，或江君死后寡居娘家，或江楚关系破裂被遣送回楚。然江芈曾否再嫁，我们无从知道，若以叔姬陪媵的身份改嫁黄国，这不管是从楚、曾、黄三国的实力和地位，还是从其为楚成王这一代名君之妹的身份来讲，都是说不通的，此其一。黄于桓公八年前后，曾为楚之与国，但从齐国势力兴起之后，江、黄等联齐抗楚，僖公二年、三年、四年连续参与北方诸侯之会“谋伐楚”，直到楚国灭黄，楚、黄关系都很紧张，若此，即使江芈媵叔姬适黄，至迟应在僖公二年（公元前658年）江黄附齐“谋伐楚”之前。上文已述，江芈适江亦在公元前660年前后，怎么可能同时又作为叔姬之媵嫁往黄国呢？与史实、情理均不合，此其二。江芈从媵于黄，应称“黄芈”，若仍称“江芈”，于楚、于黄、于江均为不礼，对于江芈本人在黄国的处境和生活均为不利；再从《左传》文公元年仍称“江芈”，说明其并不曾改嫁适黄，此其三。总之，以江芈媵叔姬之说是难于理解的，合理的解释还是应以郭老所言曾女适黄、楚女适江，曾侯作器一并媵之，江、黄同姓相邻，并媵二女未尝不可。

（5）浥叔鬲。1978年出于淅川下寺1号楚墓，裆内壁有铭文

〔129〕参阅白川静《金文通释》卷四，页552。

〔130〕参阅舒之梅、罗运环《古文字资料中所见楚国同诸侯国的关系》，《湖北省考古学会论文选集》(一)，《武汉大学学报》编辑部1987年。

三行十五字：

邛叔□作其障鬲，子子孙孙永宝用之。[131]

《简报》认为“铭文中‘邛’字为‘江’字，……应该是在江国被灭前后通过某种渠道流落在楚国的江器”。

鬲作平沿、分裆、兽足，腹饰象首纹，腹足连接处饰扉牙。整个形制、纹饰以及铭文字体较同墓所出的其他器物明显要早，而与虢国墓地M163、河南新野2号曾国墓葬所出铜鬲接近[132]，新野2号墓的时代应在春秋早期晚段，虢国墓地的下限，不晚于公元前655年晋灭虢之时，综此，江叔鬲的时代当不晚于春秋中期前段，《简报》定为楚灭江以前的江国器物是正确的。江器见于楚墓，或为楚灭江时所得。

（6）伯盏盘、伯盏奠。同为“邛（江）仲之孙伯盏”所作，但制作时间不一，当为先后铸作而成组[133]。两器形制甚为特别，比较少见，可能是宋人描摹有所失真。奠的肩部和盖沿上均有一周云雷纹，上下各加一周三角纹，这是春秋中期较为常见的风格。两器铭文字体与上述楚王钟铭接近，应属于楚灭江前夕的江国贵族所作。

以上清理可见，春秋初年至楚灭江以前的江国铜器均有见，在

〔131〕 参阅河南省博物馆《河南淅川县下寺1号墓发掘简报》，《考古》1981年第2期；另参阅河南省文物研究所《淅川下寺春秋楚墓》第二章，页60—63。

〔132〕 参阅中国科学院考古研究所《上村岭虢国墓地》图版41；河南省博物馆《河南新野古墓清理简报》，《文物资料丛刊》(2)。

〔133〕 参阅《大系》图156，录186，考170和图162，录186，考171。

器物形制、纹饰以及铭文风格各方面，既有较多的中原文化特征，同时亦体现出一定的地方文化因素，这与江国的历史基础及其所处的文化、地理环境有关。

关于铭文之“邛”，有两点需要解释。

其一，吴其昌《金文世族谱》引《潜夫论·五德志》以铜器之“邛”为姬姓〔134〕。然据《五德志》曰：“……卬、息……皆姬姓也。”卬，古与仰、昂通用，《汉书·食货志下》“万物卬贵”，颜师古注：“卬，物价起，……亦读曰仰。”与“邛”之左边从“工”，右边从“邑”区别很大，绝非一字，吴其昌将其合一，并不可信。清人秦嘉谟的《世本辑补》以“卬”为“项”，即古之项国〔135〕，项、息并为姬姓，文献有证，此说颇有道理。

其二，李学勤先生根据江小仲鼎的发现，认为铭文之“江”“邛”并存，“江”为江国，而“邛”当另为一国〔136〕。另黄盛璋先生对“江”“邛”为一之说亦提出怀疑〔137〕。我们认为，江、邛虽有一些区别，但（1）两字同从“工”得声，古音一致。从古文字的发展来看，早期偏旁的有无并不影响字义、字音的本身，以水为名称“江”，以国邑称“邛”，去掉偏旁称“工”，并不矛盾。（2）江叔鬲之“江”作“洍”，是江、邛两字的综合，去“水”旁为“邛”，去掉“邑”部为“江”。又长沙马王堆汉墓帛书

---

〔134〕 参阅吴其昌《金文世族谱》姬姓谱“邛氏”。

〔135〕 参阅《世本八种》（商务印书馆 1957 年 12 月初版，下同）卷七，氏姓上“项”条。

〔136〕 同注〔96〕。

〔137〕 参阅黄盛璋《魏享陵鼎铭考论》，《文物》1988 年第 11 期，而黄先生在《朴君述鼎国别、年代及其相关问题》一文中又说，由于江叔鬲的出土，则“邛即江完全证实”，又肯定了“邛”即“江”之说，可见黄先生对这一问题还难定论。

楚之江君作“工君”，两偏旁皆省略。如果人们不怀疑“工”“邛”即“江”字的话，则“邛”即“江”就更不存在什么问题了。（3）《楚王钟》铭表明“邛”为仲芈所嫁之国，“邛仲芈”与《叔姬簠》之“邛芈”并为楚女外嫁，夫国为一、时代一致，当是一人，与《左传》之“江芈”相合。（4）邛器及其铭文内容所体现的浓厚淮域文化特色（如国君称“君”，孙叔师父壶的典型地域特征等）表明邛在淮河上游一带，与黄、樊等国同属一系，非嬴姓江国莫属。由上所述，以邛、江两字的区别而怀疑“邛”即古江国的说法证据不足，难以成立，方浚益、郭沫若等学者释邛为江是正确的。

三、江国地望稽疑

江国早期所在，文献无载，从少皞之墟在曲阜，夏、商时期嬴姓集团的葛、奄、蒲姑、徐诸族一直在以曲阜为中心的今河南东部和山东半岛一带活动的史实分析，早期江族当与这一带相去不远。据《汉书·贾捐之传》记载：“武丁、成王，殷周之大仁也，然地东不过江、黄……”此以江、黄为商及周初之东界，当是反映周公东征和伯禽伐淮夷以前的形势，可见周初以前的江、黄应在东方、偏北一些，其南迁当在周公东征，伐淮夷、践奄，“征熊盈族十有七国”〔138〕以后。西周穆王及其以后，淮夷溯淮河两岸西侵，渐入中土，成为周室东南大患。《世本》曰“淮夷，嬴姓”〔139〕，杜预说是“东夷居淮水者”〔140〕，江、黄诸族应是淮夷之组成部分。西周晚期，召公平淮夷，江、

〔138〕 参阅《逸周书·作雒解》。

〔139〕 参阅《路史·国名纪二》引《世本》曰。

〔140〕 参阅《春秋释例》卷七《土地名》夷地“淮夷、东夷”条。

黄、樊、养等嬴姓诸族归附于周，各自所居即成为周王室承认的封土。

春秋时期江国的地望,《汉书·地理志》汝南郡“安阳”县下颜师古注引应劭曰:“故江国，今江亭是。”《左传》僖公二年杜预注:“江国在汝南安阳县。”《续汉书·郡国志》汝南郡“安阳侯国”司马彪原注:“有江亭，故国，嬴姓。”〔141〕汉晋安阳县的位置,《水经注》有较翔实的记载，其《淮水注》曰:

> 淮水又东迳安阳县故城南，江国矣，嬴姓矣。今其地有江亭,《春秋》文公四年，楚人灭江，秦伯降服出次，曰……。汉乃县之。……淮水又东得浉水口，……

古浉水即流经今河南信阳市，在罗山县西北、正阳县东南注入淮河之浉河，古今水名未变，则位于淮水北岸、浉水口近西之古江国、汉晋安阳县故城当不出今正阳县以南偏东地带。唐初的《括地志》载:“安阳故城在豫州新息县西南八十里，应劭云古江国也。”〔142〕其后《后汉书》李贤注、杜佑的《通典》、乐史的《寰宇记》亦都说古江国、汉晋安阳故城在新息县（即今河南息县）西南〔143〕，与《水经注》所载一致。清初的《方舆纪要》又说古江国、安阳故城

---

〔141〕按:《晋书·地理志》以汝南郡“阳安”县为故江国,“阳安”当是“安阳”之误,《大明一统志》(卷三一，河南汝宁府古迹）亦以“阳安故城”为江国，乃误从《晋志》，应辨。

〔142〕参阅《史记·五帝本纪》“青阳降居江水”句下《正义》引《括地志》云。

〔143〕参阅《后汉书》卷十八《吴汉传》李贤注;《通典·州郡七》汝南郡“新息”县原注;《寰宇记》卷十一，蔡州新息县“安阳故城”条。

在清真阳县东南[144]，顾栋高的《春秋大事表》、朱右曾的《诗地理征》亦主真阳东南说[145]，这说明自明代真阳县治南迁以后[146]，原属于唐宋新息县西南部分境地即归划真阳所辖，新息县西南与真阳县东南说实为一致。以今较翔实的地图相对照，位于今息县西南、正阳县（清真阳县）东南、淮水以北、浉水口近西之古江国、汉晋安阳故城，当不出今正阳陡沟以东、潘店以西、皮店以南范围。

关于江国的地望，古文献中还有几种误说应予纠正。

（1）唐林宝《元和姓纂》卷一，四“江”韵“江”条曰：“江，嬴姓，颛顼之孙伯益之后，爵封于江陵，为楚所灭，以国为氏。”南宋时成书的《广韵》上平声四“江”条因袭林宝之说，以江国当在江陵。今按，此说实不可信。其一，古江国在汉晋安阳县，是绝大多数文献的一致记载，林宝所说既缺乏早期论据，亦与大多数可信记载相矛盾。其二，以江国在江陵，主要在于对古代称“江”的误解，认为专指今之长江，明末清初学者王夫之所言“国以江名，必近江水”[147]，即为其例。其实，古代的“江”并不专指长江，汉水可以称“江”，淮水亦可以称“江”，《左传》《史记》例证甚多，石泉先生对此已有详论[148]。总之，以江国必近长江，纯属附

---

〔144〕参阅《方舆纪要》卷五十，河南五，汝宁府真阳县“安阳城”和“江城”条。

〔145〕参阅《春秋大事表》六《春秋列国地形犬牙相错》“江国”条；《诗地理征》卷七“江”条。

〔146〕参阅《大清一统志》卷二一六，汝宁府古迹“慎阳城”条。

〔147〕参阅王夫之《春秋稗疏》卷一，僖公“江人、黄人”条，《皇清经解续编》（上海书店出版社1988年10月第1版）卷十一。

〔148〕参阅石泉师《古文献中的“江”不是长江的专称》，《古代荆楚地理新探》页57—74。

会之辞。古江国位于淮水北岸，地望明确，是淮水古又称“江”的又一佳证。

（2）《大清一统志》卷二一六，汝宁府古迹载：“安阳故城在正阳西南。”与《方舆纪要》相矛盾。然此说一出，即为学者所遵奉，王先谦的《汉书补注》、杨守敬的《水经注疏》均从《一统志》，将汉晋安阳县的地望定在清代正阳县西南〔149〕。今按，汉晋安阳县，南北朝时期一直存在，隋代省入真阳县〔150〕，唐初复置，不久即废〔151〕。从唐宋志书一致记载安阳故城在新息县西南的情况来看，废安阳县后，其故治及部分境土当就近划归新息县，至明代政区调整，则又划入真阳县。结合《括地志》安阳故城在新息县西南八十里的明确记载，安阳故城只能在清代真阳县东南、淮水北岸的陡沟以东地带，若将其定到真阳县西南，则位于真阳、信阳两县之间，与新息县的距离远在百里以上，唐宋时不可能为新息县所辖，《一统志》之“西南”或为“东南”之讹。

古江国位于今正阳县东南、淮水北岸，则其东与息国为邻，北与蔡国相接，南边为其同姓的樊、黄，西边是道国，处于淮夷集团与中原诸侯交往的前沿，这正是江国文化具有中原和淮域双重因素的地理环境。

---

〔149〕参阅王先谦《汉书补注·地理志》汝南郡“安阳”县条；杨守敬《水经注疏·淮水》。

〔150〕参阅《隋书·地理志》汝南郡“真阳”县原注。

〔151〕据《旧唐书·地理志》河南道蔡州序云：“武德三年四月平王世充置豫州总管府，管豫、道、真、舆、息五州，豫州领安阳、平舆、真阳、吴房、上蔡五县。”则唐初曾复置安阳县。另从《括地志》、《后汉书》李贤注并称“安阳故城”来看，至迟在《括地志》成书的贞观十三年以前，安阳县已废，部分境地并入新息了。

第六节 蒋 国

一、蒋之始封和爵称

蒋是周代小国之一，据《左传》僖公二十四年载富辰语："周公吊二叔之不咸，故封建亲戚以藩屏周。……凡、蒋、邢、茅、胙、祭，周公之胤也。"同书襄公十二年杜预注："六国皆周公之支子，别封为国，共祖周公。"《史记·鲁周公世家》司马贞《索隐》曰："周公之子就封于鲁。次子相王室，代为周公。其余食小国者六人，凡、蒋、邢、茅、胙、祭也。"据此，则蒋是周公之子别封立国者，为姬姓诸侯，周室宗亲。

蒋国始封的时间，上引《左传》说"周公吊二叔之不咸，故封建亲戚以藩屏周"，笼统地把诸国之封定在周公东征、平管蔡之乱后，细加分析，富辰这段话是前后之事综而言之，如所言"文之昭"的管、蔡、霍诸国，为武王克商之后所置的"三监"〔152〕，与鲁、卫、毛之立国并非同时。周公诸子，只有鲁国封于东征之后，其他六国之封未必是周公在世时。齐思和先生认为："凡、蒋之封或在周公之后，决非一时之事。"〔153〕《汉书》卷九九上《王莽传》言："成王广封周公庶子六人，皆有茅土。"可见凡、蒋等六国之封都是成王时的事，应在周公死后的成王后期。

二十世纪二十年代出土的《邢侯簋》，记邢侯受到周王的赏赐

〔152〕 参阅《逸周书·作雒解》和《史记·管蔡世家》。

〔153〕 参阅齐思和《西周地理考》，《中国史探研》（中华书局 1981 年 4 月版）页 45。

后为周公作祭器[154]。作器之邢侯，诸家一致认为是周公子的第一代邢侯。成康之际，邢侯已见铭载，说明周公六庶受封于成王后期是正确的。

传世铜器有两件𧁎子爵（《善斋》6.33—6.34）和“𧁎作父乙宝隮彝”卣、尊各一件（《西清》16.13、8.41）以及𧁎兑簋，“𧁎”字均属氏称或族称。吴其昌《金文世族谱》（卷二）曰：“金文中但有‘𧁎’氏，无‘蒋’氏，‘𧁎’正文，‘将’省文，‘蒋’后起字。”认为金文之“𧁎”即姬姓蒋国之蒋；于省吾先生亦释“𧁎”即《诗》“我将我享”之“将”的古文[155]；陈槃先生同意吴其昌之说，释𧁎为将，认为将氏铜器即蒋国之器，并举《史记》鲁哀公名“将”，而《世本》作“蒋”之例为证[156]，此说当可信。

蒋子爵，从形制、纹饰和铭文风格看，当属西周早期器物，“子”应是餘子、庶子之类；“蒋作父乙”两器，约在西周早中之际；蒋兑簋是蒋兑为其祖、父所作的祭器，从铭文风格看，应在西周晚期或两周之际，从铭文内容看，称“文祖□公，皇考季氏”，说明蒋兑是某一代蒋公之孙，为蒋国公族，其父为“季氏”，则非嫡子。

二、蒋国历史地理及其相关问题

古蒋国的地望，《汉书·地理志》汝南郡“期思”县下颜师古注“故蒋国”，认为西汉期思县即蒋国所在。汉期思县的位置，文献记载有不同说法，一般认为即今河南固始县西北七十余里的古期

〔154〕参阅《断代》（三）：成王铜器，41“邢侯簋”，《考古学报》1956年第1期。

〔155〕参阅于省吾《甲骨文字释林》（中华书局1979年版）页422。

〔156〕参阅陈槃《春秋大事表列国爵姓及存灭表撰异》第四册页346—347：“蒋”条。

思集（今为淮滨县期思乡所在，1952年由固始县划出）[157]，石泉先生结合《山海经·海内东经》、杜预《春秋释例》及《水经·淮水注》等相关文献、史实考证，认为这是魏晋以后的期思县所在，先秦两汉的期思城当在魏晋期思县东北之古期思城，即今固始县东北、史灌河以东近淮河南岸处[158]。据此，则位于汉期思县治的古蒋国亦应在今固始县东北、史灌河东岸、蒋集以北的淮河南岸地带。

关于蒋国所在，古文献中还有另一说法，《寰宇记》卷一，开封府“尉氏”县下载：“蒋城在县西五十里，其城以西，半属新郑县界。《左传》僖公二十四年凡、蒋、邢、茅、胙、祭，周公之胤也。”同书卷一二七光州固始县“期思城”条又引《续汉书·郡国志》和《左传》杜预注关于古蒋国的记载，从而形成古蒋国既在固始又在尉氏的矛盾说法。罗泌的《路史·国名纪》基本上沿袭《寰宇记》之说[159]，清代志书如《方舆纪要》《春秋地名考略》《春秋地理考实》等均采取两说并存[160]；《春秋大事表》则更偏重于尉氏说[161]。《路史》《寰宇记》所言蒋城在尉氏县西五十里，清代志书一律改作“六十里”，《春秋地名考略》还说南北朝时文献《述征记》

---

〔157〕参阅《方舆纪要》卷五十，河南五，光州固始县“期思城”条；《大清一统志》卷二二二，光州古迹“期思故城”条。

〔158〕参阅石泉师《古期思—雩娄灌区（期思陂）在今河南省固始县东南境考辨》，河南省水利史志编纂办公室编《河南水利史料》1988年第1期。

〔159〕参阅《路史·国名纪》卷三“期思”条和卷五“蒋”条。

〔160〕参阅《方舆纪要》卷四七，开封府尉氏县“向城”条附“蒋城”和卷五十，光州固始县“期思城”条；《春秋地名考略》卷十四“蒋”条；《春秋地理考实》卷一，僖公二十四年“蒋”条。

〔161〕参阅《春秋大事表》卷四《春秋列国疆域·楚疆》和卷六《春秋列国地形犬牙相错》。

即有蒋国在尉氏县西蒋城的记载〔162〕，不知高士奇所言确否。

上文已考，古蒋国在淮河以南，固始县东北一带，为何尉氏县西亦有蒋城存在，诸文献亦言其为古蒋国？于是清代学者江永提出“岂蒋国有两都欤？”的设想，以求调和两说间的矛盾；《大清一统志》则直接将蒋国的位置定在尉氏县西之蒋城，而于固始县“期思固城”条不言蒋国之事。今按：江永之说难于成立。固始位于淮南，尉氏位于黄河以南，两地相距六七百里之遥，其间还有诸多小国如许、陈、项、沈、胡等相隔，蒋本为周代小国，根本不可能在尉氏、固始两地并有两个都邑。期思说所依据的材料（已见上引），都是人们通常认为较可靠的，在没有确证时，不能简单地否定；《一统志》为回避矛盾，对期思之说秘而不谈，并不是科学的态度，也否定不了固始说的各项论据。

尉氏之说虽是宋初才见于记载，但亦未可简单予以否定，结合西周时期的形势以及大量铭文材料分析，我们认为：从成王始封，至西周晚期以前，蒋国不可能远在淮南，而应在尉氏以西的蒋城。

要弄清楚这个问题，有必要对西周时期淮河流域的形势作一简单分析。

周代以前，淮河中下游、山东半岛以及河南东部地区基本上是东夷族（亦称淮夷）的分布区，即《后汉书·东夷传》所说：“武乙衰微，东夷浸盛，遂分迁淮、岱，渐居中土。”成王初年，东夷族因参与“三监”叛乱而受到周公的东征，故《书序》曰：“成王伐淮夷，遂践奄。”《逸周书·作雒解》说是“凡所征熊盈族十有七国”，说明对东夷的打击是很大的。周公东征以后，即于东夷故地

〔162〕《述征记》为南北朝时期文献，今佚，《水经注》引用了不少此书的材料，但无此条，高士奇所据何书待考。

封建齐、鲁，以加强对“东土”的控制，东夷各部在周公东征的打击和齐、鲁势力的逼迫下则纷纷南迁淮域，因而淮河两岸成为东夷各族的集中分布区。尔后，周王室虽陆续封姬姓的蔡、沈、顿、项诸国于淮河上游，以捍卫成周的东南门户，但仍限于淮河上游以北的部分地区，而淮河上游以南（包括北岸的部分地区）以及淮河中下游地区则完全为嬴、偃集团（即文献、铭文中的淮夷、南淮夷）所控制，如上游以南有黄、樊，以北有江、养，另有媿姓的胡、弦等国。其中以黄的势力为最大。中下游地区主要为群舒所有，其中以徐国（亦称“徐方”）的势力为最强，他们与周王朝既有臣服的一面，又有对立的一面，相安而又相侵。西周昭王以后，淮夷势力逐渐强大，不断沿淮西上内侵，曾几度危及东都的安全，王室与淮夷之间的战争也因之连年不息，成为西周中晚期周王室东南（淮夷）和西北（玁狁）的两大威胁之一。《后汉书·东夷传》载周穆王时“徐夷僭号，乃率九夷以伐宗周，西至河上”。其后“厉王无道，淮夷入寇，王命虢仲征之，不克”。

铜器铭文中有关淮夷内侵的资料则更多。穆王时有一组王师防御淮夷入寇的铜器，其中《录刻卣》曰：“王令刻曰：𫊣，淮夷敢伐内国，汝其以成周师氏戍于古师……”〔163〕“古”，郭老释“苦”〔164〕，徐中舒先生释“叶”〔165〕，应以郭说为近。“苦”，应即《汉书·地理志》淮阳国之苦县，故城在今河南鹿邑县东十里〔166〕，《方舆纪要》说是“即楚之苦县，汉因置县”〔167〕。则东周时即有苦县之置，

〔163〕参阅《大系》图173，录33，考61。

〔164〕参阅《大系》考61：𫊣解。

〔165〕参阅徐中舒《禹鼎的年代及其相关问题》，《考古学报》1959年第3期。

〔166〕参阅《大清一统志》卷一九四，归德府古迹“苦县故城”条。

〔167〕参阅《方舆纪要》卷五十，河南五，归德府鹿邑县“苦县故城”条。按所言苦县去鹿邑的道里有误，应从《一统志》。

其渊源当更早。周师戍于苦地，说明苦地东南当为淮夷境地，周之“内国”当在苦地以西，而淮夷则是“内国”之外的异邦。

前述夷王时的禹鼎铭说：“鄂侯御方率南淮夷、东夷广伐南国东国，至于历内。”鄂在南阳盆地内的汉西鄂县，参与鄂广伐南国、东国的“南淮夷、东夷”当在去鄂不远的淮河中上游一带，或为嬴姓的樊、黄、江、养诸族。又敔簋载：“唯王十月，王在成周，南淮夷迁及内伐，……参泉、裕敏、阴阳洛，王命敔追御于上洛析谷……”〔168〕表明一部分淮夷不但西迁，而且内伐直抵成周以南，与禹鼎所载互相印证。

由此可见，夷王时期王室衰微，淮夷势力日甚，王师屡征，虽取得了一定的胜利，但终究不能从根本上解决问题，厉王之时，又命虢仲征之，但王室和淮夷力量的对比已远非穆王时的情景了，结果以王师的失败而告终。虢仲盨曰：“虢仲以王南征，伐南淮夷，才成周，作旅盨，兹盨有十又二。”(《大系》录105，考120）未言最后结局，当是出师以前所作。文献言“不克”，不知是败而讳之，还是无功而还。

周宣王中兴，王室重新振作起来，召穆公重兵伐淮夷，以彻底解决东南数世之战患，《后汉书·东夷传》说“召公伐而平之”，《诗·大雅·江汉》说：“匪安匪游，淮夷来求；……匪安匪舒，淮夷来铺。”又《诗·大雅·常武》亦载：“戎我师旅，率彼淮浦，省此徐土。”在召公征伐以后，淮夷问题才基本得到解决，召公并为其整理疆土，使各自安守其土，向周王朝纳贡称臣，这于文献及铜器铭文亦有反映，如驹父盨铭曰：“唯王十又八年正月，南仲邦父命

---

〔168〕 参阅《大系》考109。

驹父即南诸侯帅高父见南淮夷，厥取厥服。……我乃至于淮，小大邦亡敢不□□具逆王命。四月，还至于蔡……”（《三代》10.44.1）驹父受南仲之命去淮夷地区视察、收取贡献，“至于淮”，然后“还至于蔡”，可见于蔡以南的淮域两岸基本为淮夷境地，诸族邦“具逆王命”，当是平定淮夷以后的形势。

上述分析表明，西周宣王以前，淮河上游以南和淮河中下游地区主要是嬴、偃集团为主的淮夷集中分布地，那里周文化影响有限、战乱频仍，根本没有蒋国的立足之地。

再从与蒋同时受封的其他“周公之胤”五国的分布地域来看，凡在今河南辉县西南二十里〔169〕，邢在温县东〔170〕，胙在卫辉东南〔171〕，祭在郑州西北〔172〕，茅在今山东金乡县西北〔173〕，五国都在东都以东的黄河两岸要地，以控制殷商遗民、拱卫东都王室。若蒋

---

〔169〕 参阅《元和志》卷十六，卫州共城县“故凡城”条；《方舆纪要》卷四九，河南四，卫辉府辉县“凡城”条。

〔170〕《续汉书·郡国志》河内郡“平皋”县下司马彪原注“有邢丘，故邢国，周公子所封”，认为在汉之平皋县。平皋故城，《方舆纪要》说在府城（即今河南沁阳县）东南七十五里（参阅怀庆府河内县“平皋故城”条），《一统志》说在温县东（参阅卷二〇三，怀庆府古迹“平皋故城”条），两者一致。

〔171〕《左传》僖公二十四年杜注说胙在“东郡燕县西南”，后于其地置胙城县。参阅《方舆纪要》卷四九，河南四，卫辉府“胙城县”；《大清一统志》卷二〇〇，卫辉府古迹“胙城故城”条。

〔172〕 祭的位置，一般认为即郑州东北之祭城，然据《括地志》引《释例》云“祭城在河南，上有敖仓，周公后所封也”（参阅《史记·周本纪》《正义》引），按敖仓据《寰宇记》载，在宋荥泽县西十五里，即今河南荥阳县东北的广武山以东近郑州市境界，古祭城在此，属东都畿内之地。

〔173〕 据《左传》僖公二十四年杜注，茅在“高平昌邑县西”，汉晋昌邑县在今山东金乡县西（参阅《方舆纪要》卷三二，兖州府金乡县“昌邑城”条），则位于昌邑县西之茅乡、古茅国亦当在今金乡县西北地带。

独在淮南，与其他五国相去甚远，那就起不了分封的战略作用了。

西周宣王以前的蒋国如在尉氏县西的古蒋城，则正位于成周东南不远，西周末年郑国自关中东迁以前，这一带并无其他重要诸侯国，蒋国在此，正处于宋、葛等商代旧族与成周之间，起到屏藩周室的作用，同时与其同宗五国相去不远，互相呼应。

蒋国从今尉氏县西之蒋城迁至淮南固始县东北地带，当在西周晚期召公平淮夷之后，为加强对淮夷诸国的管理和控制，进一步稳定淮域局势而采取的新部署，这与封申、吕于南阳盆地以防御荆楚的行动相配合，目的在于沿淮河中上游至南阳盆地建立起一个新的防御体系。

蒋国的历史，文献中记载极少，何时灭于楚，已不可确考，清代学者认为“庄公时楚灭之为期思县”〔174〕。今按：鲁庄公于公元前693—前662年在位，当楚武王末年至成王早期，其间楚国除了文王前期灭息、伐蔡之外，楚势未及淮河中上游之交地带。

我们认为，蒋之灭亡应在楚穆王四年（公元前622年）或稍早。因楚成王二十四年灭黄之后不久，齐桓公即死，北方诸侯联盟旋即瓦解，郑伯南朝于楚，楚势转而北上。十年后，楚于城濮大败于晋，兵锋受挫。楚穆王继位，一时无力北进，于是再度东向经略淮域，穆王三年（公元前623年）灭江，次年即灭了蓼、六，蒋与蓼邻近，楚之灭蒋可能与灭蓼同时。

《左传》文公十年记楚穆王出猎，期思公复遂为右司马，杜预注：“复遂，楚期思邑公。”说明此前楚已灭蒋，并因蒋国故地设立期思县，这与楚灭南阳之蓼后，即因蓼故地设县，改称湖阳的情况

---

〔174〕 参阅《春秋地名考略》卷十四“蒋”条。

一致，复遂很可能是楚国第一任期思县公。

第七节　（东）蓼国

一、东蓼地望决疑

东蓼，《左传》只一见，其书文公五年载：

> 六人叛楚即东夷。秋，楚成大心、仲归帅师灭六。冬，楚子燮灭蓼，臧文仲闻六与蓼灭，曰：皋陶、庭坚，不祀忽诸。德之不建，民之无援，哀哉！

这段记载告诉我们：（1）六与蓼同年灭于楚。鲁文公五年，即楚穆王四年，公元前622年。《史记·楚世家》“穆王四年，灭六、蓼”与此相合。（2）两国德之不建，内政不修，故使楚有可乘之机，是其被灭的重要原因之一。

东蓼的地望，《汉书·地理志》六安国“蓼”县下班固原注说是蓼之“故国”，上引《左传》文公五年杜预注：“蓼国，今安丰蓼县。”西晋安丰蓼县与汉六安国蓼县一脉相承〔175〕，班固、杜预两说实即一致。汉晋蓼县的位置，《水经·决水注》有较翔实的记载：

> 决水自（安丰）县西北流，迳蓼县故城东，又迳其

〔175〕 西汉之六安国，据《续汉书·郡国志》东汉建武十三年省入庐江郡，“以其县属”。又《晋书·地理志》三国曹魏时分庐江郡置安丰郡，蓼县转属安丰所辖。

北……世谓之史水也。决水又西北，灌水注之，其水导源庐江金兰县西北东陵乡大苏山，……灌水东北迳蓼县故城西，而北注决水，故《地理志》曰：决水北至蓼入淮，灌水亦至蓼入决。

决水（史水）即今河南固始县东之史河，灌水即固始县西之灌河，两河在今固始县北十余里处合流称为史灌河，北流入淮，古今名称、地形一致。两相对照，古蓼县、春秋之蓼国当不出今固始县城一带。

经考古工作者调查，今固始县城及其以北，有一座规模较大的古城遗址，即固始北山口古城。城分内外两重，内城周长约13华里，外城周长有27华里，内城位于外城的东北角。外城南、北、西三面城墙呈直线，东墙顺河岸而筑，弯曲起伏。外城北墙目前保存较好，基宽35—40米，上宽15—20米，残高4—5米，在县城以北东西伸延如同山岗，故群众称其为“长山”或“北山”，间有缺口数处，当为古城门遗迹，人们称之为“山口”。城墙外围东临史河，其他三面均有宽达60米的护城河遗迹。城址内外和城墙夯土内，有东周陶片发现，其中以鼎、鬲、豆、盆、罐类器的残片为多〔176〕。1975年3月，城内北关大队发现三块楚国金币——郢爰〔177〕；1983年3月，还出土了一批春秋晚期颇具楚文化特色的铜器〔178〕；1978年和1980年先后清理的侯古堆一号大墓和白狮子地一、二号

〔176〕参阅詹汉清《固始县北山口春秋战国古城址调查报告》，《中原文物》1983年特刊。

〔177〕参阅詹汉清《固始发现楚国郢爰》，《中原文物》1981年第2期。

〔178〕参阅岳广辉《固始出土一批春秋时期楚国铜器》，《江汉考古》1984年第1期。

墓也都位于城址东南不远处〔179〕；显然与城址有着密切的关系。从城内外遗物和附近的墓葬材料看，是为一座东周古城，下限还更晚。我们认为，此城当即春秋蓼国故城、汉晋蓼县所在。其地理位置和文化内涵与文献记载相合。

汉晋蓼县，《宋书·州郡志》已无记载，当已省并，《水经注》称其为“蓼县故城”，说明南朝宋、齐时期并未于此地设县。据《隋书·地理志》弋阳郡“固始”县原注：“梁曰蓼县，后齐改名焉。”则蓼县在省废百年后，萧梁时曾又复立，北齐时改为固始县。唐代志书如《括地志》《元和志》均言当时的光州固始县（即今河南固始县）即春秋时蓼国〔180〕，可见梁时复立蓼县是依汉晋旧址，治所并未有移动。另据《史记·陈杞世家》正义引《括地志》曰：“光州固始县，古蓼国，南蓼也。……又有北蓼城，在固始县北六十里。蓼国有南北二城。”〔181〕在记载唐初固始县即古蓼国的同时，另说县北六十里处还有一座“北蓼城”，当为蓼境要邑之一。后世有些文献如《方舆纪要》《春秋地理考实》《大清一统志》均说蓼国在固始县北七十里的蓼城岗〔182〕，而不言县治所在之故蓼城，显然是误解了《括地志》的原意，且与早期文献记载不合；今人杨

〔179〕参阅固始侯古堆一号墓发掘组《河南固始侯古堆一号墓发掘简报》，《文物》1981年第1期；信阳地区文管会《固始白狮子地一号二号墓清理简报》，《中原文物》1981年第4期。

〔180〕参阅《史记·夏本纪》正义引《括地志》曰；《元和志》卷九，光州“固始县”条。

〔181〕按：今本《史记》正义无此条，而日人泷川资言《史记会注考证》保存有，当是今本所佚，请参阅。

〔182〕参阅《方舆纪要》卷五十，河南五，光州固始县“青峰岭”附“蓼城岗”条；《春秋地理考实》卷二，文公五年“蓼”条；《大清一统志》卷二二二，光州古迹“蓼县故城”条。

伯峻先生亦作此说[183]，谭其骧先生主编的《中国历史地图集》把蓼定在今固始以北、史灌河西岸[184]，均误。

关于此蓼国的地望，从北宋时起出现了又一不同说法。

《太平寰宇记》卷一二九，寿州"霍丘"县下曰："本春秋时蓼国，在汉为松滋县。"说古蓼国在宋代寿州霍丘县境，而于光州固始县内却不提蓼国之事。此说一出，即为不少学者所遵奉，其后郑樵的《通志》、罗泌的《路史》、顾祖禹的《方舆纪要》以及朱右曾的《诗地理征》等一系列名著均从乐史之说，将古蓼国的地望定在宋及明清霍丘（即今安徽省霍邱县）境内[185]，在学术界颇有一定的影响。

今按，此说实误。致误的原因，主要出于三个方面。其一，认为唐宋固始县是沿西汉寝县、东汉固始县而来，西汉寝县属汝南郡，与蓼县同时并存，但与蓼国无关。其二，蓼县于魏晋时为安丰郡所辖，安丰郡、县的位置，《寰宇记》认为即在霍丘西南不远，因而于不同意古蓼国在唐宋固始县的同时，将其定于霍丘境内。其三，唐初武德年间，曾于霍丘县置蓼州，认为此蓼州当与古蓼国、蓼县有联系。若我们结合一系列史实加以分析，此三条理由均不能成立，而其关键在于对汉晋固始县治的认识上。

上文已述，唐宋固始县是沿汉晋、萧梁蓼县而来，《隋志》《括地志》《元和志》载之甚明，应无可疑，且唐宋固始县的位置与《水经注》所述古蓼国、蓼县地望基本相合亦为确证。至于西汉寝

---

〔183〕参阅《春秋左传注》文公五年。

〔184〕参阅《中国历史地图集》第1册图15—16：西周时期中心区域图；图25—26：春秋"吴、楚、越"幅。

〔185〕参阅《通志·氏族略二》周异姓国"蓼氏"条。

县、东汉之固始，根本就不在淮南，而在淮河以北一二百里的今安徽省临泉县一带（说详下节），南北朝时，因北方战乱，固始县从淮北侨置于淮南史灌河流域。《隋书·地理志》弋阳郡“固始”县下说北齐曾置新蔡郡；而固始县刘宋时属新蔡郡所辖〔186〕。又《魏书·地形志》扬州新蔡郡领新蔡、固始两县，并言境内“有大苏山”，“大苏山”即灌水发源地，《水经注》《隋志》均有明载，说明刘宋至北魏时期淮北之新蔡郡已移到淮南史灌河流域，固始县或即侨置于汉晋蓼县、今固始县一带，北齐领有淮南后改蓼县为固始，当因北魏建制而来。

古蓼国、蓼县，西汉属六安国，东汉属庐江郡，魏晋时属安丰郡所辖，当时安丰郡内，还有安丰、安风等县，都在今固始至安徽霍邱一带，而郡治于安风县〔187〕，与蓼县不在一地。乐史将古蓼国、蓼县与东晋及宋齐之安丰郡、县混为一谈是不符合史实的。汉晋安丰县的位置，《汉书·地理志》《续汉书·郡国志》《水经注》等都有明文，在大别山东北、蓼县东南、决水（史水）西岸。而乐史所说的霍丘西南之“古安丰州”城，并不是汉晋安丰县治，而是汉晋安风县〔188〕、晋安丰郡所在。东晋以后，安丰郡、县俱废，遂改原安风县为安丰县，属弋阳郡；刘宋末年由弋阳郡分立安丰郡，领安丰、松滋二县，其安丰县已非汉晋旧地，而是原安风县之改

〔186〕 参阅《宋书·州郡志》豫州刺史“新蔡太守”条。

〔187〕《晋书·地理志》安丰郡下首列“安风”县，应为郡治所在。又晋安丰郡是沿曹魏而来，魏安丰郡，清吴增仅《三国郡县表》(《二十五史补编》第三册）认为即治安风，杨守敬《水经注疏·淮水》篇亦作此说，当是。

〔188〕 参阅《水经·淮水注》。

称[189]，只不过安丰郡治前后相沿未动，《寰宇记》说此是旧安丰州（即郡）城是正确的，但说这是汉安丰县所在，则大误，完全混淆了汉晋安丰与安风之间的沿革变化关系，进而又将古蓼国、蓼县与其所误释之安丰县糅合在一起，则更误。刘宋以后，安丰郡、县又几度东迁，对此，石泉先生已有详考[190]，请参阅。

至于唐武德四年至七年曾于霍丘县置蓼州一事，《旧唐书·地理志》寿州“霍丘”县下载“汉松滋县地，属庐江郡”，蓼州是置于汉庐江郡之松滋县地，与古蓼国、汉蓼县并无关联[191]。

由上所述，《寰宇记》关于唐宋固始县即汉晋固始，古蓼国、蓼县在唐宋霍丘县西南的说法不能成立，《通志》《路史》《方舆纪要》等皆沿其说，均不足为信。

二、蓼与舒蓼辨析

文献记载，春秋时期除了东西两蓼国之外，淮河中游以南，另有群舒之一的舒蓼存在，有些后世文献，往往将舒蓼与蓼（即东蓼）相混，应予澄清。

《左传》文公十四年，“楚庄王立，子孔、潘崇将袭群舒，使公子燮与子仪守而伐舒蓼”。杜预注：“（舒蓼）即群舒。”舒蓼应是群舒之一，楚袭群舒而首先伐舒蓼，则其位置在群舒中应偏西北，较近楚国。

---

〔189〕 据《宋书·州郡志》弋阳太守“安丰令”下曰：“旧郡，晋安帝并为县。”安丰郡原治安风，此言“旧郡”，说明原安丰县已废，刘宋安丰县是原安风县改称而来，《水经·决水注》称汉晋安丰县为“安丰故城”亦可为证。

〔190〕 同注〔158〕。

〔191〕 据《太平御览》卷一六九引《十道志》曰：“霍丘县本汉松滋县也。”《寰宇记》卷一二九，寿州“霍丘”县下亦曰：“在汉为松滋县，故城在县东十五里。”说明宋霍丘县东部汉代属松滋县，西南部为安风县，皆与蓼国无关。

又《左传》宣公八年："楚为众舒叛故，伐舒蓼而灭之。楚子疆之，及滑汭，盟吴、越而还。"杜预注却将"舒蓼"断开，说是"舒、蓼二国名"，与前注不合。另杜预的《春秋释例》卷六《土地名·舒地》文十二年"群舒"条云："舒龙、舒、蓼、舒庸、舒鸠，五名，庐江六县西南有龙舒城，蓼，安丰蓼县。"一方面将舒、蓼分开，列入群舒之属，另一方面又将"舒、蓼"之蓼与安丰蓼县之蓼合而为一，则安丰之蓼就成了群舒之属。《水经·决水注》直接说决水以西的汉晋蓼县即宣公八年楚所灭的舒蓼之国。这样一来，宣公八年之灭舒蓼又与文公五年的灭蓼相矛盾，对此，唐人孔颖达又作新解："盖蓼灭后更复，故楚今更灭之。"〔192〕说蓼与舒蓼本为一国，文公五年灭后又复，故宣公八年再灭之。其后《方舆纪要》即沿其说〔193〕。然结合相关史实分析，此说并不可信。

其一，杜预于《左传》文公十四年注舒蓼为"群舒"之一，于宣公八年注又将舒蓼分为二国，而《释例》并将舒、蓼纳入群舒之属，含混不清，前后矛盾，其中必然有误。

其二，《左传》原文明言"将袭群舒"而"伐舒蓼"，说明舒蓼应为群舒中之一族或一国，《世本》亦将"舒蓼"与群舒的舒庸、舒鸠、舒龙、舒鲍、舒龚等同并列〔194〕，由此可见，杜预前说"即群舒"是正确的，而后将其分为舒、蓼二国与《传》文和《世本》不合。

蓼与舒蓼本为不同的两国，文公五年楚灭蓼与十四年的袭群舒、伐舒蓼和宣公八年的灭舒蓼是完全不同的事件，《水经注》将

〔192〕 参阅《左传》宣公八年孔颖达《正义》。
〔193〕 参阅《方舆纪要》卷一，历代州域形势一"蓼"条。
〔194〕 参阅《左传》文公十二年孔颖达《正义》引《世本》。

其合一，实踵杜预之误，孔颖达说蓼与舒蓼是灭而再复，亦属推测，文献中并无蓼灭后又复国的踪迹。

史籍中还有将楚成王二十四年所灭之“英”与楚穆王四年所灭之“蓼”相混的，主要出自唐司马贞的《史记索隐》和张守节的《史记正义》〔195〕，因其说错误明显，不大为后人所接受，今人何浩先生对此有辨证〔196〕，请参阅。

东蓼在今固始，位于淮河上中游南岸，其北与蒋国为邻，西与黄国相望，东南不远即偃姓的六国和英氏，南以大别山为限，据有史灌河上中游两岸丘陵和冲积平原。蓼地入楚后，情况不明，然从蓼城故址的规模以及城内外丰富的东周遗物和高级贵族墓的情况来看，仍是楚国境内重要城邑之一。结合春秋晚期吴楚间的战争形势，这一带应为楚国经略淮域、防御吴国的前沿要地，然文献失载，有待更多的实物资料来补充。

第八节　番　国

番为周代古国之一，今存先秦文献中关于番国的记载十分有限，然传世和近年出土的有铭铜器中，涉及番国史实的器铭却甚为丰富，为我们整理、研究番国的历史地理和文化提供了第一手资料。

一、番氏铜器的初步清理

郭老所著《大系》一书，收录两件番器。

---

〔195〕参阅《史记·陈杞世家》《索隐》和《夏本纪》《楚世家》《黥布列传》之《正义》。

〔196〕参阅何浩《楚灭国研究》中编“英氏与蓼、黄”节。

番生簋（盖），有铭文十一行一百三十二字，载“王令（番生）藉司公族、卿事、太史寮”，并赏赐给他大量衣物、车马、玉器等，番生为此作器而颂天子恩德。

此簋时代和器主，郭老断定“其为厉世器无疑”，并说：“余谓《十月篇》之‘番维司徒’即此番生，《诗》释文云‘本或作潘，《韩诗》作繁’，《人表》作‘司徒皮’，师古云：‘即《十月之交》诗所谓蕃维司徒是也。’今以本器证之，则番乃正字，潘、繁、皮、蕃均音近之假字。”〔197〕

番匊生壶，有铭文五行三十二字：

> 隹廿又六年十月初吉己卯，番匊生铸媵壶，用媵厥元子孟妃乖，子子孙孙永宝用。

“番匊生”，郭老认为“即番生，匊与生一字一名也”。此壶口微侈、束颈较高，垂腹、圈足，两兽耳衔环，有盖，盖及壶身饰环带纹，圈足外饰垂鳞纹〔198〕，整个形制、纹饰与陕西齐家村所出几父壶一致〔199〕，郭老定为厉世，当是。

壶是番匊生为其长女“孟妃乖”出嫁所作的陪品，其女字“孟妃”，名“乖”，按青铜媵器称字的习惯，“孟”是排行，“妃”即番国族姓。妃姓，即《国语·郑语》“己姓昆吾”之己姓，并为一系列铭文材料所证实。若此，则番为祝融八姓之一的己姓昆吾之后，

---

〔197〕参阅《大系》图106，录130，考133。

〔198〕参阅《通考》437：18，图720。

〔199〕参阅陕西省博物馆《扶风齐家村青铜器群》（文物出版社1963年1月第1版，下同）图三、四。

与南阳之蓼国同族，是上古社会以来中原古族之裔。

王作番妃鬲，有铭文十二字：

王作番妃齋鬲，其万年永宝用。（《积古》7.21）

此鬲器型不见，从铭文字体看属西周晚期作风。器铭之“王”当即周王，“番妃”即番女适王者，此乃番为己姓之族的又一确证，与上述壶铭一致。番女适周，可见其与王室的关系密切，“番维司徒”，实乃外戚入主朝政者，郑玄说厉王之时“妻党盛”〔200〕，正为铜器铭文所证实。

番仲吴生鼎，有铭文四行十八字：

番仲吴生作障鼎，用享用孝，子子孙孙永宝用。（《善斋》1.66）

鼎作平折沿、立耳、圆腹较深、三兽足，颈饰一周窃曲纹，中腹两周垂鳞纹，整个形制与宣王时期的毛公鼎相近，花纹则与宣王时的无叀鼎类似〔201〕，三者自当同时。“番仲”当是番国公族。

番君酌伯鬲，器口沿有铭文一周，共十七字：

隹番君酌伯自作宝鼎，万年无疆，子孙永用。（《善斋》2.24）

---

〔200〕 参阅《诗·小雅·十月之交》郑《笺》。

〔201〕 毛公鼎参阅《大系》图23，考135；无叀鼎见图24，考151。两器郭老并定为宣王时器，唐兰先生意见相同（参阅所著《西周青铜器铭文分代史征》）。

器作方唇、平折沿、折肩、弧裆，三足较高，肩饰一周窃曲纹，肩腹对应三足处均有扉棱装饰，其形制、纹饰及铭文风格属于两周之际或春秋初年特色。

此器铭文表明：（1）番国之君称“番君”，反映番与王室关系发生了一定变化，独立性加强；（2）番君字“酌伯”，与上述“番仲”相对应，说明番国内部君统实行嫡长子继承制，体现了周代宗法制的特征；（3）器本为鬲，而铭文称鼎，这与郏县所出铜鼎铭文称“鬲”正好相反，说明就鼎、鬲功用而言，均属烹饪类器，器名有可通之处。

番伯酓匜。

1974年春，河南信阳长台关甘岸大队一座东周墓出土了一组青铜器，计盘一、匜二，其中II式匜腹内壁有铭文四行十七字：

> 隹番伯酓自作匜，其万年无疆子孙永宝用。〔202〕

此组盘、匜的形制、花纹与上村岭虢国墓地所出II式盘和I式匜类似〔203〕，具有浓厚的中原文化特征，时代应在春秋早期前段。“番伯酓”当即番国之君，“伯”为其爵称（亦表行第，这是宗法制所决定的），从番生簋、王作番妃鬲以及《诗·十月之交》所载番与周王室的特殊关系看，亦当如此，所见番器除称“君”外，亦多称“伯”即可为证。

---

〔202〕 同注〔108〕。
〔203〕 同注〔114〕。

前些年，桐柏县文化馆收集到一件鄱伯弇匜，形制、花纹与甘岸所出铜匜一致，或为一墓所出，后来流失于桐柏。腹内壁有铭文四行十七字：

鄱伯弇□自作宝匜，其万年子子孙孙用享。〔204〕

两匜器属一人，但铭文格式不同，制作当非同时。此铭“鄱”字从邑，可见春秋早期“番”“鄱”已通行互用。

番哀伯诸器。

1979 年 3 月，信阳吴店杨河大队一座春秋土坑墓出土，计鼎二，盘、匜各一，另有铜削、陶盂等。四件铜容器腹内均有“隹番哀伯者君自作宝鼎（或“盘”“匜”），其万年子孙永宝用享”的铭文〔205〕，当为一套青铜礼器中之数件，“番”为国族，“哀伯”即其称号，“者君”是其名或字，则此墓即番哀伯墓无疑。

此组器物亦具中原文化特色，鼎的形制与上村岭虢太子墓所出 139 号鼎一致，亦与随枣走廊出土的曾国铜器风格接近。盘、匜的形制、纹饰与番伯弇组同类器相似而略晚，时代约在春秋早期后段。

传世铜器中，有番哀伯所作的盘、匜各一件，盘铭四行二十字：

隹番哀伯者君自作宝盘，其万年子子孙永宝用享。（《三代》17.13.3）

---

〔204〕 此器情况是笔者 1984 年在桐柏考察时，县文物专干曾光勋同志告知，承曾先生厚意，察看原器并赠送铭文拓片。

〔205〕 同注〔108〕。

匜亦有铭四行二十字：

佳番哀伯者尹（君）自作宝匜，其万年子孙永宝用享□。（《三代》17.35.3）

信阳杨河番哀伯墓的发现，为传世两器找到了归宿，当亦为信阳所出，或此墓早年被盗，器物流传于世。按通常使用和随葬盥洗器的习惯，盘、匜多为一套单出，如与番哀伯墓地域、时代均为相近的信阳樊君和光山黄君夫妇墓均如此，然番哀伯却一人具有两套盘、匜，反映此时番国仍有一定的文化经济实力。

番仲荣匜，有铭文四行十八字：

佳番仲荣自作宝匜，其万年子子孙永宝用享。（《三代》17.35.1）

此器铭文风格与番哀伯诸器和番君酌伯鬲如出一辙，如"自"内均为一画，"年"字写法特别，铭文套语作"子子孙永宝用享"等，应属同一文化系统，且时代相去不远，都应在春秋早期。此"番仲"与上述番仲吴生鼎之"番仲"或出一系，说明番国内部"番伯""番仲"长期并存，"番伯"属大宗君统，"番仲"应是公族的一支而另立小宗者。

番君□匜，有铭文四行二十一字；

佳番君□用土（吉）金作自宝匜，其万年子子孙永宝用

享。(《三代》17.36.3)

器铭第三字似为“君”字，第四字不识，当即人名，铭文风格与上述番哀伯等器一致，也是春秋早期器物。

1978年1月，河南潢川彭店一座春秋墓葬出土了一组青铜器，有鼎、簋、壶、罍、盘各一件〔206〕，其中簋的形制略早；而鼎与洛阳中州路M2415和南阳西关申公彭宇墓所出铜鼎几无二致，盘的形制较早，然花纹和铭文字体却呈现出过渡时期作风，综而言之，此组器物的时代约在春秋早中之际。盘内底有铭文一周共十八字：

隹番君伯𢽤用其赤金自?，万年子孙永用之享。

此器的出土及铭文内容表明，进入春秋以后，淮域番国之君称“伯”称“君”并用，同时也证实了上述传世番君酌伯鬲确系淮域番国之器不误。

1986年，信阳地区文管会清理的信阳平桥西5号墓，出土鼎、鬲、盆、牺尊等各一件，其中壶的颈部外壁有铭文四行十二字：

番叔□□自作宝壶，其永用之。〔207〕

“番叔”即番国公族，与番伯、番仲相对应，“叔”后两字不识，应是其名。壶作细颈、直口、平折沿、大垂腹、圈足，有盖，肩有一

〔206〕 参阅郑杰祥等《河南潢川发现一批青铜器》,《文物》1979年第9期。

〔207〕 参阅信阳地区文管会《河南信阳市平西五号春秋墓发掘简报》,《考古》1989年第1期。

对贯耳，肩部以下饰变形窃曲纹，其形制与1981年3月信阳明港所出II式壶相似而略晚[208]。鼎作平折沿、立耳、浅腹、底近平、蹄足，与黄君孟夫妇墓所出铜鼎类似，只是素面无纹；盆与中州路M2415所出铜盆一致。其时代应在春秋早中之际或略晚，与黄君夫妇墓相近，《简报》认为早于同一墓地所出的樊君夫妇墓，恐不确。信阳一带，我们认为是春秋早中期的樊国所在；平桥西一带，从樊君夫妇墓的发现看，当为樊国贵族墓地，番叔铜器发现于此，或为赠馈、交流的原因。

番君召诸器。

传世有五件番君召簠，均有铭文四行二十二字，格式、字体、内容完全一致，当为一模所制。

> 番君召作馀匿，用享用孝，用祈眉寿子子孙孙永宝用之[209]。

器铭布局整齐，字体向秀隽发展，风格与传世陈侯作王仲妫簠十分接近[210]。“王仲妫”我们认为即《左传》庄公十八年所载虢公、晋侯为周惠王所娶后妃“陈妫”，时在公元前676年，当春秋早中之际，番君召簠亦应在此时或略晚，番君召应与番君伯敽前后相继。从周代簠器的使用和墓葬出土情况看，一般都作成对出现，此簠同铭者有五件传世，说明一组至少应有六件，可见春秋早中之际番国

---

〔208〕参阅信阳地区文管会《信阳县明港发现两批春秋早期青铜器》，《中原文物》1981年第4期。

〔209〕五件器物，一件见《积古》7.3，另四件见《三代》10.17.4和10.18.1—3。

〔210〕参阅《三代》10.20.3—4。

的文化经济水平仍不低。

传世另有一件番君召鼎，铭文有残，可辨者四行十三字：

> 番君召自作鼎，其万年眉寿孙永。(《积古》4.13)

“君”下一字似为“召”字之残，若然，此鼎与上述五簠当为一套礼器中之数件。

1979年，河南淅川下寺8号墓出土一件上鄀公簠，有铭文三十七字：

> 隹正月初吉丁亥，上鄀公择其吉金，铸其叔妳番妃媵匿，其眉寿万年无谌，子子孙孙永宝用之。〔211〕

簠是上鄀公为叔妳和番妃外嫁作的媵器，叔妳乃楚女，上鄀公应即楚之县公，“番妃”即番国之女，上鄀公为其女外嫁作器，同时并媵番国之女，番女应是叔妳之媵。《公羊传》庄公十九年：“诸侯娶一国，则二国往媵之。”《春秋》成公十年，鲁伯姬适宋，齐女为媵，正是叔妳番妃一妇一媵并适一国的最好说明。此器时代，墓葬发掘者定为春秋中期，可见这时番与楚国之间已有了较为密切的联系。

鄱子成周编钟。

1978年河南固始侯古堆1号大墓出土，共九件，形体相似，大小依次递减，每钟均有铭文，但钟铭中的原有人名都被铲掉，再刻上“鄱子成周”〔212〕，说明此套编钟并非鄱子成周所作，或因战

〔211〕参阅河南省文物研究所《淅川下寺春秋楚墓》页9—10，图版三：1。

〔212〕参阅固始侯古堆一号墓发掘组《河南固始侯古堆一号墓发掘简报》，《文物》1981年第1期。

争关系取自他人，然后刻上自己的名字，以为己有。

“鄱子”当即番国之君，“成周”其名〔213〕。此墓年代，《简报》根据墓内出有两件宋景公为其妹季子嫁为勾敔夫人所作的媵簠，墓主人又系一位30岁左右女性的情况，推断“死者很可能就是宋景公的妹妹勾敔夫人，……时代当在春秋末至战国初年”。李学勤先生认为此墓器物“接近于寿县西门蔡墓而稍晚，估计为战国前期偏早”〔214〕。就墓中出土的九件铜鼎分析，器身扁圆、腹较浅、附耳、三蹄足，盖纽有双环、单环、卧牛三种形式，其风格介于寿县蔡侯墓和随县曾侯乙墓所出同类鼎之间，为典型战国楚式鼎的早期形制，时代应为战国初年。李先生所论当是。此墓并非吴墓，而应为楚系贵族墓。墓中两件勾敔夫人簠，或为越灭吴时因某种原因流失于楚，后随葬入墓。

番仲戈。

二十世纪七十年代初，湖北当阳县金家山43号楚墓出土，长胡四穿，内上一穿，戈援上昂，内较平直，尾部有错金图案，援和胡部有错金鸟书铭文八字：

番仲作伯皇之造戈。〔215〕

---

〔213〕 王恩田先生《河南固始勾敔夫人墓》(《中原文物》1985年第2期）一文认为鄱为国名，成周为其名是正确的，然说“子为爵称”，恐未必。番为“伯”爵，多有铭文为证，此时称“子”，实为其地位变化、降为楚之附庸的反映。

〔214〕 参阅李学勤《东周与秦代文明》第十章：楚。

〔215〕 参阅卢德佩《湖北省当阳县出土春秋战国之际的铭文铜戈》,《文物》1980年第1期。

戈的时代为春秋战国之际，戈铭之“番仲”，黄盛璋先生认为即传世铜器番仲吴生之后，戈系“番国以未灭于楚，尚属有国时所作”[216]。今按，黄先生以番仲为番仲吴生之后颇有道理，然说春战之际番仲造戈之时番国尚存，则未必确实，据《左传》记载，番于春秋晚期为吴国所取，此“番仲”应是入楚的番国贵族。

二、番国历史简论

番国早期的历史，文献失载，就番氏铜器的初步清理，西周厉王时期，番生在王室任要职，“藉司公族、卿事（士）、太史寮”，并且受到周天子超常的赏赐，其地位非《十月之交》“番维司徒”之“番”莫属。同时，番氏嫁女于周，与王室结为亲族，这一方面体现了番氏在王室的特殊地位和密切关系，另一方面也说明至迟西周晚期，番族已经立国。王作番妃鬲之“番妃”，按周代“妇人称国及姓”之礼制，“番”为其国称，而“妃”乃番国族姓，即为明证。结合番生簋铭载番生的祖、父几代曾于王室任职，据此，番氏应是周之旧族，立国或当更早一些。

西周晚期至春秋早期的番国铜器多见，且往往成组发现和出土，其文化面貌与中原地区有较多的一致性，表明此为番国历史的发达时期和较高的文化、经济水平，当与西周以来番族与周王室的密切关系以及番族首领在王室任要职的史实相关。同时，我们还可看到，从两周之际或春秋初年开始，番国国君在称“番伯”的同时，亦称“番君”，“伯”当是周室所封番国的实际爵称，而“君”则体现了两周之际至春秋中期（前段）淮河中上游地区诸侯国之君所行称号的地方文化特征，反映东周时期各诸侯国独立性不断增强

---

〔216〕 参阅黄盛璋《当阳两戈铭文考》,《江汉考古》1982 年第 1 期。

以及番国历史地理方面的变化。番伯酓、番哀伯者君、番君伯敓等数组铜器和墓葬均在信阳一带发现，就是这种变化的有力物证，说明此时番国应是淮河上游地区诸侯国之一。

春秋早期以后，番国历史出现了新的变化，通过番君召组器可见：（1）器物组合由原来的鼎、簋发展为鼎、簠，这与中原地区此时通行鼎、豆、壶的组合风格不一致，而在淮河上游和江汉地区较为流行；（2）铭文字体向秀隽发展，呈现出南系文字的某些特点。现象表明，番国此时在逐渐脱离中原文化体系，地方特色和南方文化因素在不断加强，这与春秋早期以后楚国势力在淮河流域不断发展的历史是相吻合的。上鄀公簠载“番妃”作为楚女“叔㚸”之媵而外嫁，这一史实不但对判别春秋淮域番国即西周王室重臣番菊生和周天子之后“番妃”之国，从国氏、族姓方面提供了确证，同时进一步说明在番君召前后，番国逐渐被纳入了楚国势力范围。

春秋中期，楚大夫有潘氏，如楚穆王为太子时，其师潘崇因帮助穆王夺得王位，官至太师〔217〕。其后潘尫，《左传》称之为“师叔，楚之崇也”〔218〕，即楚国当时颇有声望的人物。尫子潘党，以善射闻名，城濮之战时，曾为楚共王的车右。楚潘氏，《元和姓纂》和《通志》说是“楚公族，芈姓之后”〔219〕，未必可信。我们认为，潘氏应是番国贵族仕于楚者。楚成王时期，是楚国历史上的一个大的发展时期，其在楚文王“朝陈、蔡，封畛于汝”的基础上，逐步将整个江汉和淮河上游地区纳入楚之版图，地处淮河上游的番国，

〔217〕 潘崇事见《左传》文公元年、十一年和十四年。

〔218〕 参阅《左传》宣公十二年。

〔219〕 参阅《元和姓纂》卷四，“桓”韵“潘”条；《通志·氏族略三》“潘氏”。

当亦在此时被纳入楚国势力范围，就在这时，潘氏出现在楚国的政治舞台上，决非偶然的巧合，而是形势发展的反映。

《左传》昭公十二年载："楚子狩于州来，次于颍尾，使荡侯、潘子、司马督、嚣尹午、陵尹喜帅师围徐以惧吴。""潘子"，杜预以为楚大夫，后人多从之。今按，杜注有误，就《左传》所载，除了楚王称楚子之外，并不见其大夫有称"子"之例，近有学者认为"潘子"即番国之君〔220〕，是正确的。与《经》《传》所载胡子、沈子、顿子、徐子同类。番君称"子"，并与楚大夫等列，说明进入春秋晚期以后，番国地位进一步削弱，已完全沦为楚之附庸，与春秋中期以前称"伯"、称"君"形成鲜明对照。

《左传》定公六年："四月己丑，吴太子终累败楚舟师，获潘子臣、小帷子及大夫七人。""潘子臣"，我们认为即固始所出钟铭之"鄱子成周"，其一，两者都是番国之君，时代相近；其二，"臣""成"一音，铭文作"成周"为其本名，《传》作"臣"应是同音相假。又《楚世家》载此次战事云"吴复伐楚，取番"，可见这时吴伐楚不仅俘获了其附庸番国之君，而且还夺取了番地、番都，这对番和楚国来说，无疑都是一次沉重的打击，以致楚国朝野震惊，因而迁郢于都，以避吴患。

定公六年以后，番国不再见于文献记载，或因番君被俘、番邑为吴所取，使得本来就十分衰弱的附庸番国，再也无法维持其国祀和君统，最终并入了楚国。

1978年春，湖北荆州地区博物馆清理的江陵天星观1号楚墓，规模宏大、随葬品丰富，其墓主据简文记载为"邸阳君番勳"，时

---

〔220〕同注〔213〕〔216〕。

代在战国中期，黄盛璋先生认为番勳乃番国之后，当是。番勳作为楚之封君，说明番国贵族入楚后，仍受到重用，当与番国长期附庸于楚以及春秋中期以来番氏贵族为楚国发展所作的贡献有关。另楚、番两族并为祝融之后，同源亲族关系对番氏在楚人中的地位或有一定的影响。

三、番国地望分析

上述番国铜器和历史文化分析表明，番族立国不晚于西周厉王时期，或更早到西周中期前后。早期番国所在，文献无征，从厉王前后番国首领于王室任要职，并与周天子通婚的史实来看，西周时期的番国应在北方中原地区。番族出自己姓昆吾之后，西周及其以前，己姓诸国并在黄河中游两岸活动，作为已姓支族而别封的番国，则亦应在这一地区，或与同姓的苏国（即“温”）相近〔221〕。

春秋早期的番伯酓和番哀伯者君墓相继在信阳以北的甘岸和杨河一带发现，说明此前番国已南迁淮域，传世番君酌伯鬲、番君召诸器以及潢川出土的番君伯敓盘铭并称“番君”，体现了春秋早中期淮域地区较流行的诸侯称“君”的地方文化特征，亦是番国此时位居淮域的明证。

春秋早期的番国地望，文献无载，就目前的考古资料看，春秋时期的列国贵族，尤其是高级贵族墓，一般都位于都邑附近或城内，少有例外，如西周晚期至春秋中期的虢国墓地即在虢都上阳遗

〔221〕 据文献记载，西周时期，周、苏关系甚密，苏氏一直任王室重臣，称“苏公”，《诗·小雅·何人斯》毛序曰：“何人斯，苏公刺暴公也。”即可为证。又传世苏公簋铭曰：“苏公作王妃乖簋”，时代与王作番妃鬲极近，或番、苏之女并适周王，或番女适王，苏公亦为其宗女作器，可见两国之间的合作关系以及与周室的往来。

址以北 3—4 里的上村岭一带〔222〕；与此同时的齐国贵族墓部分位于临淄故城内，部分位于故城周围数里的范围〔223〕；郑国的情况亦是如此，贵族墓葬分别位于城内的李家楼、后端湾和城外不远的烟厂和烈江坡一带〔224〕。有鉴于此，我们认为当时的番国即应在番伯禽和番哀伯者君两代番君墓出土地附近。

考察这一带的古文化遗迹，在番伯禽墓以北二十里处，即为有名的东周楚王城遗址，城址南边不远，另有几处两周遗址〔225〕，春秋早期的番国当与这些遗址有关，或即楚王城遗址的早期主人。从春秋早期的形势看，在这一带淮河以南的信阳市东南，为嬴姓的樊国；以北的确山县东北有古道国；东边不远有嬴姓的江国和姬姓息国，西隔长城山丘陵地与南阳盆地相通，番墓所在的淮河两岸，尤其是以北，为一片环境适宜，古代文化基础较好，目前在族属上又无所归属的地区，春秋早期的番国在此，正好与这一带丰富的文化遗迹、遗物相印证。

至于番国由中原南迁的时间和原因，于史无征，从西周晚期厉王前后番国与王室关系甚密，应在中土，而春秋早期前段的番伯墓即在信阳一带的情况来看，番国的南迁，或在西周晚期的宣、幽之世或两周之际，一方面出于宣王平定淮夷后稳定淮域局势的需要；另一方面也可能由于周室东迁，番国故地归为王畿，抑或为郑、虢

〔222〕 同注〔114〕。

〔223〕 参阅山东省博物馆《三十年来山东省文物考古工作》，《文物考古工作三十年（1949—1979）》（文物出版社 1979 年 4 月第 1 版）页 191。

〔224〕 参阅河南省博物馆《河南新郑郑韩故城的钻探和试掘》，《文物资料丛刊》（3）。

〔225〕 参阅欧谭生《信阳楚王城是楚顷襄王的临时国都》，《中原文物》1983 年特刊。

宗亲所有，因而南迁淮域。

结合考古材料来分析，春秋早期以后，番国的地望当又有迁动。其一，潢川彭店所出番君伯敥盘等铜器时代相近，风格一致，当为一组，既为一墓所出，其墓主人很可能即盘铭之“番君伯敥”。潢川在春秋中期以前为古黄国地，春秋早中之际的番君伯敥墓出于黄境，与较早的番伯酓和番哀伯墓相距甚远，若非特殊原因，当反映此间番国历史地理的某种变化。其二，固始侯古堆大墓属战国初年楚文化墓，其时代虽在鲁定公六年（楚昭王十二年）吴俘潘子臣并取番之后，但鄱子成周编钟成组出于此墓，其中当有一定联系。固始、潢川两县相邻，时代不同的两组番器先后出于这一带，应非巧合，当与番国迁徙有关。其三，据新出湖北荆门包山2号墓楚简记载，战国中期，楚有鄱君、鄝君诸封君，两者封地相邻，鄱在鄝之西南〔226〕，此“鄝”，当即淮河以南的蓼国故地，在今河南固始县一带，位于蓼之西南的鄱邑，当不出今河南固始县西部的潢川、光山、商城等县之间，与上述番君伯敥盘、鄱子成周编钟诸器的出土正好相证。此番，应即春秋早期以后的番国故地，包山楚简的出土，为解决长期以来难以辨明的番国历史地理问题提供了确切证据。

古番国在此，文献中亦有印证，上引《楚世家》记载：“（昭王）十二年，吴复伐楚，取番。楚恐，去郢，北徙都鄀。”《十二诸侯年表》《吴世家》《伍子胥列传》所载相同）。“番”，《正义》引《括地志》云“饶州鄱阳县”，《伍子胥列传》司马贞《索隐》亦曰：“盖鄱阳也。”唐鄱阳县即今江西波阳县，位于长江以南二三百里的

---

〔226〕 参阅湖北省荆沙铁路考古队《包山楚墓》（文物出版社1991年10月第1版）上册页360，第153、154号简文。

鄱阳湖东岸。今按，唐人此说有误。关于此次吴兵伐楚，《左传》定公六年的记载是："四月己丑，吴太子终累败楚舟师，获潘子臣、小帷子及大夫七人。……子期又以陵师败于繁扬，……于是乎迁郢于鄀，而改纪其政，以定楚国。"春秋中晚期，吴楚用兵均沿淮上下，早为学者所论定〔227〕，此年吴复伐楚，舟师、陆师并进，自亦沿淮而上，所取之"番"必在淮域，不可能远自长江以南的鄱阳湖东岸。《传》言败楚舟师后，获潘子臣等，"潘子臣"为番国之君，即固始所出钟铭之"鄱子成周"，当帅番师协助楚舟师御吴而被俘。接着，子期又以陵师（即陆师）败于繁扬，以《左传》《史记》对读，所载吴败楚师于繁扬与取番实为同一军事行动的两个环节，即吴兵于繁扬打败子期陆师之后又进而攻取了番邑。繁扬，杜预说"楚地，在汝南鲖阳县南"〔228〕，即今安徽临泉县西南、河南新蔡县以北地带，而与繁扬相近之番，亦必在离繁扬不远的淮河两岸，其地望与上述潢川、固始一带番国铜器的出土以及包山楚简所载相合。

清人梁玉绳虽看出了唐人以饶州鄱阳释"番"之谬，然又不明"番"之地望与繁扬之战的联系，而疑《史记》诸篇"取番"为误〔229〕，实乃"疑所不当疑"。

另据江陵天星观1号楚墓竹简记载，墓主"邸阳君番勳"死后，赠物助丧者有"番里之人"，"番里之人"当即番国故地族人，

---

〔227〕 参阅蒙文通《论古水道与交通》(上)，《禹贡》半月刊第一卷，第七期；童书业《春秋左传研究》110：春秋楚郢都，113：春秋末吴都等节。

〔228〕 参阅《左传》襄公四年杜预注。

〔229〕 参阅梁玉绳《史记志疑》之《十二诸侯年表》《吴世家》《楚世家》《伍子胥列传》诸篇。

其为番勳助丧，说明番勳是番国后人于楚为显贵者，可见番人楚化之踪迹。

综上所述，春秋中、晚期的番国与春秋早期不在一地，而在其东南二百里左右的淮河以南、今河南固始县西境与潢川、光山、商城等县之间，其东迁的原因和时间，当与春秋早中之际楚人势力进入淮域，在淮河上游地区建立据点，开疆拓土的史实相关，原在今信阳附近的樊、番两国，正位于楚出方城、东进淮域的要道上，首当其冲要受到楚人的压力和侵逼、降为附庸，时间应在春秋早中之际的楚文王后期或楚成王前期。文献中有关两国的记载极少，当与他们较早地退出历史舞台有关，地下实物资料的出土，才使我们对两国的历史、地理和文化状况有所认识。

四、余　论

关于番国的历史、族氏和地望，近年来学术界有些看法需要讨论。

（1）在研究信阳等地出土以及传世的番伯、番君铜器时，有学者认为“古代没有什么潘国”，并根据“潘、瀋同音”之说论定“青铜器中常见的‘番尹’或‘番君’，就是文献中楚国的沈尹氏”〔230〕。另有学者在此说的基础上加以发挥，进而认为“番君”（沈尹氏）家族为“楚化的扬越人”〔231〕。今按，此说颇值得商榷。

其一，番氏铜器甚多，时代可早至西周；番氏为王室重臣、天子姻亲；番女外嫁，铭称“番妃”，按“妇人称国及姓”的一般规律，“番”必为国名，而“妃”定是族姓，说明西周至春秋时期有

〔230〕 同注〔96〕。

〔231〕 参阅刘玉堂《沈氏族属初探》，《江汉论坛》1987年第4期。

一昆吾之后的己姓番国存在，与春秋中叶偏后始见的楚之沈尹氏无关，因而也不可能是什么“楚化的扬越人”。

其二，据铜器铭文和文献记载，西周以来，诸侯中有沈国、番国，两者国名不同、族姓不一；春秋中期，两国相继降为楚之附庸，而随之在楚国贵族中则先后出现了潘氏、沈氏，两者亦不相混。楚潘氏、沈氏的出现，当与番国、沈国有一定的联系，若以同音关系释铜器之番氏为楚之沈氏，这不但与铜器铭文和文献所载的史实、时代不合，且势必引起一系列无法解释的矛盾和混乱。

我们认为，番氏铜器即番国之器，与楚之沈氏无关，这是器物时代和铭文内容所决定的。

（2）随着番器的大量出土，不断引起学术界的广泛关注。前些年，凡是讨论番氏铜器的文章（不管是主张番为番国说，还是主张番即楚之沈氏说者），大都引用《隶释》所录汉孙叔敖碑文楚封孙叔敖于潘国、潘乡，“潘即固始”以及有关孙叔敖封于寝丘，寝丘即汉晋固始县的一系列记载，不加分辨地将潘国、潘乡和寝丘联在一起，一并定在今河南省固始县〔232〕，这是不对的。

孙叔敖封于寝丘，寝丘即西汉寝丘县、东汉至晋代固始县，这是古文献中的一致记载〔233〕，然而必须说明的是：古寝丘、西汉寝县、东汉至晋之固始县并不是今河南固始县。而在淮河以北、今固始县西北二三百里的安徽省临泉县一带，《水经注》等对此有明确

〔232〕 参阅注〔206〕〔213〕〔214〕〔216〕和〔231〕所引诸文。

〔233〕 参阅《淮南子·人间训》及高诱注；《汉书·地理志》汝南郡“寝”县颜师古注引应劭曰；《史记·滑稽列传》《集解》引徐广曰；《水经·颍水注》。

的记载，清代学者已有详考[234]。今河南固始县，乃古蓼国、汉晋蓼县所在，刘宋后期，因战乱破坏，固始县由淮北侨迁于淮南蓼县（即今固始县）境内，后齐时改蓼县为固始，历隋唐至今不改（说详本章第七节）。自唐代早期以来，即有部分学者不明其间沿革变化和县址迁动，每以隋唐以来之固始县误释南北朝以前的古寝丘、寝县和固始县所在[235]，因而引起一系列历史地理方面的混乱和误解，今人亦多不察，以讹传讹，治丝愈棼，这是需要辨明的。

孙叔敖封于寝丘，文献载之甚明，而传世孙叔敖碑铭又说孙叔敖封于潘国、潘乡，潘即固始，两者互证，潘与寝丘似为一地。古寝丘、汉晋固始县在今淮北的安徽临泉县，则潘国、潘乡亦应在此，若然，与上述古番国在今固始县西南地带的结论不符，当作何解释?

我们认为，《隶释》所录楚相孙叔敖碑并不是东汉后期所作，而是出自固始县侨迁淮南今地以后之人的手笔。据碑文记载，碑为固始令段光于延熹三年（公元160年）为孙叔敖修建庙屋时所立，意在纪念先贤，以补孙叔敖早年被封于固始之后“三九无嗣、国绝祀废”之憾，然碑文前辞曰“叔敖本是县人也，六国时期思属楚”，似又为孙叔敖出生地期思县所立，《隶释》亦言碑“今在光州”，汉固始令段光为孙叔敖修庙立碑，本应在汉晋固始，一颂固始之贤杰，二显段光之政绩，为何碑立于期思，以期思人的辞语出现，显与情理不合，此疑一。又碑之正文称段光为“固始令”，其“临县

〔234〕 参阅《水经·颍水注》;《大清一统志》卷一九一，陈州府古迹“寝丘故城”条。

〔235〕 参阅《后汉书·郭丹传》李贤注;《史记·滑稽列传》张守节《正义》;《通鉴》卷二三九胡注;《方舆纪要》卷五十，河南五，光州“固始县”。

一载”，于“延熹三年五月二十八日”“刻石铭碑”；而碑阴刻铭又说其是“期思长”，“视事一纪”于延熹三年五月辛卯（即二十八日）“立碑”，互相混淆，此疑二。又《寰宇记》在误以西汉寝县、东汉至晋固始县即宋之固始县的同时，引《图经》云“（孙相）祠庙堕坏，托梦于固始县令段光复立祠庭”[236]，所言建祠立碑之前提和背景与碑文基本一致。由此可见，碑文和《图经》所反映的固始县决非位于淮北二三百里的汉晋固始，而是侨迁于淮南、并期思入固始县之后的今固始县。楚相孙叔敖碑不可能是汉人作品，而是后人伪托，其时代应在南北朝后期至隋唐五代期间。这样，碑文中所反映的矛盾和混淆便容易解释了，所言之潘国、潘乡，实即淮南之今河南省固始县，与淮北的汉晋固始县无关。

这一晚出的孙叔敖碑文虽是伪托，却也反映出直到北宋以前，在今固始县境内仍有古番国、番乡的传说，对我们确立古番国的地望，亦是一个有益的启示。

---

〔236〕 参阅《寰宇记》卷一二七，光州固始县“楚相祠”条。

第四章

淮北汝颍地区诸国历史地理与文化

第一节　房　国

一、房国历史及族姓

《国语·周语上》载周内史过曰："昔昭王娶于房，曰房后，实有爽德，协于丹朱，丹朱凭身以仪之，生穆王焉。"韦昭注："房，国名。"周昭王娶房女为正妃，这说明西周早期房国与周王室的密切关系。从周室婚姻多娶自历史、文化悠久的大部族的史实推断[1]，房国亦应是上古时期颇有影响的部族之一，与周族当有着长

〔1〕 据《左传》僖公三十三年，周祖后稷之妃为姞姓女，为黄帝之后；又《国语·周语中》及韦昭注，周太王之妃为太姜，王季之妃为大任，文王之妃为太姒；《左传》昭公元年及杜注，武王妃为"邑姜"；其后厉王、幽王并娶于姜姓申国，皆是上古社会以来具有悠久历史与影响的大部族，昭王所娶之房，亦当同此。

期交往，同时也说明当时的房国亦有一定的地位和实力。

有关房国的历史，文献记载不多。据《左传》昭公十三年："楚之灭蔡也，灵王迁许、胡、沈、道、房、申于荆焉。平王即位，既封陈、蔡，而皆复之，礼也。"杜预注："许、胡、沈，小国也。道、房、申皆故诸侯，楚灭以为邑。"今按，杜预以许、胡、沈为小国，是对的，然以道、房、申三者为"故诸侯，楚灭以为邑"，则不可信。《传》文六国一并言之，并无区别，既然前三者是小国，后三者当亦同。如申原为南阳盆地内姜姓诸侯，鲁庄公时为楚所并，故地入楚为县，然结合实物资料分析，申国并未灭亡，而是被东迁淮域，作为楚之附庸一直存至战国早期（说详本编第二章第三节），申国如此，则道、房自亦相类，故楚灵王得以迁之。楚平王"皆复之"，说明房和其他小国被迁于楚内地荆山附近两年之后，重又回到淮域故地。

房是汝南小国，位于陈、蔡西南，为楚东出方城，通往陈、蔡的途经之地，从楚文王时期"实县申、息，朝陈、蔡，封畛于汝"的史实分析，其间房国当已降为楚之附庸，被纳入楚的势力范围。鲁僖公二年（公元前658年），黄、江率淮域诸国背楚而附齐，房国的情况则不清楚，从其南边的道、北边的柏等均与江、黄结盟来看，房国亦当如是。但这种局面维持不长，江、黄、道、柏或灭或服，终于归入楚国势力范围。春秋晚期的楚灵王前后，房国仍然存在，则其作为附庸存于楚境，前后经历了一个半世纪左右。

房国最终灭于何时，文献无征，已不可确考，分析当时形势，吴师入郢后的春秋末年，原存于楚境的一系列附庸小国由于皆曾背楚附吴，并就近占据部分土地而先后为楚所灭，进入战国以后，除了曾、申等国之外，大多数小国不复存在了。据此似可认为，房国的最终灭亡，应在春秋末年或稍早，即由荆迁回淮域以后不久。

房国的族姓，早期文献无载，宋代一些著作都说是祁姓，为尧子丹朱之后，所据主要是上引《国语》的有关记载，《新唐书》卷七一下，《宰相世系表》曰："房氏，出自祁姓，舜封尧子丹朱于房，朱生陵，以国为氏。"南宋成书的《通志》《路史》等均主此说〔2〕。又今本《竹书纪年》曰"(周成王)命世子钊如房逆女，房伯祁归于宗周"〔3〕，亦以房为祁姓，然言娶房后者为周康王，则又与《国语》异。

今人唐兰先生不同意宋人的"房为祁姓"说，而根据西周铜器铭文有关"王姜"的记载，认为"王姜"是昭王后，即《国语》所载之"房后"，"则房国当亦是姜姓"〔4〕。有关"王姜"的铜器虽为西周早期，但究属何王时器，意见颇不一致〔5〕，"王姜"是否即昭王之房后，亦尚难论定。

二、房国的地望

据宋代所出"安州六器"之一的中甗铭载："王令中先省南国，贯行，埶(设)王位在曾，……中省自方、邓……"〔6〕安州六器的时代，唐兰先生认为是周昭王南征时所作〔7〕。"中"为王室大臣，先

---

〔2〕参阅《通志·氏族略二》"房氏"条；《路史·国名纪四》陶唐氏后"房"条；《广韵》下平声十"阳"韵"房"条。

〔3〕参阅王国维《今本竹书纪年疏证》，附方诗铭等《古本竹书纪年辑证》一书后。

〔4〕参阅唐兰《西周青铜器铭文分代史征》卷四上，昭王总论。

〔5〕参阅《大系》考14：睘卣；陈梦家《西周铜器断代》(二)"令簋"，《考古学报》第十册页78，1955年；刘启益《微氏家族铜器与西周铜器断代》，《考古》1978年第5期。

〔6〕参阅《薛氏》16.2。

〔7〕同注〔4〕。

往南国为周王安置行帐，省自方、邓，则方、邓是南国诸侯无疑。“邓”，唐兰先生认为即古邓国，可信，然以“方”为方城，恐不确切，我们认为，“方”当是上述《国语》所载昭王娶于房之“房”。房“从户方声”[8]，“方”当是古房国之本字。中往南国先至方后至邓，则方在邓以北，位于成周通往南国的要道上，应即春秋之“方城”一带，就地理位置而言，唐先生所说不误。《左传》僖公四年楚屈完答齐桓公曰“楚国方城以为城”，杜预注“方城山在南阳叶县南”，即今河南叶县与方城县之间[9]，春秋之“方城”，或与房国早期居此有关。古方城，为我国古代南北交通隘道，房国在此，一方面与昭王南征的路线相符，同时亦可见周王室为经营南土所作的部署。

春秋房国所在，《左传》昭公十三年杜预注：“汝南有吴防县，即防国。”按防、房古通，防国即房国，杜预《春秋释例》作“房”即可为证。《汉书·地理志》汝南郡“吴房”县颜师古注引孟康曰：“本房子国，楚灵王迁房于楚。”[10]《续汉书·郡国志》汝南郡“吴房”县下刘昭补注；以及《晋书·地理志》汝南郡“吴房”县下原注均作此说。汉晋吴房县，北魏时改为遂宁县，隋大业初仍为吴房县[11]，唐元和十二年（公元 817 年）因平淮西节度使吴元济之叛而

---

〔8〕参阅《说文》卷十二上，“户”部“房”条。

〔9〕参阅《方舆纪要》卷五一，河南六，裕州“方城山”条；《大清一统志》卷二一〇，南阳府山川“方城山”条。

〔10〕《史记·伍子胥列传》《集解》和《吴世家》《正义》所引《括地志》并作“应劭曰”，应劭是东汉后期人，孟康为三国曹魏人，不知是应劭、孟康皆有此说，还是应劭所言，孟康引之。

〔11〕参阅《隋书·地理志》汝南郡“吴房”县原注；《元和郡县志》卷九，蔡州“吴房县”。

改曰遂平[12]，历宋、元、明、清至今未变。唐宋以来，绝大多数志书都说当时的吴房（或遂平）县为古房国[13]，由此可见，春秋之房国当不出今河南遂平县城一带。

上文已述，西周早期房国应在今叶县、方城之间的方城山附近，但何时东南迁至今遂平县一带，已不可确考，或与西周晚期申、吕的南迁有关。

三、堂谿地望决疑

古堂谿地望及其与吴房县的关系，文献中有一系列含混而又矛盾的记载，长期以来悬而未决，需要认真辨明。

《左传》定公五年："九月，夫概王归，自立也，以与王战而败，奔楚，为堂谿氏。"堂谿何在？杜预无注。上引《汉志》颜注引孟康曰："今吴房城堂谿亭是。"《续汉书·郡国志》汝南郡"吴房"县司马彪原注："有棠谿亭"，刘昭注："又楚封吴王夫概于棠谿。《地道记》：'有吴城。'"按古堂、棠音同互通，《地道记》即王隐《晋书地道记》。汉晋吴房县即古房国所在（见上考），县内另有"堂谿亭"（《地道记》称为"吴城"），故《通鉴》胡注认为："盖合吴城、房国以名县也。"[14]而东汉王符《潜夫论》则曰："堂谿，谿谷名也，在汝南西平。"[15]与上述孟康、司马彪、王隐、刘昭诸说又有出入。

---

〔12〕参阅《寰宇记》卷十一，蔡州"遂平县"。

〔13〕参阅《通典·州郡七》古荆河州，汝南郡"吴房"县；《通志·氏族略二》"房氏"；《方舆纪要》卷五十，河南五，汝宁府遂平县"吴房城"条；《大清一统志》卷二一六，汝宁府古迹"吴房故城"条。

〔14〕参阅《通鉴》卷四八，汉纪四十"阴纲为吴房侯"句下胡注。

〔15〕参阅《潜夫论·志氏姓》。

据《水经注》卷三一《灈水》篇云：

［经］灈水出汝南吴房县西北奥山，东过其县北，入于汝。

［注］县西北有堂谿城，故房子国。《春秋》定公五年，吴王阖闾弟夫概奔楚，封之于堂谿，故曰吴房……

记载表明，汉晋吴房县位于古灈水南岸，而夫概王所封之堂谿城在吴房县西北。汉晋吴房县即今河南遂平县，对照今地图，可知古灈水当即源于遂平西北、再流迳县北之奎王河，则位于故吴房县西北的堂谿城，亦当在今遂平县西北。只是郦道元说堂谿城是"故房子国"，则误，房国当在汉晋吴房县治。

汉晋西平县，在今西平县以西、洪河以南的芦庙乡一带（说详下节），位于吴房县西北的堂谿城正好处于汉晋吴房、西平两县之间，与西平县更为邻近，可能东汉后期《潜夫论》成书时，堂谿城或一度划归西平县所辖。

从唐初开始，文献记载关于古堂谿城的地望又发生了变化，唐初成书的《括地志》说："堂谿故城在豫州郾城县西八十有五里也。"[16] 张守节《史记正义》亦曰："（堂谿）故城在豫州偃城县西八十里"[17]，其后《通典》亦以"郾城……有堂谿"为说[18]。然唐代另一地理名著《元和志》则云堂谿村在西平县"西界"[19]，《寰

〔16〕参阅《史记·楚世家》《正义》引《括地志》云。

〔17〕参阅《史记·苏秦列传》张守节《正义》。

〔18〕参阅《通典·州郡七》汝南郡"郾城"县原注。

〔19〕参阅《元和志》卷九，蔡州"西平县"。

宇记》亦承此说[20]，清初的《方舆纪要》则并存两说，其于汝宁府遂平县“堂谿城”条曰：“在县西北百里，……楚（武）[昭]王封阖闾弟夫概为堂谿氏，因城之。”又于西平县下列“堂谿村”条曰：“在县西北，接郾城县界。”显然，遂平县西北百里之“堂谿城”是从《元和志》等西平“西界”之说，而西平县西北之“堂谿村”则又是迎合《括地志》等的郾城西之说。《大清一统志》又直接定“堂谿城”于清西平县“西北百里”，说其为“古房国地”；《春秋地名考略》并引诸说，无从定论，最后曰：“遂平、西平、郾三县地本相接也。”含混而过。

今按，上述《括地志》《元和志》两说均有误。

其一，唐前期郾城县在今河南郾城县南、沙河南岸[21]，若堂谿城在唐郾城县西八十五里（或八十里），则处于汉晋郾、叶和舞阳三县之间，不但与汉魏六朝大多数文献关于堂谿亭（或堂谿城、吴城）在吴房县内的记载相矛盾，亦与王符堂谿在东汉西平县境的说法不合。

其二，汉晋西平县，在今西平县以西（略偏南）、遂平县（汉晋吴房县）西北，两县之间的距离只在八十里左右。位于吴房县西北的古堂谿城，只能在古西平县南（即今河南遂平县西北境）、与西平县西南界相近处，不可能越过汉晋西平县而远至今西平县“西界”，更不能远至郾城以西。

其三，李贤的《后汉书注》、司马贞的《史记索隐》，以及元胡三省的《通鉴注》都引《汉书·地理志》和《续汉书·郡国志》为

---

〔20〕参阅《寰宇记》卷十一，蔡州西平县“堂谿”条。

〔21〕参阅《旧唐书·地理志》蔡州“郾城”县条；《方舆纪要》卷四七，河南二，许州郾城县“溵州城”条。

证，同意“吴房县有堂谿亭”之说[22]，罗泌的《路史》亦载：“今蔡之遂平有堂谿亭。”[23]说明唐宋以来仍有部分学者对古堂谿亭（城）的地望是清楚的，并不同意《括地志》《元和志》等说法。

由上所述，吴夫概王所封之古堂谿城、汉晋堂谿亭，当位于今河南遂平县西北境地，去西平县西南界不远，早期或属古房国所有，后入楚为邑，《括地志》《史记正义》说在郾城县西，《元和志》《寰宇记》将其定在西平县“西界”，均与史实不合，不足凭信。

第二节　道国、柏国

一、道、柏的历史与族姓概述

周代的道、柏，并为淮汝间小国，《左传》僖公五年载：“楚斗谷於菟灭弦，弦子奔黄。于是江、黄、道、柏方睦于齐，皆弦姻也……”鲁僖公五年为公元前655年，结合僖公二、三、四年《经》《传》和杜预注分析，以江、黄为首的淮河上游诸国此前并为“楚与国”，由于齐桓公在中原霸业的兴起，僖公二年江、黄投附于齐，参与中原诸侯会盟，“谋伐楚”，道、柏两国当亦在此时背楚而“睦于齐”。同时，淮域诸国内部互相结为姻亲，形成了一个以江、黄为主体的区域小联盟，其目的，显然是为了共同对付楚国势力的扩展。然淮域诸国毕竟远齐而近楚，实力亦远不是楚国的对手。鲁僖公四年，齐桓公率中原八国之师伐楚，亦只“盟于召陵”而还，楚之实力并无损伤。次年，楚即灭弦；僖公十一年楚灭黄，文公四

〔22〕参阅《后汉书·宗室列传》李贤注；《史记·苏秦列传》司马贞《索隐》；《通鉴》卷四八，汉纪四十胡三省注。

〔23〕参阅《路史·国名纪三》“堂谿”条。

年灭江。道、柏两国的情况文献记载不明，综观当时形势，僖公十七年齐桓公死后，齐内乱，霸业衰，中原诸侯联盟由此涣散，楚人乘机北侵，声势直达汝颍以北。此时，位于淮、汝间的道、柏或灭或服，应已被纳入楚之势力范围。

前引《左传》昭公十三年记载，鲁昭公十一年（公元前531年），楚灵王灭蔡后即将淮域的许、胡、沈、道、房、申六国迁于楚之内地，两年后楚平王夺得王位，为稳定局势，封陈、蔡并皆复诸国，被迁之六小国又回到淮域故地。由此可见，直至春秋晚期，道国尚存。其后何时终灭于楚，已不可确考，从当时形势来看，或于春秋末年与房国等先后为楚所灭（说参本章第一节）。

柏国在僖公五年以后，即不再见于记载，或是在楚灭黄之后不久，亦被并入楚境。

柏国的族姓，《潜夫论·志氏姓》篇嬴姓之属有“白”氏，清人秦嘉谟《世本辑补》认为“本作白，据左氏传校作柏”，将柏列入嬴姓国〔24〕。道国的族姓，古文献中失载，已故学者徐旭生先生根据《左传》所载道、柏与江、黄等国盟约的关系，推测“道、柏也似乎属于东夷集团”〔25〕，则非嬴姓即偃姓，与秦嘉谟之说接近，但有待于更多材料证实。

二、道国地望

《汉书·地理志》汝南郡“阳安”县颜师古注引应劭曰“道国，今道亭是”，《续汉书·郡国志》汝南郡“阳安”县司马彪原注：“有道亭，故国。”与应劭所言一致；又杜预《春秋释例》卷七，土地名“道”条曰：“汝南阳安县南有道亭”，讲得更为具体。

---

〔24〕参阅《世本八种》，卷七，氏姓中嬴姓“柏”条。

〔25〕参阅《中国古史的传说时代》第四章，三：对于徐偃王史迹的探讨。

唐代前期的李贤《后汉书注》云“(阳安)故城在今豫州朗山县，故道国城是也”；又说“(阳安)故城在豫州朗山县东北”[26]。其以汉晋阳安县为古道国所在，与汉晋古注道国在阳安县南之说不一致。据《元和郡县志》(卷九)蔡州朗山县“道城”条曰“古道国，在县东北二十里”；《大清一统志》亦曰“道城在确山县东北，……《元和志》道城在确山县(华按：应作“朗山县”)东北二十里，今为故城镇”[27]。在今河南确山县北(略偏东)约二十里处，仍有一地名“古城”，当即《一统志》所载“故城镇”、《元和志》之“道城”，古道国之所在。

关于道国的地望，还有一些混乱记载需要澄清：

(1)《左传》僖公五年杜预注：“道国在汝南安阳县南”，与前引《春秋释例》及其汉魏六朝记载不一致，对此，清人高士奇指出：“安阳当作阳安，盖传写之误也。”[28]清初的《方舆纪要》在说古道国在确山县北二十里的同时，又说在息县西南[29]，自相矛盾，其误盖由上引杜注所引起。汉晋安阳县为古江国所在(说详本编第三章第五节)，而阳安县南为古道国，两者不应混淆。

(2)宋初的《太平寰宇记》(卷十一)蔡州朗山县“故道城”条曰：“今在县西南，即古道国也。”南宋时成书的《通志》《路史》又都说“故道城”在“蔡州确山县西南”[30]。南宋确山县即唐至宋

---

〔26〕参阅《后汉书·皇后纪上》“徙封况大国，为阳安侯”和《皇后纪下》“尚桓帝女阳安公主”句下李贤注。

〔27〕参阅《大清一统志》卷二一六，汝宁府古迹“道城”条。

〔28〕参阅《春秋地名考略》卷十三，“道”条。

〔29〕参阅《方舆纪要》卷五十，河南五，汝宁府确山县“朗陵城”附“道城”条；又同书卷一，历代州域形势一“道”条。

〔30〕参阅《通志·氏族略二》“道氏”；《路史·国名纪六》古国“道”条。

初朗山县，北宋大中祥符五年（公元1012年）改为确山县，郑樵、罗泌之说实从《寰宇记》而来。

今按:《寰宇记》误，唐至宋初朗山县西南原为汉晋朗陵县地，故城在朗山县（今河南确山县）西南二三十里处[31]，因此，位于汉晋阳安县南之“道亭”、古道国就不可能在朗山县西南，而只能在其东北。

三、柏国地望

《汉书·地理志》汝南郡“西平”县颜师古注引东汉应劭曰“故柏子国也，今柏亭是”;《续汉书·郡国志》汝南郡“西平”县司马彪原注:“有柏亭，故柏国”;《左传》僖公五年杜预注:“柏，国名，汝南西平县有柏亭”(《春秋释例》卷七，土地名“柏”条所载相同)，可见古柏国在汉晋西平县境，是汉晋学者的一致看法。

关于汉晋西平县的位置,《水经·氵㶏水注》云:

> [经]:又东过西平县北。
>
> [注]:县故柏国也。《春秋左传》所谓江、黄、道、柏方睦于齐也。汉曰西平……
>
> [经]:又东过郾县南。又东过定颍县北，东入于汝。
>
> [注]:汉安帝永初二年，分汝南郡之上蔡县，置定颍县。

据上引，汉晋西平县位于氵㶏水以南、郾县西南、定颍县以西，古氵㶏水即流迳今西平县北之洪河，汉晋郾县在今郾城县南、沙河南岸，东汉

---

〔31〕 参阅《后汉书·臧宫传》李贤注;《元和志》卷九，蔡州朗山县“朗陵故城”条;《方舆纪要》卷五十，河南五，汝宁府确山县“朗陵城”条。

至南北朝的定颍县在今上蔡县西北、西平县东不远[32]，则位于洪河以南、定颍以西、郾城西南之汉晋西平县，当不出今西平县西境或西南境。唐宋以后的记载亦足以与此相证，《后汉书·和殇帝纪》“西平并汝南郡”句下李贤注：“西平县，故柏子国也，在今豫州吴房县西北。”又《太平寰宇记》载：“故西平城在（西平）县西七十里。”[33]唐吴房县即今河南遂平县，北宋西平县在今西平县，则位于今西平县以西、遂平县西北之“故西平城”应在今河南西平县西境偏南的芦庙乡一带，而在汉晋西平县柏亭之故柏子国，亦当在附近。清代大多数志书亦皆云“柏亭”在西平县西或西南[34]，是正确的。

综上所考，周代柏国位于房国西北，在楚方城隘道东边不远，《左传》僖公五年以后即不再见于记载，而位于其南的房、道两国于春秋晚期尚存，很可能楚在灭黄之后不久，即灭了与黄同盟的柏国，当因柏国位置偏北，又接近楚方城的外围，为楚人北进经略中原所必经，所以就不得不成为淮域较早遭到覆灭命运的小国。

第三节　沈　国

一、沈之族姓及历史

淮域沈国，《世本》说是“姬姓”[35]，《续汉书·郡国志》汝南郡“平舆”县司马彪原注：“有沈亭，故国，姬姓。”其后《元和姓

〔32〕参阅《大清一统志》卷二一六，汝宁府古迹“定颍故城”条。

〔33〕参阅《寰宇记》卷十一，蔡州西平县“故西平城”条。

〔34〕参阅《方舆纪要》卷五十，河南五，汝宁府西平县“柏亭”条；《春秋大事表》卷四《春秋列国疆域·楚》“柏”条。

〔35〕参阅《史记·陈杞世家》索隐引《系本》，按《系本》即《世本》，为避唐太宗名讳改“世”为“系”。

纂》《新唐书》《广韵》等并以此沈为姬姓〔36〕，这是文献记载中较一致的看法。

传世铜器沈子也簋铭载："也曰：拜稽首敢叚告朕吾考，令乃鴅沈子作祼周公宗……"唐兰先生以此簋为淮域沈国之器，认为："这个簋的沈子，既然作祼于周公宗，显系周公之后，很可能就是蒋侯的孙子，就是周公的曾孙了……"〔37〕张日昇先生亦以铭文之沈即淮域沈国，"乃周公之后"〔38〕，王世民先生也有此说〔39〕。据此，沈国确为姬姓，是周室宗亲所建，文献记载与铭文材料正好相合。

沈子簋的时代，唐兰先生定为昭王，陈梦家先生认为属康王〔40〕，则沈于西周早期即已受封立国，可见"周公之胤"除了鲁、凡、蒋、邢、茅、胙、祭七国之外，嗣裔还有别封者，但为文献记载所遗漏。至于唐先生以沈为蒋侯别支的说法，则尚需进一步的材料证明。

据文献记载，周代除了淮域姬姓沈国之外，另有一金天氏后裔的沈国，《左传》昭公元年载："……帝用嘉之，封诸汾川，沈、姒、蓐、黄，实守其祀，今晋主汾川而灭之矣。"汾川，即今山西西南部的汾河流域；金天氏，杜预注即"帝少皞"，少皞之族为嬴

---

〔36〕 参阅《元和姓纂》卷七，四十七"寝"韵"沈"条；《新唐书·宰相世系表四上》"沈氏"；《广韵》上声四十七，"寝"韵"沈"条。

〔37〕 参阅唐兰《论周昭王时代的青铜器铭刻》(《古文字研究》第2辑）上篇25：沈子也簋。

〔38〕 参阅《金文诂林》卷十一"沈"条。

〔39〕 参阅王世民《西周春秋金文中的诸侯爵称》,《历史研究》1983年第3期。

〔40〕 参阅《西周铜器断代》(五）59,《考古学报》1956年第3期。按：陈先生不同意"沈"为"子"的形容词，不是国邑封地之名，今不取。

姓〔41〕，则汾川之沈应是嬴姓，三代及其以前就一直在今山西境内活动，较淮域之沈更为古老。从春秋时期已不见此沈国活动的记载来推测，其为晋所灭的时间，当在春秋以前。南朝齐梁时人沈约不辨两沈国的源流、地望之别，将二者混为一谈，说淮域之沈是少皞金天氏之裔子〔42〕，不足为信。清初成书的《春秋传说汇纂》即以淮域之沈为嬴姓〔43〕，实踵沈约之误。对此，另一清代学者顾栋高已指出："按此沈国在汝南，与沈、姒、蓐、黄之沈在汾川者有别，彼为少皞后。"〔44〕辨之甚明。

南宋时成书的《通志》，又将淮域之沈列入"周异姓国"的"姒姓"〔45〕。今按：此说实因误读上引昭公元年《左传》之文而致，其一，"沈、姒、蓐、黄"乃四国之名，杜预有明确的注解，不能读为"沈姒、蓐黄"；其二，昭公元年之"沈"，《传》文明言为金天氏之后在汾川者，为晋所灭，不但与淮域沈国族系、地域不同，且亦非姒姓之国，郑樵此说纯属附会，不能成立。

姬姓沈国的早期情况，文献失载，从沈子也簋的发现来看，应是周公之后，西周早期的康、昭之时已经立国，铭文数称"沈子"，与《左传》记载一致，后世文献多以沈为"子"爵，当有一定的依据。由此可见，周室支庶，亦有别封为"子"者，沈子当即一例。

《左传》文公三年载："春，庄叔会诸侯之师伐沈，以其服于楚

〔41〕参阅《说文》卷十二下"女"部"嬴"条。

〔42〕参阅《宋书・自序》。

〔43〕参阅《春秋传说汇纂》卷首下，列国爵姓"沈"。

〔44〕参阅《春秋大事表》卷十一《春秋列国姓氏表》"沈"条。

〔45〕参阅《通志・氏族略二》。

也，沈溃。”鲁文公三年即楚穆王二年，公元前 624 年。这段记载表明，在此前（即僖公二十八年，公元前 632 年）楚于城濮之战大败于晋之后，淮域属国纷纷背楚附晋，而沈却附楚不贰，因而受到北方晋、宋等国的侵伐。

《左传》成公六年（公元前 585 年），楚伐郑，晋栾书救郑，楚师还。八年，又补记晋乘楚师自郑撤走，遂侵沈，俘获了沈子揖初。

公元前 547 年，由于宋国大夫向戌“弭兵”的倡议实现，晋楚及从属之双方诸侯在宋会盟，约定今后两方属国互相向对方霸主朝见，此后晋楚间出现了和局，于是第二年沈子与陈侯、蔡侯、胡子等朝见晋国，沈国所受中原诸国的压力也暂得缓解〔46〕，但这时吴人已崛起于东方，楚吴关系日趋紧张。

不久，楚灵王篡位（公元前 541 年），四年之后即大举攻吴，沈子参加了楚灵王于“申”召集的诸侯之会，秋天，又参加楚师进攻吴之朱方；次年，再从楚灵王伐吴，无功而还〔47〕。

公元前 531 年，楚灵王灭蔡之后，曾迁沈等六小国于楚之荆山内地，两年后，楚平王夺得王位，这六国又都被放回到淮域故地。当然，可以想见这些小国此后对楚的依附性必然更为加强了。公元前 519 年（楚平王十年），楚人统率陈、蔡、许、胡、沈、顿七国之师抵御吴人对州来的进攻，结果胡、沈及陈师先被吴师击破，楚人大败于鸡父，沈国的国君也成了俘虏〔48〕。

此后，吴人对楚的压力更大，楚势益弱，沈国元气也大伤，蔡

〔46〕参阅《左传》襄公二十七年、二十八年。

〔47〕参阅《左传》昭公四年、五年。

〔48〕参阅《左传》昭公二十三年。

也叛楚附晋。公元前506年三月，晋国会诸侯于召陵，准备攻楚，一向附楚的陈、蔡、郑、许、胡等国都参加了，沈国却未到会，于是会后蔡国就近进军灭沈国，杀了沈子嘉〔49〕。

以上史实说明，自春秋中期以来，沈国一直附楚不贰，然因其地处于两大势力之间，常常受到晋国势力的侵伐，其君多不得善终，最后终于被晋、蔡所亡。

二、沈国地望析疑

《汉书·地理志》汝南郡“平舆”县下颜师古注引应劭曰：“故沈子国，今沈亭是也。”《续汉书·郡国志》《晋书·地理志》所记皆同。《左传》文公三年杜预注进一步指出：“汝南平舆县北有沈亭。”关于汉晋平舆县的位置，《水经·汝水注》有更明确的记载：

> [经]：（汝水）又东南，过汝南上蔡县西。又东南，过平舆县南。
>
> [注]：汝水又东南，迳平舆县南，安城故城北，……汝水又东南，迳新蔡县故城南，……汝水又东南。左会滍水，水……东南流注，至上蔡西冈北，为黄陵陂。陂水东流，于上蔡冈东为蔡塘。又东迳平舆县故城南，为滍水。县，旧沈国也，有沈亭，《春秋》定公四年，蔡灭沈，以沈子嘉归，后楚以为县。……滍水又东南，左迤为葛陂，……东南，迳新蔡县故城东，而东南流注于汝水。

〔49〕参阅《左传》定公四年。

这段记载表明：在《水经注》成书时已有“平舆县”和“平舆县故城”之分，故城即汉晋平舆县，位于汝水别枝𣶬水以北、上蔡冈东南、葛陂西北地带。古𣶬水大致相当于今之洪河〔50〕；上蔡冈在今上蔡县东十余里〔51〕；葛陂约在今平舆县东北四十里左右〔52〕，据此，汉晋平舆县当不出今河南平舆县北、上蔡县东（偏南）、洪河北岸的射桥至庙湾一带。

唐代有关文献，对汉晋平舆县的地望有两种不同说法，如李贤《后汉书注》指出：“（平舆）故城在今豫州汝阳县东北。”〔53〕开元年间成书的张守节《史记正义》则更具体地说：“（平舆）在（预）[豫州]东北五十四里。”〔54〕唐豫州治汝阳县，即今河南汝南县，宝应元年（公元762年）为避唐代宗名讳，改为蔡州。又《元和志》（卷九）蔡州汝阳县“平舆故城”条亦云：“汉县也，古沈子国，在县东北六里。”以上诸说皆定汉晋平舆县故城在唐汝阳县东北五六十里处，则亦当在今平舆县北境，与上考《水经注》的有关记载相合。

另一说最早见于中唐时的《通典·州郡七》（卷一七七），汝南郡“汝阳”县条原注云：“汉平舆县故城在今县东，汝水南”，同时

〔50〕参阅《方舆纪要》卷五十，河南五，汝宁府汝阳县“𣶬水”条；《大清一统志》卷二一五，汝宁府山川“𣶬水”条。

〔51〕参阅《元和志》卷九，蔡州上蔡县“蔡冈”条；《方舆纪要》卷五十，河南五，汝宁府上蔡县“蔡冈”条。

〔52〕参阅《元和志》卷九，蔡州平舆县“葛陂”条；《寰宇记》卷十一，蔡州平舆县“葛陂”条。

〔53〕参阅《后汉书·明帝纪》永平十年十月“征淮阳王延，会平舆”句下注。

〔54〕参阅《史记·王翦列传》“李信攻平舆”句下《正义》，按：此条当有脱误，“预”当作“豫州”。

又于“平舆”县下注云：“古沈子国，今沈亭是也，汉旧县。”其后《寰宇记》《路史》等均从《通典》此说[55]。今按，汝阳县（今汝南县）以下的汝水直至与澺水（今洪河）合流入淮，基本上都是东南流向，而汝阳紧傍汝水西南岸的河湾中，我们只要画个简略的示意图就可看出，如按《通典》所说，汉平舆县在汝阳东，那就决不可能位于汝水以南，反之，如在水南，就决不可能位于汝阳县东。所以，清代学者在沿袭《通典》等汝水南岸之说的同时，又将古平舆县在“县东”改为“县东南”[56]，这样虽解决了材料本身的自相矛盾，但与上述《后汉书注》《史记正义》及《元和志》所记汉晋平舆县在汝阳县东北几十里外之说，以及《水经注》所载当时的平舆县在汝水北、澺水南，而汉晋平舆故城更在澺水以北之说全都合不上，《通典》所言当有误。

综上所述，汉晋平舆县大致在今河南平舆县北境的射桥至庙湾一带，则位于汉晋平舆县北之沈亭、古沈国还当在这一带的北面，其西邻为蔡国，东北为顿、项及陈国，东（偏南）与胡国相望，南边与息国、江国接壤。春秋晚期楚平王复蔡国后，蔡平侯即迁于今新蔡，位于沈国东南，沈国远比蔡国弱小，只能依附楚国勉能自立，一旦楚国势衰，沈终于覆灭于蔡。

---

〔55〕参阅《寰宇记》卷十一，蔡州汝阳县“平舆故城”条和“平舆县”条；《路史·国名纪五》“沈”条。

〔56〕参阅《方舆纪要》卷五十，河南五，汝宁府汝阳县“平舆城”条；《春秋大事表》卷五《春秋列国爵姓及存灭》“沈”条。

第四节　蔡　国

一、蔡国的始封

蔡是西周初年最早的姬姓封国之一，《史记·管蔡世家》说："武王已克殷纣，平天下，封功臣昆弟。于是封叔鲜于管，封叔度于蔡。"又《左传》僖公二十四年载周大夫富辰曰："管、蔡、郕、霍，……文之昭也。"即可为证。

蔡叔始封地，《世本》说是"居上蔡"[57]，其后班固、杜预、郦道元等学者多从之，以蔡叔所居即在汝水中游之上蔡[58]，然对照古代史籍，此说可疑。

《逸周书·作雒解》载："武王克殷，乃立王子禄父俾守商祀，建管叔于东，建蔡叔、霍叔于殷，俾监殷臣。"

《汉书·地理志》后序曰："河内本殷之旧都，周既灭殷，分其畿内为三国，《诗·风》邶、庸、卫国是也。邶，以封纣子武庚；庸，管叔尹之；卫，蔡叔尹之，以监殷民，谓之三监。"

皇甫谧《帝王世纪》亦曰："自殷都以东为卫，管叔监之；殷都以西为鄘，蔡叔监之；殷都以北为邶，霍叔监之，是为三监。"[59]

以上诸记载虽不尽一致，但关于蔡之初建，应在河内殷商旧都附近，则皆同，这与《史记·周本纪》"武王为殷初未集，乃使其

---

〔57〕参阅《史记·管蔡世家》《集解》引《世本》。

〔58〕参阅《汉书·地理志》汝南郡"上蔡"县原注；《左传》隐公四年孔《疏》引《侯爵谱》；《水经·汝水注》。

〔59〕参阅《史记·周本纪》《正义》引。

弟管叔鲜、蔡叔度相禄父，治殷”的记载相印证，而与《世本》所言蔡叔“居上蔡”之说不同。

《尚书·蔡仲之命》伪孔《传》曰：“叔之所封，圻内之蔡，仲之所封，淮汝之间，圻内之蔡名已灭，故取其名以名新国，欲其戒之。”南宋郑樵的《通志》说：“蔡本畿内之地，以为蔡叔之采邑，及蔡叔逆命，国除，至蔡仲始封于汝南。”[60]言之甚明。

据《续汉书·郡国志》，河内郡“山阳”县司马彪原注“有雍城，有蔡城”，刘昭补注“杜预曰古雍国在县西”，又曰“蔡叔邑此，犹郑管城之类乎？”则周初之蔡、庸（又作鄘、雍，所指实一）并在汉代河内郡山阳县境，即今豫北修武县之西北地带[61]，位于殷都西南不远的殷商王畿之内，与皇甫谧“殷都以西为鄘，蔡叔监之”的说法相合。

河内有蔡地，我们还可以举出几条旁证：

（1）《史记·魏世家》《索隐》引《纪年》曰“……赵侯种、韩懿侯伐我，取蔡”，此事《魏世家》载于惠王元年（即公元前369年），“蔡”，方诗铭先生认为即汉山阳郡之蔡城[62]，当是。

（2）《国语·晋语二》载晋公夷吾（即晋惠公）曰：“中大夫里克与我矣，吾命之以汾阳之田百万；丕郑与我矣，吾命之以负蔡之田七十万。”韦昭注：“负蔡，晋地名。”此晋地之负蔡，或即汉河内郡山阳之蔡城，与蔡叔初建有关。

（3）据《水经注》清水和沁水篇记载，当时的河内郡州县以

[60] 参阅《通志》卷四一，都邑一，周诸侯都“蔡”。

[61] 汉山阳县所在，参阅《史记·秦始皇本纪》《正义》引《括地志》；《方舆纪要》卷四九，河南四，怀庆府修武县“山阳城”条。

[62] 参阅方诗铭《古本竹书纪年辑证》魏纪。

北、雍城附近有水名“蔡沟”，合长明沟水东注清水，此“蔡沟”与蔡城相近，其间当有一定的联系。

由上所述，蔡之始封应在商王畿内的今河南省修武县以西地带，与古雍国相去不远。其后蔡仲复封，虽仍以蔡名国，然地望却由河内南迁于淮域上蔡，故元人胡三省曰“上蔡，故蔡国，蔡仲所封”[63]是正确的。

二、铜器铭文所载蔡国史实分析

传世和出土的有铭铜器中，有关蔡国史实的记载颇多，现择要分析如次。

（1）蔡尊，有铭文三行十六字：

> 王才（在）鲁，蔡赐贝十朋，对扬王休，用作宗彝。（《断代》2.34）

陈梦家先生认为，“就字体文例来看，此铭的‘王’应是成王”，成王在鲁，当为《书序》所言“成王东伐淮夷，遂践奄”之后。“蔡”或即蔡叔之子蔡仲。《史记·管蔡世家》曰：“蔡叔度既迁而死，其子曰胡，胡乃改行，率德驯善。周公闻之，而举胡公以为鲁卿士，鲁国治。于是周公言于成王，复封胡于蔡……”记载表明，蔡叔因迁而死后，其子蔡仲曾一度协助周公治鲁，蔡尊所反映的史实，应是蔡仲仕鲁之时。

（2）伯作蔡姬尊，有铭文三行十四字：

---

〔63〕参阅《通鉴》卷四，周纪四胡注。

伯作蔡姬宗彝，其万年世孙子永宝。(《三代》11.32.2)

器乃伯为蔡姬所作，蔡姬应是伯之妻，蔡女适伯，然不知“伯”为异姓何人。

铭文布局规整，竖画首尾略现锋尖，“宝”所从之“贝”上呈三角状，下未封口，属西周中期前段作风。另铭文“世孙子永宝”，陈梦家先生认为即西周恭懿时习语〔64〕，这与字体风格所体现的时代一致。

（3）蔡侯作姬单匜，有铭文两行七字：

蔡侯作姬单媵匜。(《三代》17.25.6)

匜是蔡侯为其女“姬单”出嫁所作的媵器，从铭文风格看，时代应在西周中晚期。

据宣王时的驹父盨铭载，周宣王十八年正月，王室大臣南仲邦父令驹父视察淮夷诸邦，“还至于蔡”而作器铭功（见《三代》10.44.1），表明在西周后期周王室与淮夷集团的长期战争和冲突中，蔡国是防御和控制淮夷的重要力量和前沿基地。

（4）蔡侯鼎，有铭文两行十一字：

蔡侯作旅鼎，其万年永宝用。(《三代》3.21.7)

器为蔡侯自作，从铭文风格看约在西周晚期的厉、宣时期。

---

〔64〕 参阅《断代》(六)，页101，《考古学报》1956年第4期。

《大系》所收蔡器有蔡姞簋，铭曰：

蔡姞作皇兄尹叔障鬻彝，尹叔用绥多福于皇考德尹惠姬……（《大系》录192，考177）

“蔡姞”，郭老认为“乃姞姓之女适蔡者”，其兄为“尹叔”，则蔡姞出自尹氏。《诗·小雅·都人士》“谓之尹吉”，郑玄《笺》：“尹氏，姞姓，周室婚姻之旧姓也。”正好与铭文互证。姞、姬两姓世婚，《左传》说是“姬、姞耦，其子孙必蕃”〔65〕。尹氏为周室世卿，周初有尹逸，是文、武时太史，故又称“史逸”〔66〕，其后有尹吉甫，乃宣王重臣，《诗·六月》《崧高》诸篇均有载。此器郭老定于“厉、宣之世”，不知“尹叔”与尹吉父是否一人。

（5）蔡公子壶，有铭文七行三十字：

隹正月初吉庚午，蔡公子□□作障壶，其眉寿无疆……（《三代》12.24.2）

壶乃蔡公子所作，其时代从铭文字体和风格看，约在两周之际或春秋初年。“子”下两字不清，应是器主之名。

（6）蔡大膳夫簠。

1987年湖北宜城朱市乡出土，器、盖各有铭文六行三十一字：

〔65〕参阅《左传》僖公三十三年。

〔66〕参阅《逸周书》之《克殷解》《世俘解》，《史记·周本纪》和《国语·周语下》韦昭注。

佳正月初吉壬申，蔡大膳夫遏作其馀匿，其万年眉寿……〔67〕

“膳夫”，西周铜器铭文多见，《周礼·天官·冢宰》云：“膳夫掌王之食饮膳羞，以养王及后、世子。”蔡大膳夫，应是管理蔡国国君等食膳之官吏。

簠作直口、方唇、平折沿、斜腹壁内收，曲尺形足较小，上下腹部各饰一对兽形耳，通体饰演化窃曲纹和蟠螭纹，并配以乳钉，整个形制和风格与河南商水县出土的原氏仲簠十分接近〔68〕，表现出明显的过渡特征，时代应在春秋早期偏晚。

据《左传》庄公十年载：“秋九月，楚败蔡师于莘，以蔡侯献舞归”，时为公元前684年；四年后再次伐蔡，“秋七月，楚入蔡”。蔡大膳夫簠出于楚境，当与楚两次伐蔡的史实有关，或为楚人入蔡时所获，更可能为虏蔡哀侯以归时一并带入。

（7）蔡太史秦鉚。

武汉市文物商店收集，有铭文五行十八字：

佳王正月初吉壬午，蔡太史秦作其鉚，永保用。〔69〕

“太史”为周室史官之长，《周礼·春官·宗伯》云：“太史，掌建

〔67〕参阅襄樊市博物馆《湖北宜城出土蔡国青铜器》，《考古》1989年第11期。

〔68〕参阅河南省周口地区博物馆《周口市博物馆藏有铭青铜器》，《考古》1988年第8期。

〔69〕参阅武汉市文物商店《武汉市收集的几件重要的东周青铜器》，《江汉考古》1983年第2期。

邦之六典，以逆邦国之治。”蔡置太史，当沿周制而来。

鉶作椭圆形，侈口、束颈、沿外卷，鼓腹、平底，腹部有双耳，下腹一周陶索纹，此类器，过去通常叫“舟”，洛阳中州路第一期墓葬所出舟即与此鉶近似，时代在春秋中期偏早。

（8）蔡太师鼎。

> 隹正月初吉丁亥，蔡太师䑗媵鄦（叔）姬可母飤䋣，用祈眉寿……（《大系》录197，考178）

鼎为蔡太师嫁女于许所作的媵器，乃姬、姜世婚之例证。“太师”之官，在周室地位最尊，《诗·小雅·节南山》“尹氏大师，维周之氐”，毛《传》：“太师，周之三公也。”《左传》襄公二十六年载有“蔡太师子朝”，当为蔡国执政大臣，可见蔡国制度实为周文化的一脉相承。

此鼎铭文结体渐长，向秀隽发展，呈现出南系文字特色，时代当为春秋中晚之际，蔡许联姻，说明这时两国关系尚和。

1975年，湖北当阳县曹家岗一座春秋楚国贵族墓出土了一批青铜器，计鼎、簠各二，缶、匜、鉶、斗各一，其中一件簠的器、盖内均有铭文二行八字：

> 王孙雹作蔡姬飤匿。〔70〕

“王孙雹”为楚国贵族，当即某一楚王之孙，“蔡姬”即蔡女嫁于王孙雹为妻者，此墓应是王孙雹或其妻蔡姬之墓，其时代，《简报》

〔70〕 参阅宜昌地区博物馆《馆藏铜器介绍》,《江汉考古》1986年第2期。

定在“春秋中期或春秋中、晚之际”。当以中晚之际为适。

（9）蔡侯作姬丹匜。

河南淅川下寺3号墓出土，铭曰：

蔡侯作媵芳仲姬丹□匜。[71]

器为蔡侯嫁女于楚贵族所作，“芳”为其夫之氏，“仲姬”其字，“丹”即其名。下寺楚墓，学术界一般认为2号墓墓主即器铭所载的“楚叔之孙倗”，也就是文献记载的楚康王令尹芳子冯[72]，位于2号墓两边的1、3号墓应是其家属之墓，3号墓主很可能是芳氏之妻“芳仲姬丹”。

《左传》记载，芳子冯卒于鲁襄公二十五年（即公元前548年），其娶蔡女应在此前的春秋中晚之际或略晚。

（10）蔡子匜，有铭文两行七字

蔡子旅自作会匜。[73]

器作平底、折流、卷沿，尾有半环形鋬，颈部饰细密的蟠虺纹和云雷纹，下饰一周陶索纹，其形制略晚于下寺楚墓所出铜匜。“蔡子旅”，李学勤先生认为“可能即蔡平侯庐”[74]，颇有道理，

〔71〕参阅河南省文物研究所《淅川下寺春秋楚墓》第二章，页226—230。

〔72〕参阅李零《楚叔之孙究竟是谁》，《中原文物》1981年第4期；陈伟《淅川下寺2号墓墓主及相关问题》，《江汉考古》1983年第1期。

〔73〕参阅《三代》17.26.1；器形见容庚等《殷周青铜器通论》图267。

〔74〕参阅李学勤《论汉淮间的春秋青铜器》，《文物》1980年第1期。

“旅”“庐”古音一致，《诗·大雅·公刘》以“庐旅”与“处处”“言言”“语语”对文即为明证。铭称“蔡子”，当蔡平侯即位以前所作，《左传》僖公九年“凡在丧，王曰小童，公侯曰子”，杜预注“在丧，未葬也”，鲁昭公十一年楚杀蔡灵侯，至十三年冬十月“葬蔡灵公”，则蔡平侯在丧称子前后历两年半，蔡子旅匜当作于此间。

（11）蔡侯朱缶。

二十世纪五十年代出土于湖北南漳县武东乡安乐堰，肩部外壁有铭文一行五字：

> 蔡侯朱之缶。〔75〕

“蔡侯朱”即《春秋》昭公二十一年所载“冬，蔡侯朱出奔楚”者，为平侯太子，因受其叔父东国（即蔡悼侯）之威逼而出奔，此缶的出土，证实《左传》所载是正确的。

1966年4月，河南潢川隆古高稻场一座春秋木椁墓出土了七件青铜器，计鼎、盏、簠、盘、匜、缶、舟各一，其中簠盖内铸有铭文两行八字：

> 蔡公子义工武飤匠。〔76〕

簠为蔡公子所作，其他几件器物与此是为一组，蔡公子义工武当为此墓主。这批铜器具有浓厚的楚文化特征，从形制、花纹看，与寿

---

〔75〕 参阅仲卿《襄阳专区发现的两件铜器》，《文物》1962年第11期。

〔76〕 参阅信阳地区文管会《河南潢川县发现黄国和蔡国铜器》，《文物》1980年第1期。

县蔡侯墓接近，蔡公子葬于潢川，李学勤先生认为当“蔡昭侯联吴破楚，当时蔡国领土必然向南扩张，一时达到潢川”之时〔77〕，即公元前506年或略晚，是可信的。

（12）蔡侯申墓铜器。

1955年安徽寿县西门内蔡昭侯墓出土铜器近五百件，其中食、酒、水、乐等重器一百件左右，且大都铸有铭文〔78〕。根据铭文内容，这些礼乐重器可分为三类：一是蔡侯申所用器，包括九鼎、八簋、编钟、编镈等；二是蔡侯申为大孟姬嫁配吴王所作的媵器，有尊三、盧和盥缶各一；三是两件吴王光鉴，为吴王嫁女或妹于蔡所作。这三类铜器，具有明显的三种文化因素，在器物组合上，有鼎、簋、壶、鬲、笾、豆、盘、匜和鼎、簠、敦、缶、小口鼎等两套，前一种组合反映了西周以来姬周文化的基本特征，但值得注意的是，在中原姬周文化中，自春秋中期以后鼎、簋、壶逐渐向鼎、豆、壶的组合过渡，春秋晚期极少见到簋一类器物，然在南方的姬周宗枝蔡、曾等国中，这种组合却一直延续到战国，可见蔡、曾对旧有传统的守成。后一种组合，体现了春秋中期以来逐渐形成的楚文化特征，从器物类别、形制、风格看，除了方壶、笾、豆等少量器物继承了中原作风以外，更多的如列鼎、平底升鼎、簠、敦、缶、小口鼎以及一系列装饰等，均呈现典型的楚文化特征，以致学术界通常将此墓列为楚文化墓。另一部分器物（即上述二、三两类），如吴王光鉴为吴器；另三件尊是蔡侯为其女适吴所作，具有明显吴文化特征，反映了此时蔡国所受吴文化的影响。铭文内容表

〔77〕 同注〔74〕。

〔78〕 参阅安徽省文物管理委员会《寿县蔡侯墓出土遗物》；陈梦家《寿县蔡侯墓铜器》,《考古学报》1956年第2期。

明，蔡昭侯元年，嫁女或妹于吴王，所适当即吴王僚；吴王光即位，又嫁吴女于蔡，两国同为姬姓，而此时婚姻往来甚密，显然是出于当时形势的需要。蔡侯墓铜器所体现的多重文化面貌，正是当时复杂历史环境的体现。

传世还有一件“蔡侯申之行戈”(《三代》19.45.2)，形制与蔡侯墓所出“蔡侯申之用戈”略异，但同为蔡昭侯之器是不成问题的。

（12）蔡侯逆戟。

1980年，安徽舒城九里墩春秋墓出土，为戈、矛分铸，戈援较平直，栏侧三穿，内上两穿，并有错金花纹，援胡上有错金铭文六字：“蔡侯逆之用戟。”〔79〕“蔡”下两铭残损，第一字只存一笔，似为反书“戻”字的起笔，第二字似“逆”字，“蔡侯逆”，陈秉新先生认为即蔡昭侯之子成侯朔〔80〕，可从。舒城一带，春秋早中期为群舒之地，春秋晚期逐渐纳入吴国的势力范围，蔡迁州来以后，与这一带的联系必然加强，蔡成侯戟出于这一带舒人或吴人墓中，事在情理之中。

1958—1959年，安徽省文物工作队在淮南市八公山区的蔡家岗一带先后清理了两座东周墓葬，因早年被盗，墓内青铜礼器大都无存，但在2号墓内，却出土了大量青铜兵器，计剑三、戈四、矛十四、匕首二等，其中四件戈上均有铭文，其中一件铭为：“攻敔王夫差自作其用戈”，另三件铭文残损不能通读。铜剑中，四柄有错金铭文，其中一件为“工敽太子姑发……”；另三件均为铭文六

〔79〕参阅安徽省文物工作队《安徽舒城九女墩春秋墓》，《考古学报》1982年第2期。

〔80〕参阅陈秉新《舒城鼓座铭文初探》，《江汉考古》1984年第2期。

字“蔡侯产之用剑”或“蔡侯产作□□”[81]。

“蔡侯产”即文献所载的蔡成侯之子蔡声侯产，其于公元前471—前457年在位，时为战国初年，《简报》定此墓为蔡声侯之墓，似是。

上述有关蔡国铜器的初步清理可见，西周至春秋早期的蔡器，从器物组合、形制、花纹，以及铭文风格均呈现出典型姬周文化特色。春秋中期开始，蔡器逐渐体现出日益浓厚的楚文化特征，铭文内容也表明这时蔡国的对外联系和姻族对象发生了变化，这与南方楚国的兴起，蔡国逐渐被纳入楚人势力范围的形势相吻合。春秋末年，蔡国铜器和文化又出现了一些新的变化和特点，一是所见蔡器中兵器特多，且成批出现，是当时战争局面的直接体现；二是吴文化因素增加，蔡人墓葬中往往伴随着一定数量的吴器同出，这与文献记载蔡楚关系恶化后，蔡国弃楚从吴、东迁州来，共同结盟抗楚的史实是一致的。

三、蔡国历史文化简论

文献所载西周蔡国的历史较为简略，从铜器铭文有关蔡国先后与王室重臣尹氏等结为姻亲的史实分析，作为周王朝在淮域的同姓封国，蔡国不仅与王室关系密切，同时也具有一定的实力和地位，起着屏藩王室、镇抚淮夷的重要作用。

春秋初年以后，王室力量衰微，诸侯列国的形势发生了一系列变化，“郑庄小霸”之时，蔡多次与鲁、宋、陈等国联盟伐郑[82]，

---

〔81〕参阅安徽省文化局文物工作队《安徽淮南市蔡家岗赵家孤堆战国墓》，《考古》1963年第4期；另参陈梦家《蔡器三记》和孙稚雏《淮南蔡器释文的商榷》，并载《考古》1963年第4期和第9期。

〔82〕参阅《左传》隐公四年、十年，桓公五年、十四年、十六年。

说明这时蔡国仍具有一定实力和独立性。

与此同时，南方的楚国蓬勃兴起，《左传》桓公二年："蔡侯、郑伯会于邓，始惧楚也。"可见这时楚人的势力和影响已经波及方城以外的淮河上游地区。二十余年后，楚国利用蔡、息之间的矛盾，于鲁庄公十年和十四年两次伐蔡，并俘虏过蔡哀侯，从此，蔡国国势日益削弱，逐渐被纳入楚人的势力范围。

春秋中期，蔡是楚、齐、晋长期争夺的重点之一。随着诸势力的彼此消涨，蔡先是附楚，齐桓公霸业兴起之后，蔡穆公即嫁其妹与齐桓联姻和好。后因齐桓归蔡姬，蔡穆侯另嫁之，触怒了齐国，齐桓率诸侯之师侵蔡伐楚〔83〕，虽有召陵之盟，但蔡却一直附楚不贰，可见这时蔡与楚关系较密。

楚于城濮之战大败于晋，国力受挫，其后二三十年间，蔡一直游离于两国之间，时晋时楚，以求生存，"居大国之间，而从于强令"〔84〕，实为当时地处淮域汝颍之间列国的普遍境地。

从楚庄王霸业兴起，至春秋末的百余年间，其间虽经历了楚的鄢陵之败及一系列风云变化，蔡国一直从属于楚，《左传》襄公二十年载"蔡公子燮欲以蔡之晋，蔡人杀之"，即见蔡对于楚、晋两国的态度。楚灵王末年，为强化淮域汝、颍地区的统治，先后灭陈、蔡以为县，以公子弃疾为蔡公。两年后，楚平王即位，为获取民心而"封陈、蔡"。蔡复国后，先是蔡侯朱因"失位"奔楚；两年后蔡悼侯东国"卒于楚"。蔡昭侯即位，又入楚朝贡，说明这时蔡对楚的依附日深。

---

〔83〕 参阅《左传》僖公三年、四年，《史记·管蔡世家》。

〔84〕 参阅《左传》文公十七年载郑子家与赵宣子书。

据《左传》定公三年，蔡昭侯朝楚，因得罪了令尹子常，被扣留在楚三年，昭侯回国后即背楚从晋，“以其子元与其大夫之子为质焉，而请伐楚”。楚、蔡关系的破裂，虽以令尹子常的贪婪无度、肆意侵凌为直接原因，实为长期以来楚“使蔡无常”的一个总爆发〔85〕，亦是这时楚国内外交困、国力不振，众叛亲离形势下的必然结果。

鲁定公四年，蔡国先灭了与其邻近的属楚之国沈，接着参与吴、唐联兵伐楚，直入楚郢都，楚昭王奔随，是为楚国及春秋史上最为严重的事件之一。十二年后，“楚子围蔡，以报柏举也”。迫使蔡人出降，“使疆于江、汝之间而还”，即于淮河、汝水之间为蔡国重新划定疆土使处之〔86〕。次年（即鲁哀公二年，公元前 493 年），“蔡迁于州来”，以避楚就吴。二十年后，吴灭于越，蔡国从而失去了支持和后方，形势日益艰难，在风雨飘摇中又经历了二十六个春秋，至战国初年，再次为楚所并，时为蔡侯齐四年，楚惠王四十二年，公元前 447 年〔87〕。

这里，有一问题应该指出。关于蔡国终灭、绝祀的时间，大都从《史记》所载定于公元前 447 年。近年，何浩先生根据《战国策》和先秦子书等史料，钩沉稽疑，对蔡国晚期史事进行了细致探

〔85〕 参阅《左传》襄公二十年。

〔86〕 参阅《左传》哀公元年，此“江”，杜注和孔《疏》认为即古江水，今之长江，当误，已故学者童书业先生曾对此提出疑问（见所著《中国古代地理考证论文集》页 98、99“春秋楚郢都辨疑”，中华书局 1962 年版）；吾师石泉先生更有详考，认为此“江”为淮水，“江汝之间”即“淮水与汝水之间”（见《古文献中的“江”不是长江的专称》，《古代荆楚地理新探》页 54—73），所论甚是，今从之。

〔87〕 参阅《史记》的《管蔡世家》《楚世家》。

讨，认为楚惠王灭蔡之后，“随后（蔡人）确曾复国，并且经历楚之简王、声王、悼王、肃王直至宣王时，又存在了近百年之久……实际上是迟至宣王时才终为楚灭的”〔88〕。何先生此论言之有据，当可信从。只是目前所见实物资料中还未发现战国初年以后的蔡国文化遗物，或与蔡再灭而复之后，国力进一步衰弱的原因有关。

四、蔡国的迁徙和地望

（1）上蔡地望考实。蔡仲所居之蔡，汉晋以来学者大都认为即今河南省上蔡县，而汉末三国时人宋衷云“胡（按即蔡仲）徙居新蔡”〔89〕，《水经·汝水注》亦持此说，并引证宋衷语，还作了些补充，但后文在言及新蔡县时又说是“蔡平侯始封也”，既云蔡仲已居新蔡，则蔡平侯居新蔡岂能又是“始封”？这一自相矛盾的记载，本身也就削弱了蔡仲居新蔡之说的可靠性。

春秋时的蔡国故城，《汉书·地理志》、《左传》杜注并言在当时的汝南郡上蔡县〔90〕，《水经·汝水注》亦曰“（上蔡）县，故蔡国”，唐初的《括地志》言之更详：“豫州上蔡县，在州北七十里，古蔡国也。县外城，蔡国城也。”〔91〕其后《元和志》（卷九，蔡州“上蔡县”条）亦云当时的上蔡县即古蔡国、汉晋上蔡县。唐及以后的上蔡县即今河南上蔡县所在〔92〕，则属唐上蔡县外城的古蔡国城、汉晋上蔡县，应在今上蔡县城关一带。

〔88〕参阅何浩《陈、蔡亡国绝祀考》，《楚灭国研究》下编四“蔡国”。

〔89〕参阅《史记·管蔡世家》裴骃《集解》引宋衷曰。

〔90〕参阅《汉志》汝南郡“上蔡”县原注，《左传》隐公四年杜预注。

〔91〕参阅王应麟《诗地理考》卷三，“管蔡”条引《括地志》。

〔92〕参阅《方舆纪要》卷五十，河南五，汝宁府“上蔡县”条；《大清一统志》卷二一五，汝宁府建置沿革“上蔡县”条。

据北宋初年的《寰宇记》云“上蔡古城在县西南十里”[93]，与唐上蔡县不在一地。此后宋至清的地志大都因此而将古蔡城定在当时上蔡县西南十里处，《方舆纪要》则进一步解释说县治之迁是在北魏另置临汝县时[94]。谭其骧先生主编的《中国历史地图集》亦从此说定古蔡国、汉晋上蔡县于唐宋至今上蔡县西南[95]。

今按，《寰宇记》此说可疑。其一，唐宋上蔡县并治一地，未有迁动，《寰宇记》说上蔡古城在县西南十里与《括地志》《元和志》唐上蔡县治即古蔡城、汉晋上蔡县的记载不合。

其二，综合《宋书·州郡志》《魏书·地形志》和《隋书·地理志》记载，南朝刘宋时期迁上蔡县治于悬瓠城（即今河南汝南县治），与司州、汝南郡并治一地。其后不久又在原上蔡县置临汝县，并于其东不远置武津县。北魏改司州为豫州，其他皆仍刘宋旧制。北齐省临汝入上蔡，隋开皇年间移武津县于临汝故治，大业初又改武津为上蔡，而于悬瓠城置汝阳县，仍为州、郡治地[96]。刘宋至隋上蔡一带的建置沿革虽经历了一系列变化，但脉络清晰可寻，《水经注》在记载上蔡一带史地时，并无任何县治迁移的迹象，《括

---

〔93〕参阅《寰宇记》卷十一，上蔡县“上蔡古城”条。

〔94〕参阅《通志·氏族略二》“蔡氏”；《方舆纪要》卷五十，汝宁府“蔡城”；《大清一统志》卷二一六，汝宁府古迹“上蔡故城”条。

〔95〕参阅《中国历史地图集》第1册17—18：西周时期中心区域图；第2册19—20：（西汉）豫州刺史部。

〔96〕参阅《宋书·州郡志》南豫州“汝南太守”；《魏书·地形志》豫州及汝南郡“上蔡、临汝”县原注；《隋书·地理志》汝南郡“汝阳、上蔡”县原注。按：临汝县，《元和志》《方舆纪要》认为北魏置，而据《魏志》说：“刘裕置，魏因之”，《宋志》豫州汝南太守无此县，然南豫州汝南太守却有，说明《魏志》所言当是。又“武津”县于《宋志》《南齐志》《魏志》并有，当为刘宋所置，故城在今上蔡县东（见《方舆纪要》卷五十，汝宁府上蔡县“武津城”条）。

地志》《元和志》以及《通鉴》胡注并曰当时上蔡县即古蔡国、汉晋旧县，说明南北朝之临汝县、隋开皇至大业的武津县以及唐宋至今的上蔡县并在一地，实因古蔡城、汉晋上蔡旧治，不曾有迁动，《寰宇记》《方舆纪要》所言并无实据。

其三，据考古调查，在今上蔡县城外围，有一座规模较大的古城遗址，四周城墙见存，共约 21 华里，面积约今县城的四倍。城址内外，古文化遗迹、遗物丰富，城内中部，发现有大型台基，当为宫殿区所在，城外有古墓群分布。历年的出土遗物有西周前期和春秋晚期的铜鼎，另有铜壶、剑、车马器、郢称、蚁鼻钱及各类陶器。调查者认为："该城始筑于西周初，春秋、战国时进行过加固和复修。"〔97〕此城址的位置，与《括地志》《元和志》所载正好相合，应即蔡仲及其以后所居的蔡国故城无疑。蔡城规模如此之大，说明蔡国早期的地位和实力，以及在镇抚淮夷中的作用。

综上所述，蔡仲及其以后所都之蔡、汉晋上蔡县应在今河南上蔡县城关一带，即今上蔡县城关之古城，北宋以后学者将其定在今治西南十里，不仅与早期可信记载相违，亦与考古资料不合，应予辨明。

（2）新蔡、下蔡辨异。春秋时蔡国的迁徙，《汉书·地理志》汝南郡"新蔡"县原注："蔡平侯自蔡徙此，后二世徙下蔡。"《左传》隐公四年孔颖达《正义》引《侯爵谱》云："平侯徙新蔡，昭侯徙九江下蔡。"其后《元和志》《春秋大事表》等均沿袭此说〔98〕，而宋衷却以"胡徙居新蔡"、"平侯徙下蔡"〔99〕。胡居新蔡之说不可信，已见

〔97〕 参阅尚景熙《蔡国故城调查记》，《河南文博通讯》1980 年第 2 期。

〔98〕 参阅《元和志》卷七，颍州"下蔡县"；《春秋大事表》卷七之四《春秋列国都邑表》"蔡"。

〔99〕 参阅《史记·管蔡世家》《集解》引。

上述，平侯徙下蔡则更与《左传》《史记》的记载相矛盾。

又《通典·州郡七》颍州“下蔡”县条载“《左传》曰蔡成公自上蔡迁于州来谓之下蔡”，既否定了汉晋学者平侯迁新蔡之说，同时又提出蔡成公徙下蔡的新解。元人胡三省则认为蔡平侯徙新蔡，蔡成公迁下蔡〔100〕，以调解相互之间的矛盾。清人高士奇对平侯迁新蔡亦持异议说：“然其事不见《经》《传》，惟《释例》尝言之。”〔101〕今人亦有此说〔102〕。

今按，《通典》引《左传》以蔡成公迁下蔡应是蔡昭侯之误，不仅有一系列文献记载可证，寿县西门内蔡昭侯墓的发现更肯定了这一点。至于平侯徙新蔡一事，《左传》《史记》虽无明言，但从《汉志》《释例》以及《水经·汝水注》称新蔡城旁之大吕亭为“蔡平侯始封”，《淮水注》亦称“蔡昭侯自新蔡迁于州来谓之下蔡”等记载综而观之，蔡平侯复国后迁都于新蔡似无可疑。

蔡昭侯所迁之州来，《汉书·地理志》沛郡“下蔡”县原注：“故州来国，为楚所灭，后吴取之，至夫差迁昭侯于此，后四世侯齐竟为楚所灭。”又《春秋》成公七年曰“吴入州来”杜预注：“州来，楚邑，淮南下蔡县是也。”则下蔡为蔡迁州来后所改，以与上蔡、新蔡相区别。汉晋下蔡县，南北朝时因战乱几度废置，隋代仍为下蔡县，唐宋沿袭不改，明代省入寿州，故城在清代寿州北三十里、淮河北岸的下蔡镇，即今安徽省凤台县一带，文献记载均无异辞。〔103〕

---

〔100〕参阅《通鉴》卷一四八，梁纪四胡注。

〔101〕参阅《春秋地名考略》卷十“蔡”。

〔102〕参阅尚景熙《蔡迁新蔡质疑》，《中原文物》1983年特刊。

〔103〕参阅《方舆纪要》卷二一，寿州“下蔡城”条；《大清一统志》卷一二六，凤阳府古迹“下蔡故城”条。

二十世纪五十年代以来，由于寿县西门内蔡侯墓和丘家花园鄂君启节的出土，部分学者对昭侯所迁州来在淮北之说提出了怀疑，陈梦家先生认为“由于此次蔡侯墓在寿县西门出现，……只能指示蔡都在淮南寿县境内”，“若蔡都在淮北，似不应涉淮而葬于淮南”〔104〕，谭其骧先生则将州来和下蔡分开，认为古州来应在淮南，而下蔡仍在今凤台一带的汉晋下蔡县，“所谓‘蔡迁于州来’，实际是在州来境内淮水北岸营建了一个新邑”〔105〕。

今按，就考古材料和文献记载来看，春秋列国的高级贵族墓，既有葬于都城之内的，但更多的还是葬在城外，时代越晚，距离越远，虢国、郑国、齐国的情况如此，楚国的情况也是这样。如春秋晚期之初的楚康王墓，据《左传》襄公二十九年记载，位于郢都西门以外；而与蔡昭侯大致同时的楚昭王墓，郭仲产《荆州记》说“在江陵西北百余里，沮水之西”〔106〕。蔡昭侯墓出于寿县，与蔡都州来、即今凤台县相去二三十里并不矛盾。陈先生仅以蔡侯墓的位置而将州来定于淮南并无确据。

至于谭先生所依《左传》《尔雅》将州来与下蔡分为两地，一在淮南、一在淮北的几条理由，已有学者作过分析，论据似难成立〔107〕；再者，这样解释不但与一系列可靠文献不符，同时也并无多少实际意义。因此，古州来（下蔡）在寿县以北三十里、即今凤

〔104〕参阅注〔78〕所引陈梦家文。

〔105〕参阅谭其骧《鄂君启节铭文释地》，《中华文史论丛》第2辑；《再论鄂君启节地理答黄盛璋同志》，《中华文史论丛》第5辑。

〔106〕参阅余知古《渚宫旧事》卷二“屠羊说从（昭）王出奔”条引。

〔107〕参阅黄盛璋《关于鄂君启节地理考证与交通路线的复原问题》，《中华文史论丛》第5辑。

台一带的说法不应轻易否定。

据鄂君启节铭载，下蔡为战国中期鄂君商队免税经商的主要城邑之一〔108〕；宋玉《好色赋》有“惑阳城、迷下蔡”的诗句，唐李善注：“阳城、下蔡，二县名，盖楚之贵介公子所封，故取以喻焉。”则下蔡又为战国晚期楚国贵族娱乐的重要场所。《古玺汇编》0097收录一枚“下蔡宫夫人”玺，据叶其锋、李学勤先生研究，为战国楚印〔109〕，“下蔡宫”，当为楚王室和权贵在下蔡所筑行宫或寝宫，与宋玉赋及李善注互相印证，这一方面说明“下蔡”之名在战国中晚期已十分通行，很可能为春秋末年蔡迁州来之时即改；汉晋下蔡县实因蔡、楚旧名而来；同时可见下蔡是为战国时期楚国境内的重要城邑，这与此前州来和蔡国所建立的基础密切相关。

第五节　顿国、项国

一、顿、项历史及存灭

顿、项并为淮北颍汝间小国，项国灭亡于春秋中期，而顿国则至春秋晚期才为楚所并。

顿国的族姓，东汉的班固说其为“姬姓”〔110〕，其后《水经注》《通志》《春秋大事表》均作此说〔111〕。顿之国君，《左传》皆称“顿

---

〔108〕参阅殷涤非、罗长铭《寿县出土的鄂君启金节》和郭沫若《关于鄂君启节的研究》，并载《文物参考资料》1958年第4期。

〔109〕参阅叶其峰《战国官玺的国别及有关问题》，《故宫博物院院刊》1981年第3期；李学勤《东周与秦代文明》第25章：印玺。

〔110〕参阅《汉书·地理志》汝南郡“南顿”县原注。

〔111〕参阅《水经·颍水注》；《通志·氏族略二》周同姓国“顿氏”；《春秋大事表》卷五《春秋列国爵姓及存灭表》“顿”条。

子"，后来文献依此一律说顿是子爵〔112〕，与其邻近的沈国相同，不知确否？

早期顿国的历史，文献无征，春秋时期的情况，《春秋经》《传》记载稍多。《左传》僖公二十三年（公元前637年）："秋，楚成得臣帅师伐陈，讨其贰于宋也。遂取焦、夷，城顿而还。"又僖公二十五年《经》载："秋，楚人围陈，纳顿子于顿"，杜预注："顿迫于陈而出奔楚，故楚围陈以纳顿子。"结合以上两段记载和杜注可见：（1）顿国近陈，又远比陈国弱小，经常受陈国威胁；（2）陈、顿同服于楚时，在楚支配下暂得相安，顿依靠楚来制约陈；（3）陈欲摆脱楚之支配，而背楚从宋，故楚成得臣（即子玉）帅师伐陈，取陈之焦、夷二邑并城顿而还，显然是为了防止陈对顿国的侵扰；（4）两年后，楚令尹子玉追秦晋伐鄀之师不及，转而东向围陈，并"纳顿子于顿"，说明此前陈国必曾伐顿，顿子被迫奔楚求救，在楚师支持下得以返国。

公元前597年，晋楚邲之战，楚胜，楚庄王称霸中原，陈国此时又附楚，至公元前570年（《左传》襄公三年），陈不堪楚人诛求，又背楚投晋（时晋悼公在位又兴霸业）。次年，楚为伐陈，使顿国为之侦察陈国情况，导致陈人围顿。可见春秋中期以来，顿附楚一直未变，而陈与楚的关系则时叛时服，每次叛楚，且必侵顿国。

鲁昭公四年（公元前538年）夏，顿子及淮域诸国参加楚灵王召集的"申"之会，接着率师跟随楚师两次伐吴；昭公二十三年，顿再参加楚国领导的诸侯之师伐吴，结果大败于鸡父；定公四年（公元前506年），楚势益衰，顿开始背楚，转而参与晋、吴谋楚的

---

〔112〕 见注［110］［111］所引诸记载。

召陵之会，定公十四年《经》载："二月辛巳，楚公子结、陈公孙佗人帅师灭顿，以顿子牂归。"《左传》称："顿子牂欲事晋，背楚而绝陈好，二月，楚灭顿。"总之，顿国介于楚陈之间，而受陈之侵害最大，经常依楚而御陈，勉能生存；至春秋晚期，吴盛楚衰，几乎亡国，顿转而背楚附吴、晋，却不料楚昭王又能迅速复国，而吴亦受越牵制。此前，陈因受到吴人的侵犯、威胁，又服属于楚，顿国却在外交上犯了战略错误，远依晋国，"背楚而绝陈好"，以致在楚、陈夹击下灭亡。

项国的史实，文献记载极为简略。《春秋》僖公十七年（公元前643年）记云："夏，灭项。"《左传》稍有补充云："师灭项。淮之会，公有诸侯之事未归而取项。齐人以为讨，而止会。"杜预注："师，鲁师。"鲁僖公因擅自灭项受到齐人的指责和拘留，后因僖公夫人"声姜"出面向齐桓公说情，才得以归国。至于鲁灭项的详情，则已不可知。

关于项的灭亡，《公羊传》说："夏，灭项，孰灭之，齐灭之。何为不言齐灭之，为桓公讳也。"《穀梁传》亦曰："孰灭之，桓公也。"均以项为齐所灭，与《左传》说法不一，其后《元和志》《寰宇记》等并从《公》《穀》之说。今按，若项为齐师所灭，作为鲁之国史的《春秋》何需为齐桓公讳，《春秋》庄公十年："冬十月，齐师灭谭。"明言"齐师"，并未讳言，《公》《穀》之说似未可信，杜预、刘昭、郦道元等均引据《左传》〔113〕，今人杨伯峻先生亦认为"《左传》叙此事首尾完具，当为信史"〔114〕。今从《左传》说。

〔113〕 参阅《续汉书·郡国志》汝南郡"项"县下刘昭补注；《水经·颍水注》。

〔114〕 参阅杨伯峻《春秋左传注》僖公十七年。

二、顿国地望

《汉书·地理志》汝南郡“南顿”县下原注：“故顿子国。”颜师古注引应劭曰：“顿迫于陈，其后南徙，故号南顿，故城尚在。”应劭《风俗通》亦载：“顿子国，今南顿是也。”[115]应劭是东汉后期南顿人，其说当可凭信。晋初的司马彪、杜预亦都以东汉及西晋之南顿县为故顿国之所在[116]，说明汉晋学者对春秋时顿国地望的看法是一致的。《水经·颍水注》对南顿县地望有更具体的记载：

[经]：（颍水）又东南，过南顿县北。

[注]：……顿，故顿子国也，周之同姓。《春秋》僖公二十五年，楚伐陈，纳顿子于顿是也，……颍水又东南迳陈县南，又东南左会交口者也。……颍水自堰东南流，迳项县故城北，《春秋》僖公十七年，鲁灭项是矣。颍水又东，右合谷水，水上承平乡诸陂，东北迳南顿县故城南，侧城东注，《春秋左传》所谓顿迫于陈而奔楚，自顿徙南，故曰南顿也。今其城在顿南三十余里。又东迳项城中，楚襄王廓以为别都。都内西南小城，项县故城也。……谷水迳小城北，……又东流出城，东注颍。

---

〔115〕参阅《元和姓纂》卷九引。

〔116〕参阅《续汉书·郡国志》汝南郡“南顿”县原注；《左传》僖公二十三年杜预注和《春秋释例》卷七土地名，僖二十三年“顿”条均称在“汝阴南顿县”。今按：据上引《郡国志》和《晋书·地理志》，南顿属汝南，《晋志》豫州后序还言：“惠帝分……汝南（郡）立南顿（郡）”，可知杜注及《释例》所记“汝阴”当为“汝南”之误。

据上引可知：（1）汉晋南顿县及项县此时皆已废，故《注》文皆称之为“故城”；（2）汉晋南顿、项县都在颍水西南面，颍水支流谷水先流迳南顿城南，然后穿项城而过，经城内西南隅的小城（项县故城）北，再东注颍水，则南顿当位于项县西北；（3）就南顿、项县与陈县（即古陈国、今河南淮阳县）的相对方位看，南顿在陈县南略偏西，而项县则位于陈县东南；（4）在南顿县以北三十余里，另有古顿国故城，为顿国受陈逼迫南徙以前之所在，这与上述《汉志》颜注引应劭所云亦可相证。

汉晋南顿县在今何处？这是弄清春秋时顿国地望的关键，对此，清代学者有两种不同说法。《方舆纪要》认为汉晋南顿故城在明清时的商水县治。商水县隋唐时原名溵水县，宋初因避宋太祖父赵弘殷讳改名，沿用至今，而其地望原在清商水县（即今址）以西三十里，是“元末改置商水县于此”〔117〕，顾栋高《春秋大事表》亦同此说〔118〕。

另一说以《大清一统志》为代表，其陈州府古迹“南顿故城”条（卷一九一）载：“在项城县北五十里，古顿子国。”清项城县在今河南项城县南五六十里之老城（今秣陵镇），1953 年北迁于今治，即原项城县之水寨镇〔119〕，则位于项城老城以北五十里的南顿故城当在今项城县南不远处。以较详细的地图对照，在今项城县

〔117〕 参阅《方舆纪要》卷四七，河南二，陈州商水县“南顿城”和“溵水旧城”条。

〔118〕 参阅《春秋大事表》卷四《春秋列国疆域表·楚》及《春秋列国爵姓及存灭表》“顿”条。

〔119〕 参阅史为乐《中华人民共和国政区沿革》（江苏人民出版社 1981 年版）河南省，10.“商丘地区”。

西南十余里处仍有“南顿”地名，正位于古陈县以南、隋唐溵水县（今商水县）以东、古项城县（即今河南沈丘县，说详下）以西（略偏北）地带，与《水经注》等所载相合。

对比之下，上引《方舆纪要》及《春秋大事表》所云汉晋南顿县在今商水县治，而隋唐溵水县——宋元商水县治直至元末以前一直在今商水县西三十里之说当有误。

首先，据《元史·地理志》（卷五九）河南江北行省“陈州”及《明史·地理志》（卷四二）湖广陈州“沈丘”县下原注，元代陈州所领五县中，商水与南顿并列，至明太祖洪武初年，南顿县始废，这就排除了《方舆纪要》所云元末改置商水县于南顿故城的可能性。

其次，唐溵水县、宋商水县与陈州（今淮阳）之间的里数与方位，和《方舆纪要》《大清一统志》所记商水县与陈州之间的里数与方位都基本一致，唐溵水县虽方位稍异（《元和志》称在陈州南，其他诸书皆云在西南），但以相关地名如溉灌城（《寰宇记》称“灌溉城”，所指实一）及乾溪台与唐宋溵水——商水县之间的里数与方位观之，可知由唐至宋，县址未变，而以《寰宇记》与《方舆纪要》《大清一统志》所记驿马沟、丛台、乾溪台、章华台与商水县之相对方位及里数相对照，显然前后县址亦未迁动，由此足证《方舆纪要》定唐宋元时溵水——商水县在今商水县西三十里之误。如果真是这样，则此诸台及驿马沟应在唐宋元商水县东北方，岂能仍与《元和志》《寰宇记》等所记方位、里数大致相同？

所以，只有按《清一统志》的说法，才能解此矛盾，并与上引《水经注》相合。

南顿故城既在今项城县西南十余里之南顿乡，则位于南顿以北三十余里的故顿城当更在今南顿乡以北，北朝阚骃的《十三州志》曰："故顿子城在颍水之南，故谓颍阴城。"〔120〕《括地志》云"颍阴故城在陈州南顿县西北"〔121〕，《寰宇记》说城在"县西三十里"（按，"西"后当脱"北"字〔122〕），则位于南顿故城西北三十里、颍水南岸之顿国故城，应不出今河南商水县黄寨乡以北、沙颍河（即古颍水）以南地带，其与陈国隔颍水相望，东北去陈都只有五十里左右，可见应劭"顿迫于陈，其后南徙，故号南顿"之说有其地理上的依据。

关于顿国南迁的时间，《左传》僖公二十三年楚伐陈"城顿而还"，杜预即认为"汝阴南顿县"，《元和志》《寰宇记》并载南顿城为楚令尹子玉所筑，当指此年"城顿"事〔123〕，《大清一统志》亦主此说〔124〕。然上引《水经·颍水注》曰"楚伐陈，纳顿子于顿是也"，认为在僖公二十五年，清高士奇亦曰："盖顿国南徙，即在楚纳顿子时也。"〔125〕与杜预注有别，从《左传》所记当时形势看，僖公二十三年顿国南徙的可能性更大一些，子玉所城之顿应即南顿，僖公二十五年"纳顿子于顿"，为楚以武力送顿子归国，并无筑城之事。据此，顿国南迁，至定公十四年最后为楚所灭，立国南顿故城前后历一百四十余年。

三、项国地望

项国，《汉书·地理志》汝南郡"项"县班固原注："故国"；

〔120〕参阅《寰宇记》卷十，陈州南顿县"颍阴故城"条引。

〔121〕参阅《史记·绛侯周勃世家》《正义》引《括地志》。

〔122〕据上引《括地志》以及《史记·灌婴传》《正义》，并言颍阴故城在南顿县西北，则《寰宇记》"县西"之后当补一"北"字。

〔123〕参阅《元和志》卷八，陈州"南顿县"；《寰宇记》卷十，陈州"南顿县"。

〔124〕参阅《大清一统志》卷一九一，陈州府古迹"南顿故城"条。

〔125〕参阅高士奇《春秋地名考略》卷十四，"顿"条。

《续汉书·郡国志》汝南郡“项”县刘昭补注亦同。《春秋》僖公十七年载“夏，灭项”，杜预注：“项国，今汝阴项县。”〔126〕则古项国在汉晋项县，是当时学者的一致看法。汉晋项县的位置，据上引《水经·颍水注》所记，在南顿县以东（略偏南）、陈县东南、颍水南岸，颍水支流谷水穿城而过，东注颍水。

唐代地志《括地志》《通典》《元和志》并言当时的陈州项城县是古项子国、汉晋项县所在〔127〕，宋代志书又都说项国故城在项城县东北一里〔128〕，结合《水经注》项县城位于古项城内西南部的记载来看，所说东北一里的项国故城应即楚顷襄王以项为别都时所增筑之廓城，据此可知，唐宋项城县仍依汉晋旧治，只是唐宋项城县去陈州的距离，《元和志》说是“西北至州一百里”，而《寰宇记》说是七十里，相差三十里，然从两书所载项城县的沿革及其与附近其他城邑、古迹的相对方位和距离来看，相互一致〔129〕，说明相差三十里当因唐宋里制的变化或前后传说不一的原因。

清代地志对古项国、汉晋项县、唐宋项城县的位置有不同说法。《方舆纪要》认为清代项城县即古项子国、汉晋以来的项县、

---

〔126〕按杜预以项县属汝阴，而《晋书·地理志》项县属梁国。又《宋书·州郡志》陈郡太守“项城令”下引《太康地志》属陈郡，众说不一。据《晋书·地理志》豫州序曰：“及武帝受命，……分汝南立汝阴，合陈郡于梁国”，或项县前后归属多有变化。

〔127〕参阅《史记·项羽本纪》“封于项”句下《正义》引《括地志》云；《通典·州郡七》陈州“项城”县；《元和志》卷八，河南道四，陈州“项城县”。

〔128〕参阅《寰宇记》卷十，陈州项城县“项国城”条；《通志·氏族略二》“项氏”。

〔129〕据上引《元和志》《寰宇记》记载，“百尺堰”在县东北三十五里，“武丘”在县东南四十里，“公路故城”在县东四里，相互距离完全一致。

项城县所在[130]，当有误。清项城县即今河南项城县以南五六十里之老城，据《方舆纪要》记载，位于陈州府以南一百二十里，方位、道里均与唐宋项城县在陈州东南的记载不合。再清项城县位于汾河以南、远离颍水，亦与《水经注》古项城在颍水南岸、大㶏水（即今之汾河）以北的记载不合，难以为信。江永《春秋地理考实》引《汇纂》曰“今开封府项城县东北六十里故项城是也”[131]，《大清一统志》载“项县故城，在今项城县东北，……《县志》：明宣德三年以河患迁今治，本南顿县之殄寇镇也。槐坊店即旧县治，今半在沈邱县界”[132]，所说与《汇纂》一致。可见清项城县并非古项城、汉晋项县所在，而是原南顿县之殄寇镇，而项县故城却在清项城县东北六十里之槐坊店，即今河南沈丘县治（沈丘县原在汾河北岸的沈丘老城，1950 年北移至槐坊店、即项县故治），若此，古项国、汉晋项县、唐宋之项城县实为今沈丘县治所在，位于陈州（今淮阳县）东南七十里，方位、道里皆与唐宋记载相合。至于今沈丘县（旧槐坊店）位于颍水北岸，与《水经注》古项城、汉晋项县位于颍水南岸的记载有别，当是明宣德三年前后因“河患”而引起颍水河道南移所造成的。

古项国位于颍水南岸、陈国东南不远，僖公十七年虽为鲁所灭，然鲁与项国之间还隔有宋、陈两国，灭项后未必能据有其地。《史记·项羽本纪》载“项氏世世为楚将，封于项”，则项地后成为楚项氏的封邑，此前当为楚所有，结合春秋时期的形势来看，僖公二十三年楚伐陈，取焦、夷，城顿而还，焦、夷并在项国东北

〔130〕参阅《方舆纪要》卷四七，河南二，陈州“项城县”条。

〔131〕参阅《春秋地理考实》卷一，僖公十七年“项”条。

〔132〕参阅《大清一统志》卷一九一，陈州府古迹“项县故城”条。

地带；又春秋中期的楚庄王和春秋晚期的楚灵王先后两次灭陈设县，楚势已达宋国东南的彭城（今徐州）一带，项地当由鲁转属楚有了。

上引《水经·颍水注》载楚（顷）襄王迁陈后，廓项城为别都，《元和志》《寰宇记》亦有此说，说明战国后期楚在原项国故城的基础上加以扩大、增筑，成为战国后期楚国境内的重要城邑之一，汉晋项县虽因项故城而置，但治所只占有故城的西南部，或即楚别都之内城，可见楚项城具有一定的规模；谷水穿城而过、东注于颍，对解决城内用水、排水、对外联系以及交通运输均提供了便利条件。

第六节　陈　国

一、陈之始封和族姓

周代陈国，为帝舜有虞氏之后，《礼记·乐记》曰："武王克殷，反商，未及下车，而封黄帝之后于蓟，封帝尧之后于祝，封帝舜之后于陈……"《左传》襄公二十五年载子产语："昔虞阏父为周陶正，以服事我先王。我先王赖其器用也，与其神明之后也，庸以元女大姬配胡公，而封诸陈，以备三恪。"杜预注："阏父，舜之后，当周之兴，阏父为武王陶正。"又曰："胡公，阏父之子满也。"则陈之先祖虞阏父于商末服事于周，武王克商后，褒封古帝之裔，虞阏父之子胡公满即被封于陈，是为陈国。这一方面出于周人对古帝之后族的尊重，另一方面也是为了加强对淮北汝、颍地区的控制。

陈为妫姓，历代史家并无异辞，传世和近年出土的铜器铭文亦有明证，但关于妫姓之由来，文献中却有不同说法。《左传》昭公八年载："及胡公不淫，故周赐之姓，使祀虞帝。"杜预注"赐姓曰妫，封诸陈"，以陈之得姓为周初武王所赐。但《史记·陈杞世家》则云："昔舜为庶人时，尧妻之二女，居于妫汭，其后因为氏姓，姓妫氏。"《汉书·元后传》引王莽《自本》曰"舜起妫汭，以妫为姓，至周武王封舜后妫满于陈，是为胡公"，与《史记》所记同。据此，则舜实因居地而得姓。今按：古之族姓起源甚早，《说文》曰"女生为姓"，即沿自母系氏族族外婚时族称而来，早期之姓皆从"女"旁即为其证。

周代族内之氏虽多有分支、变化，但族姓却从来不改，更不见有另立新姓之例。昭公八年的"周赐之姓"，即隐公八年所言"天子建德，因生以赐姓"，今人辛立先生认为："所谓赐姓，多指合两族之好而赐之异姓，……赐姓于胡公，就是把周武王的元女大姬配于他，以使两姓相合，所赐之姓为姬姓。"[133] 似此，陈之妫姓实沿其先祖舜部族而来，并非周武王所赐。昭公八年杜注与隐公八年"若舜由妫汭，故陈为妫姓"的注自相矛盾，而隐公八年注与《史记》，特别是王莽的《自本》相符，似更可信，孔《疏》以《史记》为妄实无确据。

二、陈国铜器考察

传世和近年出土的陈国青铜器甚多，特别是一批有铭铜器，对研究陈国历史和文化提供了第一手资料。

（1）陈侯作嘉姬簋，有铭文三行十七字：

陈侯作嘉姬宝簋，其万年子子孙孙永宝用。（《三代》6.47.4）

---

〔133〕 参阅辛立《周代的赐姓制度》，《文博》1988年第5期。

器乃陈侯为其夫人所作，“嘉”当懿美之词，《诗·豳风·东山》“其新孔嘉”，郑玄《笺》“嘉，善也，其新来时甚善”，正切其意。簋的时代，从铭文风格看，布局整齐，字体规范，“宝”字所从“贝”上呈三角状，下未封口，属西周中期作风。然不知此“嘉姬”娶于姬姓何国。

（2）陈侯作王妫簋。

1976年与利簋同出于陕西临潼铜器窖藏，器内壁有铭文三行十三字：

陈侯作王妫媵簋，其万年永宝用。〔134〕

为陈侯嫁女于周王所作的媵器，簋作侈口、束颈、浅腹、方座，双耳有珥，颈部饰简化窃曲纹，腹部和方座饰夔龙纹，其时代，《简报》定在春秋初年，唐兰先生定于西周后期〔135〕，从器物形制、铭文风格分析，应以唐说为是。器出陕西，当为犬戎灭西周时周贵族所藏，年代不应晚于西周末年，此“王”当即宣王或幽王。陈女适周为王妃，可见自周初大姬配胡公以来，姬、妫两族世为姻亲，陈与王室关系一直较密切。

（3）陈侯作妫瞀壶。

1963年，山东肥城小王庄出土一批青铜器，计鼎二、壶二、鬲二、簠二、盘一、匜一等共十三件，两壶均有铭文三行十三字，器、盖对铭：

---

〔134〕 参阅临潼县文化馆《陕西临潼发现武王征商簋》，《文物》1977年第8期。

〔135〕 参阅唐兰《西周时代最早的一件铜器利簋铭文解释》，《文物》1977年第8期。

陈侯作妫簪媵壶，其万年永宝用。[136]

亦是陈侯嫁女所作，“妫”即陈之姓，“簪”乃其女之名，然所适何国不明。器出山东，或即陈女夫国所在。壶的形制与陕西扶风齐家村所出同类器相似[137]，时代应在西周晚期的宣、幽之时。

（4）陈生隺鼎，有铭文三行十二字：

陈生隺作飤鼎，孙子其永宝用。（《通考》297：73，图 70）

器作平折沿、直口、深腹、圜底、立耳、三兽足较高，颈部一周重环纹，中腹一周凸弦纹，其形制与宣王时期的毛公鼎一致，时代应相近。

（5）陈侯作□妫鼎，有铭文四行二十一字：

隹正月初吉丁亥，陈侯作□妫四母媵鼎，其永寿用之。（《三代》3.49.2）

乃又一陈侯嫁女之陪器，器型不见，从铭文字体分析，属两周之际或春秋初年作风，此“陈侯”约当陈之平公或文公。“作”下一字不清，或为陈女所适夫方国名。

（6）陈公子子甗。

隹九月初吉丁亥，陈公子子叔邍（原）父作旅甗，用征用

---

〔136〕参阅齐文涛《概述近年来山东出土的商周青铜器》，《文物》1972 年第 5 期。

〔137〕参阅陕西省博物馆《扶风齐家村青铜器群》图五、六。

行，用盛稻粱……（《大系》录 203，考 183）

此器铭文笔画较粗，布局较散漫，约当春秋早期偏前，“叔原父”为陈国公子之子，即公孙辈，属于陈国公族。

二十世纪七十年代，河南商水县练集杨庄出土一组青铜器，其中几件簠的内底有铭文六行二十余字：

佳正月初吉丁亥，原氏仲作沦妫嫁母媵簠，用祈眉寿万年无疆永用之。〔138〕

簠作直口、折沿、腹部下收，平底较小，上下各有两兽面耳，身饰乳钉蟠螭纹，时代当春秋早期后段。“原氏”，当陈国公族食邑于原者，与上器“叔原父”具有联系。《诗·陈风·东门之枌》曰“南方之原”，郑玄《笺》“以南方原氏之女可以为上处”，孔颖达《正义》“南方之原氏有美女，国中之最上处可以从之也”。则原氏居陈国南部，是当时有名的贵族之一，此器的出土，正与《诗经》所载相印证，《左传》庄公二十八年载陈大夫有原仲，当其族人。今商水县杨庄一带，位于春秋早期顿国都邑附近，“沦妫”所适或即古顿国。

（7）陈伯元匜，有铭文四行十九字：

---

〔138〕关于此组器物，前后说法不一，河南周口市博物馆《周口市博物馆藏有铭青铜器》（《考古》1988 年第 8 期）说是二簠一簋；后《河南商水县出土周代青铜器》（《考古》1989 年第 4 期）一文改说是一簠三簋。对于铭文的释读，后有学者加以补正（《考古》1990 年第 12 期），今综而择之。

陈伯㱿之子伯元作西孟妫媶母媵匜，永寿用之。(《大系》图147，录205，考184)

郭老认为："伯㱿、伯元父子殆陈之宗室，以伯为氏者。"当是。匜作长流、四足、兽形鋬，身饰乳钉螭纹，时代亦应在春秋早期偏后，略晚于上一器。

（8）陈侯作孟姜簠，有铭文四行二十七字：

隹正月初吉丁亥，陈侯作孟姜□媵簠，用祈眉寿，万年无疆，永寿用之。(《大系》图136，录204)

器是陈侯为姜姓女子出嫁所作，或陈亦有女子从媵，与春秋时鲁女出嫁"齐人来媵"之例同〔139〕。

簠为直口、折沿、斜腹壁较浅、有兽耳、曲尺形足较小，沿下饰勾连云纹，时代较陈伯元匜略晚。

（9）陈侯壶，有铭文四行十八字：

陈侯作壶，用祈眉寿无疆，子子孙孙永宝是尚。(《通考》440：30，图732)

器作侈口束颈、垂腹、圈足、颈部两兽耳衔环，身饰带状乳丁蟠螭纹，其形制为西周铜壶的延续，而纹饰作风与上述原氏仲簠和陈伯元匜十分接近，时代应为春秋早中之际，与陈侯作孟姜簠大致同

〔139〕参阅《左传》成公十年。

时，两陈侯应是一人，当即陈宣公。

（10）陈侯作王仲妫簠。

传世有两件，铭文体例、内容一致，器、盖对铭，当为一模所铸。其铭曰：

> 隹正月初吉丁亥，陈侯作王仲妫□媵簠，用祈眉寿无疆，永寿用之。（《善斋》8.8—9）

器为陈侯嫁女于周王所作，簠为直口、平折沿，斜腹较深，曲尺形足，器、盖各有两耳，通体饰蟠螭纹，为典型春秋早中之际作风。据《左传》庄公十八年载："虢公、晋侯、郑伯使原庄公逆王后于陈，陈妫归于京师，实惠后"，铭文之"王仲妫"即《传》文"陈妫"，乃陈宣公次女，此"王"即周惠王无疑，铭文材料与文献记载相印证。

（11）陈公子中庆簠。

1979年出于湖北随州城郊季氏梁一座春秋中期墓，器底内有铭文六行二十三字：

> 陈公子中庆自作匡簠，用祈眉寿万年无疆……〔140〕

此器形制、纹饰略晚于上述两簠，时代当在春秋中期前段，略早于同墓所出的其他几件器物。陈公子器出于随国季氏贵族墓，或由赠

〔140〕 参阅随县博物馆《湖北随县城郊发现春秋墓葬和铜器》，《文物》1980年第1期。

馈而来。

（12）陈子匜，有铭文五行三十字：

> 隹正月初吉丁亥，陈子子作庤孟为（妫）谷母媵匜，用祈眉寿……（《大系》录204，考184）

“陈子子”郭老认为即“陈之公子”，当是。此器时代，从铭文字体看，“正”上添加横画，“匜”下附加“皿”字，要明显晚于陈伯元匜和陈侯作王仲妫簠，应在春秋中期。“庤”，郭老说“当是国名”，不知确否。从时代分析，或与《左传》文公六年鲁季文子娶陈女之事有一定联系。

（13）陈公孙痦父瓶。

1978年出于山西闻喜县一座东周墓葬，颈部有铭文五行二十字：

> 陈公孙痦父作旅瓶，用祈眉寿万年无疆，永寿用之。〔141〕

“公孙痦父”，陶正刚先生说是《陈杞世家》所载“少姬生偃”之“偃”，即哀公之子、成公之孙，“因此，瓶的铸造是在陈成公在位时期”，即公元前589—前569年间。今按：此说有疑，据《左传》昭公八年，“偃”即哀公世子“偃师”，亦即“悼太子”，《史记》误为两人，《索隐》已明其非。“偃师”既为太子，则不得自称“公孙”，“公孙痦父”应是出自陈国公族的另一贵族。此器未见器型，

〔141〕参阅陶正刚《陈公孙痦父旅瓶考》，《古文字研究》第9辑。

从铭文风格观察，约在春秋晚期。器出山西，当是陈、晋交往的原因。

以上清理表明：陈国有铭铜器上自西周中期，下至春秋晚期均有，在诸侯列国中是不多见的，这在一定程度上反映了陈国政治、经济地位和文化水平，其中又以西周晚期至春秋中期前段器为多，当是陈国历史上较为兴旺发达的时期，春秋中期以后的器物所见极少，这与宣、穆以后陈国公室腐败、政治不清，遭受几次灭国之灾，以致国力衰弱的史实是一致的。

三、陈国历史概述

西周时期陈国的历史，文献记载极为简略，就所见铭文材料看，西周中晚期的铜器有四件，三件涉及陈国与外族的婚姻关系，其中一件反映了陈侯嫁女于周王的史实，可见其时陈国与王室的关系和对外交往的某些迹象。

进入春秋以后，根据陈国内部情况以及外部形势的发展、变化，其历史大致可分为三个时期。

（1）春秋早期的相对稳定时期，约当陈平公至桓公（即公元前770—前707年）期间。

这一时期的前段，王室力量较强，诸侯之间侵伐不多，相对稳定。春秋初年，陈女厉妫、戴妫为卫庄公夫人〔142〕，铜器中有陈侯为□妫四母所作媵鼎，或与二女适卫有联系。此期后段正当“郑庄小霸”之时，而陈桓公却“有宠于王”，并参加宋、蔡、卫等国伐郑〔143〕。《左传》隐公六年载：“往岁，郑伯请成于陈，陈侯不许。”

〔142〕《左传》隐公三年载卫庄公娶于陈，生桓公。按：卫桓公于公元前734年继位，若时20岁，则卫娶于陈应在公元前755年前后。

〔143〕参阅《左传》隐公四年。

因而“郑伯侵陈，大获”。此时陈敢与郑庄抗衡，虽因与周王室关系密切，得到支持，但本身亦当有一定的实力。鲁隐公七年“陈及郑平”，次年即嫁女于郑公子忽（即郑昭公），以结陈、郑之好。此间铜器铭文有陈大夫原氏仲嫁女于沧氏和陈伯元与他国联姻的记载，说明这时陈国的对外交往比较活跃。

（2）陈国历史的过渡、转变时期，约当陈厉公至共公年间（公元前706—前614年），其中以陈宣公为限分为前后两段。

陈桓公死后，国内争立，“于是陈乱”，内部动荡不安将近十年，至陈宣公即位后的长期统治时，才逐渐稳定下来〔144〕。这期间楚文王“实县申、息，朝陈、蔡，封畛于汝”，陈与楚国有了一定的依从关系。齐桓霸业兴起之后，陈国一直与齐结盟，先后七次参与齐桓主持的北方诸侯盟会〔145〕。齐桓公死后，陈仍“请修好于诸侯，以无忘齐桓之德”，可见陈、齐关系尚好。同时，陈也结好于鲁国〔146〕，并积极通过婚姻关系加强与王室的联系，广结诸侯。记载表明：鲁庄公十年（公元前684年）或稍前，陈宣公先后嫁女于蔡侯、息侯为夫人；庄公十八年又嫁女为周惠王后；铜器有陈侯作孟姜媵簠，此“陈侯”当即陈宣公，姜姓女子出嫁，陈为之作器或另有女从媵，关系应不一般，“孟姜”或是齐女。这一阶段，特别

〔144〕关于这次争立事件，参见《左传》桓公五年、六年以及庄公二十二年、襄公二十五年。按：《史记·陈杞世家》对这一事件记载有误，其以陈他即陈厉公，又以公子跃为利公，混淆了两者之间的关系，与《左传》不合，《索隐》多有驳正。

〔145〕陈宣公先后参与了鲁庄公四年的垂之会、十五年的鄄之会、十六年和二十七年的幽之会、僖公五年的首止之会，后陈世子款（即陈穆公）又参加了僖公七年的宁母之会、僖公八年的洮之会。

〔146〕参阅《左传》庄公二十五年、二十七年。

是陈宣公在位期间，正是齐桓称霸的盛业，在此形势下陈国的政治、经济较为稳定，对外联系亦较频繁。

此期后段，即陈穆公和共公时期，随着齐桓之死，中原失去霸主，楚国趁机北上，与宋襄公争盟。鲁僖公二十三年（公元前637年），楚师伐陈，“讨其贰于宋也，遂取焦、夷，城顿而还”。陈国东南要邑为楚占有。僖公二十七年，陈参与楚师围宋，次年又参加楚、晋城濮之战而遭到失败；城濮战后，楚势受挫，晋文霸业兴起，陈又转而附晋，参加了以晋为盟主的一系列会盟和军事行动。鲁文公九年（公元前618年）夏“楚伐陈，克壶丘”，“秋，楚公子朱自东夷伐陈，陈人败之，获公子茷，陈惧，乃及楚平”。陈夹处两大势力之间，时受侵伐，朝晋暮楚，以求生存，独立地位日渐削弱，然此时陈还能败楚公子朱，说明仍具有一定实力。

（3）陈国历史的衰亡时期，即从陈灵公至湣公（公元前613—478年），这期间，陈国先后经历了三次大的内乱和灭国之祸，其后虽皆复国续祀，然每况愈下，最终为楚所并。

公元前613年，陈灵公继位以后“君臣淫乱”，不理朝纲，以致国内大乱。鲁宣公十一年，楚庄王趁机伐陈而灭之为县，后因申叔时的劝告，楚庄王“乃复封陈”〔147〕。经过这次大的起伏，陈国实力大为削弱，此后百余年间，除了楚于鄢陵战败，陈一度从晋之外，长期从属于楚，同时又倍受敌方势力（晋、吴）的侵伐。

鲁襄公二十三年（公元前550年），陈二庆作乱，因引起国人的愤怒，群起而攻之，杀了二庆，内乱才得以平定。襄公二十四年，陈随楚师伐郑，“郑人怨之”；次年，郑子展、子产率车七百乘伐

〔147〕 参阅《左传》宣公十一年和《史记·陈杞世家》。

陈，攻入陈都，陈之君臣出逃而求成，因郑师主动撤出，陈哀公才得以归国。

鲁襄公三十年，郑子产使陈，回郑后对其大夫讲："陈，亡国也，不可与也。聚禾粟、缮城郭，恃此二者，而不抚其民，其君弱植，公子侈、太子卑，政多门，以介于大国，能无亡乎？"可见陈国内外交困的景况。

公元前 534 年，陈国又因争立之事发生了一起大的内乱，楚灵王使公子弃疾灭陈为县，"使穿封戌为陈公"〔148〕。五年后，楚平王夺得王位，为收买人心，再次使陈复国，"悼太子之子吴归于陈"〔149〕。经过这次大的反复，陈国完全丧失了自主地位，只是名存而实亡了。

吴师入郢之役，吴召陈怀公，后者因担心楚人的报复而辞吴。鲁哀公元年（公元前 494 年），陈因参与楚师围蔡而受到吴兵的征伐〔150〕。哀公六年，吴师再次伐陈，因楚昭王死于城父而无力相救，陈转而附吴，以致鲁哀公九年和十三年楚师两次伐陈。鲁哀公十六年，陈因楚白公之乱"恃其聚而侵楚"，次年，楚武城尹公孙朝取陈麦而围陈。此时，吴为越所困，无力救陈，七月"楚公孙朝帅师灭陈"。时为鲁哀公十七年，公元前 478 年。从周武王克商后

---

〔148〕参阅《左传》昭公八年和《陈杞世家》。按：《史记》记此事有混淆，后人多有驳正，详《陈杞世家》《索隐》及清人梁玉绳《史记志疑》卷十九《陈杞世家》。

〔149〕参阅《左传》昭公十三年和《史记·陈杞世家》。

〔150〕参阅《左传》哀公元年，另《史记·陈杞世家》载闵公六年，吴伐陈，"取三邑而去"，然据《左传》，此年吴越交战，吴王被射死，并无伐陈之事，《史记志疑》引《史诠》言当是陈闵公八年（即鲁哀公元年）之事，可信；但梁氏以"取三邑"为误，则未必。

封胡公满于陈，至陈湣公二十四年为楚所并，陈立国前后达六百年左右，春秋中期以后，虽曾几度存灭，从属、听命于楚、晋、吴等列强，而此前四百余年间，尤其是春秋中期以前，陈国的政治、经济、文化水平较高，在王室和列国中颇有一定的地位和影响。

四、陈国疆土和城邑

关于陈国的地望，《汉书·地理志》淮阳国“陈”县原注：“故国，舜后，胡公所封，为楚所灭。”《左传》隐公三年杜预注以及《续汉书·郡国志》刘昭补注引皇甫谧《帝王世纪》皆以当时的陈国陈县为周代陈国。汉晋陈县，唐宋时为陈州宛丘县，明初废宛丘入陈州，清雍正年间，又于此设淮宁县，升陈州为府，府、县并治陈城故地，即今河南省淮阳县〔151〕。唐宋以及明清文献亦都说当时的陈州宛丘县或淮宁县即古陈国所在〔152〕，与汉晋学者的看法一致。

据杜预《春秋释例》，陈国除了国都陈城以外，还有焦、夷、壶丘、辰陵、鸣鹿等城邑，清人又以“厥貉”补入〔153〕，弄清这些城邑的位置，可使我们了解陈国疆土的大致范围。

《左传》僖公二十三年，楚子玉帅师伐陈“遂取焦、夷”，杜预注：“焦，今谯县也。夷，一名城父，今谯郡城父县。二地皆陈邑。”西晋谯县即今安徽亳县〔154〕，城父县故城在今涡河南岸、亳

〔151〕参阅《大清一统志》卷一九一，陈州府建置沿革“淮宁县”条。

〔152〕参阅《元和志》卷八，陈州“宛丘县”；《寰宇记》卷十，陈州“宛丘县”；《方舆纪要》卷四七，河南二，陈州“宛丘废县”；《大清一统志》卷一九一，陈州府古迹“宛丘故城”等条。

〔153〕参阅《春秋大事表》卷七之四《春秋列国都邑表·陈》。

〔154〕参阅《元和志》卷七，亳州“谯县”；《大清一统志》卷一二八，颍州府古迹“谯县故城”条。

县东南约七八十里处，即明清之城父集一带[155]。二邑均位于陈城以东一二百里处，当为陈国东部要邑。

《左传》文公九年“夏，楚侵陈，克壶丘”，杜注“壶丘，陈邑”不言所在，可见杜预已不能确知。而《水经·汝水注》则云壶丘在汝水南岸、薄溪水以西、即今河南新蔡与息县之间，后人多作此说[156]。今按，陈国在今淮阳，若以壶丘在新蔡、息县一带，其间不仅有颍、汝二水，且还有顿、项、沈、蔡数国相隔，陈不可能远越此诸国境土而在新蔡以南修筑城邑，《水经注》此说实未可信。清代学者顾栋高、高士奇等不以《水经注》为本，而推定壶丘于“陈州府南境”[157]，即淮阳以南的颍水两岸地带，尚合情理，但亦无确据。

《左传》文公十年：“陈侯、郑伯会楚子于息。冬，遂及蔡侯次于厥貉，将以伐宋。”“厥貉”，杜预无注，唐宋学者亦未言其所在，《春秋大事表》等清人著作列为陈地，云在清代“陈州府项城县界”[158]，从当时形势分析，楚穆王先于息会陈侯、郑伯，再于厥貉会蔡侯以伐宋，则厥貉当在由息去宋的途中，应在陈国东南或东部的今河南项城、沈丘至郸城一带，位于焦、夷二邑以西。

鲁宣公十一年夏“楚子、陈侯、郑伯盟于辰陵”，杜预曰：“辰陵，陈地，颍川长平县东南有辰亭。”然《水经·洧水注》却认为：

〔155〕参阅《元和志》卷七，亳州“城父县”；《大清一统志》卷一二八，颍州府古迹“城父故城”条。

〔156〕参阅江永《春秋地理考实》卷二，文公九年“壶丘”条；洪亮吉《春秋左传诂》文公九年。

〔157〕参阅《春秋大事表》卷七之四《春秋列国都邑表·陈》“壶丘”条；《春秋地名考略》卷十，陈地“壶丘”条。

〔158〕见上两书同卷“厥貉”条。

“洧水又东南，迳辰亭东，……今此城在长平西北，长平城在东南，或杜氏之谬，传写之误耳。”今按：古长平城，《括地志》说“在陈州宛丘县西六十六里”[159]，即今河南西华县东北一二里处[160]。《寰宇记》《春秋大事表》等并依杜注将辰陵定在陈州（即今淮阳县）西南四十里[161]；杨守敬的《水经注疏》则从《水经注》之说，定辰陵于今西华县西北不远处[162]。结合当时楚伐郑后与陈、郑盟于辰陵的形势，以及《水经注》的翔实记载来看，西华县西北说似较合理。

《左传》成公十六年“诸侯之师侵陈，至于鸣鹿”，杜注“陈国武平县西南有鹿邑”。晋武平县在清代鹿邑县（即今河南鹿邑县）西北四十里[163]，而位于武平故城西南的鹿邑、春秋之鸣鹿，当不出今河南鹿邑县以西的试量至辛集镇一带[164]，约在陈城东北六十里左右。

综上所述，春秋中期以前，陈国疆土东至今安徽亳县、涡阳一带，南达颍水与顿、项、养、胡等国为邻，西至今西华县以西与许国相望，北约在扶沟、太康一线与郑、宋相交。春秋中期以后，陈国境土渐为列强蚕食，日渐缩小，最终为楚所兼并，成为楚国疆土的重要组成部分。由于陈国在当时是较为先进的地区，其悠久、深

---

〔159〕参阅《史记·秦始皇本纪》《正义》引《括地志》云。

〔160〕参阅《大清一统志》卷一九一，陈州府古迹“长平故城”条。

〔161〕参阅《寰宇记》卷十，陈州宛丘县“辰陵亭”条；《春秋大事表》卷七之四《春秋列国都邑表·陈》“辰陵”条。

〔162〕参阅《水经注疏·颍水》。

〔163〕参阅《大清一统志》卷一九四，归德府古迹“武平故城”条。

〔164〕参阅《元和志》卷七，亳州“鹿邑县”；《寰宇记》卷十二，亳州“鹿邑县”和《大清一统志》卷一九四，归德府古迹“苦县故城”“鹿邑故城”诸条。

厚的文化逐渐融入楚文化的长河，成为灿烂多彩的楚文化的重要来源之一，为战国时期楚国东部地区的经济与文化进入新水平，增添了十分有利的因素。

第七节　厉　国

一、古苦县之厉及其历史

“厉”，文献中又作“赖”，《左传》昭公四年楚灵王“灭赖”，《公羊》《穀梁》二传并作“灭厉”，《释文》云：“灭厉如字，又音赖。”《史记·老子列传》之“厉乡”，《续汉书·郡国志》《太康地记》和《水经·阴沟水注》等均作“赖乡”，说明古厉、赖同音互用。

《春秋》僖公十五年载：“春，楚人伐徐。三月，公会齐侯、宋公、陈侯、卫侯、郑伯、许男、曹伯盟于牡丘，遂次于匡。公孙敖帅师及诸侯之大夫救徐。……秋七月，齐师、曹师伐厉。”杜预注：“厉，楚与国，义阳随县北有厉乡。”清代的《春秋大事表》《春秋地名考略》等一系列名著亦都追随杜注，以此厉即随县之厉，并进而定其为神农氏之后的姜姓国，在清代随州西北四十里之厉山店一带〔165〕。

今按，此说实误。齐师、曹师伐厉是由于楚师伐徐，齐率诸侯之师救徐，先盟于牡丘，再“次于匡以待之”，然后移师伐厉，以迫楚回师救厉，从而解徐之围。牡丘，杜预注“地名阙”，汉晋以至唐宋皆无考，清人则定在今山东西北部之聊城县东北七十里

〔165〕 参阅《春秋大事表》卷六下“春秋时赖厉为一国论”；《春秋地名考略》卷十四，诸小国“厉”；《春秋地理考实》卷一，僖十五年“厉”条。

或在平县稍东处〔166〕，未知所据，但尚合情理，今姑从之。匡，杜预说“卫地，在陈留长垣县西南”，即今豫北长垣县境，后世多依此说。江永《春秋地理考实》则认为在清代河南睢州（即今河南睢县）西三十里之匡城〔167〕，当时为宋地。今人杨伯峻先生亦同意此说〔168〕。今按：两说俱可通，杜注早，为后世学者所宗，自可凭信；但睢州匡城之说从当时地理形势来看，似更合理。

关于楚师所伐之徐，今人何浩先生据徐旭生《中国古史的传说时代》关于“徐”“舒”同音是同一字的见解，结合分析当时的形势，认为并非指淮北今江苏泗洪县东南与洪泽湖之间的徐国本土，而当是“楚境英氏以东的群舒”，地在今皖西淮河中游以南、金寨以北〔169〕，我们同意这一新解。据此，齐、曹之师由“匡”东南下救淮域徐（舒）而伐之“厉”，理应位于近曹、邻楚北境之地，其地望当不出今河南东部地带，决不可能是与徐相距甚远的今随州北面之厉国。明末清初的王夫之在所著《春秋稗疏》中即已提出这一疑问，认为：“齐桓率八国之兵以伐楚，尚次陉而不深入，安能轻率一曹，越江汉之北而向随乎？”并认为齐、曹所伐之“厉”当在《史记》所载老子生地的苦县之厉乡〔170〕。古苦县在今河南鹿邑县〔171〕，而位于古苦县东老子故乡之厉乡，约在今鹿邑县东十

〔166〕参阅《方舆纪要》卷三四，山东五，东昌府聊城县“牡丘”条；《春秋地理考实》卷一，僖十五年“牡丘”条引《汇纂》。

〔167〕参阅《春秋地理考实》卷一，僖十五年“匡”条。

〔168〕参阅杨伯峻《春秋左传注》僖公十五年。

〔169〕参阅何浩《巢国史迹钩沉》，《中国史研究》1983年第2期。

〔170〕参阅《春秋稗疏》僖公十五年“厉”条。

〔171〕参阅《元和志》卷七，亳州“真源县”；《寰宇记》卷十二，亳州“真源县”；《大清一统志》卷一九三，归德府建置沿革“鹿邑县”条。

里[172]，其地正与齐、曹之师由匡东南救徐而伐厉的形势相合。

据《逸周书·世俘解》，周武王克殷后，派兵征伐殷王畿附近一系列商王朝的同盟邦国，其中“百韦命伐厉，告以馘俘”，此“厉”，清人陈逢衡《逸周书补注》认为即《汉志》南阳郡随县“厉乡”之古厉国，已故学者顾颉刚先生驳之曰：“按克殷后所伐国，大都在殷畿或离殷畿不远，此何以独在江汉流域，非。”并引沈延国《逸周书集释》定百韦所伐之“厉”即汉苦县东老子所生的“厉乡”[173]。若此，古苦县以东之厉至迟在商代末期已经立国，与商为盟，因而受到周武王的征伐。

传世鲁大司徒子仲白匜有铭文四行三十一字：

> 鲁大司徒子仲白作其庶女砺孟姬媵匜，其眉寿万年无疆，子子孙孙永保用之。

“砺”，清人方濬益和郭老都认为是仲白庶女孟姬所适之国，即《春秋》僖公十五年齐、曹所伐之厉，地在湖北随县北之厉山店[174]。

今按，依周代“妇人称国及姓”的原则，方、郭二人释“砺”为厉，作为鲁女孟姬所适之国，即齐、曹所伐之厉，都是正确的，然关于此厉国的地望却遵从杜注，将其定在江汉地区随县以北之厉

---

〔172〕“厉乡”又作“赖乡”，据张守节《史记正义》引《太康地记》以及《水经·阴沟水注》，位于古苦县以东，《大清一统志》（卷一九四，归德府古迹）言“在鹿邑县东十里”，即是；然同时又说“苦县故城在鹿邑县东十里”，混淆了古苦县与厉乡的关系，且与其鹿邑县即古苦县的说法相矛盾，当误。

〔173〕参阅顾颉刚《逸周书世俘篇校注、写定与评论》，《文史》第2辑。

〔174〕参阅《缀遗》卷14.16；《大系》录225，考195。

山店则又误。上文已考，齐、曹所伐之厉，在古苦县东之厉乡，位于今河南省东境，鲁女所适之厉应即此厉国，不得远至江汉地区。日本学者白川静先生以器铭之“砺”为河南东部之厉〔175〕，甚是。

此匜不见器形，从铭文风格和字体分析，约在春秋早期，其与鲁国通婚，说明当非姬姓，或沿商代厉国而来。由此可见，此厉国历史悠久，为周武王所征伐后，转而服于周，与陈为邻，至春秋时期一直存在。

二、褒信之厉考异

《左传》昭公四年：“秋七月，楚子以诸侯伐吴，……使屈申围朱方，八月甲申，克之，执齐庆封而尽灭其族。……遂以诸侯灭赖，……迁赖于鄢。”“赖”之地望，杜预无注，杨柏峻先生认为“即桓二年（华按，“二年”应为“十三年”）《传》之赖国，今湖北随县东北之厉山店”亦误。

从《左传》所载楚火赖的情形来看，是在东伐吴取朱方、杀齐庆封之后，取山东之鄫以前的一次行动。这期间，楚及诸侯之师一直在淮河中上游南北地带活动，从八月甲申克朱方至“九月取鄫”，前后只一个月左右时间，若突然由淮域的朱方回师随枣走廊灭赖，随即又前往淮北取鄫，这样大幅度地进退往返，在古代交通条件下，岂是一个月时间内所能做到的？《传》文明言，楚灵王伐赖迁其于鄢后，又欲迁许国于赖之故地，并使斗韦龟和公子弃疾城之，楚大夫申无宇却说：“伐国而克，城竟莫校”，必为楚之祸端，杜预注“谓筑城于外竟，诸侯无与争”，杨伯峻先生亦说是“筑城于边竟”。同时，《传》文又载：“东国水，不可以城，彭生罢赖之师。”

〔175〕参阅白川静《金文通释》第39辑，219：鲁诸器“鲁大司徒匜”。

杜注："彭生，楚大夫，罢斗韦龟城赖之师。"此"赖"既处于楚之"东国"边境，必在淮域，决非位于楚内地的随县之厉国。

《续汉书·郡国志》汝南郡"褒信"侯国司马彪原注："有赖亭，故赖国"，汉褒信侯国在今河南息县东北之包（一作"褒"）信镇一带[176]，于当时褒信侯国内的赖亭、故赖国，应在今包（褒）信镇附近不远，此赖，应即鲁昭公四年楚灵王所灭之赖。对此，前人已有论述，《通志·氏族略二》云："赖氏，子爵，今蔡州褒信有赖亭，即其地也，昭四年为楚所灭。"（另《路史·国名纪六》所载略同）《春秋大事表》（卷四《春秋列国疆域表·楚》）亦云"昭四年灭赖，今河南光州息县东北为赖国地"；同书卷六《春秋列国地形犬牙相错表》亦曰"赖在息县东北"。

以上分析表明，鲁昭公四年楚灵王所灭之赖国的地望，当在今河南息县东北的包信镇一带，位于淮河以北，与楚东取朱方，在息地稍事休整后即东北取鄅的军行路线相一致。

自清初的《方舆纪要》起，一些志书又将此赖国的位置定到淮河以南的河南商城县南[177]，《春秋大事表》《春秋地理考实》等书在记载赖在息县东北包信镇一带的同时，又说"赖亭（或赖城）在河南光州商城县南"，并说息县、商城两县"皆属汝宁府光州，盖地相接也"[178]，以调和两者间的矛盾。

---

〔176〕 参阅《方舆纪要》卷五十，河南五，光州息县"褒信城"条；《大清一统志》卷二二二，光州古迹"褒信故城"条。

〔177〕 参阅《方舆纪要》卷五十，河南五，光州商城县"赖亭"条；《大清一统志》卷二二二，光州古迹"古赖亭"条。

〔178〕 参阅《春秋大事表》卷五《春秋列国爵姓及存灭表》"赖"，卷六《春秋列国地形犬牙相错表》"赖"；另参阅《春秋地理考实》卷一，桓十三年"赖"条。

今按：此说有误。其一，息县东北之包信镇与商城两地之间直距约二百里，且分在淮河南北，春秋晚期的赖国决不可能据有如此广大的地域。其二，商城说不见于更早的文献记载，且与《郡国志》《通志》《文献通考》等一系列记载不合，当不可信。商城之赖亭，或因南北朝时期流民南迁、政区混乱，于今商城一带侨置包信县〔179〕，后人又以汉晋褒信县境内之赖亭、故赖国加以附会的缘故；《方舆纪要》等未予深究，而误以《旧志》为信，这是需要辨明的。

三、厉国的迁徙及有关问题

据《左传》桓公十三年及杜预注，以及《汉书·地理志》南阳郡“随”县下原注，春秋及其以前，在随枣走廊内另有一古厉国。此厉国，文献记载是厉（又作“列”）山氏之后，为上古社会南方地区有名的部族之裔，其地望在今湖北随州东北百余里的殷店附近〔180〕。据西周初年的太保玉戈和中尊铭文，属周之“南国”诸侯〔181〕，说明其至迟于西周初年已经立国，并与周王室有着较为密切的关系往来，其与武王灭殷后命百韦所伐之厉，一在南土的随枣走廊、地处江汉，一在淮北涡水上游，地处中原，显然有别。春秋早期，随县之厉（赖）人仕于楚，此前即与楚为盟，而淮北之厉却与鲁国联姻，这是各自所处的地理位置所决定的。两厉国虽国名相

---

〔179〕参阅《隋书·地理志》弋阳郡“殷城”县原注；《元和志》卷九，光州“殷城县”条；《大清一统志》卷二二二，光州建置沿革“商城县”条。

〔180〕详拙作《古厉国历史地理及其相关问题》，《江汉论坛》1987年第3期。

〔181〕参阅陈梦家《西周铜器断代》（二）（五），《考古学报》1955年第10册页98和1956年第3期页127；江鸿《盘龙城与商朝的南土》，《文物》1976年第2期。

同，但源流、地望不一，西周至春秋时期又同时并存，且在文字形体上二者也有较明确的区别，杜预、顾栋高等将其合为一体〔182〕，与史实不符。

僖公十五年齐、曹所伐和昭公四年楚灵王所灭，即古苦县及褒信两地之厉国，以前我们考虑到其与随县之厉的区别，而据《通志》和《路史》所载将其分立，然就春秋时期淮北地区的形势分析、斟酌，褒信之厉，更可能是古苦县之厉国的南迁。《左传》僖公十五年齐、曹“伐厉以救徐也”，僖公十六年又载“夏，齐伐厉，不克，救徐而还”，则先后两次受到齐师的征伐，均未被齐所克，说明其与楚国的关系和一定的军事实力。僖公十六年以后，此厉国不再见于记载。而褒信之厉来源不明，在春秋早、中期楚灭息、黄、蒋诸国，经略东土的一系列行动和文献记载中，从不见其活动的踪迹，日本学者白川静先生即认为褒信之厉是苦县之厉迁徙而来〔183〕，可信。然又从《方舆纪要》等说与淮南商城之赖亭混为一谈，则有误。

苦县之厉国的南迁，大致在僖公十六年齐师再次伐厉之后，因担心齐国更大的报复而南徙就楚，与顿国因陈之压迫迁于南顿、许国因郑的侵伐而迁于叶的情形相仿。鲁昭公四年，楚灭厉而迁之于鄢，实为楚灵王之世争霸中原、大力经略北方和东方，加速淮域中上游地区楚国一体化进程而采取的步骤之一，其后灭陈、蔡，并迁沈、胡、申、道、房、许诸小国于荆均属此类，同时，也是出于加

〔182〕 参阅《春秋大事表》卷六下“春秋时赖厉为一国论”；陈槃先生亦主此说（参阅《春秋大事表列国爵姓及存灭表撰异》第4册页306—310“厉”条），皆误。

〔183〕 参阅注〔175〕所引白川静文。

强东土防御备吴的需要。

厉（赖）人被迁于鄢后，不再见其活动的踪迹，楚平王即位后复诸国于淮域故地，亦无厉人再立之记载，说明因昭公四年为楚灵王所灭，使本来就很弱小的厉人更为削弱，无力重新复国了。

由上所述，先秦时期共有两个厉（赖）国，一在随枣走廊内今湖北随州东北百里的殷店一带（后世学者大都将其定在随州西北四十里之厉山店，实误），一在淮河以北的今河南鹿邑县东十里之古厉乡；随州之厉为南方古族厉山氏之后，至迟于西周初年已经立国，属周之南土诸侯；鹿邑之厉族源不明，但于商末已经存在，为商朝同盟，周武王克殷后转而事周，两厉国在西周至春秋时期同时并存，均有实物资料可证。春秋早期以后，两厉国相继被纳入楚国的势力范围，附庸于楚。随州之厉约在春秋早期（或略后）灭于楚，鹿邑之厉春秋中期南迁，立国于今河南息县东北七十里的包信镇一带，春秋晚期（即鲁昭公四年，公元前538年）为楚所并，族人被迁于楚内地之鄢，最终汇入了“楚人”的行列。

第八节 许 国

一、许国的始封和地望

许为姜姓，是炎帝、四岳之后，属中原古族之一。《世本》曰“许、州、向、申，姜姓也，炎帝后”[184]；《国语·周语中》“齐、许、申、吕由大姜”，韦昭解“四国皆姜姓也，四岳之后”，记载

〔184〕 据《水经·阴沟水注》引《世本》曰。

甚明。

许，文献又作“鄦”，《史记·郑世家》载“鄦公恶郑于楚”，《集解》引徐广曰“鄦音许”；《说文》（卷六下）“邑”部言“鄦，炎帝、太岳之胤，甫侯所封，在颍川，从邑無声，读若许”，证之铭文材料，此说可信。又太岳即四岳，汉贾逵曰“四岳，官名，太岳也，主四岳之祭焉”[185]，可资印证。

许国的始封，上引《说文》言是“甫侯所封”，恐非是。鄦为许，而甫即吕，两者虽同为炎帝、四岳之后，但非一国，《诗·王风·扬之水》以申、甫、许三国并列，汉毛氏《传》“诸姜也”；宋朱熹《诗集传》“甫，即吕也，亦姜姓”，皆为明证。许慎此说，显然是由于鄦、甫（即吕）音近，而混淆了两者的关系。

《汉书·地理志》颍川郡“许”县班固原注：“故国，姜姓，四岳后，太叔所封，二十四世为楚所灭。”又杜预《春秋释例·世族谱》云：“许，姜姓，与齐同祖，尧四岳伯夷之后也，周武王封其苗裔文叔于许，今颍川许昌是也。”[186] 两相对照可知：（1）许国始封于周初武王之时，与管、蔡、陈诸国概在同时。（2）许始封之君，《汉志》作“太叔”，杜预作“文叔”，《说苑·修文》篇曰：“大者，文也”，大、太古为一字，与“文”义相通；《汉志》之“太叔”，孔颖达及宋、清学者多作“文叔”[187]，可见“文叔”是

---

〔185〕 参阅《左传》隐公十一年孔《疏》引贾逵曰。

〔186〕 参阅《左传》隐公十一年孔《疏》引《谱》云，按：《谱》即杜预《世族谱》。

〔187〕 参阅《左传》隐公十一年孔《疏》引《地理志》；《通志·氏族略二》周异姓国“许氏”；江永《春秋地理考实》卷四《列国兴废说》“许”。

其本字，“太叔”为其借字，清人王先谦以“太叔”为“文叔”之误[188]，不确。

早期许国所在，上述《汉志》和杜预《世族谱》并以汉晋许（昌）县解之，后世学者皆无异辞。《穆天子传》（卷五）载穆王东南巡，“见许男于洧上”，一同宴饮，并赐之骏马十六匹，“及暮，天子遣许男归”。周穆王时许国近洧水，当在汉晋许（昌）县无疑，与《汉志》、杜注亦可相证。

《水经·洧水注》曰：“洧水又东南，分为二水也，……一水东迳许昌县，故许男国也，姜姓，四岳之后矣，《穆天子传》所谓天子见许男于洧上者也。”则北魏许昌县仍在故许城，汉晋旧地。从唐初开始，文献所载古许国、汉晋许（昌）县的地望发生了变化，唐初的《括地志》云：“许故城在许州许昌县南（三）[四]十里，本汉许县，故许国也。”[189]其后的《元和志》《寰宇记》记载相同[190]，说明在《水经注》成书之后至《括地志》成书以前，许昌县由汉晋故址北移了四十里。唐宋许昌县在当时许州（治长社县，即今河南许昌市[191]）东北五十五里，后唐改为许田县，北宋熙宁四年省许田入长社为镇[192]，故址在今河南长葛县东南三十余里、

---

〔188〕参阅《汉书补注·地理志》颍川郡“许”县条。

〔189〕参阅《史记·夏本纪》《正义》引《括地志》云。按此引在“县南三十里”，然《史记·魏世家》《正义》又引作“四十里”，而《元和志》《寰宇记》皆作“四十里”，则“三”当为“四”之误。

〔190〕参阅《元和志》卷八，许州许昌县“故许昌城”条；《寰宇记》卷七，许州“许昌县”。

〔191〕参阅《元和志》卷八，许州总论；《方舆纪要》卷四七，河南二，许州“长社故城”条。

〔192〕参阅《文献通考》卷三二〇，舆地六，许州“许田”县。

与许昌县交界的田庄附近〔193〕，则在此以南四十里的故许国、汉晋至北魏许（昌）县治当不出今许昌市以东，靠近临颍、鄢陵二县境的魏村至张潘一带。《方舆纪要》《春秋大事表》并载许故城在清代许州（即今许昌市）以东三十里〔194〕，是正确的。南宋史籍《通志》《文献通考》以宋代许州当之〔195〕，清代志书《春秋地理考实》《水经注疏》皆定在唐许昌县（后唐至北宋前期许田县，北宋至今之许田镇、许田村）〔196〕，《大清一统志》及《汉书补注》则定在清代许州西南〔197〕，实皆未明汉晋以来许（昌）县的沿革和地望变迁而致误。

二、许国历史概览

许之立国，《国语》说是因太王之妃、王季之母太姜而封，这一方面体现了许国与周王室的关系，同时可见西周初年武王克殷后为控制汝颍地区局势所作的安排，以与商王畿故地的“三监”相配合。

从《穆天子传》穆王东南巡狩“饮许男于洧上”并请“咎（舅）氏宴饮毋有礼”，同时“赐许男骏马十六”的有关记载看，当时许

〔193〕据《元和志》《寰宇记》所载，长葛县位于许州北六十里，许昌县在许州东北五十五里，唐宋长葛县在今长葛县东北的老城镇（1960年迁于今址），则位于唐宋长葛县东南不远的许昌县应在今长葛县东南的田庄一带，“田庄”或沿宋金许田镇而来。

〔194〕参阅《方舆纪要》卷四七，河南二，许州“许昌城”条；《春秋大事表》卷七之四《春秋列国都邑表》“许”。

〔195〕参阅《通志·都邑一》周诸侯都“许”；《通考》卷二六二，封建三“许”。

〔196〕参阅《春秋地理考实》卷一，隐公十一年“许”；《水经注疏·洧水》。

〔197〕参阅《大清一统志》卷二一八，许州古迹“许昌故城”条；王先谦《汉书补注·地理志》颍川郡“许”县条。

国与王室关系十分密切，是汝颍地区地位颇尊的诸侯之一，因而受到穆王的恩宠。

有关西周中晚期许国的历史，文献失载。据《竹书纪年》曰，西周末年周幽王为犬戎所杀后“申侯、鲁侯及许文公立平王于申，以本大子，故称天王”〔198〕。作为“诸姜”之一的许国在助立平王的过程中亦发挥了重要作用。春秋初年，周室分遣王师戍守申、甫、许，以防外来势力的侵扰，说明诸国所处的战略位置以及与周王朝的特殊关系。

春秋初年以后，王室渐弱、列强代兴，郑庄公凭借其姬周宗亲和执政王室的特殊条件，首先兴起，形成“小霸”的局面，而位于郑国南邻的许国则日益受到郑国的压力和侵凌，成为郑吞并的主要目标。鲁隐公初年，郑境东南已达许都东北只有几十里的鄢邑（在今河南鄢陵县西北）一带〔199〕。隐公八年，“郑伯请释泰山之祀而祀周公，以泰山之祊易许田”，“许田”，杜注“近许之田”〔200〕，为昔年周成王营建东都之后，封与周公之地，一向属鲁，郑以位于鲁境泰山旁之祊邑与鲁之“许田”交换，显然是为了便于对许国的控制和攻击。隐公十一年，郑联合齐、鲁两国伐许，攻入许都，郑庄公将许划分两部，“使许大夫百里奉许叔以居许东偏”，另“使（郑大夫）公孙获处许西偏”，以监许民，使许沦为郑国附庸。十六年后，因郑庄公死，郑国内乱，齐、宋之师连年伐郑，许叔才趁机复

〔198〕参阅《左传》昭公二十六年孔《疏》引《汲冢竹书纪年》。

〔199〕参阅《左传》隐公元年及杜注；《大清一统志》卷一八七，开封府古迹“鄢陵故城”条。

〔200〕参阅《史记·周本纪》《正义》引《括地志》；《寰宇记》（卷七）许州许昌县“许田”（亦称鲁城）；《大清一统志》卷二一八，许州古迹“鲁城”条。

国，“入于许”[201]。齐桓霸业兴起之后，许即依附于齐，在齐国制约下许郑之间暂得相安，共同参与公元前656年齐桓主持的召陵之盟；两年后，由于郑背齐从楚，遭到齐桓率诸侯之师的围攻，楚则“围许以救郑”，诸侯之师释郑救许，楚师“乃还”，这次许虽未受到大的打击，但其北面的郑国、南边的蔡国均与楚为盟，形成对许的严重威胁，许僖公不得不在蔡穆侯的引见下，向楚屈辱求和，才得到楚人的宽容[202]。其后一段时间，许国仍多参与北方诸侯的盟会和征伐[203]，说明这时齐桓霸业的影响及许国的态度。齐桓死后，许转而附楚，参与“伐郑”“围宋”[204]，城濮之战后，许即受到晋人所率诸侯之师的征伐，因而一度附晋。楚庄王之时，楚势强盛。许背晋朝楚，此后一直附楚。

楚庄王死后，楚势稍减，晋楚两国在颍汝地区形成相持局面。《左传》成公三年，“许恃楚而不事郑，郑子良伐许”；次年冬“郑公孙申帅师疆许田”，为许所败，接着郑悼公再次伐许，“取鉏任、泠敦之田”，成公五年，两国讼于楚，郑不胜，“请成于晋”。

鲁成公八年（公元前583年），郑会晋师伐蔡、沈，过许东门，见其无备，攻之而“大获”；次年，郑又围许。成公十四年，郑子罕伐许，为许所败，接着郑成公亲临伐许，攻入许都外城，许只得割地与郑讲和。鲁成公十五年，“许灵公畏逼于郑，请迁于楚。辛

---

〔201〕 参阅《左传》桓公十五年《经》《传》和《史记·郑世家》。

〔202〕 参阅《左传》僖公六年。

〔203〕 据《左传》，僖公八年、九年，许参与齐主持的“洮”和“葵丘”之会；十年参与“伐北戎”；十三年参与“咸”之会；十五年参与“牡丘”之会及伐厉救徐之役；十六年参与淮之会等。

〔204〕 参阅《左传》僖公二十二年、二十七年。

丑，楚公子申迁许于叶”。许故地终为郑有，而许国则从此寄篱于楚境，仰楚人鼻息求生存，在频繁的迁徙中走完了其最后的历程。

三、许之迁徙与灭亡

许迁之叶，杜预注为晋叶县，即今河南叶县南三十里之“旧县”〔205〕，正当楚方城以外，战略地位十分重要。楚于鄢陵败于晋后，国力不振，鲁襄公三年（公元前570年），晋以许事楚，不会鸡泽，出师伐许，侵及楚方城之外，显然是向楚示威、挑战。襄公十六年，许灵公请迁于晋，杜预注“许欲叛楚”，可见晋楚鄢陵战后，许日益受到晋国势力的侵伐，故欲叛楚和晋。由于许大夫不从，迁晋未成，却再次受到晋、郑之师的侵伐，次及棫林、函氏，两地杜预说是“皆许地”，然未言所在，清人顾栋高认为在今叶县北和东北〔206〕，或是。可见楚迁许于叶后，将方城外以叶为中心的一片土地、城邑划归许人所居，棫林、函氏即其一部。

鲁襄公二十六年，“许灵公如楚，请伐郑，曰：‘师不兴，孤不归矣！’八月，卒于楚”。说明许、郑积怨之深，世为仇敌。

鲁昭公四年（公元前538年），楚灵王灭赖，“迁赖于鄢，楚子欲迁许于赖，使斗韦龟与公子弃疾城之而还”。赖在今息县东北的包信镇一带（说详本章第七节），楚灵王欲迁许于淮域上游北岸的赖（厉）国故地，其目的在于收回叶及附近要地，以加强方城内外的控制和防御，同时缓解晋、郑伐许所带来的压力。然因“东国水，不可以城，彭生罢赖之师”，许迁赖未成。五年后（即鲁昭公九年），“楚公子弃疾迁许于夷，实城父”，夷原为陈邑，鲁僖公

〔205〕参阅《大清一统志》卷二一一，南阳府古迹“叶县故城”条。

〔206〕参阅《春秋大事表》卷七之四《春秋列国都邑表》“许”条。

二十三年为楚所取，故城在今安徽亳县东南七十里之城父集，地处楚宋之间。楚迁许于夷后，一方面“取州来淮北之田以益之”，即将淮北今凤台至城父一带的土地划归许国，以处其民；同时为防止许处边地有叛心，“迁许而质许围”〔207〕，以相牵制。

《左传》昭公十三年：“楚之灭蔡也，灵王迁许、胡、沈、道、房、申于荆焉，平王即位，既封陈、蔡，而皆复之。”楚灭蔡在鲁昭公十一年，则许从叶迁夷只两年，又被楚灵王将其与诸小国一并迁于楚之内地的荆山附近。此次大规模的迁徙，为楚灵王所强使，故楚平王即位“而皆复之”，以此收取民心。因而，许在楚内地不出两年，便又回到方城之外的叶邑旧地〔208〕。但由于叶地战略位置紧要，楚担心许在此会重新激化与郑之间的矛盾，引起晋、郑的侵伐而危及楚国的安全，鲁昭公十八年，“楚子使王子胜迁许于析，实白羽”。析，原为楚邑，《左传》僖公二十五年，“秦人过析隈”，杜预注：“析，楚邑，一名白羽，今南乡析县。”故城在今河南西峡县东北一公里的莲花寺岗〔209〕，当楚、秦交通之要冲。经过这一系列的来回迁徙、奔波，许的国力当受到极大的削弱，政治、经济、文化当不断楚化。

鲁定公四年（公元前506年），“许迁于容城”，对此迁徙的具体原因，《左传》无载；关于容城的地望，东汉人应劭认为即汉南郡华容县〔210〕，不确。据《左传》定公六年，“郑灭许，因楚败

〔207〕 参阅《左传》昭公十三年。

〔208〕 参阅《左传》昭公十八年及杜预注。

〔209〕 详拙作《〈水经注·丹水篇〉错简考订——兼论古析县、丹水县的地望》《中国历史地理论丛》1988年第4辑。

〔210〕 参阅《汉书·地理志》南郡“华容”县颜师古注引应劭曰。

也”。若容城在南郡华容，地处楚郢都东南，当时实力远弱于楚的郑国，是决不可能逾方城、济汉水而灭楚内地之许国的，因此，清代的《方舆纪要》《春秋大事表》等一系列志书均对许迁华容之说提出质疑，并一致认为容城应在“南阳府叶县西”[211]；从定公六年郑灭许的史实分析，应以叶县西、鲁山东南为是。据此，许在析过了十八年之后，仍又迁回其居住时间较长的叶邑附近，因容城北去已为郑邑的“旧许”不远，故郑趁“楚败”之机，即南下灭许以除隐患。

《左传》定公六年《经》《传》并载许为郑所灭，然哀公元年《经》却又载许男参与楚师围蔡，哀公十三年又云“夏，许男成卒”并“葬许元公”，杜预注：“定六年，郑灭许，此复见者，盖楚封之。”

许之终灭，《韩非子·饰邪》载“许恃荆而不听魏，荆攻宋而魏灭许”，以许为魏所灭。清人周寿昌、王先谦以及近人许同莘等均作此说[212]，然上引《汉书·地理志》颍川郡“许”县班固原注说“二十四世为楚所灭”，《左传》隐公十一年孔颖达《正义》引杜预《(世族)谱》曰：“自文叔至庄公十一世始见《春秋》，元公子结元年，获麟之岁，当战国初，楚灭之。”今人何浩先生结合相关史实对两说进行了认真分析，认为许为魏灭，缺乏史实根据，最终灭许者应是楚[213]，可信。

由上所述，许从周初文叔受封，至春秋中晚之际灵公迁叶，作

---

〔211〕参阅《方舆纪要》卷一，历代州域形势一“许”；《春秋大事表》卷七之四《春秋列国都邑表》“许”条。

〔212〕参阅《汉书补注·地理志》颍川郡“许”县；许同莘《许国史地考证》，《东方杂志》第41卷第18号（1941年9月）。

〔213〕参阅何浩《楚灭国研究》下编“许国”。

为周室封国在洧上“旧许”之地活动达四个半世纪左右；从灵公迁叶寄篱楚境，辗转迁徙达六次之多，到战国时最终为楚所灭，又经历了百余年的时间。

四、许国铜器及其文化初析

目前所见传世和1949年以后出土的许国铜器，是我们探讨许国历史和文化的第一手资料。

（1）许仲尊、卣。

二器同铭，各有铭文三行十二字，应是一套礼器中的两件。

> 鄦中（仲）□作厥文考宝尊彝，日辛。〔214〕

“鄦”，清代以来学者多释“鄦”，即文献之许，近年，许男鼎、许公簠的出土证实释许不误。两器形制不明，从铭文字体看，波磔明显，“文”字中间添加纹饰，“宝”所从“贝”呈原始贝形，其时代应在西周初年。“许仲□”应是许国贵族，与许之始封之君文叔或有一定联系。

（2）许男鼎。

1967年陕西长安马王村一处西周铜器窖藏出土，有铭文四行十七字：

> 鄦男作成姜趄母媵障鼎，子子孙孙永宝用。〔215〕

---

〔214〕参阅《三代》11.31.3和13.34.5。

〔215〕参阅珠葆《长安沣西马王村出土“鄦男”铜鼎》，《考古与文物》1984年第1期。

鼎是许男嫁女所作的陪器，“成姜”乃其女之字，“趞母”其名，按媵器铭文称字的惯例，“成”是夫方国名，“姜”为许国之姓，此器的出土说明：1. 旧释“鄦”即姜姓之许完全坐实；2. 铭称“许男”，与文献所载许之爵称相合；3. 许与成国通婚，“成”文献或作“郕”，据《左传》僖公二十四年所载，是文王子所封，为周室宗亲。许、成联姻，实为长期以来姬、姜两姓互为婚姻之继续。

器作圆形、侈口、立耳，腹部较深，三兽形足，口沿下饰环纹和凸弦纹各一周，整个形制与宣王时期的毛公鼎近似，《简报》定为西周晚期，当是，应为厉、宣时器，此“许男”约较两周之际辅立周平王的许文公早一至二世。

（3）许姬鬲，有铭文七字：

鄦（许）姬作姜虎旅鬲。（《三代》5.19.2）

“许姬”，为姬姓女子嫁于许君者，与上器许女适成称“成姜”同例，是为姬、姜互婚的又一明证。此鬲器形不见，从铭文字体和风格看，应属西周晚期器物，与上述许男鼎时代相近。

传世蔡太师鼎铭载：“隹正月初吉丁亥，蔡太师□媵鄦（许）叔姬可母飤緐，……”（《大系》录192，考178）

鼎为蔡国太师嫁女于许所作，“许叔姬”与上器之“许姬”同为姬姓之女适许者。另据《左传》隐公十一年载郑庄公所言，春秋初年以前，许、郑两国旧有“婚媾”，由此可见，春秋晚期以前许之姻族多为姬姓宗支，这与前述陈国的情况一致。

此器铭文结体变长，向秀隽发展，呈现出南系文字的特色，其时代应在春秋中期偏后或中晚之际。

（4）许子盥师钟。

传世有两件，铭文内容相同：

> 隹王正月初吉丁亥，鄦（许）子盥师择其吉金，自作铃钟……〔216〕

钟的形制、花纹与宋公戌钟一致，“宋公戌”，郭老根据清人所考定为宋平公〔217〕，时在春秋晚期前段，许子钟的时代当与此相近。

（5）传世有一件许子妆簠，有铭文五行三十三字：

> 隹正月初吉丁亥，鄦（许）子妆择其吉金，用铸其匿，用塍孟姜秦嬴……〔218〕

簠是许子妆为孟姜秦嬴嫁往他国所作的媵器，“许子妆”，郭沫若先生认为“与许子钟之盥师疑是一人”。“孟姜”为许女，“秦嬴”为秦女，郭老以“许与秦同时嫁女，或许适秦为媵，秦适许为媵，故铸器以分媵之”。杨树达先生则认为许女外嫁，秦女为媵，共适一夫，许子作器一并媵之〔219〕。今按，杨先生以二女并适一国可从，然以秦为许媵值得考虑，此器时代，不早于春秋中晚之际的秦景公、许灵公之世，这时的许国北受郑逼而南面附庸于楚，国力衰弱，难以与“霸西戎”的强秦等列，许女外嫁，秦以女为媵，不合

---

〔216〕参阅《大系》图 246，录 193，考 178。

〔217〕参阅《大系》图 240—245，录 206，考 185。

〔218〕参阅《大系》图 177，录 194，考 179。

〔219〕参阅杨树达《积微居金文说》卷三，曾侯簠跋。

情理。从当时形势分析，秦女外嫁许女为媵，许子作器一并媵之的可能性当更大一些。

（6）许公买簠。

为武汉市文物商店所收集，器、盖各有铭文八行三十五字：

> 隹王正月初吉丁亥，鄦（许）公买择厥吉金，自作饮匿……〔220〕

“鄦”，曹锦炎先生释樊，李家浩先生释许，并认为即文献所载的许悼公买〔221〕，今按，“鄦”从無从皿，与西周许男鼎、许姬鬲之鄦一致，李先生所释当是。据《春秋经》《传》记载，许悼公买于鲁襄公二十七年至昭公十九年（即公元前546—前523年）在位，其间经历了由叶迁夷、由夷迁荆、再由荆复叶和从叶至析四次迁徙，铭文之“王”当即楚王，“王正月”非楚正莫属，器物形制、花纹和铭文字体所体现的楚文化面貌亦为其证。

（7）许戈。

当阳赵家湖45号楚墓出土，长胡四穿，内上一长穿，内较平直，援部上昂，内面有错金双线鸟纹图案，援和胡部有错金铭文四字：

> 鄦之造戈。〔222〕

---

〔220〕 同注〔69〕。

〔221〕 参阅曹锦炎《关于樊公簠铭文的一点意见》，《江汉考古》1983年第4期；李家浩《关于许公买瑚的一点意见》，《江汉考古》1984年第1期。

〔222〕 参阅卢德佩《湖北省当阳县出土春秋战国之际的铭文铜戈》，《文物》1980年第1期。

戈铭“许”字，与蔡太师鼎写法相同。此戈族属，黄盛璋先生认为是灭国以前的许人所造〔223〕，当是。其时代，黄先生定在春秋晚期，从援部形制看，应为春末战初之物。

综上所述，1. 许国铜器从西周初年至春末战初均有发现，这与文献所载许国历史相一致，尤其是许男鼎、许公买簠的出土，为我们结合实物资料探讨许国历史和文化提供了确切证据。

2. “许”字，西周铭文作鄦，东周时期鄦、鄦、鄦并用，汉代隶书作“许”而偶存“鄦”，可见其变化的大致脉络，清人段玉裁说鄦“盖周字之存者”〔224〕，颇有见地。

3. 就文化面貌看，西周许器如许男鼎，在形制、花纹、铭文风格诸方面，与中原姬周文化一致，说明此间王室的力量和地位，以及许与周室的密切关系。春秋早、中期的许国铜器未见，然从春秋中晚之际至春末战初的器物和铭文分析，体现出浓郁的楚文化特征，以致郭老认为“许国文化属于南系”〔225〕，许国文化面貌的这一显著变化，实为春秋中期以来许国长期附庸于楚历史状况的必然结果。

4. 许男鼎铭许君自称“许男”，与文献记载许国爵称完全一致，由此可见，至迟在西周晚期，诸侯爵称似有定制，这一发现，对我们进一步研究周代诸侯爵称这一先秦史上极其重要而长期争论不清的问题提供了宝贵资料。春秋中晚期，许国仰楚生存，弱不堪言，许公买簠铭却仍称“公”，是为当时礼崩乐坏、争相僭越的一

〔223〕 参阅黄盛璋《当阳两戈铭文考》，《江汉考古》1982年第1期。
〔224〕 参阅《说文解字注》卷六下，“邑”部“鄦”条。
〔225〕 同注〔216〕。

个缩影，同时说明许子钟等铭之“许子”未必均是许君，郭老以“古公、侯、伯、子之称实无定制”相解，不太确切。

最后，有一问题值得讨论，除上述诸器外，另有部分传世和新出土的以“無”为族氏或名的铜器，每有学者作为许器而论，如無大邑鲁生鼎、無叀鼎、無臭鼎之無，郭老认为是“鄦省”，并列为许器〔226〕；容庚先生亦释“無”为“鄦”〔227〕；1949年后安徽宿县出土的無者俞钲，郭老说“無当是许国之许，古又作鄦”〔228〕，黄盛璋先生亦有此论〔229〕。今按，此说值得商榷。

其一，上述确考属许之器如许男鼎、许子钟、许公买簠以及蔡太师鼎铭之“许”或作醬、或作鄦、鄦，而无作“無”者，说明在用作族氏名称上是有一定区别的。

其二，传世所见以“無”为氏的铜器，从铭文内容看多与许国无关，如無矛鼎之“無矛”（《三代》3.21.4），作册般甗称“人方無矛”（《三代》5.11.1），是商代后期人方首领；西周穆王时孟簋之“無需”，为被毛公、遣仲所征伐的异族首领〔230〕，其与颇受穆王恩宠的“舅氏”许国无关；無㠱簋之“無㠱”，虽为王室大臣，并参与征伐淮夷受到天子赏赐，然铭载其“皇祖厘季”〔231〕，与许并不同族，周宣王时大臣“無叀”当其后人；又春秋时無期鼎之“無期”，自称为“曾孙”（《三代》3.41.4）；無土鼎之“無土”，自称

〔226〕参阅《大系》考179：鲁生鼎。

〔227〕参阅《通考》304：17，图3。

〔228〕参阅郭沫若《曾子斿鼎、無者俞钲及其它》，《文物》1964年第9期。

〔229〕参阅黄盛璋《朴君述鼎国别、年代及其相关问题》，《江汉考古》1987年第2期。

〔230〕参阅《长安张家坡西周铜器群》（文物出版社1965年3月第1版）页2。

〔231〕参阅《大系》图163，录107，考120。

“吴王孙”〔232〕。这些“無”字，显然是不能依無、鄦相通之例一并释“许”的，無大邑鲁生鼎、無者俞钲、無臭鼎的情况亦当如此。据無者俞钲铭：“蒿君……作無者俞宝……”，無者俞应是蒿君族人，言其为许人不妥。

以上史实说明，铭文之“無”与醬（或鄦、鄦）在作为族氏之称时区别明显，不能通用，無氏铜器并非许器，这是我们在利用实物材料研究许国历史与文化时所应明辨的。

第九节　应、胡、养诸国综议

应、胡、养并为淮北汝颍地区小国，其族姓不同，立国先后有别，政治、经济实力和文化面貌各异，然进入春秋以后均为楚所并，成为楚国疆土和文化的重要组成部分，关于诸国的源流、文化以及历史地理等方面，已有学者分别作过研究，取得了一系列较为可信的成果，这里仅就有关问题作些分析、补充。

一、应国述略

应原为商代封国，《竹书纪年》曰“殷时已有应国”〔233〕，武丁卜辞有“贞王入应、郑，贞勿应、郑”（《合集》14161）；乙、辛卜辞亦载“贞王步于应，无灾”（《续》3.30.6），是为明证。殷商应国的族属和有关史实，现已无从稽考，其立国，已故学者丁山先生曾据卜辞推断：“殆受封于武丁之世矣。”〔234〕今人齐文心先生说：

---

〔232〕参阅韩伟等《陕西凤翔高王寺战国铜器窖藏》，《文物》1981年第1期。

〔233〕参阅《水经·滍水注》引《汲冢古文》。

〔234〕参阅丁山《甲骨文所见氏族及其制度》（中华书局1988年4月新1版）页125。

"现据甲骨卜辞可以肯定，自武丁时期至帝乙、帝辛时期，应国和殷王朝存在着密切的关系。"〔235〕说明应立国尚早，是商殷王朝的重要同盟之一。

周代应国，《左传》僖公二十四年载周大夫富辰曰："昔周公吊二叔之不咸，故封建亲戚，以蕃屏周。……邘、晋、应、韩，武之穆也。"杜预注："四国皆武王子。"当是在伐灭商代应国之后，因商应故地而封姬周宗亲所建，立国于西周初年三监之乱后的周公执政期间。可见周代商政，部分诸侯国在名称、地望方面虽仍沿商旧，但族属内涵却发生了根本变化，应、唐（即晋）之封，皆其例证。

据《逸周书·王会解》"成周之会，……内台西面者，正北方应侯、曹叔、伯舅、仲舅，比服次之……"，晋孔晁注："应侯，成王弟。"应侯列于其叔父曹叔和仲舅、伯舅之前，说明其位之尊；《诗·大雅·下武》说"媚兹一人，应侯顺德"，应侯以恭顺、仁德名称于世，与《逸周书》所载互相印证。

又《国语·郑语》载史伯曰"当成周者，南有荆蛮、申、吕、应、邓、陈、蔡、随、唐"，反映了西周晚期周朝南土的诸侯国形势，可见当时应国尚存。

应国的地望，《汉书·地理志》颍川郡"父城"县班固原注："应乡，故国，周武王（弟）[子]所封。"《左传》僖公二十四年杜预注："应国在襄（阳）[城]城父县西南。"〔236〕又《水经·滍水注》载："滍水又东迳鲁阳县故城南，……滍水东迳应城南，故应乡也，

〔235〕参阅齐文心《关于商代称王的封国君长的探讨》，《历史研究》1985年第2期。

〔236〕今本杜注"襄阳城父县"应是"襄城城父县"，为后人传抄之误，《春秋释例》作"襄城"即可为证。

应侯之国，《诗》所谓应侯顺德者也。”并言附近有应山、应水。古滍水，即流经今鲁山县、平顶山市南、叶县北之沙河〔237〕；汉晋父城县，在唐宋郏城县（即今河南郏县）东南和清代宝丰县东四十里处〔238〕，即今宝丰县东境、与郏县交界的翟集偏南。则位于汉晋父城西南、古滍水北岸之应城当不出今沙河以北的平顶山市西境（原属宝丰县）一带。《元和志》（卷六）汝州龙兴县“滍阳城”条说：“一名应城，在县南二十五里，后魏置滍阳县，隋开皇十年改为湛水，武德四年又置滍阳县。”北魏至唐初滍阳县，《大清一统志》引《旧志》曰：“今为滍阳镇，在宝丰县东南三十里。”〔239〕旧滍阳镇在今平顶山市以西，1959 年修白龟山水库后为水所淹。唐至清代部分志书又说故应城在鲁山县东三四十里处〔240〕，所指实一。

1979 年以来，在原滍阳镇西门外土岗上先后出土四件邓公嫁女于应国所作铜簋〔241〕，估计当出自同一墓葬；1982 年 11 月，在附近不远的一座土坑竖穴墓中又出土一批“应事”铜器〔242〕，这两批器物的出土证明，这片土岗应为周代应国贵族墓地，其东边不远

---

〔237〕 参阅《大清一统志》卷二一〇，南阳府山川“滍水”条。

〔238〕 参阅《元和志》卷六，汝州郏城县“父城故城”条；《寰宇记》卷八，汝州郏城县“故父城”条；《大清一统志》卷二二五，汝州古迹“父城故城”条。

〔239〕 参阅《大清一统志》卷二二五，汝州古迹“滍阳故城”条。

〔240〕 参阅《史记·秦本纪》《正义》引《括地志》；又《方舆纪要》卷五一，河南六，汝州鲁山县“应城”条。

〔241〕 参阅平顶山市文管会《河南平顶山市发现西周铜簋》，《考古》1981 年第 4 期；平顶山市文管会《河南平顶山市又出土一件邓公簋》，《考古与文物》1983 年第 1 期；张肇武《平顶山市出土周代青铜器》，《考古》1985 年第 3 期。

〔242〕 参阅平顶山市文管会《河南平顶山市出土西周应国青铜器》，《文物》1984 年第 12 期。

的原滍阳镇一带当即古应国所在，考古材料与文献记载完全相合。

另《元和志》《寰宇记》在记载古应城、应乡的同时，并以汉晋父城、叶县等地为古应国地〔243〕，则应国以旧滍阳镇一带为中心，北达汝水、南至叶邑、东与姬姓胡国为邻、西与戎蛮诸邦相交，正当方城口外，阻“夏路”之咽喉，周公封应侯于此，可见其明确的政治目的和军事意图。

二十世纪五十年代，陈梦家先生曾对传世的十二件应公诸器作过综述〔244〕，随着其后应监甗、应侯钟，特别是近年平顶山市西境邓公、应事器群的相继出土，周永珍、马世之等先生又先后进行了系统研究和探讨〔245〕，使应国铜器的年代序列和文化面貌基本明确。综而言之，传世应公诸器、应叔方鼎，以及江西余干出土的应监甗均属西周初年的成、康时期；应事诸器的时代约在西周中期前段的穆共前后，应侯见工钟当共懿时器，四件邓公簋的时代大致在孝、夷之世，传世另外两件圈足下附加三小足、身饰瓦纹和重环纹的簋具有西周晚期厉、宣时期特色，两件有铭兵器如应父戣、应公剑的时代与应侯簋大致相当或略晚。

由上可见：（1）应国铜器于西周各段序列完整，且多成组出现，文化面貌属典型姬周文化系统。（2）应君既称“应侯”，又称“应公”。结合《诗》和《逸周书》的记载分析，“侯”当为应国爵

〔243〕 参阅《元和志》卷六，汝州郏城县“父城故城”条；《寰宇记》卷八，汝州“叶县”和郏城县“故父城”诸条。

〔244〕 参阅《西周铜器断代》（三）成康时器“应公觯”，《考古学报》1956年第1期。

〔245〕 参阅周永珍《西周时期的应国、邓国铜器及地理位置》，《考古》1982年第1期；马世之《应国铜器及相关问题》，《中原文物》1986年第1期。

称，应侯钟铭“皇祖应侯”亦可为证。“应公”之称，有学者认为属于僭越，恐不确，应公诸器多属周初，此“公”当即应之始封之君或下一代，正值王室强大、成康振兴之际，以“顺德”著称的应侯不致有越礼之举，铭称“应公”，反映应君地位之尊，颇受王室恩宠，与周公、召公、毕公之例相同。（3）西周中晚期，应国先后与嫚姓邓国和姜姓诸国通婚，邓国位于南阳盆地南缘的汉水北岸，应、邓联姻，说明西周中期前后，应国与江汉地区的联系，同时也从侧面反映了周王室对“南土”的经营。

西周以后，有关应国的史实不再见于记载，考古材料中亦少有东周时期的应国实物，说明周室东迁以后，应国的实力和地位也受到极大的削弱，随着列国争强、诸霸代兴局面的形成，位居“夏路”以左的应国自然受到列强的侵伐和争夺。应国的灭亡，文献无征，何浩先生结合当时列国的形势和楚国北部疆域的发展，认为当灭于春秋早期偏晚的楚文王“封畛于汝”之时〔246〕，可备一说。前些年，南阳市博物馆曾收集到一件内壁铸有“应侯之子孙……”铭文的鼎盖，时代约在春秋中期偏早〔247〕，是目前所见最晚的一件应器，然因全铭内容未予发表，不知此器是灭国以前的应器，还是灭国以后的应氏遗民所作。我们相信，随着新材料的不断面世，这一问题的解决当为期不远。

二、胡国析异

胡为归姓，《世本》和《潜夫论》有明确记载〔248〕，《左传》襄

---

〔246〕参阅何浩《应国兴亡考略》，《先秦史研究》（云南民族出版社1987年10月版）页158—163。

〔247〕此材料是笔者于1984年冬在南阳市博物馆参观时，保管部崔庆明股长见告，于此引作参考。

〔248〕参阅《史记·陈杞世家》《索隐》引《世本》和《潜夫论·志氏姓》。

公三十年载鲁襄公夫人“胡女敬归”和“齐归”，杜预注“胡，归姓之国”均为明证。

胡，金文作㝬，1978年4月陕西武功任北村西周铜器窖藏出土的㝬叔簋铭载：“㝬叔㝬姬作伯媿媵簋……”〔249〕簋是㝬叔夫妇为其长女“伯媿”外嫁所作，依媵器铭文称字的习惯，“伯”是排行，“媿”即㝬（胡）国之姓。按“媿”古与“愧”通〔250〕，又借作“归”，《战国策·秦策一》“状有归色”，高诱注：“归当终愧，愧，惭也，音相近，故作归耳。”据此，归姓胡国之“归”，实为媿的同音假借，李学勤先生说铭文之㝬“就是文献中归姓的胡国”〔251〕，应可成立。

胡国的地望，《汉书·地理志》《续汉书·郡国志》并以当时的汝南郡女（汝）阴县即“故胡国”，《春秋》昭公四年杜注：“胡国，汝阴县西北有胡城。”汉晋汝阴县，唐宋沿置不变，为颍州所治，元至元年间省入颍州，清雍正十三年升颍州为府，乃“以州地置阜阳县，治郭下”〔252〕。清阜阳县即今安徽省阜阳市，则位于旧汝阴县西北二里的胡国城当不出今阜阳市西北部，其所在，北面是养、顿、项、陈、厉诸国，西边是姬姓的沈、蔡，西南为息及江、黄，南边隔淮水与姬姓的蒋、蓼相望，东和东南即为偃、嬴族系的淮夷诸邦，正为诸夏与淮夷的接合部。古胡国在此，说明西周时期或更早，确有一支媿姓的狄人南下，立国于淮河中上游地区。

---

〔249〕参阅卢连成、罗英杰《陕西武功县出土楚簋诸器》，《考古》1981年第2期。

〔250〕《说文》曰“媿，惭也”；《尔雅·释言》“愧，惭也”，二字实一。

〔251〕参阅李学勤《从新出青铜器看长江下游文化的发展》，《文物》1980年第8期。

〔252〕参阅《大清一统志》卷一二八，颍州府建置沿革“阜阳县”条。

西周胡国的历史，文献失载，据传世䧹鼎铭载：“隹十又一月，师雍父省道至于𫔨，䧹从，……”又遇甗曰：“隹六月既死霸丙寅，师雍父戍在古师，遇从，师雍父肩使遇事于𫔨侯……”〔253〕两器所载均为西周穆王时抵御淮夷的史实。铭文之“古”，郭老认为“字固是苦味之苦”，蔡运章先生进而说即古苦县〔254〕，当是。古苦县即今河南鹿邑县，在胡国以北，西周至春秋早期当为古厉国之地（说详本章第七节），师雍父率周师戍此，显然是为了防御淮夷沿涡、颍诸水西北而上侵扰诸夏，与胡国控挟颍水下游相呼应。据西周晚期的𫔨叔鼎、簋铭，𫔨叔之妻为姬姓之女；又传世𫔨叔簠铭载“𫔨叔作吴姬𫝗匿，其万年子子孙孙永宝用”〔255〕，簠的时代，从铭文字体和风格看约在春秋早期，“吴姬”当是吴女嫁于𫔨叔为妻者，则长期以来，胡与姬周诸裔世婚，关系甚为密切。

传世另有一件𫔨侯之孙鼎，有铭文两行七字：“𫔨侯之孙陈之鼎”〔256〕，器作平折沿、附耳、斜腹壁、深腹圜底，三足较矮，中腹两周凸弦纹，上部为蟠虺纹，下饰三角云纹，时代约在春秋中期后段。铭称“𫔨侯”，与遇甗所载一致，说明古𫔨（胡）国在周王室中的地位，《春秋》经、传并称“胡子”，当因春秋中期以后胡国长期附楚而贬之，后世文献据此以胡为“子”爵，与实际情况不符。

胡于《左传》所载，最早见于襄公二十八年，作为楚的附庸之国朝晋，其被纳入楚的势力范围当更早，不晚于春秋中期的楚

---

〔253〕参阅《大系》图7，录31，考59和图46，录32，考60。

〔254〕参阅蔡运章《胡国史迹初探》，《楚文化觅踪》（中州古籍出版社1986年7月第1版）页200—214。

〔255〕参阅《三代》10.10.4。

〔256〕参阅《通考》302：100，图97。

穆、庄之世。鲁昭公十一年（公元前 531 年），楚灵王灭蔡后并将胡等淮域诸小国迁于楚之内地；两年后，楚平王即位，“皆复之”，胡当又回到淮北故地。昭公二十三年，胡参与楚师伐吴，大败于鸡父，胡君被吴所杀。七年后，吴公子掩余、烛庸奔楚，“楚子大封，……使居养”，并“取于城父与胡田以与之”〔257〕，即以城父和胡国的部分田地划为居养的吴公子封地，可见此时的胡国已成为楚所任意宰割的对象，国力、疆土都极大地削弱了。鲁定公四年，胡子参与晋、蔡等联合“侵楚”的召陵之会；又《左传》定公十五年载：“吴之入楚也，胡子尽俘楚邑之近胡者。胡子豹又不事楚，曰：‘存亡有命，事楚何为？多取费焉。’二月楚灭胡。”则胡不仅于定公四年参与了诸侯讨楚的召陵之会，并于吴、唐、蔡联兵入郢的同时，趁火打劫，占据了一批邻近胡国的楚国土地和聚邑，以致楚在复国、内部形势相对稳定后，即出兵灭了胡国，时为楚昭王二十一年，公元前 495 年。胡与楚国关系的这一转折，一方面反映了当时楚国众叛亲离的危急形势，同时也可见楚灵王以来对胡等附从诸国肆意侵凌所带来的严重后果。

另据文献记载，西周时期，淮北地区除了媿（归）姓胡国之外，还有一姬姓胡国。

《史记·韩非列传》引《韩非子·说难》篇云：“昔者郑武公欲伐胡，乃以其子妻之。因问群臣曰：‘吾欲用兵，谁可伐者？’关其思曰：‘胡可伐。’乃戮关其思，曰：‘胡，兄弟之国也，子言伐之，何也？’胡君闻之，以郑为亲己而不备郑，郑人袭胡，取之。”唐张守节《正义》引《世本》云“胡，归姓也”，又引《括地志》

---

〔257〕参阅《左传》昭公三十年。

云："胡城在豫州郾城县界。"南宋马端临的《文献通考》却曰："胡，姬姓，子爵，国在汝阴县西北胡城。"[258]与《正义》之说相反；罗泌的《路史·国名纪四》则引《盟会图》云："胡在豫之郾城，此姬姓胡。"今人杨伯峻先生以郾城之胡即哀公六年齐景公妾"胡姬"之国[259]，何浩先生亦有进一步的申论[260]。今按，齐景公妾"胡姬"于《左传》哀公六年和八年均有记载，以周代"妇人称国及姓"的一般规律，"胡姬"应是姬姓胡国之女适齐者，与蔡女嫁于齐桓称"蔡姬"(《左传》僖公三年)、卫女适齐僖公称"卫姬"(《左传》昭公十三年)同例，而与归姓胡国非一体。

归姓胡国在古汝阴县、即今安徽省阜阳市一带，已见上述，则《括地志》《盟会图》所言郾城之"胡城"应是姬姓胡国所在，即《韩非子》记载被郑武公所伐的"兄弟之国"，其位于新郑以南，与郑武公"袭胡"之事相印证。然此胡国何时受封，为谁所灭，文献无征，有待地下实物资料的补充。

三、养国简论

养是淮北地区一个文献失载的古国，二十世纪七十年代以来，部分羕（按即"养"之古体，又加邑作鄴，今皆隶作"养"）氏器物的出土，为我们探讨养国历史提供了帮助。

传世羕史尊，有铭文两行五字"羕史作旅彝"，"羕史"，张亚初、刘雨两先生认为即"诸侯史官"[261]，其时代，黄盛璋先生定

---

〔258〕参阅《文献通考》卷二六三，封建四"胡"条。

〔259〕参阅《春秋左传注》襄公二十八年。

〔260〕参阅何浩《楚灭国研究》中编，"姬姓胡国与归姓胡国"节。

〔261〕参阅张亚初、刘雨《西周金文官制研究》(中华书局 1986 年 5 月版)六：史官类。

为“西周前期之器”〔262〕，则养于西周前期当已立国。

1970年冬，湖北江陵岳山大队一座春秋土坑墓出土了一批青铜器，其中簠之器、盖各有铭文四行二十六字，内容相同：

> 𩵦伯受用其吉金作其元妹叔嬴为心媵𨰧匿，子子孙孙其永用之。〔263〕

簠是养伯为其元妹“叔嬴为心”外嫁所作的媵器，“叔嬴”是字，“为心”其名，依媵器铭文称字的惯例，“叔”是排行，“嬴”即养之族姓，与黄太子白克盘之“仲嬴”、黄季鼎之“季嬴”同例。据此，养为嬴姓，属东夷少皞之裔，与淮域上游地区的江、黄、樊诸国同族，东汉王符《潜夫论·五德志》以养为姬姓之属，显然是弄错了。铭称“养伯”，“伯”当其爵称，说明养受封于周室，是嬴姓集团中较有地位者。此墓的时代，《简报》定于春秋中期，当是；养器出于江陵，应为叔嬴所适。

养之地望，文献可考者有两处，一即《左传》昭公三十年，“吴子使徐人执掩余，使钟吾人执烛庸，二公子奔楚。楚子大封，而定其徙，使监马尹大心逆吴公子，使居养，莠尹然、左司马沈尹戌城之，取于城父与胡田以与之，将以害吴也”之楚养邑，此“养”，杜预注“即所封之邑”，地望不明，清人著作《方舆纪要》

〔262〕参阅黄盛璋《养器与养国地望及与楚之关系考辨》，《江汉考古》1988年第1期。

〔263〕参阅荆州地区博物馆《江陵岳山大队出土一批春秋铜器》，《文物》1982年第10期。

等均认为在当时沈丘县东或东北〔264〕，清沈丘县在今河南沈丘县东南之沈丘集，则位于沈丘集东或东北之楚养邑当在今安徽界首至太和县一带，位于古胡国西北、城父之西南。

另一养地即《续汉书·郡国志》颍川郡“襄”县之“养阴里”，据《水经·汝水注》记载，在汝水上游右岸，有支流养水，东流入汝，“世谓之沙水”，并引京相璠曰：“（养阴里）在襄城郏县西南。”古养水即今河南宝丰县北之石河（一名“沙水”）〔265〕，古郏县即今之河南郏县，则位于汝水南、养水北，郏县西南之养阴里，不出今河南宝丰县北境的石桥至赵庄一线。这两处以“养”为名之古地，一东一西，相距甚远，何浩先生曾作过分析、比较，认为古襄县之养阴里与应国都城相近，西周至春秋早期当为应国境地，而位于清沈丘东或东北之楚养邑，处于古胡、顿、项、沈、厉诸国间的一大片空隙之地，应为古养国所在〔266〕。今按，养为嬴姓，属淮夷支系，与江、黄等同族，其地应该居东，何先生所论可从。

据铜器铭文，养于春秋中期仍在，并与他国通婚，然《左传》记载，鲁昭公三十年（公元前512年），楚昭王即将其地作为吴国公子的封邑，说明此前养国已灭，故地入为楚有，其时间当在春秋中期的楚庄王至晚期的楚昭王期间。

又《左传》记载，楚贵族有养氏，其族人养由基以善射著称，曾为楚大夫，鲁昭公十四年，养氏因与令尹子旗结党营私，被楚平王所族灭。楚养氏，或为楚人支裔封于养者，或为养国之后仕于楚

---

〔264〕 参阅《方舆纪要》卷四七，河南二，陈州沈丘县“养城”；《春秋大事表》卷七之四《春秋列国都邑表·楚》“养”条。

〔265〕 参阅《大清一统志》卷二二四，汝州山川“养水”条。

〔266〕 参阅何浩《养器、养国与楚国养县》，《江汉考古》1989年第2期。

者，我们认为，后一种可能性当更大，与番人仕于楚为番氏的情况相同。至于古襄县之养阴里，《路史·国名纪》说是“由基先邑”及昭公三十年吴公子所居之养邑，恐不可信。这一带原是应国境地，后入楚，以“养”为名，或因楚灭养国后，曾迁其族人于此安置的缘故。

据湖北随县曾侯乙墓竹简记载，在曾侯乙死后，众多助丧的楚国贵族中有“鄴君”〔267〕，应是楚于养地所置的封君，此“养”，何浩先生认为即养国故地、吴公子奔楚所居之养邑，可从。然不知此养君是楚所“大封”的吴公子之后人，还是楚所另封。

1975年，湖北江陵雨台山133号楚墓出土一件有铭铜戈，援和胡部共有铭文四字：“鄴之宝戈。”〔268〕有学者断其为春秋中期养国兵器，不确。此墓时代，《简报》定为雨台山楚墓第三期，即战国早期，戈为长胡四穿，内上一长穿，援上昂，时代与墓葬一致。这时嬴姓养国早为楚所灭，并于其地封吴人；楚养氏亦在此前为平王族灭，不复存在，因此，戈铭之“养”，或表明为楚之养邑所造，器出江陵，与番仲戈、许戈出于当阳赵家湖楚墓的情况类似。

前些年，武汉市文物商店征集到一件有铭铜戈，援、胡残断，从存余部分看，援、内均向上昂起，内后部三面出刃，内面浅刻铭文两行十五字：“献鼎之岁，羕陵公伺之自所造，冶己女。”〔269〕“献鼎之岁”，与鄂君启节“大司马邵阳败晋师于襄陵之

〔267〕 参阅裘锡圭《谈谈随县曾侯乙墓的文字资料》，《文物》1979年第7期；另详湖北省博物馆《曾侯乙墓》上册，页496第119条简文。

〔268〕 参阅湖北荆州地区博物馆《江陵雨台山楚墓》（文物出版社1984年4月第1版）页80。

〔269〕 同注〔69〕。

岁”文句相同，为楚所习见的大事纪年方式，戈为楚器无疑，其形制和铭文风格属于战国晚期。“养陵公”，依楚“县尹皆称公”之例[270]，当楚之县公。楚养陵，黄盛璋先生认为是古襄县之养阴里，何浩先生认为仍即清沈丘县东或东北之养国故地，从战国中期养阴里所在的楚鲁阳一带即为魏所取，中晚之际，宛、叶以北的广大楚地又相继失于齐、韩、魏的形势来看[271]，作为战国晚期楚县的“养陵”，只能是清沈丘以东或东北的养国故地。

由上所述，位于淮北颍水下游的嬴姓养国，春秋中晚期时为楚所灭，故地入楚，春秋晚期以为吴公子所居，战国早期仍为养君封地，其后又于此改置养陵县，时代当在战国中期前后，或因吴起变法“使封君之子孙三世而收爵禄”[272]的缘故。

---

〔270〕参阅《左传》庄公三十年杜预注。

〔271〕参阅《史记》的《楚世家》《孟尝君列传》;《战国策 · 西周策》。

〔272〕参阅《韩非子 · 和氏》。

下　编

楚国北部疆域的发展和地理变化

第一章

楚国早期形势和丹阳地望

第一节　楚族源及其始封立国

楚之远祖，出于掌管火种有名的祝融部落，祝融共分八支（史称“祝融八姓”[1]），历史很悠久，长期分布在今河南及鲁南、苏皖北部一带，这是古今一致的看法。依此，作为祝融八姓之一的芈姓，亦即最早的楚君家族的远祖，自必来自北方中原地区。

商代末年，周文王时期，楚国建立以前的知名人物鬻熊就“居丹阳”[2]，并投附周文王，与周人建立了最初的政治联系，“子事文王”、“为文王师”，但“早卒”[3]。

《史记·楚世家》载：

---

〔1〕参阅《国语·郑语》。

〔2〕参阅《左传》桓公二年孔颖达《疏》引《世本》。

〔3〕参阅《史记》的《楚世家》和《周本纪》。

> 熊绎当周成王之时，举文、武勤劳之后嗣，而封熊绎于楚蛮，封以子男之田，姓芈氏，居丹阳。

将这段记载与有关文献对照，可向我们说明以下几个问题：（1）因鬻熊曾服事周文王，故楚人于周成王时以“勤劳后嗣”之类而爵封立国。（2）《世本》曰“楚鬻熊居丹阳”，其后熊绎受封亦“居丹阳”，说明自鬻熊以来楚人一直在丹阳一带活动，熊绎“居丹阳”当因故地而封。（3）楚虽列于周代诸侯之林，却只受以“子男之田”，地位低下，这与《史记·孔子世家》载楚昭王令尹子西曰：“楚之祖封于周，号为子男五十里”互相印证。一国的政治地位，是经济实力的集中反映，楚国初封之时的情况表明，其经济、文化水平不高，实力弱小。

关于楚之始封，上引《楚世家》认为被封于周成王时，受封者是熊绎（《史记·三代世表》所载相同）；刘向《别录》却曰：“鬻子名熊，封于楚”〔4〕，以始封之君为鬻熊，在周文王时即已受封。《汉书·地理志》“楚地”载：“周成王时，封文、武先师鬻熊之曾孙熊绎于荆蛮，为楚子，居丹阳。”而又于《艺文志》中载：“《鬻子》二十二篇，名熊，为周师，自文王以下问焉，周封为楚祖。”两说并存，至今意见仍不一致。

结合有关文献和商末周初的形势分析，应以《楚世家》所载为是。

其一，据《史记·周本纪》记载，鬻熊附周，“子事文王”当

〔4〕 参阅《史记·周本纪》《集解》引《别录》。

在帝纣囚文王于羑里之前，文王被囚后，在“西伯之臣闳夭之徒，求美女奇物善马以献纣，纣乃赦西伯”以及后来武王伐商“散宜生、太颠、闳夭皆执剑以卫武王”等一系列行动中〔5〕，均不见鬻熊参加，说明其附周不久即“早卒”。当时，周文王虽四处网罗人材，加强周势力自身的发展，为灭商作准备，但仍为纣之“三公”，称“西伯”，遵奉商王为天下共主，此于周原所出甲骨卜辞和《史记》的《殷本纪》《周本纪》各篇均有明确记载，所以不管是从其身份、地位，还是当时的形势来说，都不大可能封鬻熊为诸侯。文献中有关周初武、成、康诸王裂土分封的史实多有，然未见文王时分封的记载，亦可为证。

其二，从楚人的有关言谈中，也明确反映出熊绎受封的史实，如楚武王在请求周王室之尊号而不得时曾发怨言说：“吾先鬻熊，文王之师，早终。成王举我先公，乃以子男之田令居楚……”〔6〕其称鬻熊为“吾先”，事于文王，而熊绎为“先公”，即始封之君。又《左传》昭公十二年载楚灵王与右尹子革议政时数称熊绎为楚之“先王”，杜预注“楚始封君”，与上述楚武王所称之“先公”相一致，但从未见楚国君臣对鬻熊有此称号，可见在楚人心目中，始封之君为熊绎而非鬻熊。

其三，杜预《(世族)谱》云：“楚，芈姓，颛顼之后也。其后有鬻熊，事周文王，早卒。成王封其曾孙熊绎于楚，以子男之田居丹阳……”〔7〕唐孔颖达亦曰：“鬻熊事文王，曾孙熊绎成王封于楚，

---

〔5〕参阅《史记》之《殷本纪》《周本纪》。

〔6〕参阅《史记·楚世家》。

〔7〕参阅《左传》桓公二年孔颖达《疏》引《(世族)谱》。

是祝融、鬻熊皆为楚之远祖也。”[8] 汉代以后，大多数文献所载多与《史记》相合，且将鬻熊和熊绎在楚国历史中的地位和关系辨之甚明。

就《世本》“楚鬻熊居丹阳”以及《左传》昭公九年周大夫詹桓伯回忆周初南方的疆土所至，提到“武王克商，……巴、濮、楚、邓，吾南土也”等文献记载来看，至迟在商末周初的鬻熊之时，楚民族共同体确已存在，具备了相对稳定的权力机构和地域范围，并加入了周人的灭商联盟；其后成王封楚，只是对鬻熊以来日趋完善的楚族共同体和权力机构予以正式的爵封，承认其作为周之诸侯的合法地位。《汉书·艺文志》说“周封（鬻熊）为楚祖”，所言“周封”未必可信，然称为“楚祖”，即楚族形成之祖，是确切不误，楚之所以能于熊绎之时受封立国，实因鬻熊“子事文王”所奠下的历史基础。

第二节　西周时期的楚国形势

一、早期楚国与周楚关系

成王封楚，是自商末鬻熊附周以来，周楚两族结为同盟，关系往来较密的集中反映，同时也是楚国历史上的一件大事。

周原卜辞中，有“楚子来告”和“其微、楚氒尞，师氏受尞”的记载[9]，为楚君前往岐周朝见周天子和参与有关祭祀活动的实

〔8〕 参阅《左传》僖公二十六年孔颖达《疏》。

〔9〕 参阅陕西周原考古队《陕西岐山凤雏村发现周初甲骨文》,《文物》1979年第10期。

录。卜辞之“楚子”，学术界有鬻熊和熊绎两说[10]；“微、楚𠂤尞”更有文王、武王、成王三说[11]，我们认为，两辞所载均应为成王时事。

据《史记 · 楚世家》：“楚子熊绎与鲁公伯禽、卫康叔子牟、晋侯燮、齐太公子吕伋俱事成王。”卜辞之“楚子”当即“楚子熊绎”，“楚”为国称，“子”是封爵，“楚子来告”，应是楚受封爵后熊绎入周朝见成王之事。又《国语 · 晋语八》载：“昔成王盟诸侯于岐阳，楚为荆蛮，置茆蕝，设望表，与鲜牟守燎，故不与盟。”则“岐阳之蒐”时，楚子熊绎亦在会，并行其祖先祝融以来所擅长的“司火”（即“火正”）世职，与鲜牟一起守燎。“其微、楚𠂤尞（燎），师氏受尞”，与《国语》所载相辅相成，当时守燎者除了楚和鲜牟之君外，微族首领亦在其列，又可补文献之不足。

《左传》昭公十二年载楚大夫子革语：“昔我先王熊绎，辟在荆山，筚路蓝缕，以处草莽，跋涉山林以事天子，唯是桃弧棘矢以共御王事。”结合上述甲骨卜辞和《国语》《史记》等有关记载分析，商末周初，周、楚之间确有较多的往来，同时可见楚人地位低下、民族弱小、经济落后的社会形状和创业艰难的情景，受封立国之初，并未有明显改观。

另《左传》昭公十二年还载楚灵王曰：“昔我先王熊绎，与吕

〔10〕 参阅顾铁符《周原甲骨文“楚子来告”引证》,《考古与文物》1981 年第 1 期；李学勤等《周原卜辞选释》,《古文字研究》第 4 辑。

〔11〕 参阅缪文远《周原甲骨所见诸方国考略》和陈全方《陕西岐山县凤雏村西周甲骨文概论》，并载《古文字研究论文集》（四川大学学报丛刊第 10 辑，1982 年 5 月版）；徐锡台《周原出土的甲骨文所见人名、官名、方国、地名浅释》,《古文字研究》第 1 辑。

伋、王孙牟、燮父、禽父并事康王，四国皆有份，我独无有。”康王初年周、楚关系虽仍和好，熊绎与齐、卫、晋、鲁诸君“并事康王”，然在“分珍宝之器”——即授予列国以权力、地位象征之物的过程中，作为异姓旧族、“文武勤劳之后嗣”的楚，却毫无所得，体现了周之宗法同姓为大、“非我族类，其心必异”的基本立场；楚既非西周王室的同姓嫡系，又非异姓姻亲，“(楚)非吾族也，其肯字我乎？”〔12〕虽出自春秋中期鲁人之口，实代表了周初以来周人对楚的固有态度。

康王以后（或从康王后期开始），周、楚关系渐趋疏远，当与周人的偏见不无关联，楚灵王所言“四国皆有份，我独无有”即表达了楚人于此的耿耿于怀。因而自己另找出路，以求得自身的发展。从上引《左传》所记楚熊绎率部下在荆山一带艰苦创业的情况，可看出当时楚国上下奋发图强的精神。但是，楚人的这一选择和发展又必然带来周王室的担心和不满，进一步加剧双方关系的恶化。

文献记载和铜器铭文表明，周昭王晚年，曾大规模南征，楚亦在所伐之列。《竹书纪年》曰：“周昭王十六年，伐楚荆，涉汉，遇大兕。”〔13〕传世铜器令簋铭“惟王于伐楚，伯在炎”〔14〕；近年出土的史墙盘亦曰“弘鲁昭王，广批楚荆，惟寏南行”〔15〕，可见周、楚关系由同盟转为敌对，在昭王后期形成尖锐的对立，以至付诸

---

〔12〕 参阅《左传》成公四年。

〔13〕 参阅《初学记》卷七，地部下引《纪年》曰。

〔14〕 参阅《三代》9.26.2和唐兰《论周昭王时代的青铜器铭刻》，《古文字研究》第2辑。

〔15〕 参阅陕西周原考古队《陕西扶风庄白一号西周青铜器窖藏发掘简报》，《文物》1978年第3期。

武力。

二、西周后期的初步发展和向外扩张

昭王以后，至夷王以前的西周中期约百年间，今存古文献中缺乏关于楚国情况的记载，实物资料方面也无明确的踪迹可寻。此后，《楚世家》向我们提供了重要记载：

> 熊渠生子三人，当周夷王之时，王室微，诸侯或不朝，相伐。熊渠甚得江汉间民和，乃兴兵伐庸、杨粤，至于鄂。熊渠曰："我蛮夷也，不与中国之号谥。"乃立其子康为句亶王，中子红为鄂王，少子执疵为越章王，皆在江上楚蛮之地。及周厉王之时，暴虐，熊渠畏其伐楚，亦去其王。

熊渠在位的西周中晚之际，楚国实力明显增强，借周王室衰落、诸侯相攻伐之机，开始了其有史以来的第一次向外扩展。

熊渠所伐之庸，即古庸国，故地在今湖北竹山县东南不远[16]，古今对此无异辞。鄂，唐张守节《史记正义》引刘伯庄和《括地志》文以汉南阳郡西鄂县当之，但《史记》后文所记熊渠中子红所封之鄂，裴骃《集解》引《九州记》和《正义》引《括地志》又都定在当时的武昌县，即"东鄂"，今湖北省鄂州市[17]。从《史记》这一段记载看，熊渠所伐之鄂和中子红所封之鄂应是同一地，伐鄂之后而封其子为鄂王，顺理成章。六朝及唐人注释却将此鄂分别定在当时相距千里的东、西两地，是说不通的，后世流行说

---

〔16〕 参阅《左传》文公十六年杜预注；《史记·楚世家》正义引《括地志》，《大清一统志》卷三四九，郧阳府古迹"上庸故城"条。

〔17〕 参阅《大清一统志》卷三三六，武昌府古迹"古鄂城"条。

法则基本上定于东鄂[18]，更为费解。

熊渠之时，楚都丹阳，在今南阳盆地西部的丹淅一带（说详下），此时楚国虽有了一定发展，但决无远涉重山复水、穿越数国，征伐千里之遥、长江以南东鄂一带的实力。《左传》昭公二十三年载楚左司马沈尹戌所说"若敖、蚡冒，至于武、文，土不过同"，杜预注"方百里为一同"。若敖、蚡冒时楚国尚处于"筚路蓝缕，以启山林"的景况，前此百年的熊渠又何能千里远征至东鄂呢？即或以流行说法所主张的丹阳在秭归或枝江一带为据，东鄂说亦难成立。

我们认为，熊渠所伐之"鄂"，应即西周鄂国故地、汉代西鄂县，在今河南南阳市以北四十余里（说详上编第二章第二节），此鄂地位于楚丹阳（丹淅）东北不远，是楚人出方城、北进中原的门户，因鄂侯御方率南淮夷反周，"广伐南国、东国"，周夷王命武公以西六师、殷八师伐灭鄂国，俘鄂侯御方之后鄂地一时空虚，故熊渠得以乘机而入，"至于鄂"。

杨粤即杨越，亦即少子执疵所封之"越章"，清人宋翔凤认为"以地在杨州，……乃是春秋之豫章"，即今安徽当涂县境[19]；近人吕思勉、蒙文通先生均从其说[20]，而徐旭生先生则表示怀疑，认为"看《左传》及《国语》所录，楚在穆王、庄王以前，兵力在

〔18〕参阅《元和志》卷二七，鄂州"武昌县"条；王国维《夜雨楚公钟跋》，《观堂集林》卷十八；杨宽《西周时代的楚国》，《江汉论坛》1981年第5期。

〔19〕参阅宋翔凤《楚鬻熊居丹阳武王徙郢考》，《过庭录》（中华书局1986年11月版，下同）卷九。

〔20〕参阅吕思勉《中国民族史》（中国大百科全书出版社1987年11月版）第九章：粤族；蒙文通《越史丛考》（人民出版社1983年3月版）页1—15。

东未能侵入今安徽境内，所以说杨粤、越章已到安徽东境实不可通”〔21〕。对此，罗香林先生说“楚人略地，本循汉水顺流而南，故先庸，后杨越，后至鄂，杨越界庸鄂之间，则其最早地望当在汉水流域中部”，“其地非汉水中游一带莫属”〔22〕。从西周中晚之际楚国初兴确无远及江淮下游、安徽一带的实力分析，徐先生疑之有理，罗先生说鄂即东鄂未必可信，然以杨越在汉水中游符合当时的实际情况。石泉先生后来进而提出杨越即《左传》定公四年吴师入郢之役“自豫章与楚夹汉”之豫章，亦即《水经·淯水注》所载淯水下游近汉水处之豫章大陂一带，在今湖北省襄樊市东北不远〔23〕，正位于汉水中游地区。

熊渠伐杨粤（越）后，封其子为越章王，即《世本》所言“与楚同祖”和《国语·郑语》所载的“芈姓夔、越”之“越”，韦昭及后世有些学者将其与长江下游的勾践之越相混同，并以此而疑勾践之国非禹后姒姓，实是误解。

句亶，裴骃的《集解》引晋人张莹曰“今江陵也”，晋江陵，据石泉先生考证，应在今宜城县南境〔24〕，与杨越（即越章）、鄂、庸等相去不远。

依此，熊渠之时，乘王室衰微、诸侯相伐之机，凭“江汉间民和”之优势，伐庸、杨越和鄂，并封三子为王，在汉水中游两岸扩

〔21〕参阅《中国古史的传说时代》第四章。

〔22〕参阅罗香林《中夏系统中之百越》（独立出版社1943年版）和《百越源流与文化》（台湾中华丛书1978年2月增补版）。

〔23〕参阅石泉、徐德宽《楚都丹阳地望新探》，《江汉论坛》1982年第3期。

〔24〕参阅石泉《楚郢都、秦汉至齐梁江陵城故址新探》，《古代荆楚地理新探》页417—504。

充境土，表明楚国蔑视周室、公开分庭抗礼之雄心，同时也是后来楚国依托江汉、图霸中原的一次初步尝试。由于周厉王的“暴虐”，熊渠畏伐而去其王号，表明这时楚国国力虽有了一定的发展，但仍然有限，纵有抗衡王室之心，却还不具备抗衡王室的实力。

西周晚期，楚国在南方未有进一步的活动和发展，从两周之际至春秋初年的若敖、蚡冒仍处于“筚路蓝缕，以启山林”、“土不过同”的微弱景况来看，楚在熊渠之后，国力又曾一度衰落，揆诸史实，当有两个方面的原因。

就外部环境分析，一是厉王时期，为强化王室的统治，加强了对周边列国的控制和防御，在频繁用兵于“南淮夷”的同时，亦注重对南土的经营。据传世宗周钟铭载：“王肇遹省文武，堇（勤）疆土，南国𠬝孳敢陷处我土。王敦伐其至，扑伐厥都，𠬝孳乃遣间来逆卲王，南夷、东夷具见廿又六邦。”〔25〕“𠬝孳”，徐仲舒先生认为“以声类求之，疑是百濮之濮”〔26〕，与楚相近，并居“南国”，濮侵中土，即遭王师敦伐，直捣其都，即《楚世家》所称之“暴虐”，以致“南夷东夷”26邦俱来朝见臣服，足见厉王时对南国的控制，“熊渠畏其伐楚，亦去其王”，可谓审时度势，否则难免“扑伐厥都”的打击。二是周宣王即位，“修政，法文、武、成、康之遗风，诸侯复宗周”〔27〕，是为中兴。周王室在平定淮夷、清除东南大患的同时，大力经营江汉，“于理于疆，至于南海”；然后又改封王舅申、吕于南阳，以改变夷王灭鄂以后所带来南土一度空虚的

〔25〕参阅《三代》1.65.1—1.66.1；另见唐兰《西周青铜器铭文分代史征》附件一。

〔26〕参阅徐中舒《禹鼎的年代及其相关问题》,《考古学报》1959年第3期。

〔27〕参阅《史记·周本纪》。

局面，建立起新的防御体系和秩序，这在《诗》之《小雅·黍苗》《大雅·江汉》和《崧高》诸篇均有明确的反映。申、吕的南封以及周王室南土新体系和秩序的建立，对楚国势力的发展，无疑起着极大的限制（另参上编第二章第三节和第三章第六节）；东周初年，王室仍长期派兵助守申、吕，亦可见对这一地区的高度重视和控制。

从楚国内部形势看，先是挚红死后，“其弟弑而代立”，接着熊霜死后“三弟争立，仲雪死，叔堪亡，避难于濮；而少弟季徇立”。短期内，围绕君位继承所发生的一系列篡杀、争立事件，说明当时楚国统治集团内部斗争激烈，而这种争夺、倾轧，又必然严重影响到楚国自身的发展并削弱其实力。熊渠之后，西周晚期至春秋初年，楚国再度衰落、发展缓慢，正是当时楚国内部纷乱和外部限制的集中反映。

第三节　丹阳地望及其考古学分析

据《世本》和《楚世家》记载，鬻熊之时，楚人就在丹阳一带活动，成王封熊绎，实因其故地而予以封爵，承认其为周王室的属邦，而立于诸侯之林。其后一直到春秋早期，才从丹阳迁都于郢，则楚以丹阳为中心前后达三百余年，占全部楚国历史的三分之一以上，因此，弄清楚丹阳所在是楚国历史地理和文化研究的一个至关重要的课题。

一、丹阳地望考辨

关于丹阳的地望，先秦文献无载，自汉代以来众说纷纭，莫衷一是，归纳起来，大致有枝江、秭归、丹淅三说，其中各自都有一些较早的文献记载为依据，同时也有一些近代的考古材料相印证〔28〕。前些年，在楚国历史、文化的研讨中，诸说之间围绕着这一问题进行了一系列认真的讨论，推动了楚丹阳研究的深入发展，结合文献记载和考古材料综合比较、分析而言，我们认为，三说之中，应以丹淅说的理由较充分，更接近当时楚国的实际。石泉、徐德宽两先生《楚都丹阳地望新探》（以下简称“《新探》”）一文在揭示枝江、秭归两说的矛盾，论证丹淅说的同时，又补充提出楚丹阳先商县、后丹淅的新解，富有启发性。

就商末周初的形势分析，在灭商之前，鬻熊就率其部族投奔周文王，“子事文王”、“为文王师”，彼此建立了较好的政治联系；周成王时，熊绎受封立国之后，还前往岐周朝见周天子，参加岐阳大会，服事于周，此于文献材料和周原卜辞均有明确的记载。成王亲政以后，周公旦由于内部纷争而被迫“奔楚”〔29〕，后来成王又把周公请回去，这一系列史实说明，当时周、楚关系和好，楚人所居之丹阳应距周京不远，清人宋翔凤所言：“鬻熊为周师，以功德受封，当与周京稍近。”〔30〕颇为中肯。如果把丹阳定在鄂西的枝江或秭归一带，一者其“在当时，实非周之封略所及”〔31〕；二者对于实力还相当弱小的楚人来说，远涉千山万水，与关中平原西部的周人建立频繁的联系是十分困难的，周公旦也不可能轻而易举就跑到楚地避

〔28〕关于三说的具体材料，详见注〔23〕引石泉、徐德宽文。三说之外，另有当涂和先秭归后枝江诸说，当涂说虽起源较早，然与楚国史实明显不合，自《水经注》以来，学者多有驳正，近来不大受人重视；先秭归后枝江说出于后人对《通典》有关记载的误解，渐为学术界所澄清。

〔29〕参阅《史记》的《鲁周公世家》《蒙恬列传》和《左传》昭公七年。

〔30〕同注〔19〕。

〔31〕参阅吕思勉《先秦史》（上海古籍出版社1982年9月版）第九章第二节。

嫌，然后又如此便利地回到周京。若早期丹阳在丹江上游的今商县一带，越过秦岭上的较低山口蓝关即达关中平原，往来较为方便，上述矛盾也就不复存在了。

以我国古代“水北为阳，山南为阳”〔32〕的命名习惯，再结合周初楚人的活动地区是既“居丹阳”又“辟在荆山”的史实分析，丹阳不仅与丹山或丹水相依，同时又与荆山邻近，三者联系紧密，从而组成当时“号为子男五十里”弱小楚国的空间形态。

熊绎辟处之荆山，枝江和秭归说者均以古之南条荆山为说，然为了适合楚丹阳与荆山紧邻的史实，又认为古荆山“即南漳、保康南和西南一带的山脉”〔33〕，即“广大的荆山地区”〔34〕，这样不管是位于西陵峡内的秭归之“丹阳”，还是属于沮漳河下游的枝江之“丹阳”，均“属荆山之范围”〔35〕。今按，此说非是，先撇开熊绎所辟之荆山是否南条荆山不论，即以南条荆山的地望而言，应指古沮水上源、唐南漳县（即今湖北南漳县）西北八十里处一座突出的山峰，而决非泛指今之荆山山脉或“范围很大”的整个鄂西山区，对此，石泉先生有翔实的论证〔36〕，应可凭信。若此，今秭归和枝江去古荆山的直距均不下三四百里，楚丹阳无论在其中任何一地，都无法与熊绎“辟在荆山”的史实相合。

关于丹阳与丹水或丹山的关系，秭归说以《山海经》所载夏禹

---

〔32〕参阅《穀梁传》僖公二十八年。

〔33〕参阅黄盛璋等《楚的起源和疆域发展》，《地理知识》1979年第1期。

〔34〕同注〔18〕杨宽文。

〔35〕参阅刘彬徽《试论楚丹阳与郢都的地望与年代》，《江汉考古》1980年第1期。

〔36〕参阅石泉师《齐梁以前古沮（睢）、漳源流新探》（二）和《楚都丹阳及古荆山在丹淅附近补证》，并载《古代荆楚地理新探》页211—257和页200—210。

之臣孟涂所居之“丹山”为据，认为楚丹阳应在此丹山之阳而得名。然《山海经·海内南经》曰：“夏后启之臣曰孟涂，是司神于巴，……居山上，在丹山西。”晋郭璞注：“丹山在丹阳南，丹阳居属也。”[37]此“丹山”，据《水经·江水注二》载：“江水历峡东，迳新崩滩，……其下十余里有大巫山，……神孟涂所处，……丹山西即巫山者也。”两相对照，孟涂所居之山即大巫山，在新崩滩下游十余里，为古之巴地；而丹山西接巫山，相去不远。新崩滩，在今巴东县以西[38]，则位于新崩滩下游十余里孟涂所居之巫山以及与其相邻的丹山，皆不出今巴东县以西地带，对此，《大清一统志》有明确记载：“丹山在巴东县西，《水经注》神孟涂所处……”[39]是为明证。由此可见，《山海经》和郭璞注所言之丹山、丹阳，一不在今之秭归，二为古之巴地。根本与楚人无涉。另今本《海内南经》内“今建平郡丹阳城秭归县东七里，即孟涂所居也”的一段所谓郭璞注文，既不见于力主秭归说的郦道元所引，又与《经》文及《水经注》的有关记载相矛盾，杨守敬认为“疑是后人羼入”[40]，不能作为楚丹阳所在之论据。

今枝江一带，古文献中不见任何有关丹山、丹水的记载，因而缺乏丹阳得名的地理实体，有学者引《续汉书·郡国志》南郡枝江县原注“有丹阳聚”为证，亦不可信，一则这一带古无丹山、丹

---

〔37〕此段《注》文今本误入《经》文，清人郝懿行《山海经笺疏》据《水经注》辨之曰：“是此《经》十一字乃郭注之文，郦氏节引之，写书者误作《经》文耳。”当是，今从之。

〔38〕参阅《大清一统志》卷三五〇，宜昌府山川“新崩滩”条。

〔39〕同上书卷三五〇，宜昌府山川“丹山”条。

〔40〕参阅《水经注疏·江水二》。

水，丹阳聚之由来未必与西周楚丹阳有关；二则枝江与南漳西北之荆山相去甚远，与楚丹阳紧邻荆山，或就在荆山脚下的史实不合；三则汉晋枝江并非今之枝江，而在汉水中游西岸、今蛮河入汉处〔41〕，因此，司马彪所言之“丹阳聚”是否在今之枝江，与楚丹阳是否有必然的联系，答案应是否定的。

今商县一带位于丹水之阳，且其附近古有多处楚山、楚水及荆川，按楚山又可称为荆山，而荆川所源或所经当由荆山，楚早期丹阳在此，正与上述丹阳所处的地理形势相合。

据《史记·楚世家》，周成王“封熊绎于楚蛮”，又载楚武王曰“成王举我先公，乃以子男田令居楚”；杜预《春秋世族谱》亦云“成王封其曾孙熊绎于楚，以子男之田居丹阳”〔42〕，综而言之：（1）此“楚”当为一特定的地域范围和名称，而此范围内又必有特定的地理实体为标志；楚人、楚国之名，当因芈姓部族“居楚”和封于楚地而来，“楚蛮”即指楚地之蛮，即长期以来活动于此地的土著居民。（2）商末周初以来，楚人既“居楚”“居丹阳”又“辟在荆山”，楚、丹阳、荆山各自的范围不尽一致，但三者之间的联系当十分紧密，商县一带、丹水上源众多楚山、楚水的存在，当为楚地特定地理实体的反映，也是楚人、楚国早期居楚、封楚的有力旁证，而这一点在今秭归、枝江一带却无迹可寻。

二、文化面貌分析

二十世纪五十年代后期至六十年代初期，中国科学院考古研究

---

〔41〕 参阅注〔36〕石泉师《齐梁以前古沮（睢）、漳源流新探》一文。

〔42〕 同注〔7〕。

所长江队于长江西陵峡内先后进行了两次考古调查和试掘，共发现古文化遗址数十处，其中包括部分周代遗址，尤其在位于长江北岸、秭归县城东约10华里的鲢鱼山遗址，考古工作者不仅发现了带有细密绳纹、S形纹、圆圈形印纹和弦纹的陶片，而且还出土了数片方凿卜甲，因而当时主持这一考古工作的同志认为："自西周或稍早的时候起，楚文化便逐步得到了发展，并与中原发达的青铜文化发生了日益密切的联系。"〔43〕1979年，湖北省博物馆的考古工作者对这一遗址作了进一步的勘探和调查，除了少量石器外，出土了部分罐、盆、豆、盘类陶片和数片卜甲，由于这些遗物的年代"可能是西周早期"，"其地理位置与《水经注》记载完全相符"，因此，部分学者认为"鲢鱼山遗址可能就是'楚子熊绎始封丹阳之所都'的丹阳城了"，亦即"楚初都丹阳的所在地"〔44〕。

从一般文化遗存的角度来看，今秭归一带有着较多的古代文化遗址，鲢鱼山遗址的部分文化遗存或在西周早期，但问题在于这些文化遗存究竟属于何种文化性质，是否为当时楚人活动所留下的遗迹、遗物，这才是我们探索楚丹阳地望所必须认识的关键。

随着楚文化考古工作的日益深入，特别是二十世纪七十年代以来，考古界为了配合三峡工程的进行，在宜昌以西的西陵峡内，开展了一系列的考古发掘和调查，为探讨这一地区周代及其以前的文化面貌和性质提供了一大批新资料。研究表明，今秭归长江两岸夏

〔43〕 参阅杨锡璋《长江中游湖北地区考古调查》,《考古》1960年第10期；考古研究所长江三峡工作组《长江西陵峡考古调查与试掘》,《考古》1961年第5期。

〔44〕 参阅文必贵《秭归鲢鱼山与楚都丹阳》,《江汉论坛》1982年第3期；另见注〔35〕刘彬徽文。

商时期文化属于川东和成都平原的考古学文化范畴，与江汉地区的文化面貌有着本质区别〔45〕。在周代文化遗存中，来自江汉地区的文化因素（其中包括东周楚文化因素）最早只能上溯到西周晚期，此前的文化面貌基本上属“川东因素”的鼎、釜文化系统，承夏商时期地方文化而来。

如秭归官庄坪遗址，西周晚期的文化遗存中包含两组文化因素，甲组属于江汉文化系统，乙组属于川东地方文化系统，一直到春秋早期，两组文化因素并存的现象仍然明显〔46〕。这说明在西周晚期，江汉地区的文化因素才进入西陵峡以内的秭归一带，但势力还不强大，不能取代土著文化，因而在文化面貌上呈现出两组文化因素并存，这种并存局面历春秋早期，直到春秋中期，来自江汉地区的楚文化因素才最终完成了对这一地区文化面貌的转变。因此，主持这些工作的考古界同志认为：“既然两股势力在西周晚期仍泾渭分明，势均力敌，那么，作为西周时期楚人政治、经济、文化中心的‘丹阳’就很难定在秭归。”〔47〕鲢鱼山遗址的发掘更能说明问题。一是遗址“见不到遗物丰富的文化层”，更不存在“城”的遗迹；二是“未见到具有楚文化性质的文化遗存，而所出遗物却具有浓厚的巴蜀文化色彩”；三是遗址地形复杂，自然环境恶劣，不存在楚人活动和建都的条件，因此，即使是原来力主秭归说的学者，通过鲢鱼山及其附近古文化遗址的发掘工作后，也客观地认为：“鲢

〔45〕参阅林春《宜昌地区长江沿岸夏商时期的一支新文化类型》，《江汉考古》1984年第2期。

〔46〕参阅湖北省博物馆《秭归官庄坪遗址试掘简报》，《江汉考古》1984年第3期。

〔47〕参阅胡雅利、王红星《秭归官庄坪周代遗址初析》，《江汉考古》1984年第4期。

鱼山不过是商至西周时期鄂西地区的一种巴蜀文化关系密切的文化遗址，它不应是楚都丹阳所在。”[48] 由此可见，随着秭归一带考古工作的深入和文化面貌的不断确认，从而带来了秭归说的最后终结。

枝江附近的考古材料，由于前几年在位于枝江附近的当阳季家湖发现了一座东周古城遗址，城址南北 2000 米、东西 1200 米，地面上部分城墙残体依稀可见，城址内外相继发现并出土了一系列周代遗物，尤其是青铜构件和“秦王卑命”钟等器物，说明了城址的重要性，是为二十世纪七十年代楚文化考古中所取得的重要成果[49]。因而有学者据此推断：“这是汉枝江前身在沮中的故城，楚丹阳应即在此”[50]；或认为“季家湖古城可能是楚都丹阳城”[51]。然从季家湖古城内外文化遗存的内涵和时代分析，所出陶器如鬲、瓮、釜等大都平折沿，沿面数道弦纹；豆多为直柄细把等，绝大部分属于战国遗物，能早到春秋晚期的只有零星发现。附近发掘的墓葬材料更是如此，在城内一号台基（即青铜构件和“秦王卑命”钟的出土地）以北鲁家垅墓地清理的两座墓葬，从器物组合和形制、花纹看，M1 约在战国中期偏前，M2 则属战国中期后段或中晚之际。资料表明：季家湖楚城的上限不会早于春秋晚期，战国城的可能性较大，并“未见商或西周时期的遗存”，与楚都丹阳难以联系。有鉴于此，又有学者根据季家湖古城以北 15 华里处磨盘山遗址的发现，提出新解，认为“磨盘山遗址可能就是我们要探讨的

---

〔48〕参阅杨权喜、陈振裕《秭归鲢鱼山与楚都丹阳》，《江汉考古》1987 年第 3 期。

〔49〕参阅湖北省博物馆《当阳季家湖楚城遗址》，《文物》1980 年第 10 期。

〔50〕同注〔33〕。

〔51〕参阅高应勤、程耀庭《谈丹阳》，《江汉考古》1980 年第 2 期。

丹阳"[52]，然发掘资料表明，此遗址文化遗存的上限最早只能到西周晚期[53]，与七十年代在其附近清理的赵家湖墓葬的时代相当或略早。

另通过对枝江县城附近虾子沟遗址的发掘，亦可见其周代文化遗存的上限只在西周晚期或两周之际[54]。

由上所述，自二十世纪七十年代以来，考古工作者结合楚国历史文化的研究，为探寻楚丹阳地望，在今沮漳河流域开展了一系列考古调查和发掘工作，获取了不少实物资料，但就目前情况来看，今枝江、当阳一带所见周代遗存均不早于西周晚期，而西周早中期的文化遗存几乎不见，文化面貌无从认识，这正是楚丹阳在今枝江说所无法解释的。

位于丹江上游的今商县一带，西周时期的文化面貌已有一定的线索可寻，1977—1978 年，西安半坡博物馆在商县东南约 7 公里处发掘的紫荆遗址，文化堆积丰富，其中属于第二层的周代文化层，出土了一组具有西周文化面貌的鬲、盂、豆、罐类陶器[55]；另据考古工作者调查，商县境内除了紫荆遗址以外，在县纸厂、王塬、唐塬等古文化遗址中，均有周代文化遗存叠压在仰韶或龙山文化遗存之上的现象[56]，说明西周早期，周文化势力已经越过秦岭进入了

---

〔52〕 参阅高应勤《再谈丹阳》，湖北省楚史研究会编《楚史研究专辑》（1982 年，下同）页 60—64。

〔53〕 参阅宜昌地区博物馆《当阳磨盘山西周遗址试掘简报》，《江汉考古》1984 年第 2 期。

〔54〕 据武汉大学历史系考古专业 1983 年发掘资料。

〔55〕 参阅西安半坡博物馆等《陕西商县紫荆遗址发掘简报》，《考古与文物》1981 年第 3 期。

〔56〕 参阅商洛地区考古调查组《丹江上游考古调查简报》，《考古与文物》1981 年第 3 期。

丹江上游地区，部分与周文化有着密切联系的部族、群体在这一带活动，其主体，应为“居丹阳”的芈姓楚人。

综上所论，不管是从商末周初的形势、楚与周室的交往、“丹阳”的源起以及与荆山的关系，还是从考古文化等方面的比较、分析而言，秭归、枝江两地去周京遥远、往来不便，既无丹山、丹水，又远离荆山，且缺乏考古方面的证据，与楚都丹阳的形势、地理、文化各个方面均不符合；而商县一带紧靠丹水、又近周京，与西周早期楚人的历史实际相合，应是楚都丹阳之所在，其附近众多的楚山、楚水、荆川以及颇具周文化特征的文化遗存是为早期楚人于此立国的有力物证。

三、相关问题解疑

以楚丹阳在丹江流域，有两个问题需加辨明。

（1）关于楚国早期的文化面貌，究竟是属于江汉地区土著文化的延续，还是北方文化的南下？部分学者认为，楚人的祖先“就是归附文王、从武王伐纣的髳（苗）人酋长”，即三苗的一支〔57〕，“三苗与楚同源”〔58〕；或曰“楚很可能是在江汉流域土生土长发展起来的一个民族”〔59〕，“楚民族应是起源于长江中游地区的新石器时代古老氏族的一支”〔60〕，其共同点在于楚为江汉地区的土著民族，据此，主楚丹阳枝江和秭归说者断言：“楚文化的渊源，看来

〔57〕 参阅范文澜《中国通史简编》（人民出版社1964年8月版）第一编第四章第2节，页165。

〔58〕 参阅俞伟超《先楚与三苗文化的考古学推测》，《文物》1980年第10期。

〔59〕 参阅高至喜、熊传新《楚人在湖南的活动遗迹概述》，《文物》1980年第10期。

〔60〕 参阅王劲《江汉地区新石器时代文化综述》，《江汉考古》1980年第1期。

还是要到长江中游的新石器时代文化中去寻找。"[61]即从江汉地区的大溪、屈家岭以及龙山期文化中探求。而丹江流域的西周文化遗存"类似于周文化系统","见不到江汉平原和鄂西三峡一带那种楚式鬲和其他具有楚文化因素的遗物",所以"楚人的祖先就不像是发迹于此"。[62]也就是说楚丹阳根本不可能在丹江流域,而只能在枝江或秭归一带寻找。其实,这些看法并不确切。

从楚人族源及其历史发展的角度来探讨楚国早期文化面貌,无疑是一种行之有效的途径,问题在于我们所论楚人族源和历史发展是否与史实相符。据文献记载,楚人出自季连,为"祝融八姓"之一,祝融各支早期活动在以新郑为中心的中原腹地,后来略向东南迁徙,但大都不出今河南东部、山东西南和苏皖北部的黄淮之间[63],与活动在长江中游地区的古三苗族并无多少关联,以楚与三苗同源,实乃误解《国语·楚语》等有关记载所致,已为学者所辨明[64]。史实表明,楚既不是古三苗的一支,也不是长江中游地区"土生土长"的民族,而是来自北方的中原旧族,属于华夏族的一个分支。据此,枝江、秭归说者断言楚国文化是在江汉地区原始文化基础上发展起来的前提则不存在,而以此为据,否定楚丹阳在

〔61〕参阅俞伟超《关于当前楚文化的考古学研究问题》,《湖南考古辑刊》第1辑。

〔62〕同注〔61〕;另参刘彬徽《再论楚都丹阳的地望》,《楚史研究专辑》页46—59。

〔63〕参阅《国语·郑语》《史记·楚世家》《大戴礼记·帝系》《潜夫论·志氏姓》;另见李学勤《谈祝融八姓》,《江汉论坛》1980年第2期;唐嘉弘《释祝融八姓》,《江汉论坛》1981年第3期。

〔64〕参阅舒之梅《三苗与楚"祖源相同"说质疑》,《中南民院学报》1981年第1期;唐嘉弘《楚与三苗并不同源》,《江汉论坛》1982年第11期。

丹江流域亦难以成立。

我们所说西周时期，尤其是西周前期的楚文化，主要是指以楚公室系统为代表的芈姓楚人的文化，而不应包括其“居楚”“封楚”之后所统治的各蛮族属民的文化。芈姓楚族既然源于中原，商代末年至西周早期又一直附周，并与周室关系密切，必然要受到远为楚人成熟和强大的姬周文化的强烈影响，文化面貌自然呈现出较多的周文化特征，甚至与周文化基本一致，而与南方土著文化有着本质区别。至于春秋中期以后的楚文化具有鲜明的特征，一方面是由于楚国国势的日益增强，逐渐脱离了周人的影响，有了更多的自身发展机会；另一方面也是芈姓部族就封于楚蛮之地后，随着其政治重心向南推移，在其原有文化的基础上不断与其他文化因素相结合并加以发展的结果，不仅于楚为然，其他诸侯国如南方的吴国以及与楚邻近的汉东随国也莫不如是，都有一个在原有周文化基础上，不断吸取南方文化因素，向另一种新的文化发展、演变的过程。

通过多年的考古发掘和研究，学术界一般认为，楚文化形成于春秋中期以后，这与文献所载春秋早期楚武王、文王时的大规模开疆拓土，至春秋中期楚成王时“楚地千里”，庄王时北上争霸、问鼎中原的发展过程是相一致的，楚文化的形成，是楚国国势强盛，政治、经济实力发达的集中反映。春秋中期以前，尤其是西周时期的楚国文化面貌目前虽不大清楚，但通过当阳赵家湖楚墓的发掘和研究，已向我们提供了一些可供寻求的线索。

从铜器材料看，属于当阳赵家湖一期甲类楚墓（时代在两周之际或春秋早期）的赵家榜 M2 出土一鼎两簋，鼎作附耳、蹄足、器壁较平直，簋为浅鼓腹、盖上有直壁捉手，不管是其组合，还是器型都与同期的中原文化风格一致，也与江汉地区同期的姬姓曾国铜器类似〔65〕。属于春秋中期的赵家榜M3、M4也出土了一鼎两簋，鼎为附耳、蹄足、深腹，腹饰小蟠虺纹和蕉叶纹；簋的形制与M2所出接近，只是捉手由早期的小而直的圈状发展为中期大而外撇呈喇叭形，器腹由浅而外鼓特甚到较深而外鼓不甚，鼎的形制与新郑南关外郑伯墓所出同类器十分接近〔66〕，簋与汉东曾国铜器中的同类器相一致，此期铜器虽已显示出一定的地方特征，但基本形态体现了中原文化风格，说明其与姬周文化密切相关。

即使是陶器文化，赵家榜M2、赵家湾M8均有仿铜陶鼎、仿铜陶鬲、高圈足簋、罐和豆，其组合，俞伟超教授说是"同陕西、河南地区西周晚期墓的器物组合是一样的"〔67〕；至于器物形制，鼎、鬲仿自中原铜器一望可知，簋的形制，《简报》认为"与中原西周早、中期同类器接近"〔68〕，至于豆一律折盘、罐一律折肩，更是同期中原文化最为典型的特征。属于第二期的赵家榜M3、M4，以及金家山M9，器物组合与第一期完全一致，至于器物形制方面的某些变化，则是由于时代早晚不一所必然出现的。

以上分析可见，当阳赵家湖第一期甲类楚墓的铜器和陶器不管是器物组合、还是器物形制特征诸方面均与中原文化一致，说明其间千丝万缕的内在联系。第二期甲类楚墓虽在某些器物形制上发生

〔65〕参阅高仲达《当阳赵家榜楚墓发掘简报》,《江汉考古》1982年第1期；另详湖北省宜昌地区博物馆等《当阳赵家湖楚墓》(文物出版社1992年3月第1版）第五章。

〔66〕参阅关百益《新郑古器图录》，商务印书馆1929年版。

〔67〕参阅俞伟超《关于楚文化发展的新探索》,《江汉考古》1980年第1期。

〔68〕参阅高应勤、王光镐《当阳赵家湖楚墓的分类与分期》,《中国考古学会第二次年会论文集》(文物出版社1982年6月版）页41—50。

了一些变化，体现出后期楚文化的某种特征，但基本组合和文化面貌仍与第一期接近，因此，从事这一课题整理和研究工作的王光镐先生认为“赵家湖前期甲类墓也应属于姬周文化系统”，并进而分析说：“楚文化是在中原姬周文化的基础上形成起来的。它的诸多历史元素都来自姬周文化，迟至东周时期，仍在很多方面带着姬周文化的影响，由此揭示出：楚与中原姬周文化有着深远的历史渊源关系。”〔69〕春秋中期以后的甲类楚墓，虽也部分继承了前期楚墓的作风，但却发生了比较明显的变化，楚文化的风格、特征日益突出，从而十分清楚地反映出两周之际至春秋中晚期的楚文化面貌由浓厚的中原文化特征逐步向具有楚国自身文化风格转变的过程，而这一转变过程又与楚国历史发展序列相一致。

目前所见赵家湖前期甲类楚墓葬具为一棺一椁，青铜礼器多为一鼎二簋（有少数二鼎者），以周礼论之，均不过“士”一级，属楚之下等贵族，按常理和楚国当时的历史、文化环境而言，楚下层贵族的文化习俗虽多沿自楚国中、上层而来，然毕竟会更多地受到江汉“楚蛮”文化的浸染和影响，与中、上层，特别是楚公族系统的文化面貌存在一定的区别，既然两周之际至春秋中期楚国下层贵族的文化面貌呈现出浓厚的周文化特征，进而逆向探索西周早中期的楚国（尤其是上层贵族和公室系统的）文化面貌无疑具有更多的周文化特征，甚至与周文化面貌一致。俞伟超先生曾断言“楚人的西周铜器也应当是比较典型的周人风格”〔70〕，推及楚人当时的陶器风格，亦当如是。若此，部分学者以丹江流域的西周文化遗存“类

〔69〕 参阅王光镐《楚文化源流新证》中编第五章。

〔70〕 同注〔67〕。

似于周文化系统”，不但不能否定楚丹阳在商县—丹淅一带的可能性，而恰巧加强了这种可能性；反之，今枝江、秭归一带不见西周早中期“周文化系统”的遗存，才正好从侧面证实楚丹阳本不在此。

（2）关于昭王南征，长期以来学术界有个固有的观点，认为因伐楚而起，其后南征而不复，丧六师于汉，亦是楚人所为，或曰“昭王实与楚战而陨于汉，故齐桓公而讨楚也”〔71〕；或曰昭王之死是楚军“突袭成功”〔72〕等等，若是，昭王之时楚不但国势颇强，且必在汉水以南，以楚丹阳在丹江流域则与此不合。然结合文献记载、实物资料以及当时楚国的实际来看，此说甚为可疑。

据文献记载，周昭王晚年曾先后两次南征：“十六年伐楚荆，涉汉，遇大兕”〔73〕，参之过伯簋“过伯从王伐反荆，孚金……”，䟽御簋“䟽御从王南征，伐楚荆，有得”，以及唯叔鼎“唯叔从王南征，唯归”〔74〕等铜器铭文，可见第一次南征俘铜甚多，凯旋而归，因而作器铭功；第二次南征的情况不一样，不仅丧师亡众，甚至连周昭王本人也“南征而不复”〔75〕。关于周昭王的死因，秦汉以来文献或言“梁败”，或言“船解”，说法不一〔76〕，结合《竹书纪年》“十九年，天大曀，雉兔皆震，丧六师于汉”〔77〕的记载分析，显然

〔71〕参阅《大系》考54：䟽御簋。

〔72〕同注〔34〕。

〔73〕参阅《初学记》卷七，地部下引《纪年》。

〔74〕关于此三器的铭文和考释，并参注〔14〕所引唐兰文。

〔75〕参阅《左传》僖公四年。

〔76〕参阅《吕氏春秋·音初》，《史记·齐太公世家》《集解》引服虔曰，《史记·周本纪》《正义》引《帝王世纪》。

〔77〕同注〔73〕。

昭王之师在天气险恶的情况下，又受到敌方强有力的攻击，以至昭王及六师共丧于汉，仅以“梁败”“船解”言之，未必确切。

前文已述，楚于周成王时受封，“号为子男五十里”，“辟在荆山、筚路蓝缕”，国小民弱，地位卑下，康王分器，周之宗亲诸国均丰厚，而楚“独无有”，就是明证。成康以后至熊渠时，楚人曾趁有利的形势一度有重要拓展，然毕竟基础不固，随后又迭起内乱，挫伤元气，直到两周之际“若敖、蚡冒筚路蓝缕以启山林”，国力仍然弱小。凡此，均可推知，周昭王后期，楚国并无多大起色，其实力不足以与王室抗衡。从昭王先后两次大规模南征，第一次“俘金”甚多，第二次“丧六师于汉”的史实分析，楚决非王师所向的主要目标。

《左传》僖公四年载齐桓公伐楚，以“尔贡包茅不入，王祭不供，无以缩酒”和“昭王南征而不复”两事责问于楚，楚人答曰：“贡之不入，寡君之罪也，敢不供给。昭王之不复，君其问诸水滨。”对贡之不入认之不讳，而于昭王之死，却拒不承担责任。其后，齐桓公对楚人的答复不再追问，杜预注曰“昭王时汉非楚境，故不受罪”，亦为楚人开脱责任，均可为证。因此，卢连成先生推断“周昭王十九年第二次南征的对象并不一定是荆楚，有可能是汉水流域的一些方国、部落”〔78〕；王光镐先生则认为，西周时期荆、楚是并存于江汉地区的两个国家，荆强楚弱，实力不一，地域各异，昭王南征虽也伐了楚，但主要目标是伐荆，“南征而不复”“是卒于荆而亦非楚”〔79〕，结合西周早期楚国的国力分析，王先生所论

〔78〕 参阅卢连成《斥地与昭王十九年南征》，《考古与文物》1984 年第 6 期。
〔79〕 参阅王光镐《楚文化源流新证》上编第三章。

是有道理的。这样，部分学者有关周昭王因楚军“突然袭击”而殒于汉中之说就更难成立，而楚丹阳位于丹水流域，与昭王越蓝关，顺丹水而下先伐楚，然后再东南征讨汉水中游诸国的军行路线相符。

四、丹阳变迁新释

西周后期至春秋初年的楚丹阳，应在丹江下游的丹淅附近，其由商县一带顺丹水东南迁，当在周昭王南征伐楚之后。今商县一带，是由关中东南越秦岭沿丹江、经南阳盆地达江汉地区的要冲，商末周初，周楚关系密切，楚于商县一带活动，起着屏藩周室“以事天子”的作用，随着周楚关系的不断疏远，特别是周昭王一再大举南征，丹水河谷为必经之途，而今商县则是周师逾秦岭后的第一个中继站，居住于此的楚人必然受到日益增重的压力，只有避开这个邻近周京的地带而东南迁移，才能自存并摆脱周王室的控制，获得更多的自身发展机会。所以，从大势看，昭王南征进入江汉地区，应是楚人东南迁于丹淅一带的一个重要原因。

西周中期，楚国史实不见于文献记载，说明此时周楚交往稀少。西周中晚之际，楚熊渠一度兴起称王，兴兵伐庸、杨越，至于鄂，并封其三子于句亶、越章、鄂等地，均在以丹淅为中心、成扇形发展的汉水中游地区，亦可见这时楚都丹阳位于丹淅一带的基本态势。

从春秋早期的形势看，《左传》哀公十七年载楚大夫子谷关于观丁父的一段话，言楚克州、蓼，服随、唐是启用鄀俘观丁父的结果，楚克州、蓼约在鲁桓公十一年或略后（详上编第二章第六节），服随、唐在桓公八年（公元前 704 年），即《左传》所载楚伐随，利用随国的内部矛盾和弱点，大败随师于速杞、迫使随求和之事，则楚伐鄀、俘观丁父当更在此前，说明当时楚、鄀是为近邻；再联系楚熊渠兴兵伐庸的情况来看，楚与庸相去亦不太远。楚既与鄀为邻，又与庸相近，庸在今鄂西北竹山县东，鄀都商密，即《左传》僖公二十五年杜预注所说的汉晋丹水县，在今河南淅川县西境、丹水北岸寺湾西北 4 公里的“寺湾古城”一带〔80〕，则与此两国相近，或在二者之间的合理位置，就只能是丹江下游的李官桥盆地一带。楚以此为基点，向南过汉水，溯今之堵河、南河而上，进军伐庸，较为便利；向西北伐鄀则更近便。反之，若把楚丹阳定在秭归或枝江一带，则楚起始向外发展时，不先与其邻近的权、罗、鄀、卢戎等江汉诸国发生关系，而远涉山水、越数国境地，跑到鄂西北山区的竹山一带和丹江中游的淅川县西境与庸、鄀相争，又怎么可能呢？合理的解释只能是楚与庸、鄀相近，楚初向外发展就必然与两国发生冲突，即此而论，西周中晚期至春秋初年的楚国政治、经济中心也只能在丹江下游一带。

丹江下游李官桥盆地及其附近的考古材料，裴明相先生有较详细的论述〔81〕，笔者也曾作过实地考察，整个小盆地现虽淹没在丹江库区，但经初步的调查和发掘，现已发现数座古城遗址，近 500 座楚墓，说明了这一地区在楚国历史上的重要地位，这些城址的具体年代虽不详，但从附近已经出土的墓葬材料来看，至迟在春秋中期，已是楚国十分重要的城邑了，其地位是目前所见的其他春秋楚城所无法相比的，这对我们探讨楚都丹阳所在无疑是一个非常有益的启示。

---

〔80〕 参拙作《鄀国铜器及其历史地理研究》，《江汉考古》1987 年第 3 期。

〔81〕 参阅裴明相《楚都丹阳试探》，《文物》1980 年第 10 期；《再论楚都丹阳》，《楚史研究专辑》页 39—45。

第二章

春秋时期楚国北部疆域的拓展与县制考察

第一节　楚对南阳盆地、淮河上中游地区的开拓

一、春秋初期的形势与楚都迁郢

西周灭亡，平王东迁以后，“周室衰微，诸侯强并弱，齐、楚、秦、晋始大”〔1〕。南土的姬、姜诸国一方面失去了强大的后盾，同时面临着处于上升发展中的楚国压力，逐渐丧失了对江汉地区的控制。楚于熊渠死后，经过两次内乱和百余年的艰苦创业，终于在蚡冒在位时以丹阳为中心，再次向外扩展。据《左传》文公十六年记载，蚡冒曾“服陉隰”，陉隰地望，今已不可确考〔2〕，从字义看，

---

〔1〕 参阅《史记·周本纪》。

〔2〕 陉隰，杜预《春秋释例》认为即《左传》僖公四年之陉，在今河南郾城县东南，对此，孔颖达《疏》驳之曰：“楚自武王始居江汉之间，则蚡冒之时未至中土，不应已能越申息服颍川之邑，疑非也。”所辨甚是。清江永《春秋地理考实》引《汇纂》言“荆州东多溪山之险，故名”，今按：清荆州即今湖北江陵，其东多平原湖泽，并无“溪山之险”，《汇纂》所言显为臆说，不可信。

"陉"是山口，"隰"为低湿之地，此"陉隰"当位于近山口而又在河谷平原中的低洼多水处。今丹淅下游一带的河谷丘陵地，正合此类地貌，则陉隰地望似当去当时的楚丹阳不远。《国语·郑语》另有"楚蚡冒于是乎始启濮"的记载，濮在汉水中游以东、随枣走廊西段两侧的丘陵山地[3]。又《诗·王风·扬之水》记周平王时曾派王师南下，到南阳盆地长期戍守申、甫（吕）等姜姓诸国，以支援他们防御楚人，郑玄《笺》："平王母家申国，在陈、郑之南，迫于强楚，王室微弱，而数见侵伐，王是以戍之。"楚蚡冒在位时，正当周平王十四至三十年（公元前757—前741年），可见楚人这时的扩展已引起了南阳盆地诸姜和周王室的密切关注和防范。

楚熊通（武王）继位后，发展加快，一方面与汉水北岸的邓国联姻，目的显然是为了争取邓国，以控制汉水要津；另一方面兴兵击败邻近的鄀国，以稳定后方。《左传》桓公二年（楚武王三十一年，公元前710年）载："蔡侯与郑伯会于邓，始惧楚也。"蔡、郑都是当时中原有一定实力的重要诸侯国，竟然对楚的发展感到畏惧，则与楚邻近的申、吕、随、唐诸国所受到的压力更可想而知。

鲁桓公六年（公元前706年），楚师伐随，因随有备而主动撤回。两年后，楚再次伐随，利用随国内部矛盾和弱点，大败随师于速杞，使随被迫求和，并"开濮地而有之"[4]，从而一反此前"不得志于汉东"的被动局面，将势力伸到随枣走廊、汉东地区。

桓公九年，因邓南鄙鄾人杀了使邓的楚、巴使者，两国联兵伐邓，大败邓师。桓公十一年，楚将盟贰、轸，意在扩大对汉东的影

〔3〕 参阅石泉师《春秋"百濮"地望考辨》，《先秦史论集——徐中舒教授九十诞辰纪念论文集》（中州古籍出版社1989年4月版）页337—349。

〔4〕 参阅《左传》桓公八年和《史记·楚世家》。

响，而郧则联合随、绞、州、蓼拦击楚师，楚将屈瑕、斗伯比等先发制人，不等四国之师与郧会合，即迅速攻郧，大败郧师，迫使四国之师不战而散；接着，楚武王乘势灭了州、蓼，与蓼、随邻近的唐、厉等国也相继服属于楚〔5〕，楚在南阳盆地、随枣走廊的势力日益扩大。

由于形势的发展，楚人由丹阳迁郢，定都于汉水中游西岸的宜城平原上，一来这里去周京更远，既便于摆脱王室和江汉诸姬、诸姜的束缚和钳制，又便于楚人的进一步发展；二是江汉之间环境、位置优越，可兼顾北进中原和开拓南方的战略需要，是较理想的基地和后方。

关于楚都迁郢的时间，文献记载有武王、文王两说，自清代以来，宋翔凤、童书业等学者渐有辨析，以武王说为信〔6〕，近年，石泉先生通过有关史料的认真比较、分析，进一步论定迁郢时间当在楚武王三十八至四十二年初之间，即公元前703—前699年初之间〔7〕，应可凭信。

楚都迁郢，是楚国历史发展的重要标志，从此，楚之国势发展、对外开疆拓土进入了一个新的阶段。

二、立足江汉，封畛淮汝

楚武王晚年至春末战初，楚对南阳盆地、淮河上中游地区的开拓大致分为三个时期。

---

〔5〕参本书上编第二章第六、七节；另详拙作《古厉国历史地理及其相关问题》，《江汉论坛》1987年第3期。

〔6〕参阅宋翔凤《楚鬻熊居丹阳武王徙郢考》，《过庭录》卷九；童书业《春秋左传研究》页231。

〔7〕参石泉师《楚都何时迁郢》，《江汉论坛》1984年第4期。

第一时期，楚武王四十一年至成王二十九年（鲁桓公十二年至僖公十七年，公元前700—前643年）。

楚都迁郢后，楚武王以此为中心，相继在汉水中游地区开展了一系列的军事行动，败绞、伐罗，克权置县，最后因伐随而卒〔8〕。通过楚武王晚年的经营，逐步在汉水中游两岸廓清了障碍，站稳了足根，为今后的更快拓展奠定了有利的基础。

楚文王继位第二年（鲁庄公六年，公元前688年），乘武王初服江汉之威，锐意北上，渡汉水经邓国以伐申，约在此后数年（即鲁庄公七年至十二年）间，征服了申国，迁申人于淮域，与申相邻的吕国，可能也在同时或稍后被纳入楚之势力范围。申、吕的入楚，使周王室失去了南土的重要屏障，清人顾栋高为此而论曰："余读《春秋》，至庄公六年楚文王灭申，未尝不废书而叹也，曰天下之势尽在楚矣！"〔9〕可见申、吕战略地位之重要，直接关系到周王室和中原"诸夏"的安危。

楚文王伐申还师，就立即伐邓，九年后（即庄公十六年，公元前678年）灭邓，至此，整个南阳盆地，除了东部的唐国、西部的鄀国前已依附于楚，作为附属存在外，盆地南部、中部和北部的主要地区均入楚版图，成为楚人进兵中原、东略淮域的前进基地，位于今南阳市的申国故地尤为楚国重兵所集的战略要邑。

庄公十年，楚文王利用息、蔡之间的矛盾，东进淮域，出兵伐蔡，俘蔡君；四年后，再次伐蔡，直入其都。1987年，湖北宜城所出蔡大膳夫簠诸器，即为楚两次伐蔡所获之物证，已见前考。

---

〔8〕参阅《左传》桓公十二年、十三年及庄公四年、十八年的有关记载。

〔9〕参阅顾栋高《春秋大事表》卷四《春秋列国疆域表》"楚疆域论"。

与此同时（约鲁庄公十年冬至十二年间，公元前 684—前 682 年），楚文王乘胜灭息，开始在方城外、淮河上游北岸建立起新的前沿据点。《左传》哀公十七年载楚大夫子谷对楚惠王说："彭仲爽，申俘也，文王以为令尹，实县申、息，朝陈、蔡，封畛于汝。"杜预注"楚文王灭申、息以为县"，"开封畛北至汝水"。接着，楚师北上，"伐郑，及栎"，栎即今河南禹县，位于郑都西南九十里，为郑国别都〔10〕，可见楚之声势已越过汝水，北至颍水上游南岸，而处在方城口外、汝水以南的应国，以及淮河上游、今河南信阳附近的樊、番等国均或在此间（或稍迟）为楚所并，或灭或迁，故地入楚（说详上编第三章第一节、第八节和第四章第九节），《说苑·正谏》说楚文王"兼国三十"，虽不无夸张之嫌，但亦可见其开疆拓土之广。

楚文王死后（公元前 672 年），楚国内部纷争，楚成王依靠随国的支持和国内贵族的拥戴，取得王位。但直到公元前 664 年，楚国发生政变，杀令尹子元，若敖氏贵族集团的斗谷於菟（子文）为令尹，以"毁家纾难"的措施，采取"布德施惠，结旧好于诸侯"的政策，使楚国重新获得稳定；同时，"使人献天子，天子赐胙，曰'镇尔南方夷越之乱，无侵中国'"。周王室实际上承认了楚在南方诸侯中的"伯主"地位，因而"楚成王初收荆蛮有之"〔11〕，在江汉地区有了一个相当的发展，汉西的绞、谷，汉东的郧国，当亦在此时相继并入楚境，"于是楚地千里"（以上未注出处的引文，皆见《史记·楚世家》），成为当时的一流大国。

---

〔10〕 参阅《左传》桓公十五年杜注；《春秋地理考实》卷一，桓公十五年"栎"条。

〔11〕 参阅《史记·齐太公世家》。

随着楚国的迅速扩展，内顾无忧，楚成王君臣不顾周天子“无侵中国”的劝告，挥师北上，目标首先指向郑国，鲁僖公元年至三年（即楚成王十三至十五年，公元前659—前657年），楚人连续三年伐郑，以图征服郑国，控制中原腹地，但因郑国内部稳定，无懈可击，楚未达目的。

这时，齐桓公（公元前685—前643年在位）霸业日盛，屡次以诸侯之师出兵救郑，同时又与楚国东境的江、黄、徐等国加强联系，以限制楚人的扩张，在此基础上，齐桓公于僖公四年（公元前656年）春率领齐、鲁、宋、陈、卫、郑、许、曹等八国之师伐楚，次于陉，迫楚定盟于召陵（两地都在今河南郾城县以东和东南〔12〕）。由于齐国势力的强大和中原列国的联合行动，使楚国北向发展受到遏制；位于淮水上游地区的江、黄、道、柏、弦诸国亦“方睦于齐”〔13〕，而连襟抗楚。

召陵之盟，使楚国在中原的发展受到了暂时的约束，然楚之实力并未受到损伤，面对不利形势，楚成王审时度势，避实就虚，兵锋东转，经略淮域。鲁僖公五年（公元前655年），楚令尹子文率师灭弦；僖公十一年冬，伐黄，次年夏“楚人灭黄”，接着又“灭英”〔14〕。僖公十五年，“楚人伐徐”（即“舒”〔15〕），败之于

〔12〕 参阅《左传》僖公四年《经》杜预注；《方舆纪要》卷四七，许州郾城县“召陵城”条。

〔13〕 参阅《左传》僖公五年。

〔14〕《史记·楚世家》载楚成王二十六年“灭英”，然《左传》僖公十七年（楚成王二十九年）载“齐人为徐伐英氏，以报娄林之役也”，杜注“英氏，楚与国”，说明楚成王二十六年“灭英”之后，又复其国，以为附属，所以三年后受到齐的征伐。

〔15〕 参阅何浩《巢国史迹钩沉》，《中国史研究》1983年第2期。

娄林，楚势扩展到淮河中游以南。与此同时，位居方城以北的许国，也因楚国的军事压力，于“召陵之盟”后仅两年（公元前654年），即服属于楚，以求自存，以齐桓为首的北方诸国对此也无能为力。

三、北上争霸，问鼎中原

第二个时期，楚成王三十年至楚康王十五年（鲁僖公十八年至襄公二十八年，公元前642—前545年），其中以共王初年为界分为前后两个阶段。

（1）楚霸业的上升阶段。公元前643年，齐桓公死后，齐国内乱，以齐为首的中原诸侯联盟也随之解体，邻近楚国的中原诸侯为求自保，又转而顺从楚国，鲁僖公十八年，郑文公即南下朝楚。这时，宋襄公因助平齐国内乱而声势上升，不断侵伐附近小国，意图继齐称霸，而楚成王则乘机向北扩张，气焰更盛，终于在公元前638年（鲁僖公二十二年，楚成王三十四年）冬，宋楚之间爆发了泓之战（在今河南柘城县北三十里〔16〕），宋师大败，楚在中原之势一时大振。次年，楚师进攻仍然亲宋的陈国，占领了陈国东境的焦、夷二邑（在今安徽亳县附近，考已详前），同时帮助陈国南邻、一向受陈威逼的顿国加固城垣（在今河南项城县境，考见前）。这时，楚国势力向北越过颍水，在淮北的涡水中游建立了新的据点，直逼宋国南境。此间，楚还拉拢宋国北面的曹国，并与卫通婚，利用鲁与齐的矛盾助鲁攻齐，不断向北扩大影响。而位于方城山丘陵地以东、淮汝之间的道、柏、房，以及汝颍之间的沈、胡、养诸

〔16〕 参阅《左传》僖公二十二年及杜预注；《寰宇记》卷十二，宋州柘城县“泓水”条；《方舆纪要》卷五十，睢州柘城县“睢水”条附“浤水”。

国，均约在此先后服属于楚。楚成王俨然要继齐桓公之后，取得霸主地位。

与此同时，经过十九年流亡生活的晋文公，于公元前636年（鲁僖公二十四年）返晋即位，在迅速稳定内部、整顿军政之后，次年春即出兵平定周王室的内乱，同年秋，晋又支援秦国伐秦楚边境上的附楚小国——鄀国，楚则以申、息之师助守鄀都商密，由于秦师以诈计迫使鄀降秦，结果导致楚申息之师的两员统帅在商密被俘，楚令尹子玉（成得臣）率师救援，秦晋之师已退。于是楚移师攻陈国，护送被陈人逼走的顿子回国复位。

丹水流域，为楚之根本、故楚丹阳所在，楚都迁郢后，虽然政治、经济、文化中心南移江汉地区，但这一带仍是楚国境内的重要地区之一，因而在文公五年（公元前622年）秦师再次伐鄀之后不久，楚即迁鄀人于汉水中游的南郡鄀县，鄀都商密成为楚在丹水流域的重要城邑〔17〕，与其北面、位于丹江通道一线的楚之商县、析县互为犄角之势，以加强对这一地带的重点防御。这一措施的实施，有效地阻止了秦、晋势力的向南发展，直到战国中期，丹江流域一直为楚所控制。

商密之败，只是楚人在西北边境的一次小挫，两年后（即鲁僖公二十七年，楚成王三十九年，公元前633年），楚令尹子玉督率陈、蔡、郑、许之师攻宋，晋文公出师救宋，先攻入已投附楚国的曹、卫两国，然后联合齐、秦共同迎战楚师。次年（公元前632年）四月，城濮之战（约在今河南开封市东、开封县之陈留镇东

〔17〕 说详拙作《鄀国铜器及其历史地理研究》,《江汉考古》1987年第3期。

北的杞县、兰考间[18]），楚师大败，国力损伤，原附楚的陈、蔡、郑、许、曹、卫诸国纷纷倒向晋国[19]，晋文公取得了无可争议的中原霸主地位，继承了齐桓公的事业。楚国大力向中原发展的势头，再次受到了有力阻遏。

鲁僖公三十二年（公元前628年）冬，晋文公卒，晋襄公继位虽仍能保持霸业，但因与秦失和，此后十余年两国之间断断续续发生了一系列战争，晋虽多胜，然国力却受到一定的牵制，于是楚又北侵，处于汝颍地区的陈、蔡、许以及郑国只得依违于晋、楚之间，成为拉锯地带。

楚穆王弑父自立之后的最初几年，注意力再次转向东方，经略淮域，鲁文公三至四年（公元前624—前623年），伐江国而灭之，使楚在淮河上游两岸境土以息、樊、弦、黄、江等故邑为据点连成一片。灭江之后，楚人随即于次年以“六人叛楚即东夷”为由，进军灭六国（故地在今安徽六安市北[20]）。同年冬天，又出师灭蓼，

---

〔18〕关于城濮地望，杜预注仅云“卫地”，明清以来，学者将其定于今山东鄄城县西南之濮城集（参《方舆纪要》卷三四，东昌府濮州“临濮城”条）。今按，城濮之战是在楚师围宋，晋伐附楚之曹、卫二国，破曹之后进军南下，以解宋围，两军相遇自必在曹国（今山东定陶县西北）以南，曹、卫与宋之间，而临濮集则在曹都以北九十余里，楚岂能越晋人已占领的曹都而与晋人决战于此？据《左传》僖公二十八年载，城濮战前，晋文公曾“登有莘之墟”以观晋师之军容；决战开始时，“晋师阵于莘北”，凡此皆证明城濮必在“有莘之墟”稍北处。有莘氏故国，唐以来有今山东曹县北和陈留镇（旧陈留县）东北两说，后人多主曹县北之说，然结合《史记·殷本纪》《正义》所引《陈留风俗传》和《括地志》的记载，以及晋师自曹南下救宋，且会西来之秦师的史实分析，城濮及其附近之莘墟，似以定在今开封市以东，陈留镇与杞县、兰考之间为是。

〔19〕参阅《左传》僖公二十八年，《史记》之《楚世家》《晋世家》。

〔20〕参阅《左传》文公五年杜预注；《大清一统志》卷一三三，六安州古迹“六县故城”条。

与蓼邻近且为周公之裔的蒋国，亦约在此时入楚为县。

在北方盟主晋襄公于公元前621年（鲁文公六年）死后，嗣君年幼，晋国诸卿相争，政局不稳。于是楚穆王从公元前618年（鲁文公九年）起，重又挥师北上，先后侵伐郑、陈，与晋师展开拉锯战；次年，陈侯、郑伯会楚穆王于息，随即又召蔡侯会于厥貉，一起北上，迫使宋国屈从，然后楚率诸夏田于宋境之孟诸（在今河南商丘东北〔21〕），向晋、齐示威。

《左传》文公十二年（楚穆王十一年，公元前615年）"群舒叛楚，夏，子孔执舒子平及宗子，遂围巢"。既言"叛楚"，则此前必已附楚，时间至迟当在文公五年灭六之时。两年后（公元前613年），令尹子孔（成嘉）等再袭群舒，因国内生变而还。

鲁文公十六年（楚庄王三年，公元前611年），楚国闹饥荒，周边戎、蛮、庸、濮等乘机侵楚，楚国陷入严重的经济、政治危机，几乎想要迁都于山险之地避难，后来接受了蒍贾献策，稳定了内部，转而以攻为守，与秦人、巴人联合攻灭了庸国，瓦解了戎、蛮、百濮等的侵扰。至此，整个江汉地区的楚国后方，除了于楚有恩德且"世有盟誓"〔22〕的汉东随国以及散处山间的百濮和群蛮之外，其他诸侯列国一一为楚所并，从而为楚庄王称霸中原打下了有利的基础。

宣公三年（公元前606年），楚庄王率师越伏牛山、外方山而北伐陆浑之戎（故城在今河南嵩县北三十里〔23〕），然后"遂至于

〔21〕参阅《左传》文公十年杜预注及江永《春秋地理考实》卷二，文公十年"孟诸"条。

〔22〕参阅《左传》定公四年。

〔23〕参阅《左传》僖公二十二年杜预注；《春秋大事表》卷五《春秋列国爵姓及存灭表》"陆浑之戎"。

雒（洛），观兵于周疆”，“问鼎”王室而归。这是向周室的示威，表示楚国的实力，意欲迁走象征周王权威的九鼎，反映出楚庄王不尊周室的政治野心。第二年，楚国发生令尹子越（斗椒）的叛乱，楚庄王平定叛乱后，“遂灭若敖氏”之族，但念及令尹子文于楚成王时任令尹为楚国安定、强大立有功勋，保留了其一家的直属后代，长期以来执掌楚国军政大权的若敖氏从此削弱。于是，孙叔敖（楚国另一大贵族蒍氏的代表人物，名蒍敖，字孙叔）继为令尹，执政十二年（从公元前607—596年），协助楚庄王整顿内政，进行了一系列改革，使楚国内部安定，国力更强，加之楚庄王又善于采纳属下的正确意见，利用晋国的内部矛盾，再度北进中原，与晋争霸，重点是争夺陈、郑两国。

从宣公三年至十二年（即楚庄王八年至十七年，公元前606—前597年）的十年间，楚庄王先后两次伐陈，八次伐郑〔24〕；宣公十一年，楚庄王因陈国夏氏之乱，一度灭陈；次年春，进军围郑，郑人降服，楚庄王都适可而止，存陈、郑以扩大其在中原的声威和政治影响，随即转军进击救郑之晋师，大败之于邲（在今郑州市西北、黄河南岸〔25〕），楚势威震华夏，称霸中原。同年冬，楚师东北，灭宋之附庸萧国（在今安徽萧县西北十里〔26〕），接着又连续三年出兵围宋，最后一次于公元前595年（鲁宣公十四年，楚庄王十九年），宋人困守八个月，终于在次年五月向楚求和，楚国霸业

〔24〕伐陈见《左传》宣公八年、十一年；伐郑见宣公三年、四年、五年、六年、九年、十年、十一年、十二年。

〔25〕参阅杨伯峻《春秋左传注》宣公十二年。

〔26〕参阅《左传》庄公十二年杜预注；《方舆纪要》卷二九，徐州萧县“萧城”条。

达到极盛，中原诸侯国大都服属于楚。

与此同时，楚还东"伐舒蓼，灭之，楚子疆之，及滑汭，盟吴、越而还"[27]，在江淮地区亦有一定拓展。《韩非子·有度》篇说"荆庄王并国二十六，开地三千里"，可见楚势之盛。

鲁成公二年（楚共王二年，公元前589年），因"卫人不行使于楚，而亦受盟于晋，从于伐齐"，楚率郑、蔡、许诸国之师伐卫，侵鲁，及阳桥（在今泰安市西北[28]），鲁以工匠技人三百许楚请盟，"楚人许平"，十一月，楚令尹子重与北方数国公、侯及大夫盟于蜀（在今泰安市西，与阳桥相近[29]），"晋辟楚，畏其众也"。说明楚共王初年，仍楚庄王之余烈，还能继续维持在中原的霸主地位。

（2）楚霸业衰退阶段。共王初年以后，晋、楚间形势渐生变化，晋国一方面"作六军"，进一步加强了军事实力；另一方面利用楚国的内部矛盾和弱点以制楚。而楚国这时共王年少，掌握军政大权的令尹子重、司马子反刚愎自用，排斥异己，使晋人有机可乘，渐复主动，多次南下，与楚争夺中原诸国，而尤以郑、宋为重点。

鲁成公七年（楚共王七年，公元前584年），楚申公屈巫臣投奔晋国，楚子重、子反杀其族，分其室以报私怨，致使巫臣为晋策划，联吴制楚，自己出使吴国，助吴王寿梦改革军制及战术，使吴国军力增强，于是"吴始伐楚，伐巢，伐徐，……子重、子反于是

---

〔27〕参阅《左传》宣公八年。

〔28〕参阅《春秋地理考实》卷二，成公二年"阳桥"条引《汇纂》。

〔29〕参阅《左传》宣公十八年杜注；《方舆纪要》卷三一，泰安州"蜀亭"条。

乎一岁七奔命。蛮夷属于楚者，吴尽取之”〔30〕。吴国的逐渐强大，使楚国开始在东方受到牵制与压力，再不能如过去那样顺利扩展，北向中原的争霸活动，也因力量分散而受到影响。

共王至康王前期，楚国的战略重点仍在北方与晋反复争夺郑、宋，但已渐失优势。鲁成公十六年（楚共王十六年，公元前575年），晋与楚、郑之间爆发了“鄢陵之战”，楚师大败，共王受伤，主帅司马子反自杀，楚在中原的霸业至此终结。此后，楚人北进屡次受挫。鲁襄公十六年（楚康王三年，公元前557年），晋楚湛阪之战，“楚师败绩，晋师遂侵方城之外，复伐许而还”。

东边淮域，吴国初兴，楚国还略占优势，成公十七年灭舒庸，襄公三年克鸠兹，至于衡山；襄公十三年大败吴师于庸浦，境土向东有局部发展，但吴对楚的牵制与威胁越来越大。同时，楚在南方却有较大拓展，《左传》襄公十三年记楚共王死后议谥号，令尹子囊曰“赫赫楚国，而君临之，抚有蛮夷，奄征南海”，这一评语即可概见。

楚康王后期，“国多宠而王弱，国不可为”〔31〕，加上前段北方数败于晋，东方吴患迭起，处于两面受制的不利形势，再也无力北上。北方的晋国，虽有悼公“三驾而楚不能与争”〔32〕之霸业，对楚占有上风，然一则长期征战，国力受到极大损伤；二则平公继位后，公室渐弱，“政在家门”，加之栾盈之乱，国内政局动荡，亦无与楚再争之力。鲁襄公二十七年（楚康王十四年，公元前546年）两国在宋向戌、蔡公孙朝的促成下，于宋举行弭兵之会，息兵安

〔30〕参阅《左传》成公七年，《史记·吴太伯世家》。
〔31〕参阅《左传》襄公二十一年。
〔32〕参阅《左传》襄公九年。

民，通使修和，中原诸侯分属晋、楚者，皆成两属，同时向两国纳币、朝见，至此，延续一个多世纪争霸中原的局面遂告一段落。

四、北境弭兵，争夺淮域

第三时期，楚郏敖元年至楚惠王四十二年（鲁襄公二十九年至悼公二十年，公元前544—前447年），这一时期主要特征是吴楚争夺淮域，楚政起伏与重振，其中以平王前期和昭王复国为界，分三个阶段。

（1）楚吴相持阶段。中原“弭兵”和会之后，北方晋、楚关系虽趋缓和，但东方吴、楚争战则日趋激烈，楚康王后期的一系列史实表明，这时楚对吴虽略采攻势，然已无优势可言。

楚灵王篡位后，因国内“多难”，人心不稳，一方面继续与晋讲和，结以姻亲；同时联络中原、淮北诸与国重点对吴，争夺淮域。昭公四年（楚灵王三年，公元前538年），楚灵王大会诸侯于申以伐吴，克朱方、执齐庆封而灭其族，然后回师灭赖（在今息县东北褒信集一带〔33〕）而还。是年冬，吴伐楚以示报复，入棘、栎、麻三邑（棘在今河南永城县南，栎在新蔡县北，麻约在两者之间〔34〕），迫使楚师奔命于夏汭（在今安徽凤台县西南〔35〕），并在

〔33〕 说详本文上编第四章第七节。

〔34〕“棘”之地望，参阅《左传》襄公二十六年杜注和《春秋地理考实》卷二，襄公二十六年“棘”条。“栎”见《左传》昭公四年杜注；《方舆纪要》卷五十，汝宁府新蔡县“栎城”条。“麻”，杜预无注，江永《考实》引《汇纂》说在安徽砀山县东北，同时又提出湖北麻城说。今按，麻城远在淮南的大别山以南，与此次吴师伐楚，棘、栎均在淮北的形势不符；砀山一带过于偏北，当时为宋地，不属楚，此“麻”邑应在棘、栎附近，永城、新蔡之间。

〔35〕 参阅俞正燮《癸巳类稿》（商务印书馆1957年版）“夏汭考”；何浩《左传“夏汭”考》，《江汉论坛》1987年第8期。

“东国”淮域筑钟离、巢（今安徽六安东北）、州来（今安徽凤台县）三城以为守备。次年，楚又以诸侯和东夷之师伐吴，偏师败于鹊岸（约在今安徽定远县西北[36]），楚以大师继之，因“吴早设备，楚无功而还”。昭公六年，楚伐徐，吴师救徐，楚令尹子荡帅师伐吴，结果又败于房钟。房钟，杜预说是“吴地”，约在今安徽蒙城县境[37]，据此，吴人势力由徐而西，沿淮北直逼楚东境的焦、夷、乾溪至州来一线。

鲁昭公八年（楚灵王七年，公元前534年），楚灵王借陈国内乱之机，再次灭陈为县，“使穿封戌为陈公”。次年，将许由叶东迁于夷（即城父），并以州来所属淮北部分田地益许；接着又迁原城父之人于陈，将城父在濮水以西的部分田地益于迁陈的城父人；然后再迁方城外（即汝颍地区）人于许（即叶）地。昭公十一年（公元前531年），楚灵王诱杀蔡灵侯于申，灭蔡为县，“使弃疾为蔡公”；随之将淮域属楚的诸小国许、沈、胡、申、道、房等一并迁于楚之内地的荆山附近安置[38]。楚之灭蔡，杜预认为是因为蔡近楚，“故楚常恨其不服”，除蔡之外，他国莫不如是。面对吴势日盛所带来的压力，楚灵王在淮北汝、颍一带所进行的一系列灭国迁民行动，其目的显然在于清除这一地区的不稳定因素，以防形势不利而生变，并尽力打乱这一地区旧有血族体系，加快楚化进程[39]，以加强对吴国的防御。

---

〔36〕参阅张胜琳《吴楚淮域之战若干相关地名地望略考》，《楚史论丛（初集）》（湖北人民出版社1984年10月版）页122—128。

〔37〕参阅《春秋地名考略》卷十一，吴地“房钟”条。

〔38〕参阅《左传》昭公十三年。

〔39〕参阅晏昌贵《楚灵王迁国移民考》，《江汉论坛》1990年第12期。

楚灵王在实行这一大规模的灭国迁民之后，马上“大城陈、蔡、不羹，赋皆千乘”，紧接着就狩于州来、次于颍尾（即颍水下游入淮处），命师“围徐以惧吴”，但由于楚灵王继位以来“汰侈已甚”，役赋无度，肆意专杀，使国力疲敝，民生日艰，加之大规模的迁民，也包括旧有贵族在内，因而也引起他们的反对和仇视，以致政局动荡，人心思变，楚灵王终于在众叛亲离的内乱中垮台，最后被迫自杀。

楚平王夺得政权后，一方面“封陈、蔡，复迁邑”〔40〕，以结好诸侯，使一些已灭之国的遗民返回淮域故地复国，以争取更多的支持，稳定局势；另一方面安民、振贫，“禄勋合亲，任良物官”〔41〕；同时使然丹、屈罢简兵守备，“好于边疆”。鲁昭公十六年（楚平王三年，公元前526年），乘北方蛮氏（即戎蛮，在今河南临汝县西南〔42〕）之乱，伐而取之，后又复立蛮子之子，以为附从，楚之势力北及今禹县、临汝、嵩县一线，直逼周、郑以南。

（2）楚弱吴盛阶段。平王初年所实行的一些抚民安国措施虽收到一定的效果，给楚国带来了几年的相对稳定，然而不久就由于近奸臣、信谗言、废忠良，以及“宫室无量”和大规模筑城为守，致使“民人日骇，劳罢死转，忘寝与食”〔43〕；加之北方“晋、郑方睦”，与楚的关系又趋恶化，特别是东方吴势日盛，对楚的威胁越来越大。

---

〔40〕 参阅《左传》昭公十三年，《史记·楚世家》。

〔41〕 参阅《左传》昭公十四年。

〔42〕 参阅《左传》昭公十六年杜注；《春秋大事表》卷五《春秋列国爵姓及存灭表》“戎蛮”。

〔43〕 参阅《左传》昭公十九年和二十七年载沈尹戌语。

鲁昭公十七年（公元前525年），吴伐楚，楚大败。为了加强方城一线的防御，楚平王迁许于析，迁阴于下阴（在今湖北光化北〔44〕），同时城郏、城父（即北城父）、州来诸邑，然这时楚之形势已非，在淮域的争夺中完全处于被动挨打的地位，昭公二十三年（公元前519年），吴伐州来，楚芳越帅楚、顿、胡、沈、蔡、陈、许七国之师往救，然因诸国“疾楚政”，“同役而不同心”，结果大败于鸡父（约今安徽凤台西北〔45〕），吴“获胡、沈之君及陈大夫……”；接着，吴师又乘虚入郹（在今河南新蔡县境〔46〕），“取楚夫人与其宝器以归”，于是楚新上任的令尹子常赶快“城郢”。昭公二十四年，楚平王为舟师略吴疆，吴人反击，“灭巢及钟离而还”；次年，楚平王即令芳射“城州屈，复茄人焉；城丘皇，迁訾人焉”，并增筑巢、卷之城郭以为守〔47〕。

楚平王死后，楚昭王幼年继位，令尹子常（囊瓦）主持国事，然“子常贿而信谗”，专杀贤良无辜，深令国人痛绝，使本来就十分不利的形势变得更加严峻。鲁昭公三十年（楚昭王四年，公元前512年），吴掩余、烛庸二公子奔楚，楚“大封而定其徙”，使居养而城之，并取与养邻近的城父（即夷）与胡田以益之，“将以害吴也”，因而激怒了吴国。是年冬，吴人执钟吾子，接着伐徐，以水

〔44〕参阅《左传》昭公十九年杜注；《大清一统志》卷三四七，襄阳府古迹“阴县故城”条。

〔45〕参阅石泉师《关于芍陂（安丰塘）和期思——雩娄灌区（期思陂）始建问题的一些看法》，中国水利学会水利史研究会编《芍陂水利史论文集》（《水利史志专刊》，1988年4月，下同）页67—85。

〔46〕郹即郹阳，《左传》昭公十九年杜注“蔡地”，未言所在，清代志书《春秋地名考略》（卷十“蔡地”）言在新蔡县境，或是。

〔47〕参阅《左传》昭公二十五年。

灌城而灭之，徐子章禹奔楚，楚城城父以处徐子。这时，新得王位的吴王阖庐（即公子光）采用楚亡臣伍员（子胥）分兵出击以疲楚师，然后伺机入楚的谋略，“楚于是乎始病”〔48〕；是年，吴师伐夷（即徐子所处之城父），取六、潜（在霍山县东北〔49〕）。定公二年（楚昭王八年，公元前508年），原属楚之小国桐（约在今安徽六安附近〔50〕）叛楚，吴使舒鸠氏诱楚，令尹子常帅师伐吴，师于豫章，为吴所败，继而吴师攻下了巢。

与此同时，蔡昭侯、唐成公朝楚，先后被令尹子常因索贿不成而被扣留在楚三年，饱受欺辱。蔡昭侯回国后，立即朝晋，并以其子和大夫为质，请以伐楚。至此，楚国人心丧尽，众叛亲离，于外四面受敌，孤立无援；于内奸臣误国，政局动荡，完全陷于交困的深渊。

鲁定公四年（楚昭王十年，公元前506年）冬，吴、蔡、唐联兵伐楚，由于楚内部不和，结果大败，吴师连连取胜，五战及郢，直入楚都，楚昭王仓皇出逃，涉沮、济江而奔随，是为楚立国以来最为严重的失败，也是春秋史上的突出政治事件之一。

关于吴师入郢的军行路线及相关战地，千年流行说法曾有一系列颇为费解的解释，对此，石泉先生结合当时的战争形势和原始史料，进行了认真分析和探讨，认为吴师由淮汭（今汝洪河入淮处）

---

〔48〕 参阅《左传》昭公三十年。

〔49〕 参阅《左传》昭公二十七年杜预注；《方舆纪要》卷二六，六安州霍山县“潜城”条。

〔50〕 桐，杜预注“小国，庐江舒县西南有桐乡”，后世流行说法大都将其定于安徽桐城县境，不确。据《初学记》卷八庐国舒城条引应劭和《楚世家》《集解》引杜预曰，古舒城在“庐江六县东”，汉晋六县在今六安市北，则位于六县东之舒城当在今六安市东北，而位于古舒城西南之桐乡、古桐国当不出今六安市附近或略偏东地带。

舍舟陆进，经蔡国（今河南新蔡）而沿淮北西进，越过楚方城南段隘口（即“城口”三塞，而非流行说法所言位于淮河以南，桐柏、大别山交接地的古义阳三关），于南阳盆地会合唐师，再西南至今湖北樊城一线与楚夹汉对阵，由此突破楚军防线，南下直入郢都。吴、楚两军交战的一系列战地，如大别、小别、柏举、清发、雍澨等，主要分布于汉水以北、方城山西南的唐白河（古淯水）下游两岸，而不是流行说法所言的今汉水以东、大别山以南的广大平原、丘陵地区〔51〕。通过石先生的新解，使我们进一步认识到，先秦时期南阳盆地、淮河上中游在我国东西交通和南北往来中的枢纽位置，其作用远比长江一线和义阳三关重要得多，这是由当时的地理环境和开发程度所决定的。

随着楚国的失败，多年来一直依附于楚的胡国（在今安徽阜阳市一带）“尽俘楚邑之近胡者”；弱小的顿国也背楚绝陈而附晋〔52〕，直接与楚交兵的蔡、唐等在联兵败楚后必定乘机扩充地盘，凡此，均足以反映这时楚国势力的衰落。

（3）楚势复苏阶段。吴师入郢，楚国几至灭亡，面临严峻的形势，楚人一方面集中兵力以救亡，一方面求援于秦国，加之这时东边的越国逐渐兴起，乘吴境空虚之机进攻吴国，而吴国内部因争权夺利出现分裂，损伤了实力。次年夏天，楚秦联军才赶走吴人，楚昭王归入郢，并乘势灭了南阳盆地的唐国。

鲁定公六年（楚昭王十二年，公元前504年）春，郑师南下灭许，时许在容城，即今河南叶县西（考已见前），郑人涉颍济汝，

〔51〕 参阅石泉师《从春秋吴师入郢之役看古代荆楚地理》，《古代荆楚地理新探》页355—416。

〔52〕 参阅《左传》定公十四年、十五年。

深入楚境直逼楚方城口外灭许，可见楚国仍处于大患未愈的低谷中，《左传》说是“因楚败也”，是可说明。

同年四月，吴在打败越国和稳定内部之后，复又伐楚，先败楚舟师，获潘（番）子臣、小惟子及楚大夫七人，接着又大败楚司马子期所统帅的陆师于繁阳（在今河南新蔡县北），并攻取了楚之附庸番国（在今河南固始、潢川与光山之间，说详上编第三章第八节），楚人重又面临来自吴国的巨大威胁，令尹子西“于是迁郢于鄀，而改纪楚政，以定楚国”〔53〕。

定公五年，越人曾乘吴师在楚之机攻入吴国，迫使吴师撤兵回援，此后吴越关系日益紧张。定公十四年（楚昭王二十年，公元前496年），吴越再次交战，吴王阖庐受创而死，“吴由此怨越而不西伐楚”〔54〕。楚则自定公六年惧吴徙都以来，经过八至九年的“改纪其政”和修养生息，国力又有了一定的恢复，加之联越制吴的策略渐有成效（楚昭王妻就是越女），使楚国得以重新建立其对淮河上中游地区的控制权。鲁定公十四年，楚乘吴越即将开战之际，与陈联兵灭了顿国，第二年春，又灭了胡国。

鲁哀公元年（楚昭王二十二年，公元前494年），楚及陈、随、许四国之师伐蔡，迫使蔡人出降，“使疆于江、汝之间而还”，即大大缩小了蔡国的境土，使之局限于新蔡以南、淮汝之间的狭窄地带内”〔55〕，而位于淮河上游以北、汝水中下游的蔡国故地以及所取之沈地全部被楚合并。

---

〔53〕 参阅《左传》定公六年，《史记》的《楚世家》《吴太伯世家》。

〔54〕 参阅《史记·楚世家》。按，吴越交战，阖庐受创而死，《左传》载于定公十四年，即公元前496年，《史记·吴太伯世家》相同，《楚世家》误后一年。

〔55〕 说详石泉师《古文献中的“江”不是长江的专称》，《古代荆楚地理新探》页57—73。

与此同时，吴王夫差进军攻越，大胜，越王勾践降服，成为吴之属国，吴国声势又振，于是蔡国在吴国支持与帮助下，迁于州来（今安徽凤台县）。

哀公四年，楚昭王又转而经略北方，出兵偷袭汝水上游蛮氏之梁、霍二邑（在今河南临汝县西南〔56〕），并进围蛮氏城，蛮子赤奔晋之阴地（今豫西伊洛二水上游地带），后经楚、晋双方的交涉，楚尽俘蛮子赤及其遗民以归，从而位于汝水以南、今河南临汝至汝阳一带的蛮氏故地均入为楚有。

公元前489年（鲁哀公六年，楚昭王二十七年），吴王夫差又开始向外扩张，进兵伐陈，楚昭王救陈，卒于城父，楚师退，陈亦附吴。这时，北方的齐国在齐景公死后，嗣君弱，大臣争权，内政不稳，吴于是北上争霸，楚国东北边境所受的压力缓解。哀公九年，楚师伐陈，陈国成了吴楚争夺的目标，拉锯的场地。在此之后，吴国一方面忙于北进，于鲁哀公十一年大败齐师于艾陵（今山东莱芜），两年后又与晋黄池争盟；另一方面，越王勾践经过十年的积聚，国势再振，乘吴师主力北上之机，抄吴后路，攻入吴都，使吴王仓促回师救援，应付国力日强的越国，再也无力与楚相争了。鲁哀公十五年夏，楚令尹子西、司马子期起兵伐吴，及桐汭（约在今安徽六安市附近〔57〕）；哀公十六年，因陈乘楚白公胜之乱

---

〔56〕参阅《左传》哀公四年杜注，《水经·汝水注》。按：清代志书如《方舆纪要》等说古梁邑在汝州（即今临汝县）西南四十五里的梁县故城，是对的，然定霍邑于汝州东南二十里之霍阳聚，与杜注霍在梁南不符。据《汝水注》，霍阳聚位于梁县西南，两邑隔霍阳山、水相望，宋程公说《春秋分记》（卷二五）以霍在汝州西南的梁县附近，应是。

〔57〕同注〔36〕，另参注〔50〕。

而侵其周围楚地，楚国内乱平息后，即遣武城尹公孙朝帅师伐陈，次年（即楚惠王十一年，公元前478年）秋，楚第三次灭并了陈国[58]。鲁哀公二十二年，越灭吴；二十六年后（即楚惠王四十二年，公元前447年），楚再次灭蔡[59]。至此，整个淮河上中游地区最终一统于楚境。

五、春秋楚国北疆综述

春秋时期楚国疆域的发展、变化，以向北、向东，即南阳盆地、淮河上中游地区的扩展为中心线索，对此，清人高士奇说：

> 夫先世带砺之国，棋布星罗，南捍荆蛮，而北为中原之蔽者，最大陈、蔡，其次申、息，其次江、黄，其次唐、邓，而唐、邓尤偪处方城之外，为楚门户。自邓亡，而楚之兵申、息受之；申、息亡，而楚之兵江、黄受之；江、黄亡，而楚之兵陈、蔡受之；陈、蔡不支，而兵且交于上国矣。……然楚自灭邓，县申、息，残江、黄，以至六、蓼诸国，无不兼并，地几半天下。[60]

这一段话概括了春秋时期楚国疆土扩展的基本脉络。就不同阶段而论，楚国北部疆域的发展、变化概略如下：

（1）春秋初期的若敖、蚡冒以及武王前期，楚都丹阳，其间虽

---

〔58〕参阅《左传》哀公十七年和《史记》之《陈杞世家》《楚世家》，《十二诸侯年表》误后一年，应更正。

〔59〕参阅《左传》哀公二十二年，《史记》之《管蔡世家》《楚世家》。

〔60〕参阅《左传纪事本末》（中华书局1979年1月版）卷四五“楚伐灭诸小国”。

有蚡冒服陉隰、武王开濮地，向南有一定拓展，然由于东为申、吕所阻，北为周室所限，西为崇山峻岭，且有鄀、巴、庸诸国势力杂错，拓展不大，其实际控制范围基本上限于丹江中下游河谷丘陵地带。

（2）楚都迁郢后，摆脱了周人势力的束缚，发展迅速加快。武王克州、蓼，服随、唐；文王灭邓，县申、息，朝陈、蔡，封畛于汝；成王前期，势力更向北发展，兵锋远及郑、宋，至公元前656年齐楚召陵之盟时，整个南阳盆地除了东部的唐国，西部的鄀国因较早附属于楚而存在外，大部分并入楚境；方城以东、淮河上游一带的番、樊和方城以北、汝水上游的应国，或灭或服，相继纳入楚之势力范围，汝水以南的广大地区基本为楚所有，并且于汝颍之间建立了部分据点。

（3）从楚成王后期至共王初年的半个多世纪，是楚国政治、经济发展的盛世，楚北部疆域亦有较大拓展。成王后期，先后灭了淮河上游的弦、黄，以及中游的英氏，夺取了颍水以东、涡水中游的陈之谯、夷，位于此二邑西南的沈、顿、胡、养诸国当均在此间服属于楚。同时，楚于丹水上游设立商县（在今陕西丹凤县西），以加强对丹水流域的控制，阻止秦、晋势力的南下。穆王时期，又相继灭了江、蓼、蒋、六诸国，古六国（今安徽六安市北）以西的淮河干流两岸，全部并入楚境。庄王之时，西灭庸，东灭舒蓼，北败晋，灭萧，威服郑、宋，饮马黄河，国势鼎盛。庄王后期至共王初年的楚国北疆，大致东抵淮河中游的六、巢、州来一带，西及丹江上游，北边沿郏（今河南郏县）、栎（今禹县）、郾（今郾城南）、召陵（今郾城东）至谯、夷（今安徽亳县境）一线，其间除沈、蔡、顿、胡等国作为附属存在外，汝颍地区大部分土地并入楚境，从而奠定了春秋中晚乃至战国早中期楚国北部疆域的基本格局。

（4）共王初年以后，楚势渐弱，北边数败于晋，东边吴患迭起，长期处于被动地位，尤其是平王至昭王前期，形势更为不利，淮河上中游地区的州来、巢、钟离、繁阳等战略要邑以及附庸番国，先后为吴所取，以致最终导致了吴师入郢、楚都徙鄀的政治事件。与此同时，位于淮北汝颍地区的蔡、胡、顿诸国亦趁机夺取与之邻近的楚邑、田地，吴师入郢前后，息县以东的淮河中上游地区为吴所并，楚对汝颍地区的控制也大为削弱，与穆、庄时期相比，形成鲜明对照。

（5）楚都徙鄀后，“改纪其政”，加之联越制吴的方针渐生成效，形势逐渐好转，楚在收复失地的同时，于汝水上游和淮河中游地区均有新的拓展。昭王灭顿、灭胡，袭取戎蛮；惠王进一步向东、向北扩张，灭陈、灭蔡。春末战初，楚国北部疆域西起丹江上游的楚之商县，与秦、晋相交；东至州来、巢、舒以东与越相接；北边大致沿今河南栾川、汝阳、禹县、临颍、西华、淮阳、鹿邑、亳县、永城一线，与周、晋、郑、宋诸国错壤，包括今湖北西北、陕西东南、河南南部和安徽西北部，即本文所述的南阳盆地、淮河上中游地区（参见图二）。

综上所述，从春秋初年至春秋战国之际，经过三个世纪的兼并、交融，南阳盆地、淮河上中游地区原有众多的民族、封国，除个别仍作为附庸残存其间外，大都为楚所并，人为楚民，地入楚境，成为楚国疆土、臣民的重要组成部分。

第二节 春秋楚县的建置、特点以及性质和作用

县，是随着春秋时期各大国开疆拓土、灭国并邑的形势发展而

出现的一种新的统治形式。县之始设，出现于春秋早期，列国中又以楚县的设置为先声，这是学术界较一致的看法〔61〕。楚从春秋初年“筚路蓝缕”、“土不过同”的子男小国，到春秋中晚期“问鼎中原”、“土数圻”的南土大国，短期内有一个飞跃发展，楚国君臣任贤举能、励精图治、奋发向上的精神以及和谐的民族政策固然是主要的，在政治体制上打破封土食邑的陈规，较普遍地推行设县治民，以加强君主集权和地方管理，亦是其重要因素之一。

春秋楚国置县的情况，前人作过初步清理和考订〔62〕；近年，部分学者又对春秋楚县的设置、性质和作用作了进一步探讨〔63〕，取得了一系列进展，但由于文献材料的不足和记载的矛盾，遗漏之处甚多，有些问题仍有继续深入的必要。

一、春秋楚县辨误

春秋楚县的设置，杨宽先生认为有三条途径，一是灭国为县，如权、那处、申、息、郧、蔡、陈；二是利用小国之旧都改建成县，商、期思、叶、沈、寝、白县即是；三是将边境上的别都改设为县，如武城、析、东西二不羹，计十七〔64〕。顾久幸先生在杨文的基础上去掉权县，补入鲁阳、梁、邓、成四县，共二十县〔65〕。

---

〔61〕参阅顾炎武《郡县》，《日知录》卷二二；姚鼐《郡县考》，《惜抱轩文集》卷二；廖从云《中国历代县制考》（台湾中华书局1969年2月版）第一章。

〔62〕参阅洪亮吉《春秋时以大邑为县始于楚》，《更生斋文·甲集》卷二；顾颉刚《春秋时代的县》，《禹贡》半月刊卷七，第六、七合期。

〔63〕参阅殷崇浩《春秋楚县略论》，《江汉论坛》1980年第4期；杨宽《春秋时代楚国县制的性质问题》，《中国史研究》1981年第4期；顾久幸《春秋楚、晋、齐三国县制的比较》，《楚文化觅踪》（中州古籍出版社1986年7月版）页215—229。

〔64〕见注〔63〕杨宽文。

〔65〕见注〔63〕顾久幸文。

分析文献记载，我们认为，就建置而言权县不宜去掉，寝、鲁阳、梁三者不在春秋楚县之列；就地理而言，沈、商、白、郧、申、蔡、期思诸县的地望均有可商之处。

楚武王克权置县，任斗缗为县尹管理权国旧有君、臣和平民，开春秋置县之先例。后来斗缗在权国旧有贵族的支持下举事叛楚，失败被杀，楚文王“迁权于那处，使阎敖尹之”〔66〕，即将权人迁往那处，并于那处置县，任阎敖为县尹来管理权人。这里所迁之“权”，当指权国贵族和部分平民，而权地的大多数平民仍当留于权故地为县民，不可能全部被迁走，使权地成为一片空城荒野，权国贵族的被迁与权县的继续存在并不矛盾。

以寝为县，出于对《左传》寝尹王孙由于一职的误解。据《左传》定公四年，“楚子涉雎济江，入于云中。王寝，盗攻之，以戈击王，王孙由于以背受之，中肩”。杜预说：“寝尹吴由于以背受戈。”〔67〕楚昭王出逃，寝于云中之野，受到反叛者的袭击而被王孙由于（又作“吴由于”）用背挡住，说明由于当时侍寝在旁，否则不能及时挡住袭击者的兵戈。鲁哀公十八年，巴师伐楚，楚准备出师御敌，楚惠王曰：“寝尹、工尹，勤先君者也”，以二人为帅佐；工尹为楚之朝官，则与之并提的寝尹亦应为朝官之列，寝尹任职郢都，不在外县即为其证。因而，宋人程公说认为“寝尹盖司寝，非邑名也”，明人董说以寝尹入楚朝官之列〔68〕，均有灼见。今安徽临泉县一带，春秋中晚期为楚之沈县所在（详后），楚庄王末年，从

〔66〕 参阅《左传》庄公十八年。

〔67〕 参阅《左传》哀公十八年杜预注。

〔68〕 参阅《春秋分记》卷四四《职官书·楚官》“沈尹”条；《七国考订补》（上海古籍出版社 1987 年 4 月版）卷一，楚职官。

中划出部分田地，即“寝丘四百户”作为孙叔敖子的封邑；春秋晚期，楚沈县仍在，寝丘封邑亦未取消，决不可能同时同地再置一个寝县。

鲁阳作为春秋楚县，更为可疑，《国语·楚语下》载楚惠王以梁与鲁阳文子，文子辞曰：“梁险而在境，惧子孙之有贰也。”又曰：“惧子孙以梁之险而乏臣之祀也。”又《墨子·鲁问》篇载：“鲁阳文君曰：‘鲁四境之内，皆寡人之臣也。’”既言“鲁阳文君”，且又以“寡人”自居，并打算世代享有封地，决非直属国有的县邑，杨宽、何浩两先生将其列为楚之封君是正确的〔69〕。据《国语》韦昭注，鲁阳文君为楚平王之孙、司马子期之子公孙宽；证之《左传》，鲁哀公十六年（公元前479年）楚公孙宁为令尹、公孙宽为司马，两年后，公孙宁因败巴师而受封于析，公孙宽受封鲁阳并称“君”，则应在析君之后的战国初年。

梁县的记载，出自《说苑》，其书《权谋》篇云：“晋人已胜智氏，归而缮甲砥兵，楚王恐，召梁公弘曰：……，梁公曰：‘不患！害其在吴乎？……’不听。明年，阖庐袭郢。”分析这段记载，颇有可疑之处，前言“晋人已胜智氏”，当指晋智伯围赵襄子于晋阳，赵氏联络韩、魏两家反攻智伯而灭智氏之事，时在公元前453年；而后梁公所答主要是东方吴人为患，请楚王加强备吴，而楚王不听，第二年伐楚，吴兵入郢。吴入郢为定公四年事，前一年即定公三年，公元前507年，早于三家胜智氏五十四年，可见此段“晋人已胜智氏”的前提有误。又梁当即汝水上游之梁邑，在今临汝县

〔69〕参阅注〔63〕杨宽文；另见何浩《战国时期楚封君初探》，《历史研究》1984年第5期。

西南，据《左传》，鲁哀公四年（公元前491年），楚袭蛮氏，才取梁为己有，此前为“蛮子之邑”，吴兵入郢以前，楚根本不可能于梁设县。梁邑入楚之后，是否置县，文献无征，应作存疑为是。

应该排除于春秋楚县之列的还有卑梁一例，《吕氏春秋·察微》载：“楚之边邑曰卑梁，其处女与吴之边邑处女桑于境上，戏而伤卑梁之处女，……卑梁公怒，……举兵反攻之，老弱尽杀之矣。”汉高诱注“公，卑梁大夫也，楚僭称王，守邑大夫皆称公……”；《史记·吴太伯世家》于吴王僚九年（即公元前518年）亦载其事，称之为“楚边邑卑梁氏，”因而有学者据此入卑梁为楚县。然据《史记·楚世家》：“初，吴之边邑卑梁与楚边邑钟离小童争桑，……”（《十二诸侯年表》《伍子胥列传》所载亦同），则卑梁属吴而不属楚，若其为县也只能是吴县，《察微》篇和高诱之说不足为据。

《吕氏春秋·重言》篇载楚庄王时有大夫“成公贾”，曾与伍举等先后进谏于庄王；《说苑·辨物》篇曰“王子建出守于城父，与成公乾遇于畴中……”，两相参照，楚自春秋中期以来置有成县，成公贾、成公乾为其两任县尹。楚成县所在，有学者认为即吴兵入郢、昭王出逃时所涉之成臼，恐不确。据《左传》及《楚世家》，鲁昭公十九年楚平王信谗言，大城城父而出居太子建，次年“王执伍奢，使城父司马奋杨杀太子，未至，而使遣之。三月，太子建奔宋。王召奋杨，奋杨使城父人执己以至”。“城父人”，服虔说“城父大夫也”[70]。以“楚邑大夫皆称公”，“凡以邑名，皆县尹也”之例言之[71]，城父大夫即楚之城父县公，当即《说苑》所载太子建

〔70〕参阅《左传》昭公十九年孔《疏》引服虔云。

〔71〕参阅《史记·楚世家》《集解》引服虔曰；《春秋分记》卷四四《职官书·楚官》“县尹”条。

出居城父时遇于畤中之“成公乾”，成、城音同互通，并为太子建居城父时事，可互相印证。

楚“城父司马”，清人顾栋高认为其当《周礼·夏官》所载之都司马，主持城父一带的军赋〔72〕，则楚县设官与朝中同制。

楚商县的地望，杜预注说是汉晋商县〔73〕，清江永《春秋地理考实》表示怀疑：“疑楚成王时楚地未至商州，其使子西为商公或是商密之地。”今人杨伯峻、杨宽等先生均从江永而非杜注，定楚商县于丹江中游的商密一带〔74〕。结合史实分析，此说实不可通。

商密为古鄀都，杜预说“鄀本在商密，秦、楚界上小国”，唐孔颖达《正义》“国名为鄀，所都之邑名商密”即可为证〔75〕。据《左传》记载，僖公二十五年和文公五年，秦人两次伐鄀，直入其都商密，文公五年以后，鄀不再见于记载，杜预说是“其后迁于南郡鄀县”，时间当在文公五年秦人再次伐鄀以后。楚子西为商公，虽载于文公十年，然却是追记晋楚城濮之战结束后的史实，事在鲁僖公二十八年，其时鄀未南迁，仍在商密，楚成王怎么可能于鄀都置县呢？江永所言显然忽略了楚置商县与鄀国南迁的时间关系，并不可信。楚商县所在，仍当以杜预注汉晋商县为是，宋人程公说，清人高士奇、沈钦韩等都主此说〔76〕，是正确的。

1983年底，我们前往丹江流域实地考察，重点踏访了商邑古城一带的情况，古城位于今陕西丹凤县西五里（西去商县九十里）

---

〔72〕参阅《春秋大事表》卷十《春秋列国官制表·楚》“司马”条。

〔73〕参阅《左传》文公十年杜预注。

〔74〕参阅《春秋左传注》文公十年和注〔63〕杨宽文。

〔75〕参阅《左传》僖公二十五年杜注及孔颖达《疏》。

〔76〕参阅《春秋分记》卷三十，楚地释名“商”；《春秋地名考略》卷八，楚地上“商”条；《春秋左传地名补注》文公十年“商公”条。

的古城岗西侧、丹江北岸的阶地上，城址范围东西约三里，南北近二里，地面遗迹、遗物丰富，文化层厚1至1.5米，西周至六朝遗物均有，特别以东周至两汉遗物突出，俯拾即是。当地群众讲，前些年城墙基址多处可见，后因平整土地，逐渐平掉，然故迹可指。从城址的地望和时代分析，当即文献所载的古商邑、汉晋商县故址〔77〕。在丹凤县文化馆，我们走访了文物专职干部并参观了部分馆藏文物，其中一批东周铜剑和青铜容器如鼎、缶等，据悉大都出于古城一带，引人注意的是这些兵器、容器大都具有楚文化的特征，属于楚器无疑，时代为春秋中晚至战国早中期，而具有秦文化特征的器物，如铜鼎、鍪等亦有数件，然时代均不早于战国中期。资料表明，古商邑一带于春秋中晚至战国早中期应为楚地，此后才转为秦有，这与文献中楚设商县于此，抵御秦、晋势力的南下，直到战国中期被秦所占，作为商君封地的有关记载相合。

关于楚白县，杨宽先生根据《楚世家》召公孙胜“以为巢大夫，号曰白公”的记载，认为白公胜所在之县邑即春秋之巢，在今安徽寿县以南地带。今按，杨先生此说可疑。

巢为楚县，文献有征（说详后），然据《左传》记载，昭公二十四年曾一度为吴所取，定公二年再次属吴，可能在鲁哀公二十二年越灭吴以前巢邑一直为吴所有。而楚令尹子西召公孙胜为白公在楚惠王二年，即鲁哀公八年，时吴势正强，多次与楚争陈而取之，且北上威服鲁、宋，征百牢于鲁，时楚惠王新立，根本不可能收复巢邑以为公孙胜之居。《左传》说“召之使处吴境，为白公”，

〔77〕参阅《寰宇记》卷一四一，商州“商洛县”；《大清一统志》卷二四六，商州古迹“商洛故城”条。

又作“舍诸边境，使卫藩焉”，杨伯峻先生认为“吴境”即指“楚与吴接界之境，非吴境内也”颇有道理。此时州来一带为与吴同盟的蔡国所居，位于其南的巢邑不得容白公所居。杜预说白邑在汉晋褒信县附近的白亭，在今息县东北，应为可信；《水经·淮水注》说其城即“楚白公胜之邑”，亦可为证。

又《左传》哀公十六年载“吴人伐慎，白公败之”，慎，杜预注“汝阴慎县”，在今安徽颍上县西北约四十里，颍水左岸〔78〕。吴人伐慎，必由东而西，白公迎敌当由西而东，正与白公之邑在慎之西南的形势相合。若白公居巢，在慎东南，吴人深入白公之后方，而白公再回师西北渡淮败吴，显与情理不合。

楚郧县，今人多据唐代及其以后文献将其定在今湖北安陆县一带，值得商榷。据《汉书·地理志》江夏郡“竟陵”县原注“郧乡，楚郧公邑”；《续汉书·郡国志》亦曰东汉竟陵侯国内有郧乡，两说一致。而郧国，《汉志》江夏郡“云杜”县颜注引应劭曰“今郧亭是也”，《左传》桓公十一年杜预注“郧国在江夏云杜县东南”；《续汉书·郡国志》刘昭补注、《晋书·地理志》以及《水经·沔水注（中）》所载均与《汉志》相合。由此可见，楚郧县并非灭郧后利用郧国故都所置，而是在郧都以外因郧之别邑而设。汉晋竟陵县，据石泉先生所考，在今湖北钟祥北境、汉水以东的丰乐镇附近〔79〕，则位于当时竟陵县之郧乡、楚郧县，当不出今钟祥县北境的汉水东岸一带；位于汉晋云杜县东南的古郧国，应在今湖北京山、

〔78〕参阅《水经·颍水注》；《大清一统志》卷一二八，颍州府古迹“慎县故城”条。

〔79〕参阅石泉师《古竟陵城故址新探》，《古代荆楚地理新探》页127—157。

钟祥两县之间〔80〕。唐初成书的《括地志》，一方面把古郧国、楚郧县两者合而为一，同时又将其地望一并定在唐代安陆县（即今湖北安陆县），与早期一系列明确一致的文献记载相矛盾，不足凭信。

《左传》宣公十二年载楚“沈尹将中军”，杜预注：“沈或作寝，寝县也，今汝阴固始县。”说明至迟在鲁宣公十二年（公元前597年）楚国已置有沈县，其时沈国尚存，直到定公四年才为蔡所灭，这表明楚沈县并不是按照灭国为县的惯例，在灭沈的基础上设置的，清人高士奇、顾栋高都说：“此沈国之别邑也，而楚取之以为重镇，故沈尹见于《春秋》甚详。”〔81〕今人杨伯峻、顾久幸先生亦认为楚沈县是从沈国划出部分土地而置〔82〕，当可信。

关于楚沈县的地望，上引杜注以西汉寝县、东汉至晋的固始县解之。汉晋固始县，刘宋以后南迁，侨置于淮南的蓼县（即今河南固始县）一带，而位于淮北的固始县故地，东魏时置财州，唐神龙二年（公元706年）立为沈丘县〔83〕，宋代沿置不变，南宋的《通志》说宋代沈丘县即楚之沈邑，与杜注是一致的。明初废沈丘县，弘治十年（公元1497年）复置，但县治却迁到西北三十里的原乳香台巡司，即清代沈丘县所在〔84〕，而位于清沈丘县东南三十里明代以前的沈丘县治、东汉至刘宋固始县、西汉寝县（仍名沈丘镇）

〔80〕参阅石泉师《云梦、绿林故址新探》，《古代荆楚地理新探》页158—173。

〔81〕参阅《春秋地名考略》卷九。楚地下“沈”条；《春秋大事表》卷七《春秋列国都邑表·楚》“沈”条。

〔82〕参阅杨柏峻《春秋左传注》宣公十二年；顾久幸《沈县和沈尹——兼论楚县的性质》，《楚史论丛（初集）》页129—135。

〔83〕参阅《元和志》卷七，颍州“沈丘县”。

〔84〕参阅《明史·地理志》河南开封府陈州“沈丘县”条；《大清一统志》卷一九一，陈州府建置沿革“沈丘县”条和古迹“寝丘故城”条。

则划归安徽阜阳县所辖，并立为巡司〔85〕，后于此置临泉县，即今安徽省临泉所在。自唐代以来，部分学者在解释楚沈县、西汉寝县和东汉至晋宋固始县时，常以淮南光州固始县当之〔86〕，今人多引此为据，是不对的，实未明刘宋前后固始县的沿革变化所致。

此外，申、蔡、期思三县并因三国故都而置，申在今南阳市而不是在其北；蔡即今之上蔡县而不在其西南；期思在今固始东北之蒋集而不是淮滨东南之期思集，文献中均有据可考，考古材料方面亦有明确的印证（说详本文上编第二章第三节、第三章第六节、第四章第四节），学者未能明察，而凭据晚近的有关误载定其地望，当不可取，特予详明。

二、春秋楚县补遗

春秋楚县各家所论且值得肯定的共十八县，此前，我们曾补充了吕、上庸、棠、蓝、上鄀与湖阳等六县〔87〕，计二十四县。关于棠县的地望，若根据《括地志》等将其定于今江苏六合县之古棠邑，看来失之过远。应劭的《风俗通》说："楚伍尚为棠邑大夫，即棠谿也。"〔88〕应劭为东汉后期南顿人，故居去棠谿不远，其说当更可信。清人沈钦韩、今人杨伯峻先生均采此说〔89〕，是正确的。

今细检有关文献记载，我们认为还有巢、钟离、许、江南、

〔85〕参阅《大清一统志》卷一二八，颍州府关隘"沈丘镇巡司"条。

〔86〕参阅《后汉书·郭丹传》李贤注；《春秋地理考实》卷二，宣十二年"沈"条。

〔87〕参阅拙作《关于春秋楚县的几个问题》，《江汉论坛》1990年第2期。

〔88〕参阅邵思《姓解》三，"尚"韵"堂"条引《风俗通》；另可参吴树平《风俗通义校释》（天津人民出版社1980年9月版）。

〔89〕参阅《春秋左传地名补注》昭二十年"棠君尚"条，杨伯峻《春秋左传注》昭公二十年。

庐、阴等六县应入春秋楚县之列：

（1）巢、钟离二县。巢和钟离并为淮域小国，巢为偃姓，地在今安徽六安市东北〔90〕；钟离嬴姓，在今安徽凤台县西北〔91〕，春秋中晚之际或略晚，两国先后为楚所灭，故地入楚，成为楚国经略淮河中下游地区和抵御吴师的重要据点和城邑。《左传》昭公二十四年载楚平王以舟师略吴疆，“吴人踵楚，而边人不备，遂灭巢及钟离而还”。《史记·吴太伯世家》记其事则称“吴王怒，故遂伐楚，取两都而去”，张守节《正义》“两都即钟离、居巢”，按楚人之“都”乃县之别称，《左传》昭公十三年“入大都而乞助于诸侯”，《楚世家》作“入大县而乞师于诸侯”即可为证。钟离、居巢称“两都”，实即两县，《史记·伍子胥列传》“吴使公子光伐楚，拔其钟离、居巢而归”，司马贞《索隐》曰：“二邑，楚县也”十分明确。北魏郦道元亦有此论，其于《水经·淮水注》曰：“《世本》曰：钟离，嬴姓也。应劭曰：县故钟离子国也。楚灭之以为县。”由此可见，巢和钟离为楚灭东夷小国后于淮河中游南北所置的两县，以为军事重镇，其始建时间，以郦道元所说论之，当在楚平王以前，是楚灭国置县的又一实例。

《左传》定公二年：“桐叛楚，……吴军楚师于豫章，败之，遂围巢，克之，获楚公子繁。”杜预注“繁，守巢大夫”，即楚巢县县公。则在昭公二十四年吴“灭巢及钟离”之后，楚人又收复了失地，恢复了两地的县制，以公子繁任县守巢，说明两地在吴楚战争中的地位。

（2）许县。《左传》昭公十三年载：“楚公子比、公子黑肱、公

〔90〕参阅何浩《巢国史迹钩沉》，《中国史研究》1983 年第 2 期。

〔91〕同注〔45〕。

子弃疾、蔓成然、蔡朝吴帅陈、蔡、不羹、许、叶之师，因四族之徒以入楚。”陈、蔡、东西不羹即昭公十二年楚灵王所城“赋皆千乘”的四县，叶原为楚之要邑，后为许所居，昭公九年楚迁许于夷（即东城父）之后，叶归为楚邑而置县[92]，则与五县并举之“许”亦应是楚县。春秋时期，楚师有王卒、县师和私卒三种，许地置有常备军，当即县师之类。李玉洁先生以“许”为楚县[93]，是正确的，然说“许”为许国南迁以前的北方故地，则误。今按，许国旧地在今河南许昌市东，鲁成公十五年许因郑之压迫南迁于叶后，故地为郑所有，《左传》昭公十二年载楚灵王曰“昔我皇祖伯父昆吾，旧许是宅。今郑人贪赖其田，而不我与”，是可为证。此“许”，应即鲁昭公九年许人所迁之夷，即城父，因许所居故又称“许”，与许曾居叶，《左传》昭公九年称叶为许，杜预注“许处于叶，因谓之许”同例，实乃古代地名随人迁徙的反映。事实表明，楚灵王在鲁昭公十一年灭蔡而迁许等国于荆后，即于许（城父）地设县备师，加强对吴的防御，作为其在淮域推行楚化政策的一个重要组成部分。

（3）江南县。《新序》卷八《义勇》载：

> 司马子期猎于云梦，载旗之长拖地，芊尹文拔剑齐诸轸而断之，……司马子期伏轼而问曰：“吾有罪于夫子乎？”对曰：“臣以君旗拽地，故也。国君之旗齐于轸，大夫之旗齐于轼，今子荆国有名大夫而灭三等，文之断也，不亦可乎？”子期悦，载之王所，……子期以文之言告，王悦，使之为江南令，而大治。

---

〔92〕楚叶县，学者通常以《左传》定公五年叶公见载为说，恐过晚。以此年《传》文论之，（1）叶、许与陈、蔡、东西不羹四县并举，当为同例；（2）叶地有常备军，当县师，说明昭公九年许迁于夷后，楚即于叶邑置县。

〔93〕参阅李玉洁《楚史稿》（河南大学出版社 1988 年 8 月版）第五章。

"江南令"即楚于江南所置之县尹，乃刘向以汉制说楚俗。司马子期即楚平王之子、昭王兄公子结，其任司马大约在定公五年楚昭王复郢之后，至哀公十六年被白公胜所杀，前后达二十六年，历昭王后期和惠王前期，此所指楚王为谁，记载不明。从楚昭王后期因吴师入郢之难，国内长期笼罩在失败和战争的阴影之中的形势分析，子期游猎于云梦以惠王前期的可能性要大一些，据此，至迟于春秋末年楚已于江南设县。

（4）庐县。《国语·楚语上》载："昔庄王方弱，申公子仪父为师，王子燮为傅，使师崇、子孔帅师以伐舒，燮及仪父施二帅而分其室。师还至，则以王如庐，庐戢黎杀二子而复王。"韦昭注："庐，楚邑也。戢黎，庐大夫也。"对此，《左传》文公十四年载为："八月，二子以楚子出，将如商密，庐戢黎及叔麇诱之，遂杀斗克及公子燮。"杜预注："庐今襄阳中庐县。戢黎，庐大夫；叔麇，其佐。"庐，原为庐戎之国，楚武王晚年曾与罗人联兵败楚师于鄢，后为楚所灭，故地入楚为邑。以"楚邑大夫皆称公"、"凡以邑名，皆县尹也"之例言之〔94〕，庐邑大夫应是楚之庐县县公，与棠邑大夫伍尚、巢邑大夫公子繁、武城大夫武城黑同类。可见楚庄王初年，楚已于庐邑设县，置县大夫和县佐，以为汉水中游南岸要邑。

（5）阴县。《左传》哀公十六年载楚白公之乱时："叶公在蔡，方城之外皆曰：'可以入矣。'子高曰：'吾闻之，以险徼幸者，其求无厌，偏重必离。'闻其杀齐管修也，而后入。"杜预注"管修，楚贤大夫，故齐管仲之后"；应劭《风俗通》"管修自齐适楚，为阴

〔94〕同注〔71〕。

大夫”[95]；《后汉书·阴识传》亦载“（阴识）其先出自管仲，管仲七世孙修，自齐适楚，为阴大夫，因而氏焉”。证之上述有关庐大夫的论述，阴大夫管修当即楚之阴县大夫、阴公。此阴，应是鲁昭公十九年楚工尹赤所迁阴戎之下阴，汉晋阴县，故址在今湖北老河口市北。若是，在工尹赤迁阴戎于下阴之后不久，楚即于其地置县，以管理阴戎之民。汉晋阴县，实因楚县而来。

综上所述，春秋时期的楚县，经学者初步清理且值得肯定的有十八县，加上我们先后补充的十二县，共三十县（另参见图二），这是就目前有关文献记载和实物资料分析，所能确认的春秋楚县的基本情况，现按时间先后的大致序列，简表如下。

春秋楚县建置表

时期	县　名	今　　地
武王	权 那处	今湖北宜城县南境 湖北荆门市东北
文王	申 息	河南南阳市 河南息县西南
成王	商	陕西丹凤县西
穆王	期思	河南固始县东北
庄王	庐 成 析 沈 吕	湖北襄樊市西南 河南宝丰县东 河南西峡县东北 安徽临泉县 河南南阳市西
共王	郧 湖阳	湖北钟祥县北 河南唐河县南
春秋中晚	上鄀 邓 上庸	河南西峡县西 湖北襄樊市西北 湖北竹山县西
灵王	陈 蔡 东不羹 西不羹 白 叶 许（夷）	河南淮阳县 河南上蔡县 河南舞阳县东北 河南襄城县东南 河南息县东北 河南叶县南 安徽亳县东南
平王	棠 巢 钟离	河南西平县西 安徽六安市东北 安徽凤台县西
昭王	武城 蓝	河南南阳市北 湖北钟祥县西北
惠王	江南 阴	？ 湖北老河口市北

〔95〕参阅《广韵》下平声二十一，“侵”韵“阴”条引《风俗通》。

三、春秋楚县的特点、作用和性质

关于春秋楚县的特点、作用和性质，学术界曾作过一些有益的探索和讨论，推动了这一问题的深入发展。

春秋楚县，除了时代早、数量多之外，归纳起来还有如下几个方面的特点。

一是多由灭国而置县，从上表可知此类共十六个，占半数以上，一般是一国故地设一县，所以楚县规模普遍较大，经济实力较强，如陈、蔡、东西不羹四县“赋皆千乘”，一县相当于郑、宋、鲁、卫一个中等诸侯国，更是晋县百乘规模之数倍或十倍。

二是楚县起初大多设在边境地区，具有明显边防重镇的作用，既是拱卫国土的军事堡垒，也是对外攻击的前沿基地，对此杨宽先生所论较详，是正确的。如权、那处、庐、郧诸县之置，当与经营、稳定江汉基地的形势有关；申、息、城父、陈、蔡、不羹等县，主要为了开拓北方、争霸中原、抵御晋郑南侵之需要；商、析、上鄀等县沿丹江通道分布，意在阻止秦、晋势力的南下；期思、沈、许、巢、钟离数县所置，又是出于争夺淮域、东边御吴的战略目的。随着楚国境土的不断发展，原在边境的县，逐渐属于内地，军事作用有所减弱，而行政职能随之增大。

三是位置重要的楚县设有常备兵力——县师，如申、息之师，陈、蔡、许、叶之师等，县师不但实力颇强，可单独御敌，如成公六年申、息之师救蔡而令晋之六军生畏；而且机动性强，适宜应付当时险恶多变的局势。

四是部分县公，特别是早期和要邑大县的县公多由王公世族担任。就现有资料来看，春秋楚县公见于记载者有四十七人次，除去改任兼任者两人（如穿封戌、公子弃疾）和知其人而不知其名（如巢、钟离大夫）的两人外，可考者共四十三人，其中族氏和身份明确者二十二人：有二十人出于楚公族，如王子、王孙七人，斗氏五人，屈氏三人，沈氏二人，伍氏一人，蒍氏一人，另加一位“上鄀公”；出自异族者二人，一是申公彭宇，一是阴大夫管修，彭宇当即《左传》所载由申俘当上楚令尹的彭仲爽之后，为异姓的楚国高级贵族，管修是管仲之后，入楚为“贤大夫”，其任县尹当一因祖显，二因其贤。另一些族氏不明的县公如期思公复遂、陈公穿封戌、江南令芋尹文等，从其姓氏看，为异族人的可能性要大些，由此可见楚对县公人选的重视，这与楚县规模大，经济、政治、军事地位重要等特点是相联系的，《左传》宣公十一年楚庄王以“诸侯、县公”并称即可概见。

五是楚县非封邑，而是楚王的直属领地，《左传》成公七年所载申公巫臣与楚庄王关于子重请取申、吕为赏田的一段对话反映得非常清楚。县公一般不世袭，而是由楚王随时任免。日本学者增渊龙夫、西嶋定生等先生曾根据楚申公斗班、斗克为父子相继之例认为楚县公中有世袭的成分〔96〕，国内亦有学者主张楚县分楚王直属和分封性质两种情况〔97〕，并不正确，日本学者平势隆郎通过对楚历任申公的一一考察已作了很好的说明〔98〕。申公之外的情况亦是如此，如息公屈御寇在鲁僖公二十五年被秦人俘虏之后，继任者为子朱；其后任息公的有公子成〔99〕，既非屈氏后人，亦非子朱之族。

---

〔96〕关于两位日本学者的观点，杨宽先生《春秋时代楚国县制的性质问题》一文有介绍，请参阅。

〔97〕参阅熊铁基《楚史二、三题》，《江汉论坛》1980 年第 1 期。

〔98〕参阅平势隆郎《楚王与县君》，日本《史学杂志》第 90 编第 2 号。

〔99〕参阅《左传》成公六年，按公子成为息公《传》文并未明言，参之僖公二十五年申、息县公统军之例，公子成应为当时息县县公。

另穿封戌死后，继任者是公子弃疾；巢大夫在鲁昭公二十四年亡于吴后，继任者为公子繁；继武城黑之后的武城尹公孙朝，乃令尹子西之子〔100〕，均为楚县公非世袭之明证。

这里有一问题需要探讨，《国语·楚语下》载楚大夫斗且语："故庄王之世，灭若敖氏，唯子文之后在，至于今处郧，为楚良臣。"有学者据此认为"斗氏世为郧公"和"郧公为世袭"〔101〕，其实是误解。《左传》成公七年有楚郧公钟仪，从令尹子重伐郑被俘，据成公九年《传》文记载，钟仪之族世为楚乐官，并非斗氏；又《左传》昭公十四年载："楚令尹子旗有德于王，不知度，与养氏比，而求无厌，王患之。九月甲午，楚子杀斗成然而灭养氏之族。使斗辛居郧，以无忘旧勋。"杜预注："辛，子旗之子郧公辛。"斗氏居郧为郧公，实即斗辛一世；《国语》之"至于今处郧"，韦昭注"其子孙当昭王为郧公"，即现在处郧为郧公，而不能理解到现在一直在郧任郧公。

春秋楚县的职能，学术界从军事方面探讨较多，而有关其政治、经济职能则分析较少。就春秋时期社会激烈动荡、战争频仍的形势来讲，军事方面无疑是楚县最主要的职能之一，然其他方面的职能亦具有重要地位。

由于楚县多因故都要邑而置，是当时各个地区人口较密，经济、文化较发达的中心城邑，在这些地方相继并入楚境后，如何管理旧有贵族、平民，将他们逐渐楚化，同时充分利用这些地区原有

---

〔100〕穿封戌死后，公子弃疾并领陈蔡二县，见《左传》昭公十三年及杜预注；公子繁为巢大夫见定公二年；公孙朝为武城尹见哀公十七年和杜预注。

〔101〕参阅张正明《楚国社会性质管窥》，《楚史论丛（初集）》页36—59；另见注〔63〕顾久幸文。

较高的经济、文化基础为楚国政治、军事、经济、文化的发展服务，是楚国统治集团所面临的首要问题。面对复杂的形势，楚国统治集团并没有完全重复周王朝广为推行、西周以来楚国亦曾部分实行过的裂土分封的故辙，而是选择了广泛设县治民，以求富国强兵的新路，这是一个极大的进步，同时亦体现了楚县的行政、经济管理职能。在当时世族世官、军政合一的贵族政治基础并未根本动摇的情况下，军事职能与行政管理又是难以区分的。县，作为特殊环境下兴起的一种政治、军事、经济实体，其管理好坏，生产水平高低，直接关系到楚国国力的强弱，因此其内必有一套集中的政治、军事组织系统，同时具有征赋实役的制度。楚官多名尹，县官名县尹而尊称县公；尹，《说文》曰“治也”，县尹总治县内军、政诸事，即见楚县的行政管理职能。

置于内地的县，如阴县之设当在鲁昭公十九年工尹赤迁阴戎于下阴之后，其位于南阳盆地南沿、汉水北岸，楚置阴县，可能更侧重于加强对南迁阴地戎人的监督和管理。另如邓、蓝、郧诸县，在行政管理、经济控制方面的职能当更突出一些。

春秋楚县的作用，杨宽先生认为：“因为楚县具有边防重镇的作用，楚国随着疆域的扩大，设置的县逐渐增多，它的防御和进攻的力量就不断增强，这样就更有利于开拓疆域。”〔102〕是正确的。在春秋时期楚国对外扩展和北上争霸、经略淮域的过程中，楚县具有御敌堡垒和进攻基地的作用是十分清楚的。作为楚国常备地方兵团的县师，不仅是楚国正规军——“王卒”之外的一种军事补充，且较王卒具有更多的灵活性和机动性，对应付当时复杂的战争形势

〔102〕参阅注〔63〕杨宽文。

尤其有利，如申、息之师在历次军事行动中所起的作用即可说明。楚县的设置，由江汉地区而至南阳盆地，由南阳盆地发展到淮河上游、汝颍流域，再而推行于淮河中游、江南地区，这一过程，实际上反映了楚国疆域扩展的基本脉络。

对于楚县在楚国政治发展方面所起的作用，殷崇浩先生认为："春秋楚县的建立，加强了君主集权，削弱了传统的分封制，保证了楚国地方政权向郡县一制的过渡。"〔103〕有学者对此表示异议，说楚国历史上不存在传统的分封制，也没有固定的封邑给官员世代享用，"因而说不上削弱分封制"〔104〕。然结合史实分析，此说似为欠妥。

据《楚世家》记载，周夷王时楚熊渠一度强大，兴兵伐庸、杨粤，至于鄂，封长子康为句亶王、中子红为鄂王、少子执疵为越章王，以与周室相抗衡。楚封三子，实乃周人"封建亲戚，以藩屏周"的宗法分封制在楚国内部的反映。又《国语·郑语》载周幽王太史史伯对郑桓公曰："芈姓夔越，不足命也。""夔越"，韦昭注认为指一国，即鲁僖公二十六年为楚成王所灭之夔子国，而较韦昭更早的汉人王符所著《潜夫论·志氏姓》篇则云"或封于夔，或封于越"，视为两国，清人汪继培以夔即僖公二十六年之夔，越即《楚世家》之"越章王"〔105〕，今人罗香林、李学勤、杨宽诸先生均主此说〔106〕。若此，熊渠所封三王虽因周厉王"暴戾"而去王号，鄂地

---

〔103〕 参阅注〔63〕殷崇浩文。

〔104〕 参阅注〔63〕顾久幸文。

〔105〕 参阅《潜夫论·志氏姓》及清人汪继培《笺》。

〔106〕 参阅罗香林《百越源流与文化》古代越族分布考六：杨越；李学勤《谈祝融八姓》，《江汉论坛》1980 年第 2 期；杨宽《西周时代的楚国》，《江汉论坛》1981 年第 5 期。

亦为周人收回归入申国领地[107]，而越章之封却历厉、宣，至幽王时一直存在，以致史伯所言，是为西周晚期楚有分封之明证。

进入春秋以后，随着楚国的不断强大，疆土日广，楚在设县治民的同时，仍部分实行封邑制。据《楚辞·离骚》王逸注："（楚武王）始都于郢，是时生子瑕，受屈为客卿，因以为氏。"《元和姓纂》卷十"物"韵载："屈，楚公族芈姓之后，楚武王子瑕食采于屈，因氏焉。"与王逸所说一致；王子瑕受屈为食邑当春秋早期，约与在权、那处等地置县同步。楚之蔿氏，《通志·氏族略三》说"楚蚡冒之后，蔿章食邑于蔿，故以命氏"，并引《左传》有蔿、蔿滋为证。蔿章即楚君蚡冒子，楚相孙叔敖之祖父[108]，其食邑于蔿，当更在屈瑕受屈之前。楚斗氏之后的斗成然，《左传》又称"曼成然"，《通志》说："楚有斗成然，食采于蔓，曰蔓成然。"[109]《左传》载楚灵王"夺成然邑，而使为郊尹"，成然之邑或所食之蔓，可见《通志》之说可信。又《左传》昭公十三年载公子弃疾等乘乱夺权，"使观从从师于乾谿，而遂告之，且曰：'先归复所，后者劓。'师及訾梁而溃"。而《楚世家》记此事为"先归复爵邑田室，后者迁之"，说明春秋晚期拥有爵邑田室的楚贵族并非少数。

以上史实可见，楚国历史上不仅存在传统的分封制，而且还比较普遍，只是相对中原列国而言，楚国分封制的根基较浅、色彩较

〔107〕说详本文上编第二章第二、三节。

〔108〕参阅《潜夫论·志氏姓》,《新唐书·宰相世系表》(三下)。按：王符以叔敖为蔿章之子，然《淮南子·氾论训》高诱注及《左传》杜注，并以叔敖是蔿贾之子，从年代序列分析，高、杜之说当是。

〔109〕参阅《通志·氏族略三》楚邑"蔓氏"条。

淡、规模要小一些而已。这种现象，一方面在于楚人立国于南方蛮夷之邦，受“周礼”影响较小；另一方面春秋早期以来，楚国为了求得较快的发展，另辟蹊径，在新开辟的疆土上广泛推行设县治民的策略，客观上限制和削弱了分封制的发展，如申公巫臣针对子重“请取于申、吕，以为赏田”的请求认为：申、吕作为防御晋、郑的大县要邑，不宜作封邑为理由向楚庄王提出建议，得到了庄王的赞同，保住了申、吕二县的地位，这很能说明春秋楚县的重要作用。正确认识楚国历史上分封制的存在和春秋时期设县、封邑并行的真实状况，是我们进一步探讨楚国历史发展规律和春秋楚县的作用及意义的必要前提。

二十世纪三十年代，顾颉刚先生在整理春秋的县时曾就楚县性质提出看法说：“楚县是直隶于君主的，没有封建的成分在内，这便是完全打破封建制度的秦始皇的郡县制的先声了。”〔110〕后来郭沫若及其他学者亦有类似之说〔111〕。五十年代，日本学者增渊龙夫等在讨论中国古代县制发展时，提出了明显不同的意见，认为春秋楚县与战国以后的县制具有明显不同的性质，即具有奴隶社会分封制性质；八十年代初，杨宽先生在日本学者的基础上，作了进一步的论述，认为春秋楚县“既保持原来的都鄙制度，又采用原来的世族世官制，依然保持着奴隶制政权的政治制度的特点”〔112〕。

我们认为，认识一个问题，不仅要看它的各个方面，更重要的是看它的主流和本质。首先，楚县直隶于楚王所辖，其本身就是作

〔110〕 参阅注〔62〕顾颉刚文。

〔111〕 参阅郭沫若《中国史稿》第一册第四章第四节；金景芳《中国奴隶社会史》(上海人民出版社 1983 年 7 月版）第四章第二节二：分封。

〔112〕 参阅注〔63〕杨宽文。

为分封制的对立物而产生的；其次，楚县公虽多由王公世族之人出任，然其既不世袭，亦非轮流出任，而是楚王直接任命，可以随时调换，并无专土之权，明显具有加强中央集权的作用和性质，与体现奴隶社会实质的封邑制有着本质的区别。整个东周时期，楚国政治比较稳定，不曾出现三氏专鲁、三家分晋和田氏代齐之类事件，当与楚国推广县制，加强集权密切相关。

楚灵王末年，公子弃疾因掌握陈、蔡两县而夺得王权，原因是多方面的，弃疾以王弟身份兼领两个大县，形成尾大不掉的局面，这本身就是一种非正常现象，更主要的原因是楚灵王在加强君主集权的过程中对内剥夺了一大批王公世族的特权爵邑，对外广泛实行灭国迁民设县，招致内外贵族势力的激烈反对，加之大兴土木，筑城建台，使得“国人苦役”，民疲、财尽、谷败、官烦，引起多种矛盾交织一起总爆发，公子弃疾于是凭借手中的实力，利用这一矛盾乘机夺得王位〔113〕，此为特殊历史背景下出现的个别现象，并不具有普遍性。

以春秋楚县属于奴隶制性质，其基本前提即认为中国封建社会始于战国，春秋时期为奴隶社会，而在奴隶制基础上出现的县自然属于奴隶制性质。对于春秋时期，以及当时楚国的社会性质学术界有不同的看法，我们姑且不论，即以战国封建社会说而言，其所具备的一系列政治、经济制度也不可能是一朝一夕产生的，而是春秋时期或更早从奴隶社会内部逐渐产生、发展起来，最后取而代之的，所以在它的产生、发展阶段不可避免地要带有部分、甚至相当的旧体制的成分和因素，楚县公多由世族王公出任，权力颇大，县

〔113〕 参阅《左传》昭公九年、十三年，《国语·楚语上》，《史记·楚世家》。

师具有一定的独立性等等，正是旧有成分的体现，但这种成分和因素毕竟不是事物的主流、而是支流，顾颉刚先生说春秋楚县“是郡县制的先声”；同样是主张春秋时期是奴隶社会的郭沫若、金景芳诸先生认为春秋时期以楚、秦为代表的县制是与奴隶社会分封制相对立的，具有封建制度的新事物〔114〕；美国学者顾立雅说春秋楚国的县制“在当时指出了使中国摆脱危险的道路”〔115〕。它与战国乃至秦汉时期的郡县制有着内在的紧密联系。春秋中期，申公巫臣从国家利益出发，极力反对以县地作赏田（即封邑）；春秋晚期，废县制而作封邑（如棠、析、许等）的情况屡有出现，反映了楚县与封邑在性质上的根本对立，以及县制发展中的曲折过程。战国以后，县制作为封建社会政区制度的基本形态而长期确立，正是在抛弃春秋楚县中贵族政治的不利成分的同时，吸取、发展其中央集权性质的合理内涵而来，或许这就是历史的辨证法吧。

〔114〕 同注〔111〕。

〔115〕 参阅顾立雅《中国官僚制度的开始——县的起源》，《中国史研究动态》1979 年第 1 期。

第三章

楚国的民族融合与多元楚文化的形成

第一节　楚国的民族融合与民族关系

楚国是一个多民族的共同体，春秋时期其发展之快、文化演进之迅速是列国中首屈一指的，其过程既是一个灭国扩境的过程，又是一个民族融合、统一的过程。

一、楚并国方略概述

西周时期的楚国，“辟在荆山、筚路蓝缕”，特别是西周前期国小民寡，其周围除了大量的江汉“楚蛮”之外，另有夷、濮、越、戎、狄诸族。西周后期熊渠之时，“甚得江汉间民和，乃兴兵伐庸、杨粤，至于鄂”，并封三子为王，“皆江上楚蛮之地”[1]，说明这时国势有了一定的发展，初步形成了以楚为中心的多民族区域联盟。

〔1〕 参阅《史记·楚世家》。

其后熊渠之嗣熊挚因疾不立，“别居于夔，为楚附庸”[2]；周宣王时，熊霜三弟争立，“叔熊逃难于濮而蛮”[3]。楚与各族杂居共处并无尊卑之分，同时在与中原华夏的长期交往中，楚君常以“夷狄自置”[4]，正是这样一种特殊的民族环境和共存意识，从而奠定了后期楚文化多元的特征和鲜明的个性。

春秋早期楚国兴起以前，江汉地区、南阳盆地以及淮河上中游地区国族林立，不下数十，春秋战国之际，除了随、申、蔡等少数几国仍作为附庸存在外，其他诸侯、部族一一为楚所并，地入楚境，民为楚人。在这一系列并国扩境过程中，楚人根据形势变化，经济、文化的发展水平各异，实力条件的不同，所采取的策略和处理方式各有不同。

《左传》宣公十二年载楚庄王伐郑，三月而克之。“郑伯肉袒牵羊以逆，曰：‘孤不天，不能事君，使君怀怒以及敝邑，孤之罪也，敢不唯命是听？其俘诸江南，以实海滨，亦唯命；其翦以赐诸侯，使臣妾之，亦唯命。若惠顾前好，徼福于厉、宣、桓、武，不泯其社稷，使改事君，夷于九县，君之惠也，孤之愿也，非所敢望也。……’”郑襄公面对当时郑国的命运和其自身处境，向楚庄王提出的上述三种方式，当具有一定的代表性，或就当时列国所采取的不同方式综而言之。第一、第二种方式皆指灭其国有其地而言，不同点在于对灭国君统（或包括部分贵族和“国人”）是迁于边地安置，还是赐于诸侯为臣妾奴婢。《春秋》庄公十年，“宋人迁宿”，杜预注“宋强迁之而取其地”；闵公二年“齐人迁阳”，杜注“阳，

---

〔2〕参阅《史记·楚世家》《正义》引宋均《乐纬》云。

〔3〕参阅《国语·郑语》。

〔4〕参阅《史记·齐太公世家》。

国名，盖齐人逼徙之”以及僖公二十五年晋“迁原伯贯于冀”，均是灭国迁民之例证。至于灭其国后将其君室和部分族人赐诸侯为臣妾，文献中亦有记载，如《左传》宣公十五年晋灭赤狄和潞后，“晋侯赏桓子（荀林父）狄臣千室”；宣公十六年，晋灭赤狄甲氏等，“献狄俘”于王，即其例。第三种方式是服其国、存其祀而降为附从，略同于楚县，即楚庄王所言“诸侯、县公皆庆寡人”之从属诸侯。这三种方式，何浩先生说“实际上是一个灭国还是存国的问题”〔5〕，是正确的。《左传》宣公十二年，楚庄王服郑而许其求成之后，晋大夫士会（随武子）评论说：“叛而伐之，服而舍之，德刑成矣”，即反映了楚对诸侯威、抚并举的方针政策。

结合春秋时期有关楚国的史实分析，对待诸侯小国主要有灭国与服国两种方式。就灭国而论，有灭其国而县其民（包括部分灭而为邑者在内）和灭其国而迁其民两种情况，至于灭国赐予诸侯为臣妾之例，在楚国则极为少见〔6〕。

灭国为县，是春秋时期楚国的一项基本国策和主要方式，我们在上一章已作过清理，共计十六县，占春秋楚所置县的半数以上。其中蔡灭而又复，迁于新蔡，上蔡故地仍为楚县未变；楚庄王、灵王两次灭陈而县之，旋即又复其国，另当别论。有些小国灭于楚后，如南阳盆地的谢，淮河上中游地区的应、弦、江、黄、六等国，故地是否置县，情况不明，但仍为楚境之重要城邑当无可疑，《左传》昭公三十一年载吴师伐楚侵潜、六，并围弦，杜预注“皆楚邑”，是可为证。

---

〔5〕参何浩《楚灭国研究》上编：楚灭国方略述评。

〔6〕参阅张胜琳《春秋时期楚国异族人的来源及其处境》，《江汉论坛》1984年第6期。

楚灭国迁民的情况，春秋早期只迁权一例，晚期曾迁阴于下阴、俘蛮子赤及其遗民以归数例[7]，然分析具体史实，都有一定原因可寻。武王克权使斗缗尹之，开灭国置县之先例，其后迁权于那处，是因斗缗以权叛的缘故，迁之以削弱其复辟的社会经济基础。阴即阴戎，又称陆浑之戎，在今河南嵩县以北三十里之故陆浑城一带[8]，鲁昭公九年以前一直附晋，后叛晋即楚，昭公十七年为晋所灭，“陆浑子奔楚，其众奔甘鹿，周大获”。其后不久，楚工尹赤迁阴人于下阴，当即为晋所灭之后的陆浑余部，迁其于楚境以避晋，这与楚灭国迁民的性质不同。蛮氏，《左传》又作“戎蛮”，故邑在今汝水上游南岸、临汝西南、汝阳东南一带[9]，处于晋、楚、周之间，鲁成公六年曾参与晋师侵宋，可见早期依附于晋。鲁昭公十六年，楚平王因蛮氏内乱，诱杀蛮子嘉，并取其邑而有之，后复立蛮子嘉之子而续其祀，意在收抚、安定边境。鲁哀公四年（公元前491年），楚以备吴为掩护，袭取蛮氏梁、霍二邑，接着“围蛮氏，蛮氏溃，蛮子赤奔晋阴地”，后通过与晋人交涉，俘蛮子赤及其大夫、遗民以归。其原因当是昭公十六年楚复立蛮氏之后，因晋灭陆浑之戎，扩境“滨汝”[10]，直抵蛮氏城下，迫使蛮子再次附晋。楚围蛮氏，一方面是对其叛楚附晋的报复，另一方面在于清除边境隐患，以加强对晋的防御。楚俘蛮子及其大夫、遗民以归后，作何处

〔7〕 参阅《左传》庄公十八年，昭公十九年、二十五年和哀公四年。

〔8〕 参阅《左传》僖公二十六年，昭公七年及杜预注；《春秋大事表》卷五《春秋列国爵姓及存灭表》“陆浑之戎”条。

〔9〕 参阅《左传》成公六年及杜预注，《春秋大事表》卷五《春秋列国爵姓及存灭表》“戎蛮”条。

〔10〕 参阅《左传》昭公二十九年及杜预注。

理，情况不明，灭其君统、降为皂隶的可能性不能排除。

至于春秋晚期楚灵王迁城父人于陈，迁方城外人于许，楚平王城丘皇、迁訾人，楚昭王致蔡于负函，致方城之外于缯关等一系列迁徙楚境内被灭国之民，属于当时吴楚争战激烈，特殊形势下所采取的相应措施，不是楚国的一贯政策。《左传》昭公二十五年载楚平王筑城而迁民后，郑大夫子大叔评论说："楚王将死矣，使民不安其土，民必忧。"是为明证。

分析可见，春秋时期楚人对待被灭之国族民的处理，一般是灭其国，绝其祀，县其地而抚其民，以利于经济、文化的发展，逐步纳入楚民族的共同体。

为楚所服而降为附从之国，有存于故地和迁于他处立国两种情况，前一种如随、唐、陈、胡、沈、道、房等；被迁之国有罗、申、吕、番、顿、鄀、许、蔡、赖等，其中罗、申、番、吕在春秋早期或早中之际降于楚后即被迁离本土，如罗由故宜城西山迁于枝江和汨罗，申、吕由南阳盆地迁往淮域，番沿淮河东下徙于今之固始境内，其共同特点一是其原居地位置较为紧要，二是方向由近及远，这与楚国初期向外发展，注重控制战略要邑和稳定"内地"形势相关。顿、鄀、许三国之迁在春秋中期，与早期被迁四国相比，不同之处一是他们在降服于楚后，先于故地存留一个时期，然后再迁他地；二是都由楚助迁而成，方向是由远及近，如子玉筑城迁顿于南顿，鄀由商密迁于汉水中游，许由旧许迁于叶，目的在于避外敌而寻求保护，是楚国国力强盛，"以属诸夏"的反映。春秋晚期被迁的有蔡、赖，方向是由远及近，为楚迫迁所致，如灵王灭蔡，平王复之而迁其于新蔡；灵王灭赖，赖子请罪，而迁之于鄢等，目的在于加强淮河上游、汝颍地区的楚化进程和战略防御，与顿、鄀、许之迁有着明显的不同，这一系列的变化，是为时代不同、形势发展以及楚国政治需要的综合体现。

春秋时期，楚对这一大批诸侯小国并未一概“绝其社稷，有其土地”〔11〕，而是作为附庸，在楚境和势力范围内较长时期存在，原因是多方面的，除了一系列客观因素之外，于楚国自身来说亦有主观方面的考虑和需要。如随国，曾是有影响的姬姓汉东大国，楚武王时渐服于楚，公元前640年随以汉东诸侯叛楚失败，订立城下之盟，此后即沦为楚之附庸，作为国中之国长期存于楚境。《左传》定公四年，随人拒绝向吴人交出楚昭王而答复说：“以随之僻小，楚实存之，世有盟誓，至于今未改”即可概见；哀公元年，随侯率兵参与楚及陈、许联兵围蔡，《经》文以随侯与楚子、陈侯、许男并列，杜预对此分析说：大概由于随在楚国最困难时给予了可贵的支援和掩护，“楚人德之，使列于诸侯”，反映了两国之间的特殊关系。另一种类型像鄀、申、吕、唐、番、许、赖、顿、道、房、胡诸国，较长时期存于楚境，一是这些小国较早附庸于楚，事楚如事君，于楚有利而无害；二是楚人并国扩境、民族融合需要一定的过程，不是短期内所能完成的，所以不管是从政治上，还是民族关系方面来说，都需要一批附庸小国相追随，作为号召，以达到其北属诸夏、南抚蛮夷、争霸中原的目的。第三种类型即陈、蔡、沈诸国，除了上述原因外，另一方面与所处的地理位置颇有关系，处于淮北汝颍地带，为华夏集团的主要成员国，既是晋楚两国长期争夺的重点，亦是两国之间的过渡地带，与其灭之引起中原列国之联合对抗，让其他与楚争霸的大国如晋、齐、吴等坐收渔利，不如暂存

〔11〕 参阅《左传》文公十五年杜预注。

之，以起到一定的缓冲作用。

至于位于中原腹地的郑、宋等国，一则有一定的实力，二则他们与晋、齐等大国的关系密切，楚人对他们的态度只在威服利用的过程中，尽量捞取经济实利和扩大政治影响。楚庄王是较有政治眼光的，所以在攻入陈、郑、宋等之后，都是适可而止，留有余地，主动撤军，以收扩大政治影响之效〔12〕。

总之，就每一中小诸侯国的存灭关系而言，除了楚与该国内部的政治、经济实力之外，与整个“国际”形势的变化、列国所在的地理位置、楚国发展的需要以及认识观念的转变均有密切的关系。

春末战初，整个江汉地区、南阳盆地和淮河中上游地区一统于楚，昔日诸侯、部族林立的局面不复存在，不管是服而存于原地，还是迁往他处的附庸诸侯大都逐一为楚所并，纳入楚境，部分国小君弱的诸侯如鄀、道、房、赖等，迁徙之后即不再见载，其迁徙过程实即消亡融合过程。由此可见，楚之存国，迁国都只是一种过渡性的策略、手段而已，随着局势的变化、条件允许，最终目的还是在于灭其国、绝其祀、县其土而有其民，这是历史发展及民族融合的必然趋势。

二、楚国民族政策简论

春秋及其以前，各诸侯国内部一般划分为“国”与“野”（亦称“都”与“鄙”）两大部分，“国”指都城及其周围近郊之地，“国人”为居住在城内和近郊地区的奴隶主阶级下层和平民，主要成分为本族和与之有着婚姻关系的姻族；而“野人”是居住在广大村野地区的农作庶民，绝大多数是异族人。吕思勉先生说：“国人

〔12〕参阅《左传》及《公羊传》宣公十二年。

者，战胜之部族，择险峻之地，筑邑以居；野人则战败之族，居平夷之地，从事耕耘者也。”[13]由此可见，国人、野人之分实由一个民族对另一个民族的征服而来，其区别一是种族不同（本族与异族），二是居住地域不同（“国”内与野外），三是身份等级不同（征服者与被征服者）。国人有参政的权利，国家大事常常要征求他们的意见，其义务“是服兵役、出军赋，执干戈以卫社稷”[14]，因而是奴隶制国家的主要支柱；而野人在政治上无参政、入仕之权利，平时主要是从事农业生产，为国家提供剩余产品，战时则为徒卒从兵车作战，或供杂役，两者之间实际上是一种统治者与被统治者之间的关系。

据《国语·楚语上》楚大夫范无宇说：“地有高下，天有晦明，民有君臣，国有都鄙，古之制也。”又《史记·楚世家》载楚灵王十二年，公子弃疾等乘机夺权，楚灵王走投无路，右尹子革曰“请待于郊以听国人”，结果楚灵王走投无路，“于是独傍惶山中，野人莫敢入王”。说明楚与其他列国一样，存在“国”（都）与“野”（鄙）之分，最初处于其国外之“野人”当主要为被楚征服的广大“楚蛮”和“夷越”之民。春秋早期以后，随着楚国大规模的向外发展，疆土、人口迅速增加，境内民族成分越来越复杂，如何处置、对待这样一大批被灭之国的族民，不仅直接体现楚国民族政策的得失，而且关系到楚国国势继续发展和稳定的大事。资料表明，楚对于被灭之国的族民，除了其君统以外，很少采取郑襄公对楚庄王所言“俘诸江南，以实海滨”和“翦以赐诸侯，使臣妾之”的处

〔13〕参阅吕思勉《先秦史》第十一章：社会组织。

〔14〕参阅刘家和《关于芳掩庀赋》，《江汉论坛》1984年第3期。

理方式，亦不见有将这些被征服民族一概降为以种族、地域、等级划分的“野人”而严加控制、管理的史实，而是以灭国为县作为基本国策，不分种族，就地转为楚之县民，平等相待，因势利导，逐步融入楚国多民族共同体之中。

首先，为了适应兼并战争和争霸中原的需要，楚在要邑大县多设有县师，这些县师的兵员当主要由为楚所服的异族人所组成，军赋亦为各县县民所承担，《左传》成公七年载楚申公巫臣曰：“此申、吕所以为邑也，是以为赋，以御北方。若取之，是无申、吕也。”杜预注：“言申、吕赖此田成邑耳。不得此田，则无以出兵赋而二邑坏也。”即可说明。在早期国、野之分严格的背景下，军队主力（特别是车上的“甲士”）主要由“国人”组成，这既是一种义务，更是一种权利的象征，“都鄙之人似不与焉”〔15〕，如管仲相齐之时的情况即是如此〔16〕。然作为楚之县民的广大异族人普遍能够为“士”成军，可见楚国统治者并没有将他们视为鄙野之人，而是作为更广泛意义的“楚人”“楚民”，享有相当的权利和义务。

其次，入为楚境、楚县的绝大多数异族人，不是奴隶身份，有一定的自由和政治地位。《左传》僖公二十八年载楚于城濮大败之后，楚成王派人责问令尹子玉曰：“大夫若入，其若申、息之老何？”杜预注：“申、息二邑子弟，皆从子玉而死，言何以见其父老。”结果令尹子玉为此而自杀。可见楚君对申、息之师的重视和申息父老的尊重。又《左传》昭公十四年夏：“楚子使然丹简上国

〔15〕 参阅童书业《春秋左传研究》页200。

〔16〕 参阅《国语·齐语》。

之兵于宗丘，且抚其民。分贫振穷，……举淹滞。礼新叙旧，禄勋合亲，任良物官。使屈罢简东国之兵于召陵，亦如之。”

“简”，《左传》襄公三年杜预注“选练”，即选择而操练之意。“上国”，当指方城以北靠近中原的应、鲁阳、不羹、郏、栎等地〔17〕，选练其兵以备晋。“东国”，即楚息县以东的淮河上中游两岸地区〔18〕，选练其兵以备吴。这两地区均为楚文王以后相继并入楚境，其族民不管是县民、邑民，还是封地属民绝大多数是故国被楚所灭的异族人，楚平王于此广泛推行抚民、振贫、举淹滞（即逸民）、礼新叙旧、禄勋合亲，并选拔贤良任以官吏的“仁政”，其中虽有收买人心，以消除楚灵王对这一地区各国旧民人身权利的漠视、大肆迫迁所引起的严重不满情绪的一面，然联系文献记载，楚文王任彭仲爽为令尹而“县申、息”，楚成王爱护申息之师并尊重申息父老，楚庄王“惠恤其民而善用之”，楚共王“抚有蛮

〔17〕楚“上国”，杜预说“在国都之西，西方居上流，故谓之上国”；宗丘，杜预无注，清人高士奇《春秋地名考略》（卷九，楚地下“宗丘”条）等说在清初“荆州府归州境”，即今鄂西秭归一带。今按：杜注及清人此说可疑，其一，楚简兵在于备边，春秋晚期对楚人的威胁主要来自北边的晋和东方的吴，西边并无威胁可言，无须简兵于此；其二，当时楚军以车兵为主，秭归一带位于三峡之内，山高水激，道路险恶，车兵进出和演练十分不便，不宜作为简兵之地；其三，《左传》成公七年载“蛮夷属于楚者，吴尽取之，是以始大，通吴于上国”，《吴世家》“上国”作“中国”，由此可见，楚“上国”不当为国都以西之地，而应是方城以北取于“中国”之地。《史记·越世家》载楚“商、於、析、郦、宗、胡之地，夏路以左，不足以备秦”，郦即汉郦县，在今河南内乡县北；胡即郾城县境内之故胡城，则位于郦、胡间之“宗”，当不出今河南内乡与郾城之间，从简兵的角度考虑，在郾城以西为适宜，与“上国”（中国）和“夏路以左”的记载相印证。

〔18〕参阅杨柏峻《春秋左传注》昭公四年；何浩《左传“夏汭”考》，《江汉论坛》1987年第8期。

夷，……以属诸夏”等相关史实来看[19]，对先后并入楚境的各国族民，不分夷夏一律未加奴辱，抚而用之，是为春秋时期楚国民族政策的真正内容。

其三，《左传》襄公二十五年载楚司马苏掩治赋，“书土田、度山林、鸠薮泽、辨京陵、……井衍沃，量入修赋。赋车籍马，赋车兵、徒兵、甲楯之数”。关于苏掩治赋，学术界有较深入的研究。有两点看法是较一致的，一是苏掩作为大司马，所治主要是军赋；二是治赋范围不限于局部地区，而是在楚国全境进行的，即全国各地根据所在自然条件和经济收入的不同，按统一标准折算出军赋，包括车、马、车兵、徒兵和甲盾等。在这里主要以生产环境的不同和经济收入的多少加以区分，而不见楚族、异族，以及国人、野人之别，刘家和先生对此论述说，“这说明，春秋后期，在楚国国与野，国人与野人的差别正在消失，……到苏掩庀赋时，不仅申息等县，其他被兼并入楚版图的地区的人民，也一例出军赋。这反映了楚国的国人和非国人的区别在更广大的范围内的逐渐消失”，其“意义相当重大”[20]，是十分中肯的。

苏掩治赋虽为军赋，然在“国之大事，在祀与戎”的历史条件下，特别是春秋中晚之际北方晋楚争霸未了，东边吴楚之战渐激的形势下，军赋无疑是当时楚人最主要的人力、财力负担。苏掩在全国范围内不分楚异和国野而统一治赋，就主观方面讲在于更广泛地搜刮民财，扩大经济来源和军事能力，以适应当时战争形势的需要。但这一制度的实行，客观上推动了楚国经济形态和社会组织方

---

〔19〕 参阅《左传》哀公十七年、僖公二十八年、成公二年和襄公十三年。

〔20〕 同注〔14〕。

面的变革，对进一步消除楚国境内的种族区别和国野之分，加速民族融合，均有较大的促进作用。这在当时种族偏见严重和奴隶制较为盛行的历史环境中，无疑代表了一种新的发展方向和进步性，亦是春秋列国之中楚国境土最大、民族成分最为复杂，然民族关系较为融洽，国力一直较为强盛的重要原因之一。

第二节 多元楚文化的形成与南阳盆地、淮河上中游地区的关系

春秋时期是楚国历史发展最迅速，多元楚文化不断演进、形成的时期，在这一历史时期，南阳盆地、淮河中上游地区较为先进的政治、经济、文化基础在楚国历史发展和文化形成过程中具有十分重要的影响和作用。

一、南阳盆地、淮河上中游地区在楚国发展中的地位和作用

春秋楚国的历史，实为一部并国拓疆史，从春秋初年的“土不过同”，到春秋晚期“方数千里”、“半天下”，境土扩展数十倍，其发展重点除了江汉地区以外，主要集中于对南阳盆地、淮河中上游地区的开拓和经营。春秋晚期的楚国疆域，就大的自然形势可以长江和汉水至桐柏、大别山一线划分为北部（南阳盆地和淮河中上游地区）、中部（江汉地区）与南部（江南地区）三大部分，就地理范围而言，南阳盆地、淮河中上游地区与楚郢都所在的江汉地区大致相当或略广，而较楚人初步开发的江南地区却要广大得多（参见图二）。就国族分布和人口密度、素质而言，江南地广人稀，主要为蛮、越诸族所散居，春秋及其以前，还未形成集中的政体和国体，大多处于较浅化的落后状态。江汉地区在被楚统一以前，有

权、罗、庐戎、夔、谷、庸、绞以及随、郧、贰、轸、州、厉等十余国，它们一方面集中分布于汉水中游两岸和随枣走廊的河谷平原、丘陵地带；另一方面除了姬姓的随以及郧、庸实力相对较强、具有一定的经济、文化基础外，大部属于小国寡民、基础较薄。而在周边丘陵山区，甚至包括开发较早的汉水中游一带仍有大量的蛮、濮、夷越之民分布，大都处于分散离居的原始阶段，少有集中的城邑和政治、经济中心。南阳盆地、淮河上中游地区，周边山地虽亦有较多的蛮、夷、戎、狄之族分布（尤以南阳盆地西北的伏牛山区和淮河以南的桐柏、大别山地较集中），然在主要平原、低丘地区，见于记载的诸侯列国约四十余个〔21〕，在数量上要较江汉地区多出二三倍，在分布上也要密集得多。

南阳盆地、淮河上游汝颍一带，是周初以来王室重点经营的南土，为众多姬姓、姜姓以及与周王朝有着密切往来和婚姻联系的异姓诸侯的集中分布区，它们不仅政治地位高、规模普遍较大，而且经济、文化基础深厚，人口、城邑也较多。楚人所言“抚有蛮夷”、“以属诸夏”，“诸夏”主要指南阳盆地、淮河上游汝颍一带列国，“蛮夷”当包括江汉、江南地区各族；楚人南迁江汉地区后，常以蛮夷自称、“夷狄自置”。这种“诸夏”与“蛮夷”的对应，除了族系上的区别之外，更重要的是反映了经济、文化上的差异，反映了南阳盆地、淮上汝颍地区与江汉、江南地区社会形态和发展水平上的不平衡。春秋时期，楚国不惜一切阻力和代价，一意向北、向东发展。而在广大的南方却少有进展，除了一定的政治因素之外，争

---

〔21〕除本文上编所述近三十国外，另有汝水上游的蛮氏，淮河中游的六、巢、州来、钟离、英氏、宗及群舒等。

夺、利用原有进步的经济、文化基础，以便为楚国的更快发展提供人力、物力上的保障，当是其中最主要的动因之一。

春秋楚县多因旧有国都、要邑而置。都是每一局部小区政治、经济、文化发达，人口聚集的中心，就目前所考三十个春秋楚县的分布看，南阳盆地、淮河中上游地区有二十三县，占全部楚县的四分之三，其中尤以南阳盆地、淮上汝颍一带的楚县设置最为密集，达二十一个；江汉地区共有六县，江南地区只一县，两地相加不足四分之一，从而形成由北而南三个明显的级差地带。

春秋楚县分区表

地区	区域	春秋早期	春秋中期	春秋晚期	百分比
北部	南阳盆地	申	吕、商、析、上都、湖阳	邓、武城、阴	共二十三县 77%
	淮上汝颍	息	期思、沈、成	陈、蔡、许、二不羹、白、叶、棠	
	淮河中游			巢、钟离	
江汉	汉东		郧		共六县 20%
	汉西	权、那处	庐、上庸	蓝	
江南				江南	共一县 3%

除了数量上的悬数级差之外，在县制规模和军事、经济实力上，北部地区也明显比江汉和江南地区要强大，如著名的申、息二县，“赋皆千乘”的陈、蔡、二不羹四县等，均为春秋楚县之大者，而此等规模的大县在江汉和江南地区却不太见，这种县制分布数量和规模、实力诸方面的明显区别，实为当时楚国境内经济、文化发展层次、等级不同的直接反映，由此可见南阳盆地、淮河上中游地区在楚国政治、经济、军事、文化发展中的地位和

作用。

二、楚对异族人才的引进和应用

楚在南阳盆地、淮河中上游地区大规模并国扩境、广泛利用原有经济、文化基础的同时，大量吸收各种有用人才进入楚国统治阶层，利用他们为楚国各方面的发展服务。

《左传》哀公十七年载楚太师子谷曰："观丁父，鄀俘也，武王以为军率，是以克州、蓼，服随、唐，大启群蛮。彭仲爽，申俘也，文王以为令尹，实县申、息，朝陈、蔡，封畛于汝。"楚武王、文王的一系列对外发展，很大程度上出于重用观丁父、彭仲爽等被征服国的人才，尤其是彭仲爽能官至令尹，为楚百官之长，在当时世族世官的历史环境中确为惊人之举，这一方面反映了楚国初兴之际急需治国强兵之材，因而不拘一格打破常规，大胆提拔、重用异族人才的开明政策和宏大气魄；同时亦见鄀、申文化根基深厚，以及在楚国初期发展中所作出的杰出贡献。

据文献记载，楚康王时有大夫观起，为楚佐开卜之官，因有宠于令尹子南而遭杀戮；其子观从于平王时被任为卜尹〔22〕，或是鄀俘观丁父之后人。据铭文材料，楚有申公彭宇，应是彭仲爽之后、楚国第一任申县县公；楚大夫有彭名，历仕庄、共二王，邲之战时为楚师左广之御，阳桥之役、鄢陵之战时为共王之御；另有彭生，为楚灵王时大夫〔23〕，大概都是彭仲爽、彭宇之后，世为楚官。

《左传》桓公九年载楚有大夫"道朔"，与巴客聘邓而被杀，

---

〔22〕参阅《左传》襄公二十二年、昭公十三年。

〔23〕彭名事见《左传》宣公十二年，成公二年、十六年；彭生事见昭公四年。

《通志》说其为“以国为氏”的道国人[24]，则应是道国人仕楚，为楚所用。《左传》襄公十九年载郑国内乱，“子革、子良出奔楚，子革为右尹”，子革即郑丹，亦称然丹，历仕楚康王、郏敖、灵王、平王四君，颇受重用。又襄公二十四年陈鍼宜咎奔楚，亦受重用为鍼尹，并仕康王、郏敖、灵王三君[25]。此外，楚有“良”大夫邓廖，鲁襄公三年从令尹子重伐吴被俘，因而子重受到楚人的指责“遇心疾而卒”。邓廖或亦是以国为氏的邓人后裔，既为“楚之良”，说明其较高的文化素养和才能。楚有神射手养由基，当为嬴姓养国之人仕于楚者，名显于楚庄王、共王、康王三世，后因其族与令尹子旗结党营私，被楚平王所诛灭[26]。

此外，列国供职于楚者还有许偃、许围、唐狡、蔡鸠居、蔡朝吴以及有名的潘氏家族等。

以上这些通过各种不同途径进入楚国统治阶层的列国贵族，不仅数量多，而且素质高，基本属于列国贵族中的上流人物，他们的入楚为仕，一方面带来了先进的政治、文化思想，为楚国历史文化的发展注入了大量新鲜血液，同时也是楚与南阳盆地、淮河中上游地区各族增强理解，加速融合、统一的纽带和桥梁，楚文王利用彭仲爽、彭宇县申、治申，楚平王利用蔡朝吴治蔡的史实是为明证。

三、多元楚文化形成的历史文化背景

楚在南阳盆地、淮河上中游地区所进行的长时期扩张、争霸、灭国兼民，其主观愿望虽在于扩大疆土，争夺对这些地区的控制和统治权力，拥有更多的人口及劳力，但在客观上对社会各方面的发

〔24〕 参阅《通志·氏族略二》“道氏”条。

〔25〕 参阅《左传》襄公二十四年、昭公四年。

〔26〕 参阅《左传》宣公十二年、成公十六年、襄公十三年和昭公十四年。

展具有促进作用和进步意义。一方面，楚国的兼并，逐渐结束了支离破碎的分裂割据局面，实现了南阳盆地、淮河上中游地区的局部统一，促进了这一广大范围内华夏与蛮、夷、戎、狄各族之间的融合，扩大、加速了这一范围内部及其与北方中原和南方江汉、江南地区的政治、经济、文化交流；另一方面，随着局部统一的逐渐发展，这一范围内各种经济、文化因素相继汇入楚系，从而为楚国历史、文化的迅速发展提供了大量新的因素和有利基础。

实物资料表明，颇具特色的楚文化，是在融合其所吞并的各民族文化的先进因素，加以提炼、升华，而于春秋中期后段和中晚之际逐渐形成的，它的主要文化因素来自北方的姬周文化〔27〕，这与文献记载春秋中期偏后的楚庄王之时国力强大、霸业鼎盛，以及春秋早期以来南阳盆地、淮河上中游地区相继并入楚境的史实是相一致的。楚文化的主要成分，除了西周以来已有的姬周文化基础之外，另有相当一部分应是通过融合、吸取南阳盆地、淮河上中游地区众多周王室的同姓、异姓封国的先进文化因素加以综合、提炼而逐渐形成的。

---

〔27〕 参阅张剑《从河南淅川春秋楚墓的发掘谈对楚文化的认识》，《文物》1980 年第 10 期；王光镐《楚文化源流新证》中编第五章：楚文化的形成及相关问题。

第四章

战国时期楚国北部疆域的变迁

经过春秋时期二三百年的兼并战争，一大批原有的中小诸侯或渐灭亡，或遭削弱，逐步形成七雄并立的新格局。战国时期，是中国社会大变革、大动荡，生产力大发展的时期，亦是由分裂走向统一的时期。在这一动荡、变革、统一的过程中，原来实力较强、基础较深的楚国，则由于政治上的保守和变革的失败，极大地阻碍了其国力的发展，走上了衰落、灭亡的道路，最终为后起的秦国所吞并。战国时期楚国北部疆域的消长和变化，即为楚国兴衰过程的突出反映。

战国时期楚国北部疆域的变化，根据具体史实和变化脉络，大致经历了四个阶段。

第一节　战国早期楚国北疆态势

从战国初年至悼王二十一年（公元前 381 年），为楚国北部疆域的缓慢发展和部分收缩阶段。这一阶段，楚国北疆在春秋晚期的基础上有两个明显的变化，一是公元前473年（鲁哀公二十二年、楚惠王十六年）越灭吴后，春秋中期以来吴楚长期争夺淮域的斗争遂告结束，来自东边的巨大压力和威胁得到缓解，趁此机会，楚势迅速沿淮东进，于惠王四十二年（公元前447年）灭蔡，逐渐收复了春秋晚期为吴所占的淮河中游两岸原属楚“东国”的大片土地。同时，因越灭吴后“不能正江淮北”，楚人乘虚“东侵，广地至泗上”。楚惠王四十四年，灭杞〔1〕；楚简王元年（公元前431年），“北伐灭莒”〔2〕，势力扩展到今山东东南，沂、沭水中上游地区。

二是正当楚在东方的淮河中下游地区大力发展之际，北方的赵、魏、韩三家联合灭智氏（公元前453年），分晋立国，实际上取代了晋国的地位。此后，三晋一方面注重自身的建设和发展，以巩固其新兴政权；同时联合向外开疆拓土、扩充地盘，在黄河以

---

〔1〕参阅《史记》的《楚世家》《陈杞世家》。关于杞国的地望，旧说一般认为春秋以前在今河南杞县，春秋初年前后东迁今山东安丘县东北之淳于（见《春秋》隐公四年杜预注，《史记·陈杞世家》司马贞《索隐》，江永《春秋地理考实》卷一，隐公四年“杞”条）。今按：战国初年楚方灭蔡（今安徽凤台）而“广地至泗上”，势力仅及淮河中下游地区，不可能远及今山东安丘以北地区，近有学者分析，古有两杞国，一在今河南杞县，后迁山东安丘；一在今山东新泰与泰安之间，被楚所灭者乃后一杞国（参王恩田《从考古材料看楚灭杞国》，《江汉考古》1988年第2期；何浩《楚灭国研究》下篇“战国时期楚灭国考述”一“杞国”），较旧说合理，然此时楚势是否已越过鲁国，到达汶水上游的新泰、泰安之间，亦有可商之处。同窗陈伟先生据《楚世家》载灭杞为“东侵”，灭莒为“北伐”的形势推测，时杞应在莒国之南的泗水下游一带（详所著《楚“东国”地理研究》，武汉大学出版社1992年11月版，页123），更符合当时楚国发展的实际，今从之。

〔2〕参《史记》的《楚世家》《越王勾践世家》；《韩非子·说林下》；《说苑·权谋》。

南，韩、魏除了不断对周、郑、宋、卫诸国的蚕食和兼并之外，亦开始了对楚国北境的压迫与争夺。

《史记·韩世家》记载，韩景侯九年（公元前400年），“郑围我阳翟”，按阳翟为故栎邑，即今河南禹县，春秋早中期为郑国别都〔3〕，鲁庄公十六年和宣公十一年，楚师先后两次伐郑“入栎”“及栎”，此后为楚所取，成为楚国北境的重要城邑和军事据点〔4〕。楚栎邑何时失于韩并改名阳翟，文献无征，据《汉书·地理志》颍川郡“阳翟”县原注：“夏禹国，周末，韩景侯自新郑徙此。”按景侯时（公元前408—前400年）韩未灭郑，不得以新郑为都，较班固略晚的高诱曰“韩氏本都弘农宜阳，其后都颍川阳翟”〔5〕，则韩景侯应由宜阳东徙阳翟，其目的意在并郑而与楚争颍、汝之地。韩景侯时既已都阳翟，则栎之入韩并改名必在此前。《汉志》“韩地”域分说“韩分晋得……阳翟、郏”，是栎先为晋所取而改名，三家分晋转属于韩，《方舆纪要》等认为“战国初入于韩”〔6〕大致可信。

位于阳翟西南、汝水北岸之郏邑（今河南郏县）原亦为郑地，春秋中期前后为楚所取，曾谓楚郏敖之葬地，鲁昭公元年（公元前541年）和十九年（公元前523年）楚两度在此加固或扩建城池，以作为经略北方之要地。郏邑入韩，约与阳翟同时。据此，战国初年晋人势力南下，先后占据了汝水上游以北的部分楚地，控制了楚势进一步向北发展的势头和道路。

---

〔3〕参阅《左传》桓公十五年及杜预注；《春秋地理考实》卷一，桓公十五年“栎”条。

〔4〕参阅《左传》昭公元年和十三年。

〔5〕参阅《吕氏春秋·开春论第一》“韩氏城新城，期十五日而成”句下高诱注。

〔6〕参阅《方舆纪要》卷四七，河南禹州“阳翟城”条。

《史记·楚世家》载楚悼王二年（公元前400年）“三晋来伐楚，至乘丘而还”[7]，乘丘地望，张守节《正义》引《括地志》说在“兖州瑕丘县西北三十五里”，按唐瑕丘县即今山东兖州，位于曲阜西南四五十里，若乘丘在当时瑕丘西北，则不出今曲阜以西约七八十里处，战国早期应为鲁地，《正义》所言恐有误。从当时郑、宋未灭，韩初都阳翟，三晋与楚之争夺主要集中于颍汝上游地区的形势分析，乘丘似应在颍水上游或汝颍之间。

楚悼王四年，楚伐周、围郑；九年“伐韩，取负黍”（《史记》的《楚世家》《六国年表》），负黍原为周邑，地在晋、唐阳城县西南三十里左右，即今河南登封县南、颍水上游北岸[8]，约战国初年入韩。韩景侯二年（公元前407年），郑伐韩，取负黍；十三年后（即韩烈侯六年，公元前394年）“郑负黍反，复归韩”[9]，一年后又为楚所取，可见这时楚与韩、魏对汝颍上游一带的争夺十分激烈，城邑归属常有变化，楚、韩、郑三国领地杂错分布，相互交织。

两年后（即楚悼王十一年，公元前391年），三晋再次南下伐楚，《楚世家》曰“败我大梁、榆关”，唐司马贞的《史记索隐》和张守节的《史记正义》均以“大梁”为其后魏所徙都之大梁，即今河南开封市一带，定榆关于大梁之西或郑以南[10]。今按，此说可疑，据《史记·六国年表》楚悼王三年“归榆关于郑”，则榆关原

---

〔7〕乘丘，《六国年表》和《通鉴》并作“桑丘”，当误，说见梁玉绳《史记志疑》卷九。

〔8〕参阅《左传》定公六年及杜预注；《史记·郑世家》张守节《正义》引《括地志》云；《方舆纪要》卷四八，河南府登封县“负黍聚”条。

〔9〕参阅《史记》的《韩世家》《郑世家》和《六国年表》。

〔10〕参阅《史记·楚世家》“败我大梁、榆关”句下《索隐》和《正义》。按，今本《史记正义》佚此条，据日人泷川资言《史记会注考证》本补。

为郑地，先为楚取后又归之。这时三晋伐楚而取之，说明楚悼王三年归榆关于郑后曾又取之，时间或在悼王四年楚“败郑师，围郑”（《史记·六国年表》）之时，若此大梁即其后魏都大梁、今河南开封市一带，榆关又在其西，则并在郑之东北、宋之西北地带，从当时楚国势力范围来看，不可能越过郑、宋而有此地。

据《史记·韩世家》，景侯元年（公元前408年）“伐郑，取雍丘”，雍丘为故杞国，春秋初年杞国东迁以后地为郑有，故城在今河南杞县一带〔11〕。又《魏世家》及《六国年表》载魏文侯三十五年（按应为武侯六年，公元前390年〔12〕），齐伐魏“取襄陵”，魏之襄陵，旧说在汉晋南平阳县，即今山东邹县附近〔13〕，不确，应即汉之陈留襄邑县、今河南睢县〔14〕。战国早期、楚悼王之时，韩、魏势力东南下，已分别占有今杞县、睢县一带；而西边洧水流域的鄢陵（今河南鄢陵县北）、旧许（在今许昌市东）等地仍为郑有，则位于雍丘、襄陵西北，旧许、鄢陵以北之大梁（今开封市一带）决不可能为楚所有。清初的《方舆纪要》定榆关于清代汝州境内，并说“大梁或曰梁县”〔15〕，可从。汝州之故梁邑，位于今河南临汝

〔11〕 参阅《汉书·地理志》陈留郡“雍丘”县原注；《春秋》隐公四年杜预注；《大清一统志》卷一八七，开封府古迹“雍丘故城”条。

〔12〕《史记》关于魏国的纪年多有错误，前辈学者作过研究和考证，参阅陈梦家《六国纪年》（学习生活出版社1955年12月版）；杨宽《战国史》附录三：战国大事年表。

〔13〕 参阅《史记·魏世家》裴骃《集解》引徐广曰和《田齐世家》张守节《正义》。

〔14〕 参阅《汉书·地理志》陈留郡“襄邑”县颜师古注；《方舆纪要》卷五十，河南睢州“襄邑废县”条和拙作《昭阳伐魏及其相关问题辨析》，《江汉论坛》1993年第4期。

〔15〕 参阅《方舆纪要》卷五一，河南汝州“榆关”条。

县西南，春秋时为蛮子之邑，鲁哀公四年被楚袭取，为楚边境要地。《战国策·齐策一》“南梁之难”章载：“南梁之难，韩氏请就于齐。”高诱注：“梁，韩邑也，今河南梁也。”此章年代，清人于鬯《战国策年表》系于齐威王十六年（公元前341年），今人缪文远先生的《战国策考辨》定在齐威王十五年〔16〕，说明此前梁邑已由楚转属于韩，这与《楚世家》所载楚悼王十一年“三晋伐楚，败我大梁、榆关”相印证，亦与战国初年以来韩、魏势力南下，在颍、汝水上游地带与楚展开激烈争夺的史实相合。

另据《史记》之《韩世家》和《六国年表》，韩文侯二年“伐郑，取阳城”，韩文侯二年即公元前385年，阳城为古夏禹之都，故址在今河南登封县东南、颍水上游北岸〔17〕，为郑都以西之要邑，此时为韩所有，而位于阳城西边不远的负黍，亦当由楚转属于韩。

以上分析可见，战国早期楚于东边的淮河中下游地区虽有长足进展，然在北边的汝、颍上游地区，面对三晋（主要是韩、魏）的压力，疆土渐有丧失，随着阳翟（即栎）、郏、梁、榆关以及原属周、郑的负黍和阳城等地的入韩，韩、魏势力向南越过颍水，于汝水上游一线与楚对峙，说明这时楚国实力的下降，在与韩、魏的争夺中处于下风。由魏至楚，主张变法的吴起劝说楚悼王云：

> （楚）大臣太重，封君太众，若此则上逼主而下虐民，此贫国弱民之道也。〔18〕

---

〔16〕 参阅《战国策年表》（附上海古籍出版社1985年3月版《战国策》后）和《战国策考辨》（中华书局1984年7月第1版）页83。

〔17〕 参阅《大清一统志》卷二〇六，河南府古迹“阳城故城”条。

〔18〕 参阅《韩非子·和氏》。

说明楚国政治日趋保守，与春秋早中期那种锐意革新、设县治民，加强王权、抑制分封的开拓进取和蓬勃向上的精神形成鲜明对照。

楚悼王晚年，面对不利形势，任用吴起变法，“明法审令，捐不急之官，废公族疏远者，以抚养战斗之士”，使楚国实力一度恢复，“于是南平百越，北并陈、蔡，却三晋，西伐秦，诸侯患楚之强”〔19〕。北边于韩、魏，西边对秦均有较大的抑制作用。

《战国策·齐策五》载苏秦说齐闵王曰：

> 昔者赵氏袭卫……卫君跣行，告遡于魏。魏王身被甲底剑，挑赵索战，邯郸之中惊，河、山之间乱。卫得是藉也，亦收余甲而北面，残刚平、堕中牟之郭……赵氏惧，楚人救赵而伐魏，战于州西，出梁门，军舍林中，马饮于大河。赵得是藉也，亦袭魏之河北，烧棘沟，队黄城。

又据《史记·赵世家》记载：

> （赵敬侯）四年……筑刚平，以侵卫。五年，齐、魏为卫攻赵，取我刚平。六年，借兵于楚伐魏，取棘蒲。八年，拔魏黄城。

两相对照可见，赵、魏之间为卫而起的这场战事，前后历时五年，苏秦则综而言之。楚伐魏救赵，事在赵敬侯六年，即公元前381

〔19〕 参阅《史记·孙子吴起列传》。

年，正值吴起变法之时。楚魏相战之“州”，南宋鲍彪及其后注家皆以汉代河内州县（在今河南沁阳县东南约四十里）说之，不可信，楚伐魏不应远至黄河以北，这由《策》文所载战于州西后“军舍林中，马饮于大河（即黄河）”的史实即可概见。“林中”，清人张琦认为即清新郑县东二十五里之故林乡城〔20〕，当是；“出梁门”颇为费解，金正炜认为“出”或“杜”之讹，“出梁门”与《战国策·秦策四》之“杜大梁之门”相类，即门于大梁之意〔21〕，或是；则楚、魏交战之“州”地亦当在大梁（今开封市）以南，林乡附近地区。据此，楚师救赵，越汝、颍，经郑东而北上，门于大梁，直达黄河南岸，其间当占有部分魏地与城邑，亦证吴起变法之成效。

然而，楚悼王死后，楚国贵族乘机起事，射杀吴起，以致楚国的变法未能继续进行下去，使楚国失去了一次走出危机，真正富强的良好时机。

第二节 战国中期楚国北部疆域的变化

楚肃王元年至怀王十六年（公元前380—前313年），为战国时期楚国北疆变化的第二阶段，有关这一阶段的具体形势，我们可从三个方面加以分析。

一、汝颍上游地区与韩魏势力的争夺

《史记·楚世家》载楚肃王十年（公元前371年）“魏取我鲁

---

〔20〕参阅张琦《战国策释地》（商务印书馆《丛书集成》初编，第3055册）卷上，齐策“林中”条。

〔21〕参阅诸祖耿《战国策集注汇考》（江苏古籍出版社1985年7月版，下同）页643注〔18〕引金正炜曰。

阳”，按鲁阳即今河南鲁山县，春秋中期以前当为应地，楚灭应后入为楚邑。春秋战国之际，楚惠王曾以其地封司马子期之子公孙宽，即鲁阳文君（见《国语·楚语下》和《墨子·鲁问》），据二十世纪七十年代湖北随县曾侯乙墓出土竹简记载，曾侯乙死后，楚鲁阳公赠其车马以助丧〔22〕，从墓内所出楚王作曾侯钟之铭文分析，曾侯乙约死于楚惠王五十六年，即公元前433年，这时楚有“鲁阳公”，说明楚将鲁阳封于公孙宽之后不久，又收归国有，并设县治民。《淮南子·览冥训》亦有“楚鲁阳公与韩构难，日反三舍”的故事，汉高诱说“鲁阳，楚之县公”是对的，然将其与《国语》之鲁阳文子等同，则又误。鲁阳文子与鲁阳公，一为封君，一为县公，两者身份不一，时代先后有别，不能混同。

鲁阳，为楚出南阳盆地、越伏牛山北去周、郑的战略通道所经，盛弘之《荆州记》曰“鲁阳县，其地重险，楚之北塞也”〔23〕，是可为证。楚改鲁阳封邑为县，当是出于战国早期北部边境地区战略防御的考虑。鲁阳入魏，使楚国失去了方城以北的一个重要屏障，并使方城外、汝颍中下游地区广大楚地处于韩、魏势力的两面威胁之下。

湖北荆门新出土的包山楚简，有两条以“鲁阳公以楚师后城郑之岁”作为纪年的文书材料〔24〕，根据简文序列和内容，其年代比以“大司马昭阳败晋师于襄陵之岁”为纪年的文书要早，约在楚怀王初年，这时楚仍有鲁阳县，其县公且率师助郑（即韩）筑城为

〔22〕参阅湖北省博物馆《曾侯乙墓》（文物出版社1989年7月版）上册，页498之第162简、页500之第195简。

〔23〕参阅《文选》卷二七，江文通《望荆山诗》李善注引《荆州记》。

〔24〕参阅湖北省荆沙铁路考古队《包山楚墓》（文物出版社1991年10月版）页349之第2简和第4简。

守，并作为当时楚国内颇值得纪念的大事以作为纪年标志，说明此前鲁阳又被楚所收复，设县置师以为守。楚收复鲁阳的确切年代，现已无从稽考，估计不出楚宣、威二王在世的四十年间（公元前369—前329年），由此亦可见楚对鲁阳等地的重视，以及楚、韩、魏三国势力在汝水上游地区争夺之激烈。

楚威王死后，“魏闻楚丧，伐楚，取我陉山”(《史记》的《楚世家》《魏世家》)，陉山，《集解》引徐广曰“在密县”；《正义》引《括地志》云“陉山在郑州新郑县西南三十里”所指实一；其后的《元和志》《方舆纪要》等均作此说〔25〕。今按，此说有误，新郑原为郑都所在，韩哀侯二年（公元前375年）灭郑，并由阳翟徙都于郑，此后直至为秦所灭，韩一直以新郑为都，若魏所伐之陉山在新郑西南三十里，则在韩都近旁，其地不可能属楚，也不容魏人来攻取。

我们认为，此陉山应即《春秋》僖公四年齐桓公率诸侯之师伐楚所次之“陉”，《史记·楚世家》作“陉山”，杜预注“陉，楚地，颍川召陵县南有陉亭”，约在今河南漯河市东略偏南处〔26〕，自春秋以来一直为楚国北边要塞之一，魏所取楚之陉山在此，正与这时韩、魏南下争楚地的形势相符。

《史记·苏秦列传》载苏秦曰“（韩）东有宛、穰、洧水，南有陉山”，同时又说“（楚）北有陉塞、郇阳”（亦见《战国策》之《韩策一》和《楚策一》）。韩南之陉山，《集解》引徐广说“召陵有陉亭，密县有陉山”，两说并存，无从定论；而楚北之“陉塞”，徐广认为即《春秋》齐桓伐楚所次之陉，《集解》和《索隐》并说即

〔25〕参阅《元和志》卷八，河南道郑州新郑县“陉山”条；《方舆纪要》卷四七，河南开封府新郑县“陉山”条。

〔26〕参阅《方舆纪要》卷四七，河南许州郾城县“召陵城”附“陉亭”条。

楚威王十一年魏败楚之陉山，然未言所在，从《楚世家》之《集解》所引徐广“在密县”之说看，似亦主张新郑西南之陉山说，张守节的《正义》及清人张琦《战国策释地》等均作此说〔27〕。

今按：战国时楚、韩交境接壤，楚北境即韩之南界，苏秦所言之陉山、陉塞应为一地。经学者考证及二十世纪七十年代长沙马王堆汉墓所出《战国纵横家书》表明，《史记》和《战国策》有关篇章所载苏秦时代和史实错得厉害，苏秦应为公元前四世纪末至三世纪初期燕昭王时人〔28〕，其所言韩、楚之间的形势，主要为公元前三世纪初年情况，这时楚国北境大片为韩、魏所侵夺，位于方城以内、南阳盆地的宛、穰等邑已为韩有，作为楚、韩交境之陉山、陉塞，决不可能是韩都西南三十里之陉山，齐梁时人刘昭、南宋人鲍彪等以齐桓伐楚之陉山解之〔29〕，是正确的；裴骃、司马贞、张守节所释当误，尤其是《史记正义》以齐桓伐楚之陉在新郑西南更不可信，谨于此辨明。

又《史记》之陉塞，《战国策·楚策一》作“汾陉之塞”。按：汾即古汾（又作“濆”）水，为汝水别支，源于故郾城东之奇頟城附近，经故召陵城南而东南注入颍水，即今河南漯河市东、至安徽阜阳市注入颍水之汾河〔30〕，《汉书·地理志》汝南郡班固原注“高帝置，莽曰汝汾”；又同书汝南郡“女阴”县班固注“莽曰汝濆”，

〔27〕参阅《史记·苏秦列传》张守节《正义》；张琦《战国策释地》卷上，秦策“陉山”条。

〔28〕参阅马王堆汉墓帛书整理小组《战国纵横家书》（文物出版社 1976 年 12 月版）及三篇附文。

〔29〕参阅《续汉书·郡国志》汝南郡“召陵”县“陉亭”下刘昭注；《战国策·楚策一》“苏秦为赵合纵说楚威王”章鲍彪注。

〔30〕参阅《水经注》卷二一《汝水》及卷二二《颍水》。

皆可为证。古汾水流经召陵城南，而位于召陵城南之陉亭、陉山必在汾水上源近岸，且当“蔡召之道”之要径，古当于此筑塞为守，故又称“汾陉之塞”，为兵家必争之地。

《水经·汝水注》引《史记》曰：

> 楚昭阳伐魏，取郾。

另《元和志》《寰宇记》等书均有此条引文〔31〕，当沿《水经注》而来，但此文不见于今本《史记》，或为北魏时郦道元所见古本《史记》所有。昭阳所取之郾，《水经注》《元和志》等并说即“故魏下邑”的汉晋郾县，在今河南郾城县南、漯河市近西的汝水南岸地带，春秋中期至战国早中期当为楚地，其入魏或在楚威王死后，魏乘丧伐楚取陉山（即“汾陉之塞”）之时，昭阳取郾，实乃收复失地。昭阳取郾的时间，记载不明，当与《楚世家》所载怀王六年（公元前323年）楚师败魏于襄陵、取八邑同时。从文献记载昭阳出将入相的活动时间主要限于怀王前期，而此期间发生于楚魏之间的战事只有怀王六年一次，郾位于襄陵西南，应是昭阳进军襄陵途中所取，而位于郾邑东南不远的陉山，楚当一并收复。

据《史记·越王勾践世家》记载：

> 王无强时，越兴师北伐齐，西伐楚，与中国争强。当楚威王之时，越北伐齐，齐威王使人说越王曰：“越不伐楚，大

---

〔31〕参阅《元和志》卷九，河南道蔡州“郾城县”条；《寰宇记》卷七，河南道许州“郾城县”条。

> 不王，小不伯。图越之所为不伐楚者，为不得晋也。韩、魏固不攻楚。韩之攻楚，覆其军，杀其将，则叶、阳翟危；魏亦覆其军，杀其将，则陈、上蔡不安。

关于这段史实的年代，司马迁系于楚威王徐州破齐（即公元前333年）之时或稍前。叶、阳翟与陈、上蔡四邑，张守节的《史记正义》认为分属韩、魏，“与楚犬牙交境”之地，当误。据上下文意，齐使者是劝说越王释齐而攻楚，而越之所以不伐楚，是因为没有与韩、魏联合；若越联合韩、魏，两国由北而南伐楚，楚北境的叶、阳翟、陈与上蔡均面临危机，则对越人西伐楚，称王称伯（霸）十分有利。

由此可见，阳翟（即故栎邑）于战国早期入于韩，一度作为韩都，后又复归于楚。新出包山楚简记楚有“阳翟人翏贤”〔32〕，则阳翟于怀王时为楚邑，与《越世家》相互印证。至于阳翟归楚的时间，文献无征，当在公元前357年韩灭郑、韩都由阳翟迁于新郑之后。

另包山楚简还有数条有关“郛（梁）人”的记载，简文整理者认为梁即魏之大梁〔33〕，不确。按简文体例，所称某人和某某之人，一般为楚境之邑人，如“阴人”“鄂君之人”等，而列国使者则称某客，如“秦客”“郻（魏）客”等，两者区别明显；又第163条简文将“梁人”与“郦（期）思公之州里公”和“下蔡人”并称〔34〕，期

〔32〕参阅湖北省荆沙铁路考古队《包山楚墓》上册，页364之第193简。

〔33〕参阅湖北省荆沙铁路考古队《包山楚墓》上册，页361—362之第193简、第165简、第169简，以及注〔306〕。

〔34〕简文之“郦思”，原报告编写者释为“恒思”，恐不确。按：楚无恒思，而有期思，为故蒋国所在；简文之“郦思公”，与《左传》文公十年之“期思公”同例，乃楚之期思县公，可见自春秋中期灭蒋以来，楚一直于其故地置期思县不改。

思、下蔡皆为楚邑，则与二邑并称之“梁”，亦当是楚邑无疑。

我们认为，此梁应是汝水上游南岸的楚故梁邑，公元前391年三晋伐楚时为韩所得，公元前342年的“南梁之难”时仍为韩有，其再次入楚，当在楚威王后期至怀王前期；参之阳翟在公元前333年楚破齐于徐州之前已回归于楚、而梁邑更在阳翟以南的史实分析，梁邑归楚约与阳翟同时或相近，当不出公元前342年至333年的9年间。鲁阳地处阳翟、梁以南，其为楚所收复，应不晚于此时。

《战国策·秦策二》“齐助楚攻秦”章载：

> 齐助楚攻秦，取曲沃。其后，秦欲伐齐，齐、楚之交善，惠王患之，谓张仪曰……

此事亦见于《史记》之《楚世家》和《张仪列传》，只是详略各有不同。其年代，《楚世家》系于楚怀王十六年（公元前313年），为秦、楚丹阳和蓝田之战的序曲。另《史记·越世家》所载齐国使者说“楚三大夫张九军，北围曲沃、於中，以至无假之关”之事，亦当指此。曲沃，原为魏邑，故址在旧陕县（即今河南三门峡市）西南三十余里〔35〕，公元前314年，秦伐魏而取曲沃〔36〕，一年后又为楚所有，说明这时楚、秦争斗之激烈以及楚国较强的实力。

由上分析可见，从战国初年至战国中期前段的楚肃王末年，韩、魏大力向南开疆拓土，先后占领颍汝上游地区大片楚地；然从

〔35〕参阅《史记·魏世家》“围我焦、曲沃”句下《正义》引《括地志》云；《大清一统志》卷二二〇，陕州古迹“曲沃城”条。

〔36〕参阅《史记》之《秦本纪》《魏世家》。

楚宣、威二世以至怀王前期，楚势明显回升，在与北方韩、魏乃至东边齐国的相互争夺中，胜多败少，处于优势，相继收复了此前被韩、魏所侵夺的颍汝上游诸地，且出师远伐，直抵黄河南岸、函谷关以东，以致张仪说楚怀王曰："凡天下强国，非秦而楚，非楚而秦，两国交争，其势不两立。"〔37〕虽不乏夸张之辞，然亦见当时秦、楚两国的地位。

二、睢、濊之间的开拓

《战国策·楚策一》"邯郸之难"章载魏攻邯郸，赵求救于楚，楚王采用大将景舍之策，"少出兵以为赵援，赵恃楚劲，必与魏战"，"楚因使景舍起兵救赵，邯郸拔，楚取睢、濊之间"。据《史记·赵世家》，赵成侯二十一年"魏围我邯郸"，二十二年"魏惠王拔我邯郸"。按：赵成侯二十二年为楚宣王十七年，即公元前353年；景舍即《淮南子·人间训》所载的"上蔡令"子发〔38〕，为楚王族成员，宣、威二世之重臣；"睢、濊之间"当指位于古睢水与濊水之间的魏襄陵（即今河南睢县）近旁的部分土地〔39〕。

又《史记·魏世家》载"（惠王）十九年，诸侯围我襄陵"，未言成败如何。据《水经·淮水注》引《竹书纪年》曰："十八年，惠成王以韩师败诸侯师于襄陵，齐侯使景舍来求成。"两相对照，

〔37〕参阅《史记·张仪列传》。

〔38〕说见何浩《楚灭国研究》页326—327。

〔39〕古睢、濊二水均源于古大梁城附近的浪荡渠，睢水在北、濊水在南，睢水约经今杞县、睢县以北，东至宿迁以南入泗，参《汉志》陈留郡"浚仪"县原注；《水经·睢水注》。古濊水亦称涣水，由今开封市东南经杞县、睢县以南，东南入淮，上游已湮，下游即今浍河水道，参《水经·淮水注》；《大清一统志》卷一九三，归德府山川"故涣水"条；《中国历史地图集》第1册图41—42，战国"楚、越"幅。

(1)《魏世家》之“十九年”当为“十八年”之误，即公元前352年[40]；(2)齐于前一年败魏师于桂陵之后，继续攻魏之襄陵，结果被魏、韩联军击败；(3)齐师失利后，请楚景舍（即子发）出面调停，说明楚师此时仍在北方，景舍在取得部分魏地之后，仍依其故计，观齐、魏之争，而再收渔翁之利。

《史记·楚世家》载楚威王七年：

> 齐孟尝君父田婴欺楚，楚威王伐齐，败之于徐州，而令齐必逐田婴。

徐州即古薛邑，魏惠王三十一年（公元前339年）因下邳之迁而改名，在今山东滕县东南约四十里处[41]，楚此时“北破齐于徐州”，而南“大败越，杀（越）王无强”[42]，南征北战，连连告捷，亦见楚国此间的国力颇强，在与韩、魏、齐、越之争夺中具有一定的优势。

楚怀王六年（公元前323年），因欲助立质楚的魏公子高受到魏惠王和其相惠施的拒绝，“使柱国昭阳将兵而攻魏，破之于襄陵，得八邑”。接着又移兵攻齐，“齐王患之”，后因陈轸出面游说楚帅昭阳，晓之以利害关系，说动了昭阳，后者于是“引兵而去”[43]。

---

〔40〕 依《史记·六国年表》，魏惠王十八年为公元前353年，按《史记》关于魏惠王的年代有一至二年的误差，学者多有辨正（参阅陈梦家《六国纪年》和杨宽《战国史》附录三：战国大事年表），今从之。

〔41〕 参阅《水经·泗水注》引《竹书纪年》；《大清一统志》卷一六六，兖州府古迹“薛县故城”条。

〔42〕 参阅《史记·越王勾践世家》。

〔43〕 参阅《史记·楚世家》，另见《魏世家》和《战国策·齐策二》“昭阳为楚伐魏”章。

魏襄陵，即前述魏武侯六年齐伐魏所取以及魏惠成王十八年齐、宋之师所攻之襄陵，为汉陈留郡襄邑县、今河南睢县所在，其一再为齐、魏所争夺，归属常有变化，可见其战略地位重要。三十年前，楚景舍救赵曾取得“睢、濊之间”部分土地，这时又夺取魏之襄陵及附近八邑，说明楚亦在加强对这一战略要地的争夺和控制，势力范围不断扩大。败魏于襄陵之后，楚又移兵攻齐，目标所向，学者认为即十年前楚威王大败齐师的齐国西南边地徐州（即薛邑）一带〔44〕，可信。徐州在襄陵东北不远，楚取襄陵后乘胜东北而攻之正为近便。次年，齐威王即封其相田婴于薛，楚怀王闻之，“大怒，将攻齐”，因说客为齐出面调停而楚师未兴〔45〕；数年后，“昭阳请以数倍之地易薛”，被田婴以“先王之庙在薛”而辞之；其后“孟尝君在薛，荆人攻之”，因齐“疾兴兵救之”，楚未能得手〔46〕。

由此可见，战国中期，面对秦国势力的迅速增长和东南发展，楚于丹水流域一再失利、疆土逐渐丧失的形势（说详后）下，颇为注重对睢、濊之间以及泗水流域的争夺和经营，使楚之东北疆土不断推进，战国晚期，楚江汉基地失于秦手，而政治、经济、文化中心东北迁于陈城，当与这时所奠定的部分基础密切相关。

三、秦人势力的东南发展与丹水上中游楚国故地的丧失

《水经·丹水注》引《竹书纪年》曰：

---

〔44〕参阅何浩《昭阳“易薛”与楚齐争夺泗上的战略》，《江汉论坛》1986年第12期。

〔45〕参阅《史记·孟尝君列传》司马贞《索隐》引《纪年》；《战国策·齐策一》“齐将封田婴于薛”章。

〔46〕参阅《战国策》之《齐策一》“靖郭君善齐昆辨”章；《齐策三》“孟尝君在薛”章。

晋烈公三年，楚人伐我南鄙，至于上洛。

晋烈公三年为楚简王十九年，即公元前413年，上洛即今陕西商县，春秋以来即为晋有，此时仍为晋之“南鄙”，说明此前晋、楚在丹水上游一带的形势未有大的变化，商县至伏牛山以北为晋有，以南仍为楚地。

《史记·六国年表》秦厉公二十六年（公元前451年）载：

左庶长城南郑。

按南郑原为古蜀国地，即今陕西汉中市一带〔47〕，秦于南郑筑城为守，则此前当伐蜀取而有之。十年后，即秦躁公二年（公元前441年）“南郑反”，当反归于蜀，可见这时秦对南郑一带的控制不稳。五十三年后，即秦惠公十三年（公元前387年）“伐蜀，取南郑”（《史记·秦本纪》），则秦于战国早期出褒斜谷南下，经营汉水上游地区、建立据点，以便进一步向中、下游发展。

进入战国中期以后，居于关中的秦国自献公开始，注重发展实力、富国强兵，先后大败魏师于石门和少梁，使魏国西向拓境的势头受挫。秦孝公即位，起用商鞅变法，国力进一步增强，于东边接连败魏，夺取了魏之少梁、安邑等重要城邑〔48〕；同时，东南越过

〔47〕 参阅《大清一统志》卷二三八，汉中府古迹“南郑故城”条。按南郑县原为汉中郡、府治所在，1958年撤销南郑县，并入汉中市，1961年恢复南郑县，然迁治于周家坪（即今治），参阅史为乐编《中华人民共和国政区沿革》（江苏人民出版社1981年11月版）陕西省汉中地区，页80—81。

〔48〕 参阅《史记》之《秦本纪》《商君列传》和《魏世家》。

秦岭，在丹水上游地区亦与魏、楚展开了争夺。《竹书纪年》曰：

> 梁惠成王三年，秦子向命为蓝君。[49]

梁惠成王三年即秦献公十八年，公元前367年；“蓝君”，《寰宇记》引作“蓝田君”，秦献公晚年，势力向东南发展，首先控制了丹江通道的西北出口蓝田一带。又《史记·六国年表》载秦孝公十一年（公元前351年）“城商塞”，“商塞”地望各家无注，我们认为当即《史记·苏秦列传》所载韩之西边的“商阪之塞”（《战国策·韩策一》作“常阪之塞”，按商、常一音之转，当以作“商”为是），唐司马贞《索隐》引刘氏云：

> 盖在商洛之间，适秦、楚之险塞。

张守节《正义》曰：

> 商阪即商山也，在商洛县南一里，亦曰楚山，武关在焉。

按：中唐商洛县即今陕西商县东南八十里的商洛镇[50]，商阪之塞若即唐商洛县南之商山（亦曰楚山），则位于古商邑、汉晋至隋唐商县以西十里，处在楚商县与晋上洛之间，当秦楚之要冲。秦孝公十一年于商山筑城修塞，说明此前秦势力已由蓝田而东南越过秦

---

〔49〕参阅《水经·渭水注》引《竹书纪年》。

〔50〕参阅《寰宇记》卷一四一，商州“商洛县”条；《大清一统志》卷二四六，商州古迹“商洛故城”条和关隘“商洛镇”条。

岭，先后夺取了晋之上洛（今商县）和楚商县，其时间当在晋烈公三年楚伐晋之南鄙上洛之后的秦献公二十一年至孝公十一年（公元前364—前351年）之间，或就在秦孝公八年败魏于元里、取少梁和孝公十年商鞅伐魏降安邑前后。十年后，秦孝公“封之於商十五邑，号为商君”(《史记·商君列传》)，古商邑一带成为商鞅封地，说明秦取其地当在此前，与《年表》所载孝公十一年“城商塞”的史实相呼应，同时亦见“商塞”即《战国策》“商阪之塞”的推论不误。

关于商鞅封地，《史记·秦本纪》“封鞅为列侯，号商君”句下唐张守节《正义》“商州商洛县在州东八十九里，鞅所封也”，认为即中唐之商洛县；同书《商君列传》“秦封之於商十五邑，号为商君”句下裴骃《集解》引徐广曰“弘农商县也”，以汉晋商县当之；司马贞《索隐》曰“於、商二县名，在弘农”；《正义》则曰“於商在邓州内乡县东七里，古於邑也。商洛县在商州东八十九里，本商邑，周之商国。案，‘十五邑’近此二邑”，将於商分为唐内乡县东之於邑和商洛县两地，“十五邑”包括商洛至内乡一带的广大地区，今人林剑鸣先生亦作此说〔51〕。

今按：从古商邑至《正义》所言於邑所在的丹淅一带，直距近三百里，层峦叠嶂、地形复杂，且处于秦、楚中间地带，部分为楚所有，商君封地既不可能如此广大，也不可能深入楚境据有领地和城邑。今人杨宽先生在指出《正义》诸说矛盾的同时，从《竹书纪年》“秦封卫鞅于邬，改名曰商”的记载，认为商君所封的商邑“原名於

〔51〕 参阅林剑鸣《秦史稿》(上海人民出版社1981年2月版)第八章，三、秦献公时期的改革和商鞅变法，页196。

或邬，封给卫鞅时改名曰商，因而称为於商"，"在今陕西商县东南商洛镇"[52]，虽跳出了《正义》诸说的矛盾，然亦有可商之处。

首先，古商邑（汉晋商县），在商君受封以前即有此称，春秋中期楚因之而置商县[53]，卫鞅封此称"商君""商鞅"，实因故商邑、楚商县而来，《纪年》之说当是混淆了商君封地与楚"商於之地"（说详下）之间的关系。我们认为，《商君列传》"秦封之於商十五邑"之"於"，应是介词，即"于"，而不应将其与"商"并列作为地名；十五邑，当是以"商"为中心的附近聚落、城邑，不应远至二三百里外的丹淅一带，《史记·楚世家》载为"封卫鞅於（于）商"，《汉书·地理志》弘农"商"县原注"秦相商鞅邑"，《史记·商君列传》裴骃《集解》引徐广曰卫鞅所封乃"弘农商县"等，皆可为证。

其次，古商邑、汉晋商县，并不在今陕西商县东南的商洛镇，而在今丹凤县西、商洛镇东南十里的古城遗址，隋开皇四年（公元584年），改商县为商洛县，唐武德二年（公元619年）移治于今商洛镇[54]。自《括地志》《史记正义》以来，每有学者以唐初之后的商洛县（今商洛镇）为古商邑、汉晋商县，实乃不明其间沿革变化所致，特此说明。

《史记·楚世家》载楚宣王三十年（即秦孝公二十二年，公元前340年）秦封卫鞅于商后曾"南侵楚"，所侵之具体范围未见明载，从当时的形势以及秦、楚疆域的变化格局分析，当是由商邑沿

---

〔52〕 参阅杨宽《战国史》第五章，六、秦国卫鞅的变法，页193及注〔1〕。

〔53〕 参阅《左传》文公十年及杜预注，本书下篇第二章第二节。

〔54〕 参阅《寰宇记》卷一四一，商州"商洛县"条；《大清一统志》卷二四六，商州古迹"商洛故城"条和关隘"商洛镇"条；另参阅吴镇烽《陕西地理沿革》（陕西人民出版社1981年11月版）页692，丹凤县"商城"和"商洛县故城"条。

丹水东南下，夺取了楚武关（即春秋之“少习”）内外的部分领土，东汉人应劭曰“武关，秦南关，通南阳”[55]，似可为证。

又《史记·楚世家》载：

（怀王）十一年，苏秦约纵山东六国共攻秦，楚怀王为纵长，至函谷关，秦出兵击六国，六国兵皆引而归，齐独后。

楚怀王十一年为公元前318年，据学者考证，此时约山东六国攻秦者为魏相公孙衍而非苏秦[56]。楚怀王既为纵长，说明这时楚国在六国中的影响还是较大的，这从《战国策·楚策三》“五国伐秦”章所载魏因担心秦国的报复，欲和秦，派惠施之楚，请楚相（令尹）昭阳出面安排并总揽其事的史实即可概见。

另据北宋时陕西凤翔出土的秦石刻《诅楚文》曰：

……今楚王熊相，康回无道……兼倍（背）十八世之诅盟，率诸侯之兵以临加我……遂取衙（吾）边城新郢及郱、长敍，衙不敢曰可……（《湫渊》）

经郭老研究，“楚王熊相”即楚怀王熊槐，所言“率诸侯之兵以临加我”即指怀王十一年为纵长、率六国攻秦之事；取秦之边城“郱”即商於之於，因而郭老认为：“据此可知，六国攻秦时其他五国均

〔55〕参阅《史记·秦始皇本纪》裴骃《集解》引应劭曰。

〔56〕参阅杨宽《战国史》第八章，二、张仪、公孙衍的连横合纵，及页324之注〔2〕；罗运环《〈史记·楚世家〉怀王十一年史事考证》，张正明主编《楚史论丛（初集）》页136—144。

损兵折将，而楚独略有获，此可补史之缺文。”〔57〕

今按：郭老关于“䢴”即商於之於的说法可信，然有关古商於（亦称“商於之地”）的地望和范围，文献中有不同的记述，特别是学术界又常将其与商鞅所封之“於商”、商邑相提并论，互相纠葛，因此，需要结合具体史实加以清理，以澄清古商於之地的基本轮廓及《诅楚文》有关城邑的地望。

《史记·楚世家》载张仪之楚，以“故秦所分楚商於之地”诈骗楚怀王绝齐交，裴骃《集解》曰：

> 商於之地在今顺阳郡南乡、丹水二县，有商城在於中，故谓之商於。

认为在南北朝时的南乡、丹水二县境。对此，郦道元《水经注》有更明确的记载，其书《丹水》篇云：

> 丹水又迳丹水县故城西南，县有密阳乡，古商密之地……丹水又东迳南乡县北……丹水迳流两县之间，历於中之北，所谓商於者也。故张仪说楚绝齐，许以商於之地六百里，谓以此矣……又南合均水，谓之淅口。

两相对照可见，裴骃、郦道元认为“商於”之商，即汉晋丹水县境的故鄀都商密，於邑在商密东南、丹水南岸的南北朝之南乡县附近，“商於之地”即丹淅会流以前、丹水中游的一片楚国故地，与

〔57〕 参阅郭沫若《诅楚文考释》（科学出版社1982年10月第1版）页303、308。

丹水上游的楚商县、商君封地并非一地。

成书于南北朝后期的《荆州图副》则认为：

> 邓州内乡县东七里於村，即於中地也。[58]

唐初的《括地志》和中唐时成书的《史记正义》等进一步以商於之商为商君所封的古商邑、即唐之商州商洛县（今商洛镇），於邑在唐内乡县（即今河南西峡县治）东七里，商於之地即商君所封之“於商”，包括陕西丹凤至河南西峡县的丹水上中游广大地区[59]；其后成书的《通典》《寰宇记》等书均作此说[60]，以致形成后世有关“商於之地”的流行解释。结合相关文献记载和史实分析，《集解》和《水经注》所言当是，《荆州图副》和《史记正义》等说有误。

其一，南北朝后期至唐代内乡县乃沿楚析邑、汉晋析县而来，旧址在今河南西峡县城偏北[61]，若古於邑在内乡东七里，正在楚析邑、析县近东，两楚邑如此临近或毗连，不大可能。

其二，析邑、析县为楚西北重镇，在楚顷襄王元年（公元前298年）以前一直为楚所据有，若於邑在其近东，此时亦当属楚，不存在于秦孝公二十二年（公元前340年）作为商君封地的可能性，亦不可能在公元前318年以前被秦所据有。

---

〔58〕参阅《史记·越王勾践世家》“商、於、析、郦”句下《正义》引《括地志》云。

〔59〕同上注，另参阅《史记·商君列传》“封之於商十五邑”句下《正义》。

〔60〕参阅《通典·州郡七》古荆河州，邓州“内乡”县原注，《州郡五》古梁州上，商州“商洛县”原注；《寰宇记》卷一四二，邓州“内乡县”条。

〔61〕参阅《史记·楚世家》张守节《正义》引《括地志》云；《大清一统志》卷二一〇，南阳府建置沿革“内乡县”条和卷二一一，南阳府古迹“析县故城”条。

比较而言，古於邑（於中）不可能在南北朝后期至唐代内乡县近东，而只能如裴骃、郦道元所言，在丹淅会流以西的古南乡县附近。於邑地望确定，则与“於”并称之“商”，也只能是其西北不远、丹水北岸的古商密，而不可能是丹水上游的楚商县、商君封地。张仪所言的“商於之地六百里”，当是就范围而言，而非距离，故楚商县、商君封地与於邑相去约三百里，其间地域广大，决非“六百里”所能包容。

这里，我们还可以举出一条有力的旁证，《史记·越王勾践世家》载齐威王使者说越王曰：

> 商、於、析、郦，宗、胡之地，夏路以左，不足以备秦。

将“商、於”与“析、郦”并称，为楚西北备秦之要邑。析在今河南西峡县城北；郦即汉晋郦县，在今河南内乡县北[62]；於在丹淅

---

〔62〕 据张守节《正义》引《括地志》曰“故郦县在邓州新城县西北（三）[四]十里”，按：唐初新城县后改为临湍县，故城约在今河南邓县西北八十里、湍河东岸的古城村一带（参阅《元和志》卷二一，邓州“临湍县”条；《大清一统志》卷二一一，南阳府古迹“新城故城”条），则位于唐新城县西北四十里的故郦县当在今内乡县以北不远。谭其骧先生主编的《中国历史地图集》定楚郦邑、西汉郦县于白河上游、今南阳与南召之间，定东汉郦县于内乡县北，当误。据《水经注》之《湍水》篇和《淯水》篇，及《魏书·地形志》，南北朝时有南北二郦县，一在淯水南，一在湍水西，并言为汉初郦县，然证之《经》文（反映汉、魏地理），仅言“湍水出郦县北芬山，南流过其县东”，而淯水条却不言郦县之事；再参之《汉书·地理志》弘农郡“析”县原注有关菊、黄二水至郦县入湍，以及《续汉书·郡国志》刘昭补注引《荆州记》言菊水在郦县北三十里的记载可见，今内乡北之郦县乃汉晋旧县，而白河（古淯水）南之郦县为南北朝时新立，《中国历史地图集》未能明察《水经注》之混淆，误解了古郦邑、郦县的沿革变化，特予辨明。

会流处附近（不可能在“析”东七里处）；则与三邑并提之“商”，显然不是此前已被秦人占领、作为商鞅封地的丹水上游之故楚商县，而只能是与“於”及“析、郦”相近的故鄀都商密，唐司马贞《索隐》曰“四邑并属南阳，楚之西（南）[北]也”，颇有见地；《括地志》和《史记正义》仍以此“商”为商州商洛县之商鞅封邑，实未明当时秦楚间军事形势和疆域变化关系而作臆说，并不可信。

由上所述，楚商於之地为丹水中游两岸故鄀都商密至於邑一带的一片领土，与商君封地一在丹水中游，一在丹水上游，地望不一（参见图三），不应混同，至于此两处以“商”为名之城邑在早期是否有某种联系，因材料有限，无从考知。

新鄓，文献失载，从当时秦楚之间对峙的形势分析，当与於邑相近。据《水经·丹水注》记载，在丹淅会流上游不远的丹水北岸，有一条较大支流黄水，其“北出予山黄谷，南迳丹水县，南注于丹水”。结合文献记载和古今相关城邑与地理形势来看，古黄水当即源于今河南卢氏县南，南经西峡县，于河南淅川西境之寺湾（即古丹水县、鄀都商密附近）注入丹水之淇河[63]，明、清时期，淇河中下游有东黄、西黄寨，有集镇黄河店、黄河街，支流入淇处称两黄口等，均是淇河为古黄水之明证。按黄、鄓古音同互用，《诅楚文》之秦边城“新鄓”，当在古黄水（今淇河）中下游一带，与旧西黄（今西簧乡）、黄河街（今寺湾）等地有一定联系，这里正处于商、於之间，属“商於之地”范围。另与於、新鄓并提的长敹亦应在其附近不远。

---

〔63〕 说详拙作《〈水经注·丹水篇〉错简考订——兼论古析县、丹水县的地望》，《中国历史地理论丛》1988 年第 4 期。

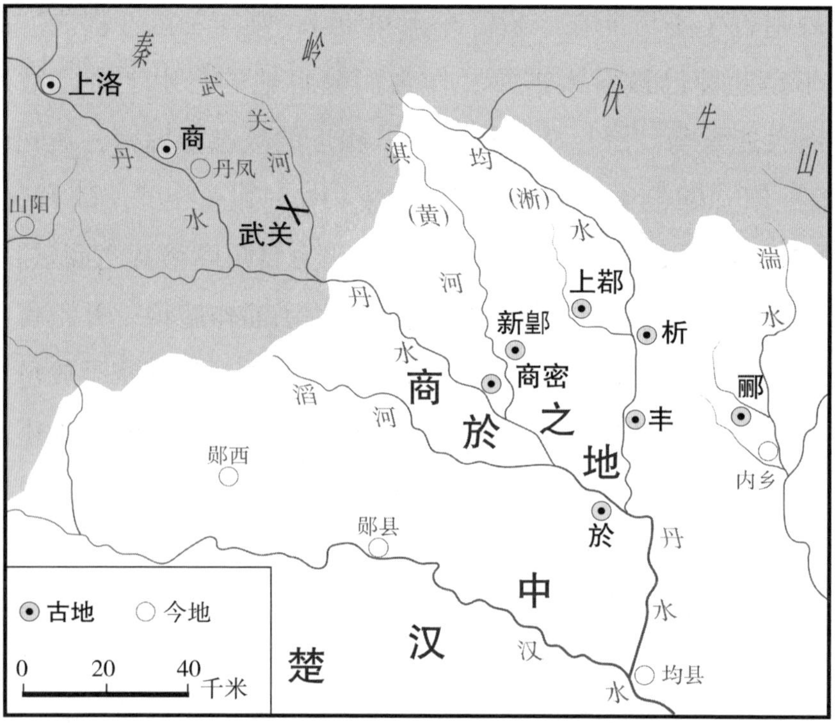

图三　丹淅流域及楚商於之地

若上述有关商於、新郢诸地的位置大致不误，则由《诅楚文》所载可知，公元前318年六国攻秦以前，秦由商邑，出武关东南沿丹水而下，相继夺取了丹水中游一带的楚国故地，即文献所载的商於之地。六国攻秦之役，楚虽趁势收复了於及新郢诸地，然从其后张仪仍以“故秦所分楚商於之地方六百里”欺楚绝齐的史实分析，楚人的此次反击，成效并不可观，大概仅收复了商密以东的部分领土，商密以西地区，则仍为秦人据有。

随着淅水以西、丹水上中游大片楚国故地的入秦，春秋中期以来，楚于丹水流域一直占据优势的局面发生了重大变化和转折，从而形成秦人一路经商邑、出武关直下丹淅与南阳盆地，一路经褒斜谷出南郑直逼楚汉中，对楚国重心所在形成两面夹击之态势。

关于战国中期的楚国疆域，《淮南子·兵略训》载曰：

> 昔者楚人地，南卷沅湘，北绕颍泗，西包巴蜀，东裹郯邳，颍汝以为洫，江汉以为池，垣之以邓林，绵之以方城……大地计众，中分天下。

大致反映了楚宣、威时期至怀王十七年（公元前312年）秦楚丹阳之战以前的楚国疆域形势。

第三节 楚国北疆的迅速丧失与重心东迁

从楚怀王十七年至顷襄王二十一年（公元前312—前278年），为战国时期楚国北疆变化的第三阶段，此间楚国的政治、经济实力和疆域形势发生了重大转变，而北部疆域的变化乃这一转变的主要内容。

一、丹阳、蓝田之败与汉中丹阳故地入秦

战国中期，楚国的政治、经济、军事实力在关东六国中属较强者，疆域范围亦居列国之首，但由于吴起变法失败后，变法以前楚国所面临的“大臣太重、封君太众”，“上逼主而下虐民”的形势没有得到全面、有效地改变，因而在经过楚宣、威两世以至怀王前期的相对发展之后，楚国的社会危机又日益加深。《新序·刺奢》（卷六）载齐宣王（公元前319—前301年）时臣香居说：

> 荆王释先王之礼乐而为淫乐，敢问荆邦为有主乎？

《战国策·楚策三》亦载苏子（秦）说楚王曰：

王之大臣父兄，好伤贤以为资，厚赋敛诸臣百姓，使王见疾于民。

以致屈原发出“长太息以掩涕兮，哀民生之多艰”(《楚辞·离骚》)的悲鸣。

又《战国策·魏策一》“张仪为秦连横说魏王”章载张仪曰：

楚虽有富大之名，其实空虚；其卒虽众，多言而轻走易北，不敢坚战。

可见当时楚国政治不清、军事实力涣散的严重状况。

与此同时，秦在商鞅变法之后，国势日强，逐渐具备了统一六国的政治、经济实力。随着丹水上中游地区的相继入秦，楚国所面临的内困外患局势日趋严重，以怀王为纵长的六国攻秦之役，楚虽略有所获，然因各有异志，面对强秦的压力和分化，迅即瓦解，亦反映了这时秦与列国实力对比所发生的巨大变化。

公元前314年，秦以樗里子为将，出兵函谷关，先后攻取了魏的焦和曲沃（在今河南三门峡市西和西南），接着又于岸门（在今河南许昌市西北）大败韩、魏联军，迫使韩、魏入质求和，与秦联横〔64〕；而楚则与齐和亲结盟，以与秦、韩、魏相抗衡。接着，楚在齐国的协助下，夺取了秦的曲沃，意在切断秦与韩、魏的联系。

公元前312年，楚景翠率军围攻韩的雍氏（在今河南禹县东

〔64〕 参阅《史记》的《秦本纪》《韩世家》《魏世家》和《六国年表》。

北)[65]；齐、宋则联兵进攻魏之煮枣（在今山东菏泽县西南、东明县南）[66]，显然在于对韩、魏施加压力。

面对齐、楚的联合行动，秦惠王派张仪使楚，劝怀王背齐和秦，目的在于分化楚与齐的联盟，并允诺以秦前所占楚的“商於之地六百里”归还于楚作为条件，楚怀王为此上当受骗，“置相玺于张仪”，并“使勇士宋遗北辱齐王”，怒使齐王“折楚符而合于秦”(《史记·楚世家》)，从而楚于外交上完全陷于孤立境地。秦分离齐楚的目的得逞，张仪所许楚六百里之商於故地亦化为乌有，因而楚怀王出兵攻秦，然此时楚势孤立、被动，于秦来说也正是一个借此消灭楚国有生力量、削弱楚国实力的大好时机，秦以魏章、樗里子、甘茂率兵迎敌，两军大战于丹阳（即丹水中游北岸），结果楚军大败，主帅屈匄（亦作“丐”)、副将逄侯丑等七十余人被俘，甲士八万人被杀。接着，秦人由丹淅而南，乘胜夺取了楚汉中郡，“取地六百里”[67]。

秦于丹阳、汉中得手后，又以樗里子率军助韩，击楚景翠，解雍氏之围[68]；然后再挥师东向助魏击齐，于濮水（在煮枣北）大败齐师，齐将声（或作“赘”）子被俘，匡章逃走[69]。

---

〔65〕参阅《史记·韩世家》裴骃《集解》引《纪年》和《史记·田齐世家》；雍氏地望，参阅《史记·周本纪》“楚围雍氏”句下《正义》引《括地志》云。

〔66〕参阅《史记·韩世家》“楚围雍氏”句下《集解》引《纪年》，《史记·田齐世家》以及《战国纵横家书》(文物出版社1976年12月第1版)“苏秦谓陈轸”章；煮枣地望，参阅《田齐世家》裴骃《集解》引徐广曰和《大清一统志》卷181，山东曹州古迹“煮枣城”条。

〔67〕参阅《史记》的《楚世家》《秦本纪》和《张仪列传》。

〔68〕参阅《史记》之《秦本纪》《六国年表》及《韩世家》裴骃《集解》引徐广曰。按，《年表》及徐广曰“围景座（痤）”，座、翠乃一音之转，“景座”即“景翠”。

〔69〕参阅《史记》之《秦本纪》《六国年表》和《战国策·齐策六》“濮上之事”章；另详杨宽《战国史》页329“秦攻占楚的汉中”及注〔2〕。

丹阳、汉中之败以及韩的雍氏之围被秦解救后，楚怀王并不甘心，于是倾兵击秦，越过武关、秦岭，一直打到关中南部的蓝田（在今陕西蓝田县西〔70〕，一说为杜陵，即古杜县，在今西安市东南不远，与古蓝田邻近〔71〕)，由于楚军深入秦境，不仅战地生疏，且后方供给困难，以致蓝田一战，楚军再次败北，北方的韩、魏两国亦乘势“南袭楚，至于邓（即今河南郾城县东南之故城邓〔72〕）”，楚人两面受敌，又担心后方被抄，“乃引兵归”，并“割两城以与秦平”〔73〕。

丹阳、蓝田两战的惨败，不仅使楚国损失了大量有生力量，而且丢掉了大片领土，这一方面是楚国邦交政策的严重失误，同时亦见其政治上的昏庸及军事上的软弱无力，与上述《战国策》所载张仪对楚国形势的分析相印证。在西北的丹水流域，由于“丹阳”故地的入秦，使秦之境地东南扩展至丹水下游、淅水一线；在西边的汉水中游，随着汉中郡（约当今陕西安康以东至今湖北竹山、竹溪以及郧县、郧西一带的汉水中游两岸地带〔74〕）的入秦，秦南境由

---

〔70〕 参阅《史记·楚世家》及张守节《正义》;《战国策释地》卷上，秦策“蓝田”条。

〔71〕 参阅《战国策·秦策二》“齐助楚攻秦”章；杜陵地望，参阅《大清一统志》卷二二八，西安府古迹“杜陵故城”条。

〔72〕 邓之地望,《史记·屈原列传》司马贞《索隐》曰“此邓在汉水以北，故邓侯城也”，清人张琦《战国策释地》和今人杨宽先生《战国史》均作此说。今按：从当时楚国北部疆域形势看，方城内外的郾、召陵、宛、叶等地均为楚有，韩、魏之师不可能越方城和数道关口、城邑，深入到汉水北岸,《方舆纪要》和《春秋地名考略》认为此“邓”即郾城东南之邓襄城，亦即《春秋》桓公二年蔡、郑所会之邓邑，是正确的，今从之。

〔73〕 参阅《史记》之《楚世家》和《张仪列传》。

〔74〕 参阅严耕望《楚置汉中郡地望考略》,《责善》半月刊第 2 卷第 16 期（1941 年 11 月）。

原来的南郑一带沿汉水向东长足推进，囊括了楚上庸（今湖北竹山县西南）以西的广大地区，与丹水上中游地区连成一片，从而形成了对楚国以郢都为中心的江汉地区和南阳盆地的直接威胁。

一年后（即楚怀王十八年，公元前 311 年），“秦使使约复与楚亲，分汉中之半以和楚”(《史记·楚世家》)，“汉中之半”，楚臣靳尚称之为“上庸之地六县”，当是原楚汉中郡的东部境地，张守节《正义》曰“今房州也”[75]，即今鄂西北的竹山、竹溪以及郧县、郧西一带。由此可见战国中期楚汉中郡的大致范围，以及丹阳、蓝田之战后，秦、楚疆域的变化。

二、汝颍上游地区的继续争夺与局部进展

丹阳之战后，汝颍上游地区楚境的演变，我们也可结合有关记载，见其概貌。

《战国策·楚策一》记载：

> 城浑出周，三人偶行，南游于楚，至于新城。城浑说其令曰：“郑、魏者，楚之耎国；而秦，楚之强敌也。郑、魏之弱，而楚以上梁应之；宜阳之大也，楚以弱新城围之。蒲反、平阳，相去百里，秦人一夜而袭之，安邑不知；新城、上梁，相去五百里，秦人一夜而袭之，上梁亦不知也。今边邑之所恃者，非江南、泗上也。故楚王何不以新城为主郡也？边邑甚利之。”新城公大悦，乃为具驷马乘车五百金之楚。城浑得之，遂南交于楚，楚王果以新城为主郡。

[75] 参阅《史记·张仪列传》“上庸之地六县”句下张守节《正义》。

此章年代，史家无定说〔76〕，从城浑所言宜阳时属秦的语意分析，当在公元前 307 年秦攻韩取宜阳之后不久。上梁即汝水上游南岸之故梁邑，或因地处楚北，故称上梁。新城，先秦时有多处，城浑以此新城与秦之宜阳对应，且称楚“边邑”，应是去宜阳不远的汉河南郡新城县，在今河南伊川县南五里，故址见存〔77〕。此邑原为韩地，《吕氏春秋·开春论》载：“韩氏城新城，期十五日而成”，高诱注：“新城，今河南新城是也。”《战国策·秦策一》“司马错与张仪争论于秦惠文王前”章载张仪劝秦惠文王伐韩曰“秦攻新城、宜阳，以临二周之郊”，事在公元前 316 年或稍早，这时新城仍为韩有，则入楚当在此后。分析此间楚在北方伊洛一带的活动，当不出公元前 313 年楚师西北伐秦取曲沃至公元前 307 年秦取宜阳的七年间。《战国策·东周策》“秦攻宜阳”章曰：

> 秦攻宜阳，……景翠以楚之众临山而救之，……秦拔宜阳，景翠果进兵，秦惧，遂效煮枣，韩氏果亦效重宝。

新城在宜阳东南，楚师临山而救宜阳，必经新城，或于往返途中取而有之。

又《史记·甘茂列传》载秦武王死后，昭王初立之时：

> 楚怀王怨秦败楚于丹阳而韩不救，乃以兵围韩雍氏。韩

〔76〕 参阅缪文远《战国策考辨》页 136。

〔77〕 参阅《史记·高祖本纪》“新城三老”句下《正义》引《括地志》云；《大清一统志》卷二〇六，河南府古迹“新城故城”条。有关新城故址的情况，详蔡运章等《十一年皋落戈及其相关问题》，《考古》1991 年第 5 期。

使公仲侈告急于秦。秦昭王新立，太后楚人，不肯救。

《战国策·韩策二》亦载：

楚围雍氏五月，韩令使者求救于秦，冠盖相望也，秦师不下崤。

后因韩公仲请甘茂出面通融，秦昭王“乃下师于崤以救韩，楚兵去”。

这是自公元前312年以来，楚师第二次围攻韩的雍氏，约从公元前307年底至下年初，前后历时五月以上〔78〕。另《战国策》之《西周策》的“雍氏之役”章、《韩策二》的“楚国雍氏”章以及《史记·周本纪》所载，均为此时事，而《史记·韩世家》却系于韩襄王十二年（公元前300年）之后，有误〔79〕。

楚再围雍氏之后，曾一度“合齐以善韩”，同时“东取地于越”并“南塞厉门而郡江东”(《史记》的《楚世家》和《樗里子甘茂列传》)，在长江下游地区又有新的拓展。楚怀王二十四年（公元前305年），楚又背齐和秦，与秦联姻；次年，楚怀王与秦昭王会盟

---

〔78〕《史记·甘茂列传》记楚围雍氏在秦武王死后，“昭王新立”之时，据《秦本纪》武王死于公元前309年八月，昭王“新立”当指是年；又楚围雍氏五月之后，秦方出兵援救，楚兵去，当在次年初春，史家或系此事于周赧王八年（公元前307年），或于九年（公元前306年），当各自侧重不一。

〔79〕《韩世家》所载，与《韩策二》之“楚围雍氏”章相同，据文中有关甘茂时任事于秦的史实分析，当在公元前306年甘茂由秦奔齐之前。另参阅缪文远《战国策考辨》页271“楚围雍氏韩令冷向”章。

于黄棘（今河南新野县东北[80]），“秦复与楚上庸”。此“上庸”，应是《楚世家》前所言属“汉中之半”的“上庸之地六县”，即今湖北竹山、竹溪以及郧县、郧西诸县所在的汉水中游两岸部分楚国故地。秦、楚联姻和好，一方面由于秦昭襄王初立，把持国政的宣太后及魏冉、向寿等均系楚人，需要以楚为外应、稳定朝政，《史记·甘茂列传》载苏代谓向寿曰“今公与楚解口地，封小令尹以杜阳”，司马贞《索隐》“杜阳亦秦地，今以封楚令尹，是秦、楚合也”，是为明证；而楚亦需要与秦改善关系，减轻来自西北的压力，以便于北方应付韩、魏。

《水经·伊水注》引《竹书纪年》曰：

> 楚吾得帅师及秦伐郑，围纶氏。

按：郑即韩，纶氏即汉颍川郡纶氏县，后改置颍阳县，在今河南登封县西约六十里之颍阳镇[81]。吾得围纶氏的时间，今本《纪年》系于周显王三十五年（即楚威王六年，公元前334年），清人朱右曾《汲冢纪年存真》和雷学淇《竹书纪年义证》根据《渚宫旧事》所载吾得为楚怀王时人以及当时形势，系此于魏襄王十五年（楚怀王二十五年，公元前304年），今人方诗铭先生亦作此说[82]，可信。时楚、秦联姻通好，两国联兵围韩之纶氏，当在此时。《战国策·西周策》所载“楚兵在山南，吾得将为楚王属怒于周”和“楚请

〔80〕参阅《方舆纪要》卷五一，南阳府邓州新野县“棘阳城”条；泷川资言《史记会注考证附校补·秦本纪》“与楚王会黄棘”句下注。

〔81〕参阅《元和志》卷五，河南府“颍阳县”条；《大清一统志》卷二〇六，河南府古迹“颍阳故城”条。

〔82〕参阅方诗铭等《古本竹书纪年辑证》页153。

道于二周之间以临韩、魏”的史实，均应在这期间，与楚围纶氏有关。

另《战国策》有关楚助韩太子几瑟与公叔争国诸篇，涉及当时楚在中原地区的发展和垂沙之战前后楚国北方疆域形势与变化，需要加以梳理。

据《楚策一》“韩公叔有齐魏，而太子有楚秦”章记载：

> 韩公叔有齐、魏，而太子有楚、秦，以争国，郑申为楚使于韩，矫以新城、阳人予太子。楚王怒，将罪之。

此章亦见于《韩策二》。“郑申”作“郑强”。新城，即前述楚取之于韩而置县，后改为郡之新城；阳人，即战国晚期秦迁东周君所居之阳人聚，在今河南临汝县西约四十里，位于楚梁邑与新城之间〔83〕。

《韩策二》载冷向谓韩咎曰：

> 几瑟亡在楚，楚王欲复之甚，(令)[今]楚兵十余万在方城之外。臣请令楚筑万家之都于雍氏之旁，韩必起兵以禁之，公必将矣。

《韩策一》“郑强载八百金入秦”章亦载冷向曰：

> 公叔之攻楚也，以几瑟之存焉，故言先楚也。今已令楚

〔83〕参阅《汉书·地理志》河南郡“梁”县原注；《水经·汝水注》；《大清一统志》卷二二五，汝州古迹“阳人聚”条。

王奉几瑟以车百乘居阳翟，令昭献转而与之处旬有余，……

两章所载当为同一事，即史家所言楚第三次围攻雍氏的真正内容，因《史记·韩世家》将此系于韩襄王十二年（公元前300年）太子婴死后，后世学者多从《史记》而系《策》文诸篇于是年〔84〕。

今按：《史记·韩世家》有关楚围雍氏以及公叔与几瑟争国的史实错得厉害，历来治《史记》及《战国策》的学者亦多附会、曲解，均不足为信。

据《史记·秦本纪》，秦昭襄王七年（公元前300年）"拔新城"；二十世纪七十年代出土的云梦秦简《编年记》亦载"（昭襄王）六年，攻新城；七年，新城陷"，与《秦本纪》相合。《史记·六国年表·楚表》则载之为"秦取我襄城"，"襄城"当是"新城"之误〔85〕。既然楚新城于公元前301年即受到秦军的围攻，次年失为秦有，则郑申（或"强"）矫以新城、阳人予韩太子之事必在秦攻新城之前。

---

〔84〕 参阅于鬯《战国策年表》；缪文远《战国策考辨》页263、279。

〔85〕 襄城原亦为楚地，后属魏，《史记·魏世家》魏昭王元年（公元前295年）"秦拔我襄城"（亦见《六国年表·魏表》），即为明证。据更早文献，襄城并无新城之称，《庄子·徐无鬼》篇载"黄帝将见大隗于具茨之山……至于襄城之野"，王先谦《集解》"汝州有襄城县"；《史记·项羽本纪》曰"项梁前使项羽别攻襄城"，张守节《正义》"许州襄城县"，均可说明。然《括地志》则云"许州襄城县即古新城县也"（《秦本纪》张守节《正义》引），云梦秦简的整理者亦认为"新城，楚地，今河南襄城"，皆误。另据秦简《编年记》记载，秦于昭襄王七年取新城之次年，又以"新城归"，归之于谁则不明；然据《秦本纪》昭襄王十三年（公元前294年）"左更白起攻新城"，《白起列传》则曰"将而击韩之新城"，可见此前秦将新城归之于韩，故亦不存在公元前300年郑申矫楚新城予韩太子之前提。

细读《战国策》有关篇章，几瑟原为韩太子，并得到楚、秦两国的支持〔86〕，因与权臣公叔不和，公叔则借助齐、魏的支持，迫使太子几瑟亡于楚〔87〕，楚因而对韩施加压力，并以武力护送几瑟回韩复位〔88〕；韩国内部亦有人劝公仲与楚助立几瑟〔89〕；而公叔一方面于韩另立伯婴为太子，并准备杀掉几瑟（因说客宋赫晓之以利害关系而未动手）〔90〕，另一方面同时派人游说秦臣芈戎，劝其不要助楚纳几瑟于韩，而应承认现实，庆贺伯婴之立〔91〕；接着，公叔又策划送太子伯婴朝秦，意在得到秦国的支持而孤立楚国〔92〕。

对照《史记·韩世家》韩襄王十年（公元前302年）“太子婴朝秦而归”（《六国年表·韩表》亦载“太子婴与秦王会临晋，因至咸阳而归”），“十二年，太子婴死”的记载明确可见，韩襄王后期韩国内部为立太子而引起的一系列变故，并非诸公子间的争立，实乃权臣公叔为消除楚、秦在韩国的影响，以废立太子几瑟而为主因；太子婴之立，是公叔借助齐师逼走太子几瑟后，为填补太子之位，缓解来自楚国的压力而选择的替补；《策》文有关楚助几瑟争立诸篇，并非在公元前300年太子婴死后，而均为公元前302年太子婴新立而朝秦之前。至于太子婴为何而死（或与朝内变故有关），

〔86〕参阅《楚策一》“公叔有齐魏，而太子有楚秦”章；《韩策二》“韩公叔与几瑟争国”与“胡衍之出几瑟于楚”两章。

〔87〕参阅《韩策二》“韩公叔与几瑟争国”章。

〔88〕参阅《韩策二》“冷向谓韩咎”章；《韩策一》“郑强载八百金入秦”章及《东周策》“昭献在阳翟”章。

〔89〕参阅《韩策二》“胡衍之出几瑟于楚”章。

〔90〕参阅《韩策二》“公叔将杀几瑟”和“公叔且杀几瑟”两章。

〔91〕参阅《韩策二》“谓新城君”与“几瑟亡之楚”两章。

〔92〕参阅《韩策二》“楚令景鲤入韩”章。

太子婴死后，几瑟是否再与公子咎争立，文献缺乏明确的记载，从《韩策二》“韩咎立为君而未定”章欲以车百乘送韩咎之弟回韩，又担心韩咎不立而引起矛盾〔93〕；以及《史记》之《韩世家》和《六国年表》韩襄王十三年“齐、魏王来，立咎为太子”的记载来看，太子婴死后，围绕太子之事，韩国内外当仍有斗争，然楚于此时是否仍以武力助几瑟、并继续围攻韩之雍氏，结合垂沙之战后楚国连年受兵、国力大丧、自顾不暇的形势分析，回答应是否定的〔94〕。《韩世家》以几瑟奔楚为“质于楚”，说楚助几瑟与公叔争国是“公子咎、公子几瑟争为太子”，并系于韩襄王十二年太子婴死后，均与《策》文诸篇不合，唐司马贞的《史记索隐》看出了《史记》所载的前后矛盾，认为“伯婴未立之先亦与虮蝨（即几瑟）争立”，《史记》系伯婴与几瑟争立之事于太子婴死后乃“事重而文倒”，是正确的，然以“公叔伯婴”为一人，则又误，实未明伯婴之立乃韩公叔与几瑟之间斗争的结果。

以上清理表明，公元前312年秦、楚丹阳与蓝田之战后，楚师在汝、颍上游和伊、洛地区活动频繁，此间疆域形势，在维持丹阳之战以前的基础上，还另有开拓，楚人长居阳翟，并数围雍氏、纶氏，直逼周、韩之郊，颍水上游以南地区，当大多为楚人所有。《史记·甘茂列传》载苏代说秦向寿曰：

---

〔93〕《战国策·韩策二》之“楚令景鲤入韩”和“韩咎立为君而未定”两章，鲍彪分篇另立，而姚宏合为一章（参阅《战国策》，上海古籍出版社1985年3月版；《战国策集注汇考》，江苏古籍出版社1985年7月版），据文意，“楚令景鲤入韩”章为太子婴于公元前302年朝秦之前事，而“韩咎立为君而未定”乃公元前300年太子婴死后之事，鲍彪将其分篇另立当是。

〔94〕关于公元前301年垂沙之战以后的楚国形势，详本书本节之“三”、“四”。

公奚不以秦为韩求颍川于楚？此韩之寄地也。

张守节《正义》“颍川，许州也”，未必确实，而应包括阳翟在内的颍水上游两岸地区；《正义》又曰“楚侵韩颍川”，若就战国中期楚先后夺取韩之故都阳翟等地的情形而言，并不为过，然就春秋以来的形势分析，楚亦是收复失地。此外，楚还先后取得了秦之曲沃、煮枣（此邑入秦，当在公元前312年樗里子助魏败齐于濮上之时）和韩之新城，此三邑均在黄河以南不远，虽为远系他境的插花地，属楚的时间亦不长〔95〕，但均超出了春秋中晚乃至战国早期楚国北疆的范围，是为楚国北境之极至，可见丹阳、蓝田之败后，楚仍有不可低估的实力。

三、垂沙之战与楚国北疆的大片丧失

在公元前305年楚与秦再度和好联姻之后，齐相孟尝君田文联合韩、魏，对楚国施以报复，楚怀王二十六年（公元前303年），三国联兵伐楚，楚使太子入质于秦以求救，因秦出兵，“三国引兵去”(《史记·楚世家》)。

楚怀王二十七年，魏襄王与韩太子婴朝秦，与秦昭王会于临晋，这一方面是韩、魏面对强秦的压力，不得不表示屈从，另一方面亦在于抵消秦、楚之间的联合，改变韩国当时因废黜太子几瑟而引起的动荡局面。与此同时，质秦的楚太子因私怨杀死秦大夫而亡

〔95〕新城于公元前300年被秦攻取；曲沃在公元前313年入楚后，未再见于记载，或于次年秦楚丹阳之战后为秦所收复，至迟不得晚于公元前308年秦甘茂出函谷关而围攻韩宜阳之时；宜阳之役后，秦效煮枣于楚，此后情况亦不明，从当时形势分析，至迟于公元前301年垂沙之战后，煮枣当复入于秦或魏。

归，使得秦、楚关系重又决裂。次年，秦与齐、韩、魏四国联兵伐楚，秦军由西而东，其余三国联兵则由东北而西南两面夹击；楚亦兵分两路，东路由唐眛（一作“唐蔑”，或曰“楚相”）统率，与三国联军相持于比水（即今河南泌阳县南之泌阳河）〔96〕；西路由昭雎“将以拒秦”，由于昭雎采取相对稳健的御敌措施，与秦军未有激烈的战况〔97〕。而东线方面，在两军相持数月之后，齐将匡章摸清了水势和楚军的守备情况，夜间向楚军发起进攻，结果于“垂沙”大败楚军，楚军主帅唐眛被杀，是为楚国历史上自丹阳、蓝田之战以后的又一次重大失败。

楚与齐、韩、魏三国联军之间的这场战事，文献多有记载，对于战事的主要人物和结局，所载基本一致，然有关战事的地理形势以及通过这次大战所引起的楚与韩、魏等国之间的疆域变化，记载互有出入，需要认真分析和清理。

关于两军交战之地，《吕氏春秋·处方》篇说战于泚（当为“沘”之讹）水；《荀子·议兵》篇说“（楚）兵殆于垂沙”（《淮南子·兵略训》《战国策·楚策三》所载相同；《史记·礼书》作“垂涉”，“涉”当“沙”之误；《战国策·楚策四》又作“长沙”，长、垂或因音近而讹）；《史记·秦本纪》载三国“共攻楚方城，取唐眛”；而《楚世家》《田齐世家》和《乐毅列传》则曰“取我重丘而去”，或“败楚相唐眛于重丘”，诸说不一，然从均就同一战事而言，或各有侧重。北魏郦道元的《水经·比水注》秉承《吕氏春秋》之

〔96〕 参阅《吕氏春秋·处方》，《水经·泚水注》。

〔97〕 参阅《战国策·楚策二》“四国伐楚”章。另据《史记·楚世家》记载，垂沙之战后，昭雎仍为楚王室重臣，位在令尹、司马之列，说明其统率的拒秦之师当无重大伤亡和败绩。

说，并指出楚与齐等三国联军交战之比水即南阳盆地东部、古比阳县南之比水，从而为分析这一战事的不同说法提供了有利线索，郦道元为古代地理大师，注重实地考察，并于北魏延昌四年（公元515年）出任东荆州刺史，治古比阳县（即今河南泌阳县）〔98〕，他对这一带的山川形势、历史古迹颇为熟悉，其说应有所据，值得信从。

古比水（即今之泌阳河），发源于泌阳县东北之白云山（古称“大胡山”），西南流迳泌阳县南，然后西流至今唐河县会唐河而西南入汉水。据《比水注》记载，在比阳县以西、比水北岸有支流澳水，水北出茈丘山，东流而南转入于比水。茈丘山又名慈丘山，在清泌阳县西北五十里〔99〕，当今泌阳县西北的泰山庙至官庄乡一带，隋唐时期曾因山置慈丘县〔100〕，据《通鉴》胡三省注“意者重丘即茈丘也”〔101〕，以澳水所出之“茈丘山”为《史记》诸篇所载之“重丘”。按，“重”古音在定母东韵，“茈”古音为精母支韵，精、定为舌齿邻纽，支、东二韵可旁对转，两者古音相近。清代志书《方舆纪要》《大清一统志》均从《水经注》和胡三省之说，并言“茈邱山古名重邱”〔102〕，可从。

“垂沙”，唐人杨倞《荀子注》“地名，未详所在”，其后学者每言及此，多避而不谈，可见地望已无从稽考。今人杨宽先生推测说

〔98〕参阅《水经·比水注》,《魏书·郦道元传》。

〔99〕参阅《大清一统志》卷二一〇，南阳府山川“慈丘山”条。

〔100〕参阅《隋书·地理志》淮安郡“慈丘”县原注;《元和志》卷二一，山南道唐州“慈丘县”条。

〔101〕参阅《资治通鉴》卷三，周纪三，赧王十四年“遂取重丘”句下胡三省注。

〔102〕参阅《方舆纪要》卷五一，河南南阳府唐县“泚水”条;《大清一统志》卷二一〇，南阳府山川“慈邱山”和“泚水”条。

“垂沙该是比水旁的地名”〔103〕，然未指实。据汉人应劭和《水经注》曰，古比阳县南、比水南岸有支流蔡水，源于县南之磐石山，西北流注于比水〔104〕，《大清一统志》和杨守敬《水经注疏》说蔡水在清泌阳县南三十里，俗名田市河〔105〕，当即源于今泌阳、桐柏两县之间，西北经泌阳之陈庄乡南，于泌阳县以西注入泌阳河之水道。我们认为，这条古蔡水当与《荀子》所言三国联军大败楚军之“垂沙”有关，其一，“蔡”与“沙”古音相近，可互借用，《水经·渠（沙）水注》“新沟水又东北流，……又东北注渠，即沙水也，音蔡”；《渠水注》之“沙水”，《元和志》作“蔡水”〔106〕；《方舆纪要》曰“蔡水亦曰沙水”〔107〕，均可为证。其二，古蔡水即可称沙水，又为比水南岸支流，在比阳故城以南，若“垂沙”在此，则与齐匡章率三国联军夜袭突破楚军比水防线后，向南推进、追击，于蔡水大败楚军、杀唐眛的战争形势相结合（参见图四）。

位于南阳盆地东部、北起方城缺口，南至比阳县境的过渡丘陵地带，为汉水、淮河之分水岭，通称为“方城山”或“长城山”。《左传》僖公四年，齐桓公率诸侯之师伐楚，屈完曰“楚国方城以为城”，杜预注“方城山在南阳叶县南”；又《通典·州郡七》唐

〔103〕参阅杨宽《战国史》页333注〔1〕。

〔104〕参阅《汉书·地理志》南阳郡“比阳”县颜师古注引应劭曰；《水经·比水注》。按：应劭曰“比水所出，东入蔡”，与比水流向和《水经注》所载不合，“东”或为“西”之误；以比水入蔡，当为互受通称。

〔105〕参阅《大清一统志》卷二一〇，南阳府山川“蔡水”条；《水经注疏·比水》。

〔106〕参阅《元和志》卷八，河南陈州宛丘县“蔡水”条和太康县“蔡水”条。

〔107〕参阅《方舆纪要》卷四七，河南开封府祥符县“蔡水”条；《大清一统志》卷一九一，陈州府山川“蔡水”条。

州“比阳”县原注“方城山自比阳相比连百里，号曰方城”，《寰宇记》卷一四二唐州比阳县“苦菜山”条曰“在县西北三十五里，即黄城山也，自叶至比阳南北相毗，连亘百里，亦曰长城山”，皆就自然形势而言。春秋战国时期，楚国当因山为固，低平谷地，设关垒石以为守，现仍有遗迹见存〔108〕。此外，《水经・㴲水注》引盛弘之《荆州记》云“叶东界有故城，始犨县，东至瀙水，达比阳界，南北联联数百里，号为方城，一谓之长城云”，所述楚方城规模更大，且位置又更偏北和东一点，是否确实，还有待更多的材料证实。

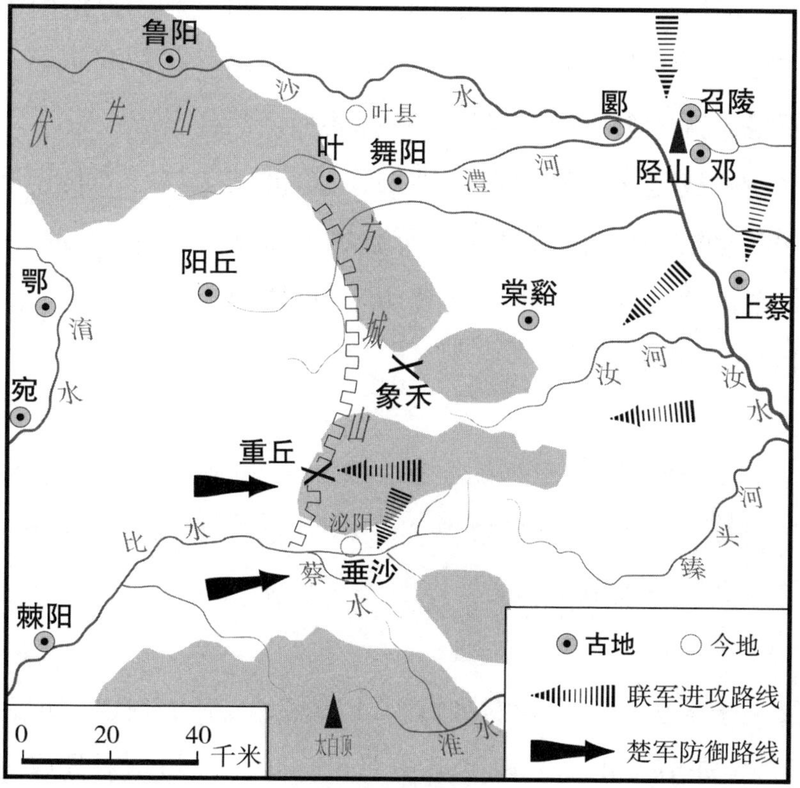

图四　垂沙之战形势

〔108〕参阅王彦芬《楚方城考》，河南省考古学会编《楚文化研究论文集》（中州书画社 1983 年 9 月版）页 155—165。

慈丘山（即重丘），在比阳西北，位于方城山一线，当是楚方城南段的重要关塞（或城口）之一。《秦本纪》所言三国“共攻楚方城”，当即攻击比水北岸、楚方城南段之关塞重丘，与两军夹比而战实为一事。

综上所考，齐、韩、魏三国联军攻楚，交战之比水即古代比阳县南之比水、今之泌阳河；重丘即古比阳县西北之茈（慈）丘，为楚方城的重要关塞、城口之一；垂沙即比水南岸支流蔡河，均在古比阳县（今泌阳县）附近，三国联军在这一带与楚军相持而战，大败楚军，显然是想避开楚叶县附近之方城隘道，利用方城南端与比水的交接地带由东北而西南突入南阳盆地，诸文献记载不一，当因叙述简略，就整个战局、战地各有择要而已。

垂沙之战楚军大败之后的结果，《楚世家》只言“取我重丘而去”，齐、魏、韩三国《世家》所载更为简略；《六国年表·齐表》曰“与秦击楚，使公子将，大有功”，具体情况，语焉不详。然据《战国策·西周策》载：

> 薛公以齐为韩、魏攻楚，又与韩、魏攻秦，而借兵乞食于西周。韩庆为西周谓薛公曰：“君以齐为韩、魏攻楚九年，而取宛、叶以北以强韩、魏，今又攻秦以益之……”

此段又见于《史记·孟尝君列传》，以说薛公者为苏代，“取宛、叶以北”，张守节《正义》曰“宛在邓州，叶在许州，二县以北旧属楚，二国共没以入韩、魏”；“攻楚九年”，南宋鲍彪说“‘九’字当误，当云‘六’或‘五’”，证之《燕策一》“苏秦死”章苏代对燕王曰“今夫齐王，长主也，而自用也。南攻楚五年，蓄积散”和

《赵策三》"赵惠文王三十年"章马服曰："……齐以二十万之众攻荆，五年乃罢"，当以"五年"为是。据《史记·楚世家》，从楚怀王二十四年楚背齐合秦，至二十九年楚太子质齐求和，前后正为5年，其间三国两次联兵攻楚，《策》文和《孟尝君传》却言"攻楚（九）[五]"，当另有小规模的军事行动而未入载。所言"取宛、叶以北以强韩、魏"，当即怀王二十八年败楚于垂沙时事，张琦《战国策释地》曰："宛、叶以北，今襄城、鲁山等地，韩有南阳、穰盖始于此。"由此可见，楚怀王二十六与二十八年的三国伐楚之事，皆以齐相孟尝君田文为主谋；垂沙之战后，齐、韩、魏联军不仅大败楚师、杀唐眛，而且乘胜深入南阳盆地，夺取了宛、穰、叶以北，方城内外的大片楚地，楚于春秋早期以来长期经营的重要基地（南阳盆地）和战略屏障（方城）一并失于韩、魏，从而楚郢都所在的江汉腹地完全暴露在秦及韩、魏势力的直接威胁之下。如果说丹阳、蓝田之战使楚国的西北防线部分崩溃，是楚由盛及衰的转折标志，而垂沙之战则使楚国的北部防线全面丧失，从根本上改变了楚国政治、经济、军事形势，使楚国完全陷入危机的深渊。

四、相关问题辨析

（1）垂沙之战后，南阳盆地的宛、叶一带究竟属韩还是属楚，文献中有不同说法。《史记·韩世家》"（釐王）五年，秦拔我宛"，《正义》曰"宛，邓州县也，时属韩也"；《六国年表·韩表》于此年亦载"秦拔我宛城"，两说一致。韩釐王五年即公元前291年，晚于垂沙之战十年，既然此时秦由韩国取得宛地，说明垂沙之战后，三国联军确曾乘胜攻占了宛、叶以北的楚国大片土地，与上引《西周策》等所载相合。《史记·秦本纪》则曰秦昭襄王十五年

（公元前 292 年）“攻楚，取宛”；同书《穰侯列传》亦曰是年“取楚之宛、叶”，所载不仅在时间上与《韩世家》和《六国年表》相差一年，且对宛、叶之归属意见截然不同，清人梁玉绳的《史记志疑》力主《秦本纪》之说而驳《韩世家》等之误，认为“宛乃楚邑，非韩所有也，秦取于楚，非取于韩也，《秦纪》及《穰侯传》甚明，此（即《年表》）与《韩世家》并误，当书于《楚表》《楚世家》中，又其事在前一年”，并说《孟尝君列传》“取宛、叶以北”为“仍《西周策》之误”。

今按：梁氏《志疑》失之偏颇。首先，据《楚世家》和《六国年表》，楚顷襄王七年（公元前 292 年）“楚迎妇于秦，秦楚复平”，两国联姻通好，其后数年均无战事，秦决不可能在这结亲之际伐楚取邑，《秦纪》所载与情理不合。其次，《史记·范雎列传》载“昔齐湣王南攻楚，破军杀将，再辟地千里，而齐尺寸之地无得焉者，岂不欲得地哉？形势不能有也”，所言取楚地千里而不得，与《西周策》“取宛、叶以北以强韩、魏”互相印证。另《史记·韩世家》载韩襄王十一年（公元前 301 年）“秦伐我，取穰”，《六国年表·韩表》亦载“秦取我穰”，张守节《正义》以穰为“邓州县也”，为后秦昭王封魏冉之故楚穰邑，即今河南邓县所在〔109〕，穰邑属韩，只能在三国联军败楚之后而深入南阳盆地之时，而位于穰以北的宛、叶诸地入韩，更可想而知。其三，据二十世纪七十年代出土的云梦秦简《编年记》记载“（秦昭王）十六年，攻宛”〔110〕，秦昭王十六年即韩釐王五年，公元前 291 年，简文虽未明言所攻

〔109〕 参阅《大清一统志》卷二一一，南阳府古迹“穰县故城”条。

〔110〕 参阅《睡虎地秦墓竹简》（文物出版社 1978 年 11 月第 1 版）页 4。

对象是谁，然从所记时间与《韩世家》和《六国年表》相合来看，所攻之宛应为韩地，《秦本纪》《穰侯列传》均误前一年，梁玉绳依《秦本纪》而以《年表》为误，不足为信。清人张琦、今人杨宽先生并以垂沙之战后宛、叶为韩所有，秦昭王十六年秦取于韩〔111〕；今人高敏先生亦以秦简匡《秦本纪》《穰侯列传》之误〔112〕，都是正确的。据此，宛、叶由楚属韩，不久又为秦所有，前后只十年时间。后世志书在涉及战国时期宛、叶一带沿革时，常常出现一系列难以解释的矛盾，均由不明垂沙之战前后这一地区几度易手的变化过程而致。

（2）《水经·汝水注》引《竹书纪年》曰：

> 魏章率师及郑师伐楚，取上蔡。

此事年代，清人朱右曾《汲冢纪年存真》列于魏惠成王二十四年，然同时又说"此未详何年事"；今人方诗铭先生所编《古本竹书纪年辑证》则"姑从《存真》"，系此于魏惠成王二十五年以前。按魏惠成王二十四年即楚宣王二十四年，公元前346年，若然，楚上蔡于楚宣王时即失于魏，结合相关史实分析，此说甚为可疑。

首先，《水经注》所引此条《纪年》未系年代，朱右曾将其列于魏惠成王二十四年，当依今本《纪年》而来，只是将今本《纪

---

〔111〕 参阅《战国策释地》（卷上）西周策"取宛叶以北"条；《战国史》附录三：战国大事年表。

〔112〕 参阅高敏《云梦秦简初探》（河南人民出版社1979年1月增订本）页119—120。

年》之周王年号更换为魏王年号而已，然今本《纪年》为后人伪作，“年月又多杜撰，则其说为无征”〔113〕。魏章其人，《史记》有载，《秦本纪》曰武王元年（公元前310年）“张仪、魏章皆东出之魏”；《魏世家》亦曰“张仪、魏章皆归于魏”，唐司马贞《索隐》“章为魏将，后又相秦”；《秦本纪》《六国年表》载秦惠文王十三年（公元前312年）：

> 庶长章击楚于丹阳，虏其将屈匄，斩首八万；又攻楚汉中，取地六百里，置汉中郡。

“庶长章”，《樗里子甘茂列传》作“魏章”，是败楚于丹阳、攻楚汉中地的秦军主帅，官居大庶长，司马贞称其“相秦”，当以秦之旧制说之。既然魏章生活在公元前310年前后，不大可能于三十六年前的魏惠王二十四年率韩、魏之师攻取楚的上蔡。

其次，查阅《史记》之楚、魏、韩三国《世家》以及《战国策》等其他史籍，于公元前346年内均无任何记载，说明此年内三国之间并未有大的军事行动，不存在魏章伐楚取上蔡的历史背景。

再次，上蔡为故蔡国所在，春秋晚期楚灵王灭蔡为县，其后平王复蔡而迁之新蔡。据《淮南子》记载，楚宣、威之时有“上蔡令”子发（即景舍），后因“盘罪威王而出奔”〔114〕，可见从春秋晚期至战国中期，楚于上蔡一直设县不变。子发为上蔡令正当魏惠王二十四年前后，时上蔡属楚，并未被魏占取，凡此，足见今本《纪

〔113〕 参阅王国维《今本竹书纪年疏证》（附方诗铭等《古本竹书纪年辑证》一书后）前言。

〔114〕 参阅《淮南子》的《人间训》《道应训》。

年》之杜撰。楚威王以后至丹阳之战以前一二十年，楚势较强，魏伐楚只有公元前329年楚威王死后、魏人乘丧伐楚取陉山一事，陉山位于上蔡以北，魏取陉山后是否还南下取了上蔡，情况不明，从《魏世家》《楚世家》所载陉山之战为魏军单独行动来看，与《纪年》魏、韩联军取上蔡的史实不合，当非同一战事。此后，楚昭阳伐魏取襄陵、郾等，均在上蔡以北；六国攻秦，怀王为纵长，魏更不可能伐楚取上蔡，且此时魏章或已入秦为将。我们认为，魏章伐楚取上蔡不应在其入秦之前而只能在归魏之后，不出楚怀王二十六年和二十八年齐、韩、魏两次联兵攻楚之时，而以垂沙之战取宛、叶以北时一并夺取上蔡重镇的可能性为大，这从怀王以后上蔡即为魏有，并设“上蔡之郡”，而后又为秦所攻取的史实皆可为证〔115〕。

另《战国策·赵策四》记载：

> 魏败楚于陉山，禽唐明。

按，“唐明”即“唐眛”之讹，为垂沙之战时楚军主帅，此所言应

〔115〕据《史记·楚世家》楚顷襄王十八年（公元前281年），楚好弓矢者劝楚顷襄王曰：“王朝张弓而射魏之大梁之南，加其右臂而径属之于韩，则中国之路绝而上蔡之郡坏矣。”“上蔡之郡”，《正义》说是韩地，今人杨宽先生亦将其列入韩国之郡（见《战国史》附录一：战国郡表）。今按：此说有误，据前后文意，好弓者是说若楚攻魏大梁以南，同时兵临于韩，切断上蔡之郡与中原地区的联系，则上蔡之郡就不足为虑了，因而上蔡当属魏而不属韩。《秦本纪》载昭襄王三十三年（公元前274年）“客卿胡阳攻魏卷、蔡阳、长社，取之”（云梦秦简《编年记》作“攻蔡、中阳”），蔡即上蔡，其为魏地十分明确。同窗陈伟先生对此亦有详释，与鄙见不谋而合，见所著《楚“东国”地理研究》页115—117。

是楚怀王二十八年三国联军第二次伐楚时事。陉山，即今河南漯河市东之陉山，公元前329年楚威王死后，魏师南下伐楚，取而有之；六年后，又为昭阳伐魏取郾时所收回，此时又作为楚、魏之战地，可见其地理位置之重要。这次魏再败楚于陉山，当是参与三国伐楚之时的一次重要行动，或与魏章取上蔡有一定联系，陉山位于上蔡以北，为魏、韩之师南下上蔡、垂沙所途经（参见图四，页409）。

由上分析可见，垂沙之战后三国联军“辟地千里”，穰及宛、叶以北的大片楚地失于韩、魏，结合相关材料来看，南阳盆地以内的穰先为韩有，很快又转属秦，穰以北的宛、叶、棠谿，以及汝颍上游的阳翟、梁、鲁阳等地为韩领有，《史记·范雎列传》载“秦封范雎以应，号为应侯，当是时，秦昭王四十一年也”，范雎所封之应地，即汝水上游之故应国、应乡；《韩非子·定法》曰“应侯攻韩八年，成其汝南之封”，则秦取应地于韩，而韩有其地，自当于垂沙之战后由楚境分出。方城以外、汝水中游两岸的上蔡、舞阳、昆阳、郾等地为魏所得，《汉书·地理志》域分“魏地”说：

> （魏）其界自高陵以东，尽河东、河内，南有陈留及汝南之召陵、㶏强、新汲、西华、长平，颍川之舞阳、郾、许、傿陵，河南之开封、中牟、阳武、酸枣、卷，皆魏分也。

所言魏南境的汝南之召陵、㶏强（在今河南临颍县东南）、新汲（在今河南扶沟县西南），和颍川的舞阳、郾等地均应是垂沙之战后取之于楚，由此可见垂沙之战对楚国实力的严重削弱及其所导致的楚国北部疆域的巨大损失。

五、江汉基地的陷落与楚重心东迁

垂沙之战后，随着大片领土，尤其是重要的经济、文化、军事基地——南阳盆地，以及战略要地——方城防线的失手，使楚国形势更加危急。楚怀王二十九年（公元前300年），齐、秦再次相约攻楚，“楚令景翠以六城赂齐，太子为质”而与齐平，秦军单独行动，又“大破楚，楚军死者两万，杀我将军景缺”〔116〕，《史记·六国年表》则载曰“斩首三万”、“取我襄城，杀景缺”。按，“襄城”乃“新城”之误，已见上述，即今河南伊川县南之楚新城郡，此时为秦所取，说明一年前三国联军取楚宛、叶以北之地后，北方地区仍有部分城邑为楚所据有，只是被分割、隔离而已。

楚怀王三十年，“秦复攻楚，取八城”（《史记》的《楚世家》和《六国年表》），可见这时楚是每战必败、丧城失地。同年，楚怀王被骗入武关会秦王，为秦人所拘，“要以割巫、黔中之郡”，在朝的楚臣（以昭雎为代表）即迎质齐的楚太子回国〔117〕，以稳定国内局势并打消秦人挟怀王以割地之举，是为顷襄王。次年，秦因割地不得，出兵武关攻楚，“大败楚军，斩首五万，取析十五城而去”（《史记·楚世家》），《六国年表》则曰“秦取我十六城”，《集解》引徐广说“既取析，又并取左右十五城”，当即南阳盆地西部、丹淅下游一带的析、郦、商、於、三户、丰诸邑，由此可见：（1）两年前宛、叶等地失于韩、魏后，南阳盆地西部的丹淅一带仍为楚有，反映了原有楚国疆域被分割以及秦、楚、韩、魏领土相

---

〔116〕参阅《战国策·楚策二》“齐秦约攻楚”章和《史记·楚世家》。

〔117〕参阅《史记·楚世家》，《战国策》之《齐策三》“楚王死”和《楚策三》“楚襄王为太子之时”两章。按，《策》文所载虽多杂芜，但从中亦可见楚国内外围绕太子回国一事所引起的激烈斗争。

互交错的形势；（2）此十六城分布于丹淅一带，说明春秋、战国时期楚对这一地区的有效经营，据考古调查，目前这一地区仍有一些文献无征的古城遗址〔118〕，当与这被秦所取的十六城密切相关。

楚顷襄王二年（公元前297年），楚怀王由秦亡归未成，次年病死于秦，“秦归其丧于楚，楚人皆怜之，如悲亲戚。诸侯由是不直秦，秦楚绝”（《史记·楚世家》）。

与此同时，由于入秦为相的齐孟尝君田文不到一年即被秦免职，秦昭王“囚孟尝君，谋欲杀之”，孟尝君利用其门下的鸡鸣狗盗之徒，逃出函谷关，才得以幸免（《史记·孟尝君列传》）。孟尝君回到齐国之后，即于公元前298年率齐、韩、魏三国之师攻秦，前后历时三年，并于公元前296年攻入函谷关，迫使秦国求和，将前所取的河外、武遂等地归还给魏、韩，三国联军才退去〔119〕。

面对齐、韩、魏三国联盟的压力，秦昭王十二年（公元前295年），复以魏冉为相，并“予楚粟五万石”（《史记·秦本纪》），秦与楚粟，一是此年楚当有灾害，二是魏冉复相之后，向楚国表示的和解姿势，以打破孤立被困的局面，拉拢楚国反击齐、韩、魏；而楚国历经垂沙之战以来的数载战乱与失败，内忧外患，国力严重损丧，亦需要一个喘息、休养的机会。

楚顷襄王七年（公元前292年），“楚迎妇于秦，秦楚复平”，其后十余年，秦、楚关系较为和好，公元前287年由苏秦组织发

---

〔118〕 参阅张西显《浅说楚都丹阳在淅川》，《中原文物》1983年特刊。

〔119〕 参阅《史记》的《秦本纪》，田齐、韩、魏诸《世家》，《六国年表》，《孟尝君列传》；及《战国纵横家书》“苏秦谓齐王”章。

动的关东五国摈秦之役，楚未参加〔120〕，亦可概见。顷襄王十四年（公元前285年），与秦昭襄王“好会于宛，结和亲”；两年后，又先后会于鄢和穰（《史记》的《楚世家》《秦本纪》）。两国之间的“和好”，使楚国出现了一个暂时的安定。

《史记·田齐世家》载齐湣王三十八年（应为十五年，即公元前286年〔121〕）灭宋之后，“南割楚之淮北，西侵三晋，欲以并周室，为天子”。楚淮北，即苏秦劝齐湣王释帝位而伐宋“有淮北，则楚之东国危”之楚“东国”部分土地〔122〕，与宋淮北地相接，多年来齐一直想一并占而有之。张守节《正义》曰“淮北，徐、泗也。东国谓下相、僮、取虑也”；张琦《战国策释地》“按下相故城在今徐州宿迁县北七十里，僮在今睢宁县境，取虑在今凤阳府灵璧县北。徐州府以北宋地，睢宁、宿迁以南楚地”〔123〕，即今徐州市以南以宿州、灵璧为中心的淮北地区。

又《史记·宋世家》载：

> 王偃立四十七（按当作“四十三”）年，齐湣王与魏、楚伐宋，杀王偃，遂灭宋而三分其地。

---

〔120〕据《史记·苏秦列传》记载，苏秦曾于公元前四世纪后半叶的楚威王时组织六国攻秦，楚在六国之列，然据新出《战国纵横家书》及《战国策》有关记载分析，苏秦所组织的攻秦之役应在公元前287年，参加者为五国，楚未介入，《苏秦列传》所载有误，说详《战国纵横家书》及其后三篇附文。

〔121〕说详杨宽《战国史》附录三“战国大事年表”中有关年代的考订，二“关于齐威王、齐宣王、齐湣王的年代”。

〔122〕参阅《战国策·齐策四》“苏秦谓齐王”章。《策》文之“苏秦”，《史记·田齐世家》作“苏代”，证之《战国纵横家书》，当以《策》文为是。

〔123〕参阅《战国策释地》卷上，齐策之“有淮北则楚之东国危”条。

《汉书·地理志》域分“宋地”亦曰：

> 宋自微子二十余世，至景公灭曹，灭曹后五世亦为齐、楚、魏所灭，参分其地。魏得其梁、陈留，齐得其济阴、东平，楚得其沛。

按：沛即汉之沛郡，在今江苏沛县一带，为故宋之东部境地，并在楚淮北之地以北，若楚参与齐灭宋而取沛，齐又何能越沛南割楚之淮北呢？两说互相矛盾，当有一误。

据《战国策·宋卫策》“宋与楚为兄弟”和“齐攻宋”诸章所载，齐灭宋前，宋与楚的关系尚好，不大可能参与齐灭宋的行动。另外，魏国于灭宋之前，亦在苏秦的暗中联络下准备乘齐攻宋之机，联合攻齐，亦不大可能参与灭宋〔124〕。

综观当时形势，公元前286年齐灭宋之时，楚、魏均不可能参与，今人杨宽先生认为《宋世家》及《汉志》所言楚取沛、魏取梁并非齐灭宋之时，而是两年后联合伐齐时所得〔125〕，当可信。《荀子·议兵篇》说“齐能并宋而不能凝也，故魏夺之”，以魏取宋故地于齐，亦可为证。

由此可见，齐灭宋之后，乘其余威，继续向南推进，略取部分楚地，直达淮水中游北岸。

两年后（即楚顷襄王十五年，公元前284年），“楚与秦、三

---

〔124〕 参阅《战国纵横家书》之三、四、六、七诸章及三篇附文。

〔125〕 参阅杨宽《战国史》页345注〔2〕。

晋、燕共伐齐，取淮北”[126]，对此，《史记·田齐世家》亦载：

> 楚使淖（即“悼”）齿将兵救齐，因相齐湣王。淖（悼）齿遂杀湣王而与燕共分齐之侵地卤器。

另据《战国策·秦策四》“顷襄王二十年”章载白起拔郢，楚人东迁之后，秦人欲攻楚，黄歇说秦昭王曰：

> 且王攻楚之日，四国必悉起应王，秦、楚之兵构而不离，魏氏将出兵而攻留、方与、铚、胡陵、砀、萧、相，故宋必尽。

此段说辞亦见于《史记·春申君列传》，按：留，即《左传》襄公元年楚救郑所侵宋之“留”，汉置县，在今江苏沛县东南五十

---

〔126〕关于楚参与列国伐齐的具体过程，文献中有不同的记载，《史记·乐毅列传》言楚与五国之师于济西大破齐军后，“诸侯兵罢归，而燕军乐毅独追，至于临淄”；《战国策·齐策六》“貂勃常恶田单”章载“燕之伐齐之时，楚王使将军将万人而佐齐”；《史记·田齐世家》先言楚与五国合谋，“各出锐师伐我，败我济西”，后又曰“楚使淖（悼）齿将兵救齐，因相齐湣王，淖齿遂杀齐湣王而与燕共分齐之侵地卤器”，两说互相矛盾。证之《战国策·秦策三》《楚策四》和《史记·范雎列传》有关“淖（悼）齿管（典）齐，……擢王筋，悬之于庙梁，宿昔而死”，《吕氏春秋·权勋》“昌国君（乐毅）将五国之兵以攻齐”，高诱注“五国，谓燕、秦、韩、魏、赵也”，以及《史记·田单列传》“淖（悼）齿既杀湣王于莒，因坚守，距燕军，数年不下”的有关记载，楚于列国攻齐之初并未参与大破齐师的济西之役，而是出兵救齐，在齐大势已去之后，杀死齐湣王，取“齐之侵地卤器”而有之。另参阅杨宽《战国史》页347—350及页347之注〔1〕。

里〔127〕；方与，故址在今山东鱼台县北〔128〕，白起拔郢以前一度为魏地，或楚东迁以后所取；铚，为汉县，在今安徽宿县西南〔129〕；胡陵，在今山东鱼台和江苏沛县之间〔130〕；砀，在今安徽砀山和河南永城之间〔131〕；萧，为春秋宋之别邑，在今安徽萧县西北十五里；相，为秦县，汉因之，在唐代符离县（即今安徽宿县北二十里之符离集）西北九十里〔132〕，约当今淮北市与河南永城县之间。此七邑原为宋地，齐灭宋后入于齐境，公元前284年列国伐齐之时，方与为魏所占〔133〕，其他六邑转属于楚，不久后楚又取方与于魏。

由上可见，公元前284年的五国伐齐事件，楚不仅乘机收复了其原为齐所占领的淮北失地，而且夺取了齐灭宋所获的大片“侵地”，使楚国东北疆土越过魏之东境，发展到今山东西南、泗水中游地区，楚在淮泗地区的这一重大进展，为其后江汉基地失于秦后，楚都东北迁陈打下了更加有利的基础。

---

〔127〕参阅《左传》襄公元年杜预注；《方舆纪要》卷二九，江南徐州沛县“留城”条。

〔128〕参阅《元和志》卷十，河南道兖州“鱼台县”条；《大清一统志》卷一八三，济宁州古迹“方与故城”条。

〔129〕参阅《元和志》卷七，河南道亳州“临涣县”条；《大清一统志》卷一二六，凤阳府古迹“临涣故城”条。

〔130〕参阅《续汉书·郡国志》山阳郡“湖陆”县原注；《大清一统志》卷一八三，济宁州古迹“湖陵故城”条。

〔131〕参阅《寰宇记》卷十二，亳州永城县“砀山故城”条；《大清一统志》卷一〇一，徐州府古迹“砀县故城”条。

〔132〕参阅《史记·高祖本纪》张守节《正义》引《括地志》云；《元和志》卷九，河南道宿州符离县“故相城”条。

〔133〕《史记·楚世家》载楚顷襄王十八年（公元前281年）楚人说顷襄王，时魏有“大宋，方与二郡”，均为故宋地，于五国伐齐时取自齐，说明方与转属楚应在公元前281年以后。

然而好景不长，楚国君臣并未吸取前段连年失败、丧地辱国的教训，利用有利时机革除弊端、清明政治、强兵复国，而是执迷不悟，更加昏庸腐败。《战国策·楚策四》载：

> 庄辛谓楚襄王曰："君王左州侯，右夏侯，辇从鄢陵君与寿陵君，专淫逸侈靡，不顾国政，郢都必危矣。"

同书《中山策》"昭王既息民缮兵"章载白起曰：

> 是时楚王恃其国大，不恤其政，而群臣相妒以功，谄谀用事，良臣斥疏，百姓心离，城池不修，既无良臣，又无守备。

以致魏人说秦昭王曰：

> 不如南出，事于南方，其兵弱，天下（必）[不]能救，地可广大，国可富，兵可强，主可尊。〔134〕

可见当时人对楚国之腐朽、衰败之势看得很清楚，所以强大的秦国在穰侯决策、白起统兵的有力指挥下，能顺利地攻下鄢、郢一带的楚国中心地区。

楚顷襄王十八年（公元前281年），昏庸无能、自不量力的顷襄王听信说客吹捧，遣使于诸侯，为纵伐秦，妄图重温怀王十一年

---

〔134〕参阅《战国策·魏策四》"献书秦王"章。

六国攻秦、楚为纵长的美梦，然而时非昔比，这时的秦国经商鞅变法之后的几世发展，国力强盛，而关东六国不但楚国自身摇摇欲坠、缺乏斗志，其他列国面临强秦的分化、攻击，亦都江河日下，难以重新形成攻秦阵营。

楚合纵未成，而“秦闻之，发兵来伐楚”，先声夺人；次年，“秦伐楚，楚军败，割上庸、汉北地予秦”(《史记·楚世家》)，“上庸、汉北地”，当即原属楚汉中郡，公元前312年为秦所取、后又归还于楚的“上庸之地六县”，即今湖北西北部的竹山、竹溪、郧县、郧西一带汉水中游两岸地〔135〕。又《史记·秦本纪》载是年“使司马错发陇西，因蜀攻楚黔中，拔之”。云梦秦简《编年记》则曰此年“攻邓”，邓即今湖北襄阳樊城北之故邓城，表明当时秦军由北而南、由西而东两面出击，迅速夺取了楚之汉北、上庸及黔中等地，直逼楚都鄢、郢。

《史记·楚世家》载楚顷襄王二十年（公元前279年）“秦将白起拔我西陵”；同书《六国年表·楚表》则曰：“秦拔鄢、西陵”，兵锋所向，直指楚之江汉腹地，郢都直接处于秦军的攻击之下。一年后，白起拔郢，烧楚先王墓夷陵，楚国经营数百年的江汉基地为秦所占，置南郡；接着，秦又拔楚之巫郡及江南地置黔中郡，“楚襄王兵散，遂不复战，东北保于陈城”(见《史记》之《楚世家》《秦本纪》和《六国年表》)；《战国策·秦策一》“张仪说秦王”章载：

---

〔135〕“上庸、汉北”地，唐张守节《史记正义》谓“房、金、均三州及汉水之北”，不确。唐之金、均二州并有今陕西东南、湖北西北之汉水中游两岸地，且金州（略当今陕西安康地区）之地于公元前312年丹阳、汉中之战后一直为秦所有，不属于楚。所言“上庸、汉北”，约当唐之均州及房州北部地区。

秦与荆人战，大破荆，袭郢，取洞庭、五都、江南。荆王亡奔走，东伏于陈。[136]

同书《中山策》亦载秦昭王曰：

君（白起）前率数万之众入楚，拔鄢、郢，焚其庙，东至竟陵，楚人震恐，东徙而不敢西向。

楚国的政治、经济、军事、文化中心从此东移淮域。

第四节 东迁之后楚国北疆的演变

从楚顷襄王二十二年至负刍五年（公元前277—前223年），即楚国东迁后直至灭亡的半个世纪，为战国时期楚国北疆变化的第四阶段。

一、东迁之后的基本形势

楚东迁后，徙都于陈，称为陈郢或郢陈。陈，《左传》昭公十七年载“太皞之虚也”，即东夷族最早的活动地。前些年，考古工作者在淮阳平粮台发现一座相当于龙山文化中晚期的古城基址[137]，说明故陈一带自氏族社会以来较高的历史文化基础。西周

〔136〕 此章亦见于《韩非子·初见秦》，其年代约为公元前256年，并非张仪说辞，说详缪文远《战国策考辨》页31。

〔137〕 参阅河南省文物研究所《河南淮阳平粮台龙山文化古城址试掘简报》，《文物》1983年第3期。

初年，武王封舜后于此，并妻以大姬，即在于加强对这一经济、军事要地的利用和控制，为稳定姬周统治服务。春秋中晚期，楚国几度灭陈为县，想必有不少楚人移居于陈，以加强统治和开发，从而使这里的经济、文化基础更为雄厚，楚灵王称陈为“赋皆千乘”的大县即可说明。

战国中期，魏惠王引河水入甫田泽，东绕大梁城北而东南进入沙水，即鸿沟（亦称“大沟”“渠水”）水系〔138〕,《史记·河渠书》曰：

> 荥阳下引河东南为鸿沟，以通宋、郑、陈、蔡、曹、卫，与济、汝、淮、泗会。

此段亦见于《汉书·沟洫志》，反映了鸿沟水系的重要交通意义与作用。陈城紧临沙水西岸，上溯鸿沟直达魏都大梁和黄河，下顺沙转颍进入淮河，东南经邗沟直通长江下游吴、越故地,《史记·货殖列传》说：

> 陈在楚夏之交，通鱼盐之货，其民多贾。

可见陈的经济环境和交通条件。

从当时军事地理形势看，陈地处黄淮平原的东部，西有周、韩、魏相隔，南有桐柏、大别山相阻，北有燕、赵与黄河为限，远离秦国本土，秦人一时难至，可有一相对稳定的环境和复苏的

---

〔138〕 参阅《水经·渠（沙）水注》及所引《竹书纪年》。

时机。

《战国纵横家书》载朱己谓魏王曰：

（秦）伐楚，道涉谷，行三千里而攻冥厄之塞，所行甚远，所攻甚难，秦又弗为也。若道河外，背大梁，右蔡、召，与楚兵决于陈郊，秦又不敢。（另见《战国策·魏策三》《史记·魏世家》，“朱己”或作“无忌”）

又《史记·春申君列传》载朱英谓春申君曰：

先君时善秦二十年而不攻楚，何也？秦逾黾隘之塞而攻楚，不便，假道于两周，背韩、魏而攻楚，不可。

特殊的地理位置，发达的经济、文化基础，以及便利的交通条件，构成了陈城在楚国历史上的重要地位，白起拔郢后，楚未南迁而东北徙，可见是有一番认真考虑和选择的。

楚都陈城后，对原有陈国、陈县故城进行了大规模扩建与加固，以适应作为楚都和战略防御的需要〔139〕；同时还对陈城东南不远的项国故城（今河南沈丘县）加以改筑、增修，以为别都〔140〕；此外，还在陈城西南的古商水县（即今河南商水县）附近建“章华台”〔141〕，以作离宫。这一方面反映楚顷襄王迁陈之后仍乐于淫逸、不图革新，同时亦见楚国当时经济上的实力。

〔139〕参阅曹桂岑《楚都陈城考》，《中原文物》1981 年特刊。
〔140〕参阅《水经·颍水注》；《元和志》卷八，河南道陈州“项城县”条。
〔141〕参阅《寰宇记》卷十，陈州商水县“章华台”条。

二、东迁之后的北部疆域变化

楚国东迁以后，其北部疆域形势发生了重大变化，这时淮河流域以至长江中游以南和长江下游地区基本为楚所有，相对于关东列国而言，楚仍是境土最大者，而作为楚国政治、经济、文化中心的陈城，则位于当时楚国疆土的西北部，与韩、魏邻近。

据《史记·楚世家》记载，白起拔郢前，魏东有“大宋、方与二郡”，南有“上蔡之郡”，其间还有“圉”邑。大宋指故宋都睢阳（今河南商丘县）一带〔142〕，方与即汉山阳郡方与县，在今山东鱼台县北，二郡原为宋地，齐灭宋转属齐有，公元前284年列国攻齐，魏乘齐败而取为己有（不久方与又转属于楚，说见上）；“上蔡之郡”原为楚地，当公元前301年垂沙之战后为魏所取而置郡；圉邑，《史记正义》说“城在汴州雍丘县西南”，其后《寰宇记》《大清一统志》都说在雍丘县（或杞县）南五十里〔143〕，与《括地志》大体一致，按唐宋雍丘县即清代至今的河南杞县，今县南（略偏西）五十里有地名圉镇，当是古圉邑所在。从上述魏的东南境土所至，我们可以推知，楚于陈城以北基本以今河南扶沟、圉镇、夏邑一线与魏接境，位于睢濊之间的襄陵，当属于这时楚境的北端；陈城以西，约在今之扶沟、汝南，迤西南至确山、桐柏一线与魏、秦两国分野，此线以西原属楚方城外的大片土地如上蔡、召陵、舞阳、棠谿、梁、鲁阳、郏、阳翟等地已并入韩、魏，以东的今扶沟、西华、平舆一带仍

---

〔142〕参阅《汉书·地理志》梁国“睢阳”县原注；《元和志》卷七，河南道宋州“宋城县”条；《方舆纪要》卷五十，河南归德府商丘县“睢阳城”条。

〔143〕参阅《寰宇记》卷一，开封府雍丘县“圉城”条；《大清一统志》卷一八七，开封府古迹“圉县故城”条。

为楚有。二十世纪七十年代，位于今扶沟县西南的古曲洧（汉新汲）城内曾出土了大批包括郢称、陈称在内的楚国金银货币[144]，其中“陈称”当是楚都迁陈之后所铸，从而可见战国晚期其城的国属。

《战国策·楚策四》“庄辛谓楚襄王”章载：

> 秦果举鄢、郢、巫、上蔡、陈之地，襄王流揜（掩）于城阳。

按：白起拔郢之后仅东至竟陵、安陆（见《史记·白起列传》和《睡虎地秦墓竹简·编年记》），未能越方城和桐柏山而至淮域，清人张琦疑“上蔡、陈”三字为衍文[145]，当是，这从其后上蔡属魏，陈为楚都的史实均可为证。城阳，南宋鲍彪注“成阳属汝南，若城阳，乃齐也”，未能实指；元人吴师道《战国策校注补正》据《史记》“东北保于陈城”之载，认为城阳即陈城；张琦《战国策释地》曰：

> 成阳故城在今光州息县西界，北距陈三百余里，盖自成阳而至陈，非成阳即陈也。

其后程恩泽《国策地名考》亦有此论[146]，从当时形势分析，张

---

〔144〕参阅河南省博物馆《河南扶沟古城出土的楚国金币》，《文物》1980年第10期。

〔145〕参阅张琦《战国策释地》卷下，楚策“取鄢郢巫上蔡陈之地”条。

〔146〕参阅诸祖耿《战国策集注汇考》页820之注〔5〕引程恩泽曰。

琦、程恩泽所言当是。汉汝南郡之成阳，即今河南信阳市北五十余里的楚王城遗址[147]，长期以来，附近屡有遗物出土，二十世纪五十年代发掘的长台关楚墓即位于故城西南；经考古调查，城址周围还有一些大型楚墓和周代遗址分布[148]，说明东周时期这里一直是楚国的一处重要城邑和据点，汉置成阳，实因楚之旧。白起拔郢后，楚顷襄王东徙陈城，途经城（成）阳，并于此作暂时停留是十分可能的，后世称之为“楚王城”，或因于此。

另据上引《战国纵横家书》和《史记·春申君列传》所载朱己（无忌）、朱英在分析当时秦攻楚的军行路线时，指出有东西两道，一条是出函谷关，越周、韩、魏而东攻楚之陈郢，即东道，亦称“河外”道；一条是道涉谷行三千里而攻冥阨之塞，即西道，亦称“涉谷”道。

古冥阨之塞（又称“鄳隘之塞”“黾塞”），后世流行说法多以六朝时“义阳三关”之一的平靖关（在今信阳市南九十里）解之[149]，并不可信。今按：自垂沙之战后，南阳盆地先为韩有，不久转属于秦，秦昭襄王三十五年（公元前272年）置南阳郡。秦由西道出武关、经南阳盆地逾方城山丘陵地进入淮河上游，直逼陈郢，路途较为近便；若出武关后东南至江汉地区，再经随枣走廊北越桐柏山而攻楚，不但路途遥远，而且地形复杂，劳师费时，

---

〔147〕 参阅黄盛璋《楚王城》，《历史研究》1960年第1、2合期。

〔148〕 参阅欧潭生《信阳楚王城是楚顷襄王的临时国都》，《中原文物》1983年特刊。

〔149〕 参阅《方舆纪要》卷四六，河南总序，重险“黾阨”条；同书卷五一，河南汝宁府信阳州“平靖关”条；《大清一统志》卷二一六，汝宁府关隘“平靖关”条。

当不可取。唐人刘伯庄说“（西道）从褒斜入梁州，即东南至申州攻石城山，险阨之塞也”[150]，更为迂曲，不足为信。清人张琦认为“道涉谷”为“出武关东南至宛、邓”[151]，较为合理。吾师石泉先生曾结合春秋、战国时期吴、楚和秦、楚交战的形势综合分析，指出战国晚期秦楚之间的冥阨之塞“必然是楚方城的一个隘口”，约位于今河南确山与泌阳两县之间[152]，当可信从。楚都东迁以后，泌阳至桐柏一线为秦楚之分，长城山丘陵地以西的南阳盆地为秦之南阳郡；丘陵地以东、桐柏至大别山以北的淮河上游地区仍为楚地，楚顷襄王东迁之始曾“流揜（掩）于城阳”，是为明证。

这时楚境东北所至，据上引《战国策·秦策四》和《史记·春申君列传》载白起拔郢后黄歇说秦昭王语，原宋国东境的留、方与、铚、胡陵、砀、萧、相诸地（考已见前）均为楚所领有，在泗水以西，楚于今河南夏邑迤东至山东鱼台一线与魏、鲁分域；泗水以东，古徐州（今薛邑，在今山东滕县南）以南和以东的淮河下游地区当均纳入楚之范围。

《史记·春申君列传》载楚考烈王元年（公元前262年）以黄歇为相，封为春申君，并赐予淮北十二县；十五年后，因“淮北地边齐，其事急”，春申君归淮北十二县于楚王为郡，而请封于江东故吴墟。有关淮北十二县的具体情况现已无从确考，就所言其地“边齐”的形势推测，当在泗、沂水中下游地区。由此亦见当时楚

---

〔150〕参阅《史记·魏世家》“行三千里”句下《正义》引刘伯庄云。

〔151〕参阅张琦《战国策释地》卷下，魏策“伐楚道涉谷”条。

〔152〕参阅石泉师《从春秋吴师入郢之役看古代荆楚地理》，《古代荆楚地理新探》页376—380。

在淮北与齐、鲁的分野形势。

三、内部政局的动荡与楚都寿春

关于东迁以后的楚国国势，刘涛先生曾结合文献记载作过分析，认为有一段“复强”的时期，以后又转衰，最后覆亡〔153〕，这是符合史实的。比较而言，从楚顷襄王二十三年至考烈王二十二年（公元前276—前241年）为楚国相对复兴阶段，其间30余年，楚国不仅没有受到大的侵伐和挫败，且分别于顷襄王二十三年集合东地兵十余万，收复了为秦所拔的江旁十五邑为郡以拒秦；二十七年，楚派出三万人协助三晋伐燕（《史记·楚世家》）。考烈王二年（公元前261年），楚东伐鲁，“取徐州”（《史记·鲁周公世家》），按：徐州自战国中期以来为齐相田婴、田文父子的封邑，其入鲁，当在公元前284年列国伐齐之时〔154〕，这一战略要邑的入楚，为进而北上灭鲁、向东控制泗沂中上游地区奠定了基础。

考烈王六年（公元前257年），春申君和大将景阳率楚师与魏信陵君联兵救赵，击败秦军，解了邯郸之围〔155〕；一年后，楚北伐“灭鲁”〔156〕，泗沂之地尽为楚有，从而形成楚、齐两国以泰、蒙及五莲山地为限，平分今之山东境地的新格局。

《史记·孟子荀卿列传》载荀卿由齐之楚，“春申君以为兰陵

---

〔153〕参阅刘涛《东迁后的楚国国势》，《江汉论坛》1985年第2期。

〔154〕参阅《吕氏春秋·首时》。

〔155〕参阅《史记》的《楚世家》《春申君列传》和《魏公子列传》。

〔156〕参阅《史记·鲁周公世家》。另《史记·六国年表》所载楚灭鲁的年代，较《世家》所载晚七年，问题在于将鲁顷公元年的时间误迟了七年，应更正，说详何浩《楚灭国研究》下编“鲁国”，页298—303。

令”（亦见《春申君列传》），兰陵即汉东海郡兰陵县，故地在今山东枣庄市东南（苍山县西南）之兰陵镇〔157〕；又《荀子·强国》载荀卿说齐相曰：

> 楚人则乃有襄贲、开阳，以临吾左。

清人王先谦《集解》：

> 襄贲、开阳，楚二邑，在齐之东者也。《汉书·地理志》二县皆属东海郡。

按：襄贲在今山东苍山县南、旧兰陵县东（略偏南）〔158〕，开阳在今山东临沂县北约十余里〔159〕，此三邑均在泗、沂之间，其入楚，当在公元前284年列国攻齐之时或公元前256年灭鲁前后。

考烈王十六年（公元前247年），秦大举攻魏，信陵君又统率楚、赵、魏、韩、燕五国之师，合纵大败秦军于“河外”，并“乘胜逐秦军至函谷关，抑秦兵，秦兵不敢出”〔160〕；考烈王二十二年，时信陵君已故，楚春申君再次组织楚、赵、魏、韩、燕五国之师攻秦，楚为纵长，兵至函谷关，因“秦出兵攻，诸侯兵皆败

---

〔157〕参阅《史记·孟子荀卿列传》张守节《正义》；《寰宇记》卷二三，沂州承县“兰陵县城”条；《大清一统志》卷一六六，兖州府古迹“兰陵故城”条。

〔158〕参阅《大清一统志》卷一六六，兖州府古迹“襄贲故城”条。

〔159〕参阅《水经·沂水注》；《寰宇记》卷二三，沂州临沂县“汉开阳县城”条；《大清一统志》卷一六六，兖州府古迹“开阳故城”条。

〔160〕参阅《史记》的《魏公子列传》《魏世家》和《六国年表》。

走”〔161〕，是为战国时期关东列国的最后一次联合行动，然终因这时各国已朝不保夕、兵无斗志而败北，于是“楚东徙都寿春”(《史记》的《楚世家》《春申君列传》)。此后，便江河日下，逐渐衰亡了。

东迁之后，楚之所以有一个“复强”的过程，一是楚国中心东移之后，暂时脱离秦、楚之间的直接对抗，有三十余年相对稳定、复苏的时间；二是这时楚虽失去了江汉地区和南阳盆地，但仍然拥有淮河流域和长江中游以南及下游地区，而以陈为中心的淮北汝、颍、睢、濊一带的经济、文化基础并不低于南阳盆地与江汉地区，特别是春秋、战国时期沿淮水利工程期思陂、芍陂的相继修建，极大地促进了淮南地区的经济发展，使之成为楚国重要的农业基地〔162〕；三是此三十余年间，尤其是楚考烈王在位时期，一直以春申君为令尹当国，春申君是当时较有作为的“四公子”之一，执政二十余年，颇有建树，“虽名相国，实楚王也”(《史记·春申君列传》)，虽有独断专权的一面，然在当时的特殊环境中，春申君长期主持国政，对维持楚国政治的稳定和经济发展，起了一定的作用。

《史记·六国年表·楚表》记载，考烈王十年（公元前253年）“徙于钜阳”，二十二年“王东徙寿春，命曰郢”；同书《楚世家》仅言“(考烈王）二十二年，与诸侯共伐秦，不利而去，楚东徙都寿春，命曰郢”，不言徙钜阳之事，亦不言由何处徙于寿春；而

〔161〕参阅《史记》的《春申君列传》《楚世家》和《赵世家》。

〔162〕参阅石泉师《古期思——雩娄灌区（期思陂）在今河南省固始县东南考辨》，《河南水利史料》1988年第1期；《关于芍陂（安丰塘）和期思—雩娄灌区（期思陂）始建问题的一些看法》，《芍陂水利史论文集》页67—85。

《春申君列传》却说“楚于是去陈徙寿春”，与《年表》所载不一。宋司马光的《资治通鉴》则不加辨析，两说并存〔163〕。楚钜阳城的位置，于史无征，清初的《方舆纪要》认为即汉代汝南郡之细阳县〔164〕，因位于颍水东岸支流细水之阳而得名。按：古细水即今之茨河，据《水经·颍水注》和《寰宇记》所载，细阳故城当在今安徽太和县东南、阜阳市西北、入颍以前的茨河东岸地带〔165〕，处于陈城与寿春之间。然结合当时形势和有关记载分析，《年表》“徙于钜阳”之说未必可信。

首先，《年表》与《春申君列传》所载互不一致，当有一误，从《楚世家》不言考烈王十年徙都之事，而与《春申君列传》基本一致的情况来看，《年表》所载或有疏误。

其次，考烈王十年（公元前253年），正当楚势“复强”之时，在关东六国中实力较强、受秦威胁较小，这时并无离陈而徙钜阳之必要。

其三，《汉书·地理志》九江郡“寿春邑”原注“楚考烈王自陈徙此”；《水经·淮水注》亦曰“（寿春）县，即考烈王自陈徙此”，与《史记·春申君列传》所载一致；尤其是《水经·颍水注》对细阳故城的沿革及地理形势有清楚的描述，却只字不提考烈王十年徙都之事。清人梁玉绳《史记志疑》和日人泷川资言的《史记会注考证》亦都认为“是时楚都于陈，无徙钜阳之事”〔166〕，是

---

〔163〕 参阅《资治通鉴》卷六，秦纪一。

〔164〕 参阅《方舆纪要》卷二一，江南三，颍州“细阳城”条。

〔165〕 见《水经·颍水注》；《寰宇记》卷十一，颍州汝阴县“细阳城”条；《大清一统志》卷一二八，颍州府古迹“细阳故城”条。

〔166〕 参阅《史记志疑·六国年表》，《史记会注考证·六国年表》。

有道理的。元人胡三省则曰“赧王三十七年楚自郢东北徙于陈，今自陈徙钜阳，至始皇六年春申君以朱英之言自陈徙寿春，则此时虽徙钜阳，未离陈地也”[167]，以作调解，并无实据。就现有史料分析，应以《史记·春申君列传》《汉志》《水经注》等载较为可信。据此，从楚顷襄王二十一年（公元前278年）徙陈，至考烈王二十二年（公元前241年）迁寿春，楚以陈城为都前后达三十七年。

四、秦取淮域与楚国的灭亡

由春申君发起、以楚为主体的最后一次联合攻秦的失败，导致了“楚考烈王以咎春申君，春申君以此益疏”和“楚东徙都寿春”等一系列不利后果，成为楚国由“复强”走向衰亡的转折。三年后，楚考烈王死，子幽王熊悍立，外戚李园乘机杀死了主持楚国国政二十余年的令尹春申君[168]，楚国内部必有一番激烈动荡。楚幽王三年（公元前235年），秦、魏联兵伐楚（《史记》的《楚世家》《六国年表》），关于此次伐楚的结局，文献无载，据《战国纵横家书》“李园谓辛梧”章载：

> 秦使辛梧据梁，合秦、梁而攻楚，李园忧之。

后因李园派人前往游说主持攻楚的秦将辛梧，晓之以利害关系，致使“梁兵果六月乃出”，整整拖延了半年之久，伐楚当无大的收效。

〔167〕参阅《资治通鉴》卷六，秦纪一，“楚迁于钜阳”句下胡三省注。
〔168〕参阅《史记》的《楚世家》和《春申君列传》。

公元前228年，楚幽王死，母弟犹继立为哀王，不久被其叔父（考烈王弟）负刍杀而代立[169]。另据《烈女传》卷七《楚孝李后传》载，负刍之徒在袭杀哀王及太后的同时，还“尽灭李园之家”，可见李园执政后民愤之大。而这一系列的政治动荡，又必然极大地削弱楚国自身的国力。负刍二年（公元前226年），秦将王贲伐楚，“大破楚军，亡十余城”；次年，王贲引河水灌大梁而亡魏，接着秦始皇以李信、蒙恬率二十万大军乘胜攻楚，妄图一举而灭之（见《史记》的《楚世家》《秦始皇本纪》和《六国年表》）。有关此次战事，《史记·白起王翦列传》有较具体的记载：

> （秦始皇）遂使李信及蒙恬将二十万南伐荆……李信攻平舆，蒙恬攻寝，大破荆军。信又攻鄢郢，破之，于是引兵而西，与蒙恬会城父。荆人因随之，三日三夜不顿舍，大破李信军，入两壁，杀七都尉，秦军走。

楚军在首先失利的情况下反败为胜，大破二十万秦军，正如前秦军老将王翦所预料的，楚国这时确有不可低估的实力。

李信所攻之平舆，即汉晋平舆县，在今河南平舆县北的洪河北岸（见本书上篇第四章第三节）；寝，即西汉寝县、东汉之固

〔169〕《史记》的《楚世家》及《六国年表》以负刍为“哀王庶兄”，而刘向《列女传·孽嬖》则以负刍为“考烈王弟”，互不一致。据《战国策·楚策四》“楚考烈王无子”章和《史记·春申君列传》记载，初，楚考烈王无子，春申君门人李园先以其妹进幸于春申君，在其妹有身孕后，又进幸于考烈王，而生熊悍（楚幽王）。依此，《烈女传》所载与《战国策》和《史记·春申君列传》相合，《楚世家》和《六国年表》当误。另详罗运环《楚国八百年》（武汉大学出版社1992年11月版），“负刍、昌平君是襄王庶子而非哀王庶兄”，页386—387。

始县，为今安徽临泉县所在（参本书下篇第二章第二节）；鄢郢，《史记》三家注无解，元人胡三省曰：

> 此郢乃陈也，鄢即颍川之鄢陵，与平舆、城父地皆相近。或曰："鄢郢"当作"鄢陵"。[170]

今按：胡三省以郢即陈当是，而以鄢为汉颍川郡之鄢陵以及"鄢郢"作"鄢陵"则误。汉颍川郡之鄢陵，在今河南鄢陵县西北[171]，春秋为郑地，战国时属韩，韩宣惠王时，为秦所取，后又为魏有，公元前301—前300年间，魏襄王别封公子劲于此，称安陵君（亦作"鄢陵君"），秦灭魏后，欲以五百里地易安陵，被安陵君谢绝，秦始皇特恩准安陵君受其封地而继续存在[172]，因而，李信所攻楚之鄢绝不可能是颍川之鄢陵。

我们认为，此"鄢"应是故楚鄢陵君之邑，据《战国策·楚策四》"庄辛谓楚襄王曰"章，公元前278年白起拔郢前后，楚有"鄢陵君"，其封地即西汉召陵县安陵乡之安陵亭（按，安、鄢古音同义通，互相借用，安陵即鄢陵），东汉于此置征羌侯国，故城在今河南漯河市东南七十里左右[173]。楚鄢陵位于平舆西北、陈郢西南不远，与李信取平舆之后乘胜北上取陈及鄢的军行路线相合。李

---

〔170〕参阅《资治通鉴》卷六，秦纪一，"又攻鄢郢，破之"句下胡三省注。

〔171〕参阅《大清一统志》卷一八七，开封府古迹"鄢陵故城"条。

〔172〕参阅《战国策·魏策四》"秦王使人谓安陵君"章；《资治通鉴》卷七，秦纪二；另详拙作《魏安陵君及其历史地理分析》，《湖北大学学报》1992年第5期。

〔173〕参上揭拙文。

信与蒙恬会师之城父，即今河南宝丰县东故楚之北城父，由鄢（楚鄢陵）、郢（陈）去城父，乃由东向西，亦与“引兵而西”的记载一致。尾随秦军之后，三日三夜不顿舍而大破李信之楚军，则应是项燕所率领的来自楚都寿春一带的援军。秦军败走之后，淮北陈郢至平舆一带当又为楚人所收复。

楚王负刍四年（秦始皇二十三年，公元前224年），秦始皇接受李信大败的教训，不得不请出老将王翦，“空秦国甲士”六十万大军伐楚，而楚“乃悉国中兵以拒秦”(《史记·白起王翦列传》)，是为秦灭六国中仅所见的大决战。由于秦将王翦采用坚守不出，疲劳楚军，然后在楚军撤退时举兵进击的战略战术，结果“大破荆军”，并追杀楚军主帅项燕于蕲城（即秦汉蕲县，在今安徽宿县南〔174〕）南，一举歼灭了楚国的有生力量，“秦因乘胜略定荆地城邑”；一年后，王翦、蒙武遂破楚国，“虏荆王负刍，竟平荆地为郡县”〔175〕。

关于秦之灭楚及楚国的最后形势，《史记·秦始皇本纪》另有一番记载：

> （秦始皇）二十三年，秦王复召王翦，强起之，使将击荆。取陈以南至平舆，虏荆王。秦王游至郢陈。荆将项燕立昌平君为荆王，反秦于淮南。二十四年，王翦、蒙武攻荆，破荆军，昌平君死，项燕遂自杀。

---

〔174〕参阅《水经·淮水注》；《大清一统志》卷一二六，凤阳府古迹“蕲县故城”条。

〔175〕参阅《史记》之《楚世家》《六国年表》与《白起王翦列传》。

今按：此篇以虏楚王负刍在项燕自杀前一年，与同书之《楚世家》《六国年表》和《白起王翦列传》诸篇所载不合。清人梁玉绳《史记志疑》曰，“负刍窜处寿春，未曾亲历戎行，何遂被虏？而项燕为楚名将，燕不死，楚不灭，讵谓项燕先楚亡乎”〔176〕，言之有理；今人郑良树先生亦曰，“此该当从《年表》《楚世家》及《蒙恬传》，击杀项燕在本年，虏荆王在明年也”〔177〕，应以《六国年表》等所载为是。至于《秦始皇本纪》所言“取陈以南至平舆”，当是王翦伐楚的第一个回合，即首先攻取了楚故都陈郢、别都项城至平舆一带，以便进一步东南深入楚境。秦始皇“游之郢陈”，一方面在于稳定军心、鼓舞斗志，另一方面亦反映始皇本人对这次“空秦国甲士”而赌国运的大决战表示深切的关注，一旦再蹈去年李信败军之覆辙，则后果不堪设想，以致始皇本人也不得不亲临前线视察、督阵，说明形势到了最为关键的时刻。“项燕立昌平君为荆王，反秦于淮南”，当是在这一特殊形势下出现的。

昌平君，据《秦始皇本纪》，始皇九年（公元前238年），长信侯与太后作乱，欲攻蕲年宫：“王知之，令相国昌平君、昌文君发卒攻毐。战咸阳，斩首数百……”《索隐》曰：“昌平君，楚之公子，立以为相，后徙于郢，项燕立为荆王，史失其名。”又《春申君列传》司马贞《索隐》进而以负刍及昌平君并为考烈王庶子、楚幽王之庶兄，当误，二人应为楚顷襄王子、考烈王弟〔178〕，乃楚之显贵仕秦为相者。

---

〔176〕参阅《史记志疑》卷五《始皇本纪》。

〔177〕参阅郑良树《读云梦〈大事记〉札记》，《竹简帛书论文集》（中华书局1982年1月第1版）页283—307。

〔178〕同注〔169〕。

秦始皇二十一年（公元前 226 年），“王贲攻荆……新郑反，昌平君徙于郢”（《史记·秦始皇本纪》）；云梦秦简《编年记》亦载此年“韩王死，昌平君居其处，有死□属”。韩王之死当与新郑反秦有关，而原为秦相的昌平君于韩王死后又被徙于郢（即秦南郡之楚故郢都〔179〕），自然与王贲攻楚相联系。随着韩、赵、燕的相继被灭，秦人下一个攻击目标当即地处魏之东南的老盟友、老对手楚国了，秦、楚之间的交战，标志着两国旧有盟约的结束，作为楚之公子入秦为仕的昌平君，自当被排出于秦国的决策机构而另作处置，“昌平君徙于郢”，就是这一斗争形势的反映。

两年后，正当王翦伐楚、两军激战之时，项燕别立昌平君为王反秦于淮南，说明此前昌平君已离开了秦人控制的故楚郢都，到淮南一带与项燕联合组织反秦之事〔180〕。这时楚军主力未败，楚王负刍都寿春，项燕又另立昌平君为楚王，以致形成当时楚境两王并存

〔179〕 关于昌平君所徙之郢，《史记》三家注无说，前些年在对新出云梦秦简的研究中，黄盛璋、马雍诸先生认为此“郢”乃陈郢（参阅黄盛璋《云梦秦简辨正》，《考古学报》1979 年第 1 期；马雍《读云梦秦简〈编年记〉书后》，《云梦秦简研究》，中华书局 1981 年 7 月第 1 版）；而高敏先生则认为是秦南郡之故楚郢都（见所著《云梦秦简初探》增订本，页 36）。今按：秦徙昌平君于郢前后，陈郢仍为楚有，秦人不可能先后徙韩王与昌平君于陈，因而此“郢”必为南郡之楚故郢，高敏先生所言当是。

〔180〕 参阅《史记·秦始皇本纪》。“淮南”，裴骃《集解》引徐广曰“淮，一作江”，说明晋宋时《史记》不同版本有“淮南”“江南”两种记载，清人梁玉绳的《史记志疑》则以“江南”之说为信。今按：古文献中的“江”并非专指长江，淮水古亦称“江”（说详石泉师《古文献中的“江”不是长江的专称》，《古代荆楚地理新探》页 57—72），因此淮南、江南两说并不矛盾；据《史记》的《秦始皇本纪》《楚世家》和《白起王翦列传》，当时秦楚两军决战于淮北，昌平君既为项燕所立，自应在与项燕军相近的淮南一带，而不可能远至长江以南，就此而论，“淮南”之说当更为准确。

的局面，原因何在，史籍不明。或与利用昌平君为王子、且又曾任秦相的双重身份，以扩大影响，联合各方面的力量，组织广泛的反秦战线有关，由此亦见战国末年秦、楚之间灭亡与反灭亡斗争的激烈和复杂。但是终因这时的客观形势和主观条件均于楚国不利，加之楚军在与秦决战时急于求成，出现了战略上的失误，结果被王翦击败，新立的昌平君也死于秦军的攻击中，楚帅项燕亦在秦人的追击下丧生，从而注定了楚国最后灭亡的命运。

从《白起王翦列传》有关项燕引兵东走，为秦追击所败，最后死于蕲南的记载来看，秦、楚两军的对峙、决战当在陈城以东的涡水流域，约今安徽亳县东南的故夷邑（即楚之东城父）一带进行。

楚军战败，昌平君与项燕被杀的第二年（即楚王负刍五年，公元前223年），秦王翦、蒙武乘胜攻楚，虏楚王负刍，并进而平定楚江南之地为郡县（见《史记·楚世家》、《资治通鉴》卷七秦纪二），立国前后达八百年之久的楚国，从而走完了其最后的历程，汇入了中华民族统一的巨流之中。

第五节　战国时期楚北疆述略

战国时期的楚国北部疆域形势，总的趋势是向东不断拓展，西边逐渐收缩，以致最后消亡，就不同阶段而论，其脉络概略如下。

（1）战国初年越灭吴之后，春秋中期以来吴楚在淮域长期争夺、拉锯的局面遂告结束，来自东边的威胁、压力大为缓解，乘此时机，楚人沿淮东进，先灭了位居淮河中游的蔡，接着又相继吞并了杞、莒诸国，势力扩展到淮河下游以北的泗、沂地区。

与此同时，北方的赵、魏、韩三家在联合灭智氏，分晋立国之后，大力向外开疆拓土，在黄河以南，除先后据有周、郑、宋、卫诸国大片领土之外，并于颍、汝上游地区与楚展开激烈争夺，面对处于上升阶段的三晋封建势力，楚国明显处于下风，其北方要地栎（后改称阳翟）、郏、梁、榆关等相继失于韩、魏。

吴起变法以前，楚国北部疆域之西端约在汉水中游的今陕西安康市（即稍后的楚汉中郡西境），在春秋战国之际的基础上向西略有发展；由此而北，沿洵河、陕西镇安、山阳至丹水上游的丹凤以西（即楚商县，后来的秦商鞅封邑），然后沿秦岭、伏牛山迤东，至汝水上游以南的宝丰、郾城一线与韩分域，再向东于西华、鹿邑、亳县、永城及安徽的淮北市一线至泗水中游与魏、宋、鲁、滕、薛诸国错壤。

（2）吴起变法，对当时楚国“封君太众、大臣太重”（《韩非子·和氏》）的贫国弱民局面有所改变，国势有所恢复。楚悼王死后，旧贵族起事，吴起被杀，楚国的变法虽未能继续下去，而变法给楚国带来的一定转机却仍然持续了一个时期，加之其后楚宣、威二世的相对稳定，国力仍保持上升趋势，从楚宣王、威王，乃至怀王前期的半个世纪中，楚势较盛，在汝、颍上游地区，楚先后收复了原为韩、魏所夺取的鲁阳、梁、郏、阳翟诸邑，境土重新推进到颍水上游一线。

在陈城以北，通过公元前353年楚景舍伐魏救赵“取睢濊之间”（《战国策·楚策一》）以及公元前323年的昭阳攻魏“破之于襄陵，得八邑”（《史记·楚世家》）等几次较大的军事行动，楚人占领了以襄陵（今河南睢县）为中心的一片魏国领土，进一步扩大了楚在淮北地区以陈城为中心的势力范围。

位于关中的秦国，自献公以来注重发展国力，特别是秦孝公用商鞅变法之后，国势日盛，并东南越过秦岭，进入丹水流域，先夺取了丹水上游晋（魏）之重镇上洛（今陕西商县），然后沿丹水东南下，占领了楚之商塞、商邑，接着东出武关，夺取了丹水中游地区的故楚商於之地。公元前 318 年的六国攻秦之役，楚虽趁机收复了部分的境土，然商密以西的大片楚国故地则均为秦所占领。

公元前 312 年的秦楚丹阳、蓝田之战后，楚丹淅以西及南边的汉中郡又先后失于秦手，其后秦昭襄王为稳定国内局势、改变国际上的孤立地位，重又与楚联姻通好，并将上庸之地六县（即楚汉中郡之东部境地，今湖北西北部的竹山、竹溪、郧县、郧西一带）归还于楚，而上庸以西的今陕西安康市一带（楚汉中郡西部）的汉水中游两岸地仍为秦所有。

在楚之西北境土渐失于秦的同时，楚在北方与韩、魏的争夺中却仍有优势，丹阳之战前后，楚取得了韩之新城（今河南伊川县南），并一度占领了原属魏有，后为秦地的曲沃（今河南三门峡市西南）和煮枣（今山东东明县南），楚境扩展到伊水中游和颍水上游以北，并远及黄河南岸。

垂沙之战以前的楚国北疆，大致西起今湖北、陕西两省之间，东北经郧西至丹淅之会，北沿淅水与秦为界，越伏牛山经嵩县、伊川，东转经登封、禹县，再东南沿颍水而下经临颍、扶沟、睢县一带与魏分野，然后东南经柘城、永城及淮北市一线与宋接壤，再东抵泗水中游与鲁、齐分域（参见图二）。

（3）公元前 301 年的垂沙之战及其稍后几年，楚人连年失利，丧失了南阳盆地中北部以及方城以外、颍汝中上游大片土地，概略而言，宛、叶以北及鲁阳、郏、阳翟以西的颍汝上游地区为韩所有；穰邑及宛以西的南阳盆地西部和整个丹水流域均为秦有；方城外上蔡以北的汝水中游地区（包括舞阳、昆阳、郾、襄城、灑阳等）部分楚邑和要塞则为魏有。

南阳盆地和汝、颍中上游地区的失手，不仅使楚国丧失了一大片经营数百年，且经济、文化基础较好的领土和城邑，使相对完整的楚国疆域被分割、肢解，《荀子·议兵》说：

> （楚）兵殆于垂沙，唐蔑（昧）死，庄蹻起，楚分而为三四。

当是就这时楚境形势而言。更重要的是随着方城防线和南阳盆地的丧失，楚郢都所在的江汉基地直接暴露于秦人的兵锋之下。

楚顷襄王十五年（公元前284年），楚虽乘五国伐齐之机，夺取了原宋国东境（如相、萧、砀、留、胡陵、彭城、沛等）诸多城邑，基本上控制了泗水中下游地区，为其后楚都东迁，北上灭鲁、夺取整个泗沂地区打下了有利基础，但终无法改变其一再惨败于秦和此后白起拔郢的严峻局势。

（4）白起拔郢后，整个江汉地区失于秦，楚都东北徙陈而未南迁，显然是经过一番认真考虑的，就经济、文化而言，淮河流域（特别是淮河中上游地区）比广大的江南地区开发要早，经济、文化基础要深厚，人力、物力要丰富；就军事形势而言，陈城以西有魏、韩相隔，可以暂避秦之兵锋，争取一个相对安定、休整的时机。

楚都迁陈之后，楚国北部疆域范围大为收缩，陈城以西，基本上维系垂沙之战以后所形成的格局，即沿扶沟、西华迤南，至上蔡以东、汝南以北一线与魏分野；由汝南、驻马店迤西，沿长城山丘陵地而南，至桐柏山一线与秦为界。陈城以北，大致由扶沟、太康、夏邑一线，然后东北经安徽砀山、江苏丰县、山东鱼台县至泗水一线与魏接境，东隔泗水与鲁相望。

东迁之后不久，楚从魏国取得了原宋国故地的方与（在今山东鱼台县西北）之地，然后又取得徐州（故薛邑），并灭鲁而有泗、沂之地，以泰、蒙及五莲山为界与齐均分今山东境地。

楚国东迁之后，淮河中上游地区作为楚国政治、经济、文化中心达半个多世纪，这与春秋中期以来楚人对此地区的长期经营所打下的基础有关。楚在淮水下游和广大的江南地区虽颇有拓展，然毕竟时间短暂，楚化程度有限，难以形成可靠的后方基地，因而在王翦、蒙武攻楚，败项燕、取淮北之后，楚之根基即随之动摇、坍塌。由此可见，对一个地区、一个民族，实行军事征服和政治统治相对较快，而要达到经济上的一体，则需要一个过程，特别是实现民族、文化的融合，又更需要一个相当的历史时期。

结　语

通过以上分析和考察，使我们对周代南土历史地理与文化有了一个初步的认识。

一

优越的地理环境，适中的地理位置，自古以来，这一区域就是我国民族融合、文化交流和交通汇集的枢纽地带。在西周初年的一系列大分封中，周王室通过“封建亲戚”“选建明德”等方式，将一大批属于“周之子孙”的姬姓和与周人有着长期婚姻联系的姜姓，以及其他异姓同盟分封于这一广大地区，以为周室藩屏。西周晚期，在周夷王灭鄂和召公平淮夷的基础上，周宣王又改封诸舅申、吕和宗亲蒋国等于其间，沿淮河上中游至南阳盆地建立起一条新的防御体系，以加强对南方荆楚和东南淮夷的控制，稳定周王朝的南部境土。这一批又一批新老族民的先后立国，众多姬、姜及其他异姓诸侯的林立分布，构成了西周至春秋时期整个南土地区的基本政治格局（参见图一）。

从政治形态、经济实力和地理位置来看，南土境内诸侯国大致分为三种类型：

一是出自周室宗亲和与周人长期同盟联姻之国，如姬姓的应、蔡、沈、息、唐、蒋、顿、项，姜姓的许、申、吕，以及妫姓的陈国，它们之间虽亦有疆土大小和国力强弱之分，但均与周王室有着密切的血缘和姻亲关系，是周王室南土的主要依托和中坚力量。

二是先族源于北方中原，与周人有着一定的政治联系和婚姻往来而受封或南迁的其他异姓诸侯，如祁姓的房国、任姓的谢国、姞姓的鄂国、己姓的番国、嫚姓的邓国、允姓的鄀国等，它们大多具有较深厚的历史、文化基础，是周王室南部境土的重要成员和辅助力量；同时，它们与周王室另有关系微妙和不尽融洽的一面，西周中晚期，鄂与周室关系的变化，邓、鄀等国实行与周不同的正朔系统，均可说明。

三是来自淮夷集团的江、黄、樊、养，以及北方狄戎的胡、弦诸国，西周早中期，它们与周王室的关系是战争多于臣服，相侵多于相安，召公平定淮夷以后，其各理疆土而治，与周王室的联系逐渐增多。

这三类诸侯国，就地理位置而言，第一、第二类主要分布于南阳盆地淮北汝颍地区，其中尤以第一类列国位置重要、环境优越、交通便利，如南阳盆地的申、吕、唐，淮北汝颍地区的应、蔡、陈、沈、息等。第三类集中于淮河上游以南和中游两岸，偏于东南，去周京较远，多被视为化外之邦。

就经济基础和文化面貌而言，前两类封国一般基础较好，属于典型或比较典型的中原文化系统，这从陈、蔡、应、申、邓等国历史状况和文化面貌的分析即可概见。后一类诸侯相对来说经济基础要薄弱，文化面貌与“诸夏”虽有近似的一面，但区别明显可见，除了地域上的特征之外，更多地反映了文化基础和传统风格的不同，目前所见黄、樊诸国的实物资料皆可说明这一点。

政治地位是经济、文化基础的集中体现，上述周代南土诸侯列国的三种类型，实际上代表了周室封国的三个等级，是周代“封建亲戚，以藩屏周”(《左传》僖公二十四年)、“内诸夏而外夷狄”(《公羊传》成公十五年)统治原则的具体实施和直接反映。

所有这些周王室的封国，尽管它们族属各异，政治地位和经济水平有别，各自的发展历程和文化面貌不同，但作为中华民族大家庭中的一员，在周代这个大变革的时代，在南土地区这座特定的历史舞台上艰苦创业、竞相发展，对这一地区的经济开发、文化建设和民族融合奠定了初步的基础，作出了各自不同的贡献。研究表明，随着时代的推移、经济文化的发展和进步，各国各族之间的往来不断增多，关系日益密切，政治、种族隔膜逐渐消失，文化面貌逐渐接近或一致。

二

来自北方古老部族的楚人，于周初受封立国，整个西周至春秋初期一直活动于南阳盆地西部的丹水流域，以“丹阳”为中心。西周初年，楚与王室关系较为密切，并一直服事于周，但由于楚人最初只是经济、文化水平较低的“子男之国”，在诸侯中的地位甚为低下。

西周中晚之际，楚熊渠乘周室中衰之机，一度在汉水中游地区发展势力，扩充地盘，取得了初步成效，但由于周人再次经营南土的限制，楚势力只得重又收缩到丹水下游河谷丘陵地区。

平王东迁以后，“周室衰微，诸侯强并弱”(《史记·周本纪》)，楚熊通继位，凭借此前三百年发展之根基，大力向外扩展，一方面将政治中心由丹淅南迁于郢都，以建立可靠的后方基地；同时正式称王，与周室分庭抗礼。楚武王以后的春秋中晚期，楚在稳定江汉基地的同时，大规模向外开疆拓土、灭国兼民，主要目标和重点集中于对南阳盆地、淮河上中游地区的开拓和经营，动因所在，除了北上争霸等政治目的之外，其根本原因当在于取得这一范围内深厚的经济、文化基础和人力、物力资源，以利用它们为楚国的振兴和发展服务，以达到其“抚有蛮夷”“以属诸夏”（《左传》襄公十三年），并取周室而代之的最终目的。

春秋时期楚人的向北扩展，大致经历了三个阶段，其间虽遇到了一系列阻力和挫折，尤其是春秋晚期吴师入郢之役的重大失利，然从总体形势来看，楚国北部疆域一直在不断扩展，经过二三百年血与火的交融，到春秋战国之际，除了少数诸侯附庸于楚境，整个南土地区众多周王室的封国大都为楚所并，地入楚境，人为楚民，统一于楚民族的共同体之中（参见图二）。

随着南土地区诸侯列国的相继合并入楚，为楚国政治、经济、军事的发展提供了充分的人力、物力保障，与此同时，楚人在其原有中原文化的基础上，抛弃夷、夏之见，博采南北文化之长，提炼、升华，推陈出新，创造了光彩夺目、绚丽多姿的楚文化，其中南土区域内深厚、进步的经济、文化基础为楚文化的形成和发展所提供的新鲜血液和巨大促进作用是十分重要的，这从本文对此地区诸侯国历史、文化的剖析，对春秋时期楚国发展重心所向，以及春秋楚县的建置、分布与作用各方面的分析、比较皆可说明。

战国时期，楚国北部疆域的变化大致经历了四个阶段，总的趋势是在东边江、淮下游地区不断推进、统于楚境的同时，西北疆土则大片失之于秦。战国晚期，白起拔郢后，楚国政治、经济、文化中心东移淮域，前后又支撑了半个多世纪，其间虽曾有一度相对的复兴时期，然由于楚国政治上的保守和内部局势的动荡，极大地限制了其经济、军事实力的发展，以至于最终为秦国所灭亡，由此完全证实了韩非就当时秦、楚两国局势所作的“楚不用吴起而削乱，秦行商君法而富强”(《韩非子·和氏》)的有关论断。

三

楚国的灭亡，秦人的统一，是周代历史发展的必然结果。但是立国南土前后达八百年之久的楚国，筚路蓝缕，披荆斩棘，经过几个世纪的发展、开拓，以及血与火的交融，逐步实现了对我国淮河流域和长江中下游地区众多民族、邦国的率先统一，极大地促进了这一广大地区的民族融合和经济开发，使南方地区的政治、经济、文化水平提高到一个新的阶段，为其后秦汉时期的政治大一统和经济、文化的繁荣提供了先决条件，打下了有利的基础。

南土，作为周代历史舞台的一个重要组成部分，在这一波澜壮阔、优化组合、推陈出新的历史进程中，具有其特定的地位和作用。本书的写作，仅在于对这一地区历史发展、地理开发、民族融合和文化演进的初步探析与认识，以助于人们对中华民族的形成、中华文明的发展与创新等重大学术课题的全面考察和深入研究。

初版后记

本书是在我博士论文的基础上修改而成的，也是自我受学以来的第一次出书，欣喜之余，不免有诸多感想。

自 1982 年秋，我有幸师从石泉教授学习荆楚历史地理与文化，在石师的严格要求和悉心指导下，我才逐步进入系统的学习和研究，选定周代南土历史地理与文化作为研究课题。攻读硕士学位的三年中，就此课题进行了部分探索，取得了初步进展。从 1987 年起，我又一边工作，一边跟着石师攻读博士学位，继续从事这方面的研究，历时五年，才基本完成这一课题。前后十年间，先生对我的培育，倾注了大量心血，不管是严冬寒雪，还是盛夏酷暑，从未中断对这一课题的认真指导和论文的反复审改，耳提面命、授业解惑，难以一一列举。

论文完成后，著名史学家刘家和先生在百忙中对论文作了详细的书面鉴定，专程从北京赶来主持我的论文答辩，给予我热情鼓励，提出了进一步的修改意见，还欣然应允为本书题签。何浩先生多年来一直关心我的工作，给了我不少指导和帮助，并对论文作了书面评阅，参加了论文答辩。

夏渌、杨宝成、舒之梅、吴永章、王克陵等先生在繁忙的工作中或拨冗审阅拙稿，或参加论文答辩，提出了许多宝贵的修改意见。

论文答辩后，原打算尽早修改出版，因出国合作研究任务，赴美一年余，修改之事便中途搁置。在美期间，美国汉学家蒲百瑞教授也对本书提出了一些好的建议。1993 年 11 月由美返校，教学之暇，重又抓紧修订工作，经过半年努力，终于修改完毕，也就是呈现在读者眼前的这本书稿。

需要说明的是，由于资料和学术基础方面的原因，有关周代南土历史地理与文化各个层面的研究还不全面，相互之间也不平衡；同时由于个人天资与学识所限，在有些问题的研究、探索，以及论文的修改过程中，亦存在这样与那样的不足，有待今后进一步的工作来补充、深入和完善。

本书的出版，得到了多方面的支持，责任编辑张俊超先生认真审阅了全稿，提出了一些有益的意见；国家社会科学青年基金会、武汉大学社会科学研究处、武汉大学历史系和杨宝成教授也都提供了经费上的资助；王克陵副教授为本书清绘了全部地图。如果没有他们的帮助，本书的出版几乎是不可能的。

最后还应提及的是我的妻子吴宜萍，她在我多年的学习与研究中，默默承担着家务重担，全力支持我的工作，鼓励我的写作。

值此书付梓之际，谨向我敬爱的导师石泉教授，向多年来关心、教育、帮助我的各位师友和有关单位，致以深切的谢忱，同时也诚恳期待有关专家和读者的批评指正。

徐少华

1994 年 6 月于珞珈山

再版后记

在我博士学位论文基础上修改而成的这本小书，1994 年由母校武汉大学出版社出版，因当时正处于学术发展比较困难的时期，出版经费是从几个单位三千两千甚至一千的汇集而来，所以只印了一千册，其中除一部分由我寄送给海内外师友批评指正外，从书店渠道传播出去的相对有限，数年后坊间便很难找到了。前几年，大陆和台湾的几家出版社曾先后与我联系过再版的事，或因要求作部分修订而我一时挪不出大块的时间，或因需提供一定的出版经费等原因而搁置了。

去年夏天，上海中西书局二编室的李碧妍主任与我邮件联系，言复旦大学有关老师建议再版这本小书，问我的意见如何？收到邮件后认真考虑了两天，即给碧妍主任回信，觉得重版这本小书，大概有几种做法，一是照原书影印出版，二是按原来的内容重新输入出版，改正原版中的排印错误，三是根据近些年出现的新材料、新成果改写有关章节后再版。从目前的情况来看，前后两种方式可能不太现实，而第二种方式相对可取一些。没想到碧妍主任与中西书局的领导都非常的宽容、大度，完全同意我的想法，因而很快达成协议，签了出版合同，并安排后续工作由王宇海先生负责与我接洽。说来也巧，碧妍主任和宇海编辑均为复旦史地所毕业的高足，是与我学术领域很近的同行，交流、协商非常便利，各方面的推进也比较顺畅。

以近些年出土的新材料和当下的学术水准来衡量，这本小书中确有一些内容和观点值得修订或进一步的探索，如关于商周时期的鄂国、鄂族，早年甲骨卜辞中有被释作“噩”（鄂）的地名，位于晚商时期的沁阳田猎区，因而学者多将商末三公之一的鄂侯之国族论定于此；西周鄂国，铜器铭文多见，前辈学者结合传世文献加以考释，然一直存在东鄂、西鄂两说之争，我在论文中赞同晚商之鄂在沁阳附近、西周之鄂在西鄂的观点，并作了进一步的论述和补充。随着学术的发展，早年释为“噩”的甲文，后来被改释为“桑”或“丧”，因而商代之鄂的根基不复存在，其地望又成了一桩悬案；同时由于随州羊子山四号墓和南阳夏饷铺墓地等几批新材料的发现，使学界逐渐认识到，西周早中期的鄂国既不在东鄂亦不在西鄂，而是在今湖北随州以西二十余里的安居镇一带，而南阳以北约四十里的西鄂故城并非西周鄂国的原居地，有可能是在西周中晚之际周王室因鄂国聚众反叛而大加讨伐攻下鄂都、杀了鄂侯驭方后，将鄂族臣民北迁西鄂故城附近以便监管而形成的晚期格局。

又如古代的曾随，二十世纪七十年代以来，相继在随枣走廊和南阳盆地东南部出土了多批曾国青铜器，尤其是1978年湖北随县（今随州）曾侯乙墓的发掘，一大批精美器物的面世，更是震惊了国内外学术界，说明这一地区于东周时期确有一个曾国存在。而有关文献记载中，两周时期的随枣走廊一带主要为汉东大国——随国的活动地域，从不见另有一个曾国的踪迹，然这一带出土的青铜器又多属曾器，基本不见随国遗物，其间曾、随是什么关系？当时不少学者先后作过分析探讨，存在诸多不同的意见。李学勤、石泉两位先生根据曾国铜器的出土范围、族属和时间跨度，尤其是曾侯墓葬出于随县近郊的史实与文献中关于随国的记载进行比较、分析，认为铜器铭文中的曾国就是古文献中的随国，曾、随为一国二名，并结合《水经注》考证其早期都邑当在安居古城，后来东迁于今随州城区一带。我在论文中基本认同这一看法并有所补充、发挥。随着近年随州叶家山、义地岗和枣阳郭家庙、京山苏家垄等两周墓地的发掘以及古鄂国史实的渐趋明晰，使我们进而体会到：早期曾国并不在随州以西的安居故城而在其东北二三十里、叶家山墓地附近的庙台子遗址，其始封之君为左右文武创建周王朝的名臣南公伯适（括），属于正宗的周室子孙、姬姓嫡裔，从而使曾、随一国二名的学术悬案得以最终解决。古曾国之所以又称“随”，当与其都邑从故城迁居于“随”地（即今随州城区一带）的背景相关。

类似的情况还有古代的鄀人鄀国、己姓的番国番族、楚国早期都邑丹阳与后期都邑郢都的地望及其演变、春秋战国楚县的建置及与封邑的交错往复关系等等，虽有不少新材料、新成果面世，我们亦有一些相关论文跟进探索，由于传世典籍太多的阙如，考古出土的新资料系统性不够，因而就这些疑难问题的部分环节或某些具体史实的梳理推进相对可行，然对整个发展演变过程的明晰、澄清仍不具备成熟的条件，还有待于今后考古资料的不断充实和进一步的深入讨论。

这次再版，内容上未作任何改动，仅订正了一些原版的排印错误，将原来的章后注改变为页下注，以方便阅读和对照；宇海编辑还特地细心绘制替换了书中的几幅地图，使视觉效果更加清晰；上海大学的朱继平博士为书稿的校对付出了辛勤的劳动，奉献了许多宝贵的时间。需要说明的是，在文稿格式和引文注释体例上，并没有按照现今的标准加以规范统一，诸多材料出处尤其是传世铜器铭文也没有依据当下新的整理本加以调整统一，在此深表歉意。

在这本小书再版之际，谨向先师石泉先生致以崇高的敬意和深切的怀念，向多年来关心、教育、帮助我的各位师友和有关单位致以衷心的感谢，向中西书局的领导及二编室的李碧妍主任、王宇海编辑致以诚挚的谢忱，同时亦诚恳期待有关专家学者的批评指正。

徐少华

2020年10月1日于武昌珞珈山